Auf Deutsch!

Auf Deutsch!

2 ZWEI

LIDA DAVES-SCHNEIDER
Chino Valley (CA) Unified School District

KARL SCHNEIDER
Chino Valley (CA) Unified School District

ANKE FINGER
Texas A&M University

ROSEMARY DELIA
Mills College

DANIELA DOSCH FRITZ

STEPHEN L. NEWTON
University of California, Berkeley

Chief Academic and Series Developer
ROBERT DI DONATO
Miami University, Oxford, Ohio

McDougal Littell
A HOUGHTON MIFFLIN COMPANY
Evanston, Illinois • Boston • Dallas

Auf Deutsch!
2 Zwei

234567890 WVK 0403020100

ISBN 0-618-02962-1

Cover photographs *Clockwise from top:* © Owen Franken/Stock Boston; © Wolfgang Kaehler; © Robert Maass/Corbis Images; © Corbis Royalty-Free Images

Internet: www.mcdougallittell.com

CONTENTS

DER AZUBI
10

DER TRICK
30

KAPITEL 13

ZU VIEL SALZ
50

WIEDERHOLUNG 5
70

VIDEOTHEK

Michael's boss invites him over for dinner. Herr Schäfer cooks the meal, but both his wife and daughter think they have to help out with seasoning the food.

VOKABELN

KAPITEL 16

AM WOCHENENDE
76

VIDEOTHEK

The Schäfer family and their friends, the Cornelius family, go about their typical weekend routines.

VOKABELN

| | **VIDEOTHEK** | **VOKABELN** |

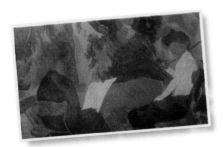

DER HAUSMANN
228

Heiner Sander is on parental leave to take care of his son Kai. When he wants to play soccer with friends and his wife Roswita hasn't come home from work yet, he takes the baby along.

Wortschatz zum
Video 230

Kulturspiegel: parental
leave 231

Gleichberechtigung in der
Familie 232

Sport 234

DAS AU PAIR
248

The Sanders go to the airport to pick up their new au pair, Inéz, when she arrives from Mexico. She faces the challenge of adjusting to life in Germany.

Wortschatz zum
Video 250

Reisen 252

In Deutschland ist es
anders 254

REFERENCE SECTION
APPENDICES

APPENDIX A

APPENDIX B

VOCABULARY

INDEX

PREFACE

Welcome to **Auf Deutsch!** *2 Zwei*, the second part of the textbook program that is integrated with the **Fokus Deutsch** video program. **Fokus Deutsch** brings German language and culture to life with a video series that spans three levels of instruction. Whether you have used **Fokus Deutsch** Level 1, or are just starting with **Fokus Deutsch** Level 2, you will find that the approach offers a seamless transition for using the textbook and the video series. The textbooks feature a uniquely clear and user-friendly organization, with both levels containing an identical chapter structure, while the video series begins a new format and story line. Overall, the self-contained modules of the **Fokus Deutsch** video series maximize flexibility for your German course.

Link to the complete episode guide and transcripts of the **Fokus Deutsch** video series online at www.mcdougallittell.com.

THE AUF DEUTSCH! PROGRAM

FOKUS DEUTSCH AND AUF DEUTSCH!

Fokus Deutsch is a video-based course for German language and culture consisting of three levels that span the introductory and intermediate stages of learning. Each level of the video series consists of twelve fifteen-minute episodes and four fifteen-minute reviews. A total of twelve hours of video across the three levels of the program brings the richness of German language and culture to beginning and intermediate students.

The video series for **Fokus Deutsch** Level 1 follows the lives of the fictional Koslowski family: Marion, her brother Lars, and their parents, Vera and Heinz. Level 2 presents a number of mini-dramas that offer insights into the lives of other speakers of German. Level 3 offers cultural, historical, and personal perspectives on themes of interest to instructors and learners. This intermediate course can follow any beginning-level program.

THE CONCEPT OF THE VIDEO SERIES

The **Fokus Deutsch** video series integrates mini-dramas, authentic cultural and historical footage, and personal testimonials to provide learners with an in-depth view of German language, society, culture, and history. The **Fokus Deutsch** series develops a simple concept: A young German student (Marion Koslowski) comes to the United States to help an American professor (Dr. Robert Di Donato) create a contemporary German language course that focuses on historical and cultural studies. Together through the videos, they teach German language and culture as they present a variety of issues important to German-speaking people today and offer insights into the historical concepts of these topics.

A CULTURAL APPROACH

Together, **Fokus Deutsch** and **Auf Deutsch!** teach language while covering a wide array of cultural and historical topics from many different perspectives. Video topics range from everyday life, family, work, and daily routines to political and social issues that affect German-speaking people today. Themes also include the worlds of art, theater, and film. In Levels 1 and 2, Professor Di Donato and Marion introduce the topics, which unfold within the context of the mini-dramas and through commentaries of speakers of German from Austria, Switzerland, and Germany. Cultural footage, interspersed throughout, provides actual views of life in various geographical locations and authentic treatment of topics such as the **Abitur** and **Karneval**. Level 3 picks up the topics introduced in Levels 1 and 2 and explores them from a documentary perspective through historical and contemporary cultural footage. This German studies approach to language learning enables viewers (1) to gain a wide variety of insights into German culture, society, and history of speakers of German; (2) to explore topics from multiple perspectives; and (3) to gradually understand and communicate in German.

Auf Deutsch!, used in conjunction with **Fokus Deutsch**, enables students to focus on the following "Five Cs of Foreign Language Education" outlined in *Standards for Foreign Language Learning: Preparing for the 21st Century* (1996; National Standards in Foreign Language Education Project, a collaboration of ACTFL, AATG, AATF, and AATSP). *Communication* and *Cultures:* With the **Auf Deutsch!** approach, students communicate in German in meaningful contexts as they learn about and develop an understanding of German-speaking cultures. *Connections:* The videos, readings, activities, and exercises all encourage students to connect their German language study and other disciplines with their personal lives. *Comparisons:* **Auf Deutsch!** helps students realize the interrelationships between language and culture and compare the German-speaking world with their own. *Community:* **Auf Deutsch!** offers many opportunities for students to relate to communities of German-speaking peoples through a variety of interactive resources, including the Internet.

HOW TO USE FOKUS DEUTSCH

Auf Deutsch! offers several options for using the materials in a traditional classroom setting. For example, teachers may:

- use both the *Auf Deutsch!* textbook and the *Fokus Deutsch* video series in the class, assign most of the materials in the **Arbeitsheft** for homework, and follow up selected activities and discussions in class.

- use only the *Auf Deutsch!* textbook in class, and have students view the video episodes at home, in the media center, or in the language laboratory.

Fokus Deutsch is also designed as a complete credit telecourse for the distant ("at-home") learner. Telecourse students can watch each episode and complete all sections of the *Auf Deutsch!* textbook and **Arbeitsheft.**

In all cases, students should watch each episode from beginning to end without interruption. They can replay and review selected segments once they are familiar with the content of an episode. The Teacher's Manual provides more detailed suggestions for using the *Auf Deutsch!* textbook program with the *Fokus Deutsch* video series.

THE FOKUS DEUTSCH VIDEO SERIES

The *Fokus Deutsch* video series consists of 36 fifteen-minute episodes. A video review follows every third episode. The videos are time-coded for easier classroom use.

STRUCTURE OF LEVELS 1 AND 2

Each fifteen-minute episode features the following basic structure.

1. **Preview:** A preview of the mini-drama introduces the characters and sets up the context and the action of the mini-drama. Actual scenes from the mini-drama illustrate the preview and aid comprehension.

2. **Introduction to the communicative expressions:** Brief scenes from the mini-drama introduce expressions for saying hello or good-bye, requesting information, getting someone's attention, and so forth to alert viewers to the contexts in which these expressions occur.

3. **Mini-drama:** The complete mini-drama runs approximately four to five minutes and illustrates the principal story line of the *Fokus Deutsch* video series. The story of Marion Koslowski, found in Level 1, gives way in Level 2 to a series of shorter mini-dramas containing characters and situations that illustrate various aspects of life and culture in the German-speaking world.

4. **Review and summary:** Professor Di Donato reviews the characters and summarizes the plot in simple, straightforward German. The review contains basic structures and vocabulary along with images of the corresponding scenes to ensure viewer comprehension. The review of the mini-drama also serves as a model for extended discourse, as it uses several sentences to summarize content.

5. **Text of communicative expressions:** On-screen text appears with the communicative expressions in the context of the corresponding scenes to facilitate the comprehension and acquisition processes.

CAST OF CHARACTERS

CHARACTERS IN THE FRAMEWORK OF *FOKUS DEUTSCH*

Robert Di Donato, an American professor of German, is developing a video-based language and culture course. He brings Marion Koslowski to the United States to assist him in this task.

Marion Koslowski, played by Susanne Dyrchs, is a student at the Gymnasium in Rheinhausen, Germany. She comes to the United States to help Professor Di Donato develop and teach the German course.

Sabine Dyrchs, Marion's (or rather, Susanne's) real-life sister, shows up in Boston to give her sister some moral support.

CHARACTERS IN THE LEVEL 2 MINI-DRAMAS

Dieter Schäfer is Michael's boss at the shipping firm in Hamburg, where Michael is taking his internship. One evening he invites Michael to have dinner with him and his family. The dinner ends up a disaster, but Michael saves the day.

Karin Schäfer, Dieter's wife, follows the family's usual weekend routine of shopping, doing chores, and inviting friends for afternoon coffee.

Eva Schäfer, Dieter and Karin's daughter, suggests they all go out to a restaurant since the family dinner is ruined.

Uwe Cornelius, a friend of the Schäfers, discloses that his firm plans to transfer him to a small town in Thuringia to manage a factory. He worries about how the family will react to the news.

Sonja Hofmann, Klara's friend at the university, formally introduces her to Markus Schops.

Renate Cornelius is a teacher in Hamburg. She is not happy about her husband's job transfer and refuses to give up her teaching position. Together they find a solution to their dilemma.

Markus Schops is a student at the University of Munich. He gives up his spot in the practicum for Klara. Later he gets the nickname "the Spaghetti-Professor."

Nina Cornelius, the younger daughter, supports her father in his job transfer and wouldn't mind at all moving to the small town in Thuringia.

Inge Schops is Markus's mother. Markus and Klara are on their way to visit her when they stumble onto an environmental polluter.

Klara Cornelius, the older daughter, is against the move to Thuringia. Later, she attends the University of Munich where she meets Markus Schops.

Thomas Schops is Markus's younger brother. When it comes to clothing, Thomas just can't get it right. He seems to wear the wrong clothes at the wrong time.

Laura Stumpf, Thomas's and Markus's cousin, visits the Schops and talks Thomas into going to a concert with her. However, Thomas is turned away at the door because his clothes are "out."

Heiner Sander has elected to take a paternity leave to care for his and Roswita's son, Kai. Soon he plans to return to work while Roswita stays home with Kai.

Karl and Evelyn Stumpf, Laura's parents, live in Berlin. At a flea market they find a painting to go with their new sofa and become jubilant when they hear it may be very valuable.

Inéz arrives from Mexico as an au pair to live with the Sanders and take care of Kai so they both can work. At first unfamiliar with the customs and traditions of German life, Inéz soon finds a place in the family.

Roswita Sander, the Stumpfs's married daughter, works while her husband Heiner stays home to take care of their son, Kai. Heiner's paternity leave is nearly up and Roswita is supposed to take her leave from work to care for Kai, but her boss offers her an irresistable opportunity.

THE TEXTBOOKS: A GUIDED TOUR

The three *Auf Deutsch!* textbooks correspond to the three levels of the *Fokus Deutsch* video series. Each textbook contains twelve regular chapters and four review chapters. Each chapter corresponds to one episode of the video series. Review chapters, in which students review the video story line, vocabulary, and grammatical structures, follows every third regular chapter.

ORGANIZATION OF LEVELS 1 AND 2

Auf Deutsch! features a uniquely clear and user-friendly organization. Each regular chapter consists of the following self-contained teaching modules that maximize flexibility in designing a German course.

VIDEOTHEK

Pre- and post-viewing activities coordinate directly with the video episode to help students gain a thorough comprehension of what they see and hear.

Hamburg

Hallo Jürgen!

Schöne Grüße aus Hamburg. Hier fühle ich mich richtig wohl. Ich habe ein tolles Zimmer in einer alten Villa in Blankenese. Das Zimmer ist zwar klein aber gemütlich, und die Miete ist nicht so hoch. Mein Chef, Herr Schäfer, hat alles organisiert. Ich habe schon viel in dieser riesigen Stadt gesehen. An der Binnenalster war ich und auch in St. Pauli. Dort ist natürlich viel los. Die Diskos sind fantastisch. Heute Morgen war ich zum ersten Mal im Büro. Die Sekretärin hat mich kaum wieder erkannt. Vielleicht sehe ich doch etwas reifer aus. Herr Schäfer hat mich durch das große Büro geführt, mir die verschiedenen Abteilungen" gezeigt und mich auch vorgestellt. Gleich hat ein Kollege mir erklärt, wie man Formulare ausfüllt und wie man Kopiergerät und Fax bedient. Mein Arbeitsplatz gefällt mir wirklich gut. Es gibt überall riesige Fenster mit einem tollen Blick auf den Hafen.

Wie steht's bei dir? Wie läuft es in der Tierarztpraxis? Auch wenn Hamburg sehr spannend ist, vermisse ich Celin und meine Freunde.

Für heute mache ich Schluss. Am ersten Tag war alles doch ein wenig schwierig, und ich will zur Entspannung noch ein bisschen lesen. Lass bald von dir hören.

Bis bald, Michael

CHAPTER OPENER

Chapter learning goals and chapter opening correspondence prepare students for what is to come in the chapter and in the accompanying video episode.

XXVI

VOKABELN

Two sections, each with illustrated and thematically grouped vocabulary, expand the vocabulary of the mini-dramas and offer abundant exercises for vocabulary development.

STRUKTUREN

Two sections, each introducing a single grammatical point through clear and concise explanations, offer a wide array of practice, from controlled exercises to open-ended and creative activities.

EINBLICKE

The response to the chapter-opening correspondence offers further insights into cultural points raised in the video. A reading and accompanying activities deepen students' awareness and understanding of cultural aspects suggested in the chapter.

PERSPEKTIVEN

The chapter culminates in four-skills development through this final section, which includes the following features.

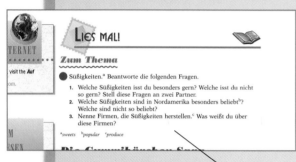

HÖR MAL ZU! features testimonials, interviews, narratives, and other types of listening passages, along with follow-up comprehension exercises.

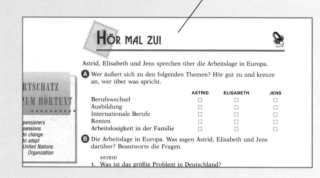

LIES MAL! exposes students to a wide variety of German texts, including author-written passages, as well as authentic literary and non-literary reading selections.

INTERAKTION, a combination of role-playing, partner, and group activities, gives students a chance to integrate what they've learned in real communication with others.

SCHREIB MAL! guides students carefully through the pre-writing, writing, and editing processes and facilitates their use of chapter vocabulary and grammatical structures in a personalized context.

OTHER FEATURES

Many other features round out the chapters of *Auf Deutsch!* The linguistic notes in *Sprachspiegel* offer practical insights into the similarities between German and English. *Tipp zum Hören, Tipp zum Lesen,* and *Tipp zum Schreiben* aid students in developing listening, reading, and writing skills.

BIST DU WORTSCHLAU?

In German, all words denoting professions have corresponding feminine forms. To get the feminine form, take the masculine form, drop any final **-e**, and add **-in:**

    der Ingenieur → die Ingenieurin
    der Kollege → die Kollegin

If the word has an **a, o,** or **u** in the last syllable, add an umlaut:

    der Anwalt → die Anwältin
    der Arzt → die Ärztin

Do not add the umlaut, however, if the last syllable is stressed:

    der Autor → die Autorin
    der Fotograf → die Fotografin

In the plural, all feminine forms end in **-innen:**

    die Kollegin → die Kolleginnen

BIST DU WORTSCHLAU? Vocabulary notes offer tips for learning and expanding vocabulary in German.

SO GEHT'S!

Verbs of motion or change typically require **sein** in the present perfect tense: an•kommen, gehen, kommen, mit•kommen, reisen, vorbei•kommen, wandern, werden, zurück•kommen. In addition, the verbs **bleiben** and **sein** also take **sein** in the present perfect tense.

SO GEHT'S! Grammar notes provide brief but essential information for understanding language structures and/or for carrying out a particular activity.

FOKUS INTERNET Cues direct students to the *Auf Deutsch!* Web Site, where they can connect to sites on the World Wide Web and explore cultural concepts more fully.

KULTURSPIEGEL

Germany is made up of federal states, Austria of provinces, and Switzerland of cantons (**Kantone**). The formerly independent cantons joined together to form the Swiss state in 1291. One of the oldest cantons, **Schwyz**, gave its name to the entire confederation. Although many people in Switzerland speak more than one language, most Swiss are primarily German, French, Italian, or even Romansch speakers. The Swiss license plate initials **CH** stand for **Confederatio Helvetica**, the official Latin name of the Swiss confederation.

KULTURSPIEGEL Cultural notes provide information pertaining to concepts presented in the videos, readings, or activities.

FOKUS INTERNET

To learn more about restaurants and cafés in German-speaking countries, visit the *Auf Deutsch!* Web Site at www.mcdougallittell.com.

WORTSCHATZ ZUM VIDEO / WORTSCHATZ ZUM HÖRTEXT / WORTSCHATZ ZUM LESEN Brief vocabulary items aid viewing, listening, and reading comprehension.

WORTSCHATZ ZUM VIDEO

einen Gefallen tun	to do a favor
überreden	to convince
Hau ab!	Get lost!
das Sparbuch	savings account book
der Aufwand	expense; extravagance

PROGRAM COMPONENTS

BOOKS, VIDEOS, AND ORDERING INFORMATION

The 36 *Fokus Deutsch* videos, as well as the complete program of textbooks and supplementary materials for *Auf Deutsch!*, is available through McDougal Littell. To order videos, call the Annenberg/CPB Foundation at 1-800-LEARNER. To order desk copies of the textbooks and supplements contact your McDougal Littell representative.

The following descriptions of components apply to all three levels of *Auf Deutsch!*

PUPIL'S EDITION

The three textbooks correlate to the three levels of the video series and contain viewing activities, vocabulary activities, grammar explanations and exercises, cultural and historical readings, listening comprehension activities, and reading and writing activities.

ARBEITSHEFT (WORKBOOK)

A combined Workbook and Laboratory Manual accompanies the Pupil's Edition for each level. Each chapter is divided into sections that mirror the sections in the main textbook, and each section, as appropriate, may contain both laboratory and workbook exercises. All sections provide practice in global listening comprehension, pronunciation, speaking, reading, and writing.

AUDIO PROGRAM

Each set of audio CDs or Cassettes provides thirty minutes of material correlated with the listening comprehension sections in the Pupil's Edition. In addition, the Audio Program provides another six hours of additional listening material correlated with the listening portions of the **Arbeitsheft** (Workbook).

WORLD WIDE WEB

The **Fokus Internet** feature in the Pupil's Edition allows students to explore links by connecting to the *Auf Deutsch!* Web Site (www.mcdougallittell.com). Available in fall 1999, this site also includes engaging web-based activities.

TEACHER'S EDITION

The Teacher's Edition is identical to the corresponding Pupil's Edition, except that it contains an interleaf with a planning guide, listening scripts, pacing guides for 50- and 90-minute classes, and teaching suggestions for each chapter.

AUDIO SCRIPT

Packaged with the Teacher's Audio Program, the Audio Script contains the complete recording script of the Audio Program.

TEACHER'S RESOURCE CD-ROM

The Teacher's Resource CD-ROM contains visuals—from all three levels of the main texts and videos—for creating overhead transparencies, as well as Power Point™ slides for classroom use, and the complete Assessment Program in Microsoft Word 97 format. The Assessment Program offers a complete set of chapter quizzes, review tests, and a final exam.

ASSESSMENT PROGRAM

The *Auf Deutsch!* Assessment Program contains 12 chapter tests, 4 review tests, and a final exam. It is also available on the *Auf Deutsch!* Teacher's Resource CD-ROM.

OVERHEAD TRANSPARENCIES

A collection of Overhead Transparencies from the textbook contains visuals from the vocabulary sections as well as the grammar presentations.

TEACHER'S VIDEO GUIDE

The Teacher's Video Guide provides information on the structure of each level of the video series, a complete list of the characters, and a summary of each episode. In addition, it contains suggestions and helpful hints for using the videos in the classroom.

DISTANCE LEARNING FACULTY GUIDE

The Distance Learning Faculty Guide contains useful information on implementing a distance learning course and how to incorporate the *Fokus Deutsch* video series and the print materials in that environment.

ACKNOWLEDGMENTS

A project of this magnitude takes on a life of its own. So many people have helped with the video series and print materials that it is impossible to acknowledge the work and contributions of all of them in detail. Here are some of the highlights.

MEMBERS OF THE ADVISORY BOARD, THE ANNENBERG/CPB PROJECT, AND WGBH

Robert Di Donato, Chief Academic and Series Developer
Professor of German
Miami University of Ohio

Keith Anderson
Professor Emeritus and Acting Director of International Studies
St. Olaf College

Thomas Keith Cothrun
Past President, American Association of Teachers of German
Las Cruces High School

Richard Kalfus
German Instructor and Foreign Language Administrator
Community College District, St. Louis, Missouri

Beverly Harris-Schenz
Vice Provost for Faculty Affairs and Associate Professor of German
University of Pittsburgh

Marlies Stueart
Wellesley High School

Dr. Claudia Hahn-Raabe
Deputy Director and Director of the Language Program
Goethe-Institut

Jurgen Keil
Director
Goethe-Institut Boston

Manfred von Hoesslin
Former Director of the Language Department
Goethe-Institut Boston

REVIEWERS AND FOCUS GROUP PARTICIPANTS

Karen Alms, Laguna Hills High School, CA
John Austin, Georgia State University, GA
Helga Bister-Broosen, University of North Carolina at Chapel Hill, NC

Marty Christopher, Woodward High School, OK

Donald Clark, Johns Hopkins University, MD

Sharon Di Fino, University of Florida, FL

Judy Graunke, Temple City High School, CA

Ingeborg Henderson, University of California, Davis, CA

Richard Kalfus, St. Louis Community College, Meramec, MO

David Kleinbeck, Midland College, TX

Alene Moyer, Georgetown University, DC

Margaret L. Peo, Victor J. Andrew High School, Orland Park, IL

Barbara Pflanz, University of the Redlands, CA

Monica Polley, Wilmette Junior High, Wilmette, IL

Donna Van Handle, Mount Holyoke College, MA

Morris Vos, Western Illinois University, IL

The authors of *Auf Deutsch!* would also like to extend very special thanks to the following organizations and individuals:

- The Annenberg/CPB Project (Washington, D.C.), especially to Pete Neal and Lynn Smith for their support across the board.

- WGBH Educational Foundation, especially to Michelle Korf for her guidance in shaping the series, to Project Director Christine Herbes-Sommers for her tireless work on the project and for her wonderfully creative ideas, and to Producer-Director Fred Barzyk for his creative leadership.

- The Goethe-Institut, especially Claudia Hahn-Raabe for her stewardship in developing the series, and to Jürgen Keil in Boston for his creative and intellectual support and for sharing the use of Boston's beautiful Goethe-Institut building.

- InterNationes, especially to Rüdiger van den Boom and Beate Raabe.

**Deutschland und Luxemburg
Einwohner**
Deutschland (1998): 82,0 Mio.
Luxemburg (1998): 418 000
Maßstab 2,0 cm = 100 km

DÄNEMARK

OSTSEE

NORDSEE

Flensburg

Helgoland

Hiddensee
Rügen
Sellin

Stralsund
Greifswald
Rostock

Kiel

SCHLESWIG-
HOLSTEIN

Lübeck

MECKLENBURG-
VORPOMMERN

Güstrow

Neubrandenburg

Cuxhaven

HAMBURG

Schwerin

Bremerhaven

Hamburg

Ostfriesische Inseln

Emden

Leer

Oldenburg

BREMEN

Bremen

Lüneburg

Elbe

Prenzlau

BRANDENBURG

Havel

Oder

POLEN

NIEDERSACHSEN

LÜNEBURGER
HEIDE

Kirchlinteln

Wolfsburg

Brandenburg

BERLIN

Berlin

Potsdam

Frankfurt

Oder

DIE NIEDERLANDE

Osnabrück

Hannover

Bielefeld

Braunschweig

Hameln

Magdeburg

Eisenhüttenstadt

Neiße

TEUTOBURGER WALD

Münster

SACHSEN-
ANHALT

Cottbus

NORDRHEIN-WESTFALEN

Dortmund

Paderborn

Bad
Harzburg

Brocken

Wernigerode

Dessau

Wittenberg

Ruhr

Essen

Göttingen

HARZ

Eisleben

Halle

Görlitz

Duisburg

Rheinhausen

Wuppertal

Kassel

Weser

Leipzig

SACHSEN

Dresden

Krefeld

Düsseldorf

THÜRINGEN

Saale

Wengelsdorf

Meißen

Köln

Rhein

Erfurt

Weimar

Aachen

Eisenach

Kosmar

Chemnitz

Bonn

Marburg

Gießen

Fulda

THÜRINGER WALD

Suhl

Gera

Zwickau

ERZGEBIRGE

BELGIEN

Limburg

HESSEN

Weser

Koblenz

RHÖN

Frankfurt

Main

Bayreuth

TSCHECHIEN

Mosel

EIFEL

RHEINLAND-

HUNSRÜCK

Wiesbaden

Mainz

Würzburg

PFALZ

LUXEMBURG

Trier

Worms

Nürnberg

FRÄNKISCHE ALB

BÖHMER WALD

Luxemburg

Ludwigshafen

SAARLAND

Kaiserslautern

Mannheim

Rothenburg
ob der Tauber

BAYERN

Regensburg

BAYERISCHER
WALD

Saarbrücken

Heidelberg

Rhein

BADEN-
WÜRTTEMBERG

Karlsruhe

Straubing

Passau

Stuttgart

Donau

Isar

Mosel

SCHWÄBISCHE ALB

Neckar

Tübingen

Ulm

Augsburg

Inn

München

VOGESEN

SCHWARZWALD

Rottweil

FRANKREICH

Tegernsee

Chiemsee

Freiburg

BAYERISCHE ALPEN

Berchtesgaden

Weil am Rhein

Friedrichshafen

Garmisch-
Partenkirchen

Konstanz

Lindau

Bodensee

Zugspitze

ÖSTERREICH

DIE SCHWEIZ

ISLAND
Reykjavik

ATLANTISCHER
OZEAN

NORWEGEN

SCHWEDEN

FINNLAND

Oslo
Stockholm

Helsinki

Tallinn
ESTLAND

LETTLAND
Riga

LITAUEN
Wilna

Minsk

OSTSEE

Nordirland   Schottland   NORDSEE

IRLAND
Dublin   England

Wales

GROSSBRITANNIEN
London

Der Ärmelkanal

Kopenhagen
DÄNEMARK

DIE NIEDERLANDE
Den Haag
Brüssel
BELGIEN

Berlin

DEUTSCHLAND

Luxemburg

(ZU RUSSLAND)

Warschau

POLEN

WEISSRUSSLAND

Kiew

Prag
TSCHECHIEN

DIE SLOWAKEI

MOLDAWIEN
Kischinew

Paris

LUXEMBURG

LIECHTENSTEIN

FRANKREICH

Bern
DIE SCHWEIZ

Wien
ÖSTERREICH

Budapest

UNGARN

RUMÄNIEN

Ljubljana
SLOWENIEN
Mailand   Venedig
KROATIEN

Zagreb

Belgrad

SERBIEN UND
MONTENEGRO

Bukarest

BULGARIEN

PORTUGAL

Lissabon

Madrid

SPANIEN

ANDORRA

MONACO

Korsika

Mallorca

BOSNIEN UND
HERZEGOWINA

Sarajevo

VATIKANSTADT
Rom

ITALIEN

Sardinien

TYRRHENISCHES
MEER

ADRIATISCHES
MEER

Skopje

Tirana

ALBANIEN

Sofia

MAKEDONIEN

GRIECHENLAND

IONISCHES
MEER

Athen

KRETA

Straße von
Gibraltar

Rabat

Algier

MAROKKO

ALGERIEN

Tunis

TUNESIEN

Sizilien

MALTA

Tripolis

LIBYEN

MITTELMEER

Europa, Nordafrika und der Mittlere Osten

Maßstab 2,0 cm = 500 km

● Moskau

RUSSLAND

KASACHSTAN

ARALSEE

USBEKISTAN

UKRAINE

KASPISCHES

TURKMENISTAN

CHWARZES MEER

Tiblis ●

GEORGIEN ASERBAIDSCHAN

● Baku

ARMENIEN

● Eriwan

MEER

● Ankara

Teheran ●

DIE TÜRKEI

DER IRAN

SYRIEN

Bagdad ●

Nikosia ●

ZYPERN

DER IRAK

Beirut ● ● Damaskus

DER LIBANON

KUWAIT

PERSISCHER

Tel Aviv ●

● Amman

Kuwait ●

JORDANIEN

GOLF

TOTESMEER

ISRAEL

Kairo ●

SAUDI

ÄGYPTEN

ARABIEN

EU-LÄNDER (1998)	EINWOHNER (1998)
Belgien	10,2 Mio.
Dänemark	5,3 Mio.
Deutschland	82,0 Mio.
Finnland	5,1 Mio.
Frankreich	58,5 Mio.
Griechenland	10,5 Mio.
Großbritannien	58,9 Mio.
Irland	3,6 Mio.
Italien	57,5 Mio.
Luxemburg	0,4 Mio.
Niederlande	15,6 Mio.
Österreich	8,0 Mio.
Portugal	9,9 Mio.
Schweden	8,9 Mio.
Spanien	39,3 Mio.
Gesamtbevölkerungszahl	373,7 Mio.

Mio. = Millionen

Österreich

Einwohner (1998): 8 Mio.

Maßstab 1,5 cm = 50 km

TSCHECHIEN

DEUTSCHLAND

Gmünd
Horn
Krems
Donau
Linz
OBERÖSTERREICH
Melk
Sankt Pölten
WIEN
Wien
Wien
Amstetten
Baden
Gmunden
NIEDERÖSTERREICH
Eisenstadt
Neusiedler See
Salzburg
Bad Ischl
Wiener Neustadt
Kufstein
Sankt Johann in Tirol
Salzkammergut
Hallstatt
Liezen
Mariazell
BURGENLAND
Bregenz
Reutte
Wörgl
Bischofshofen
Zell am See
Oberwart
VORARLBERG
Feldkirch
Arlberg
Kitzbühel
Bruck
STEIERMARK
Bruck an der Mur
Enns
Innsbruck
Radstadt
Güssing
Landeck
SALZBURG
Mauterndorf
Sankt Georgen
TIROL
Osttirol
(zu Tirol)
Graz
DIE SCHWEIZ
Vintschgau
Meran
Lienz
Spittal an der Drau
Feldkirchen
Mur
UNGARN
SÜDTIROL
Drau
KÄRNTEN
Klagenfurt
Bozen
Villach
Wörther See

ITALIEN

SLOWENIEN

FRANKREICH

Rhein
SCHAFFHAUSEN
Schaffhausen
DEUTSCHLAND
BASEL
(STADT)
Kreuzlingen
Basel
Rhein
Thur
THURGAU
Bodensee
Baden
Winterthur
Frauenfeld
Liestal
ZÜRICH
St. Gallen
St. Margrethen
Delemont
BASEL
(LAND)
AARGAU
Herisau
AUSSER-RHODEN
JURA
Aarau
Zürich
APPENZELL
SOLOTHURN
Zürichsee
Appenzell
INNER-RHODEN
Solothurn
Reuss
Vaduz
Biel
LUZERN
Zug
SANKT
GALLEN
ÖSTERREICH
Neuchâtel
ZUG
Einsiedeln
Glarus
LIECHTENSTEIN
NEUENBURG
Neuenburger See
Luzern
Bern
SCHWYZ
GLARUS
Vierwaldstätter See
Stans
Schwyz
Chur
BERNER
OBERLAND
Sarnen
NIDW.
Braunwald
Klosters
Fribourg
BERN
UNTERWALDEN
OBW.
Altdorf
Davos
WAADT
Thun
Brienz
Engelberg
URI
Rhein
GRAUBÜNDEN
FREIBURG
Interlaken
Andermatt
Disentis
Lausanne
Jungfrau
Grindelwald
St. Moritz
Montreux
Jungfraujoch
A
L
Tessin
Gstaad
Brig
Genfer See
Rhône
TESSIN
Genf
Sion
Bellinzona
GENF
WALLIS
Locarno
Rhône
Zermatt
Lugano
Matterhorn
Langensee

Die Schweiz und Liechtenstein

Einwohner

Schweiz (1998): 7,1 Mio.
Liechtenstein (1998): 30 000
Maßstab 2,0 cm = 50 km

NIDW = NIDWALDEN
OBW = OBWALDEN

ITALIEN

EINFÜHRUNG

Die Stadt Frankfurt hat in der deutschen Geschichte eine große Rolle gespielt. Heute ist die Stadt eines der wichtigsten Finanzzentren der Welt.

In this chapter, you will

- recall a number of basic concepts, words, and grammar points you have encountered in your past study of German.

- talk about and describe people, family, and places.

- practice the forms of German nouns, articles, and pronouns.

- construct questions.

- use the forms of the present tense in German.

- talk about events in the past using the present perfect tense.

- check your knowledge of culture and everyday life in German-speaking countries.

Welcome to Book Two of **Auf Deutsch!** You are probably coming back from a vacation, and you might feel that you have forgotten everything from your previous study of German. This chapter provides a brief review of vocabulary, grammar, and cultural topics you might already recall from your study. This will help you not only see how much you remember, but also point out areas you might need to review some more. That's the goal of this short introductory chapter. Remember, work closely with your teacher and your fellow classmates, and always use German as much as you can.

Now, let's review!

**Bob Di Donato,
Professor für Deutsch.**

VOKABELN

A Im Klassenzimmer. Wie nennt man diese Sachen?

MODELL: Nummer eins: Das ist ein Tisch.

B Beschreibungen

SCHRITT 1: Wer sind Anna und Jens? Hör gut zu. Mach dir eine Tabelle wie die folgende, und ergänze sie mit den richtigen Informationen.

	ANNA	JENS	DEIN PARTNER / DEINE PARTNERIN
Alter			
Geburtsort			
Nationalität			
Studienfach			
Adresse			
Telefonnummer			
Freizeitbeschäftigungen			

SCHRITT 2: Und dein Partner / deine Partnerin? Arbeite jetzt mit einem Mitschüler / einer Mitschülerin. Bitte ihn / sie um Information über die obigen Punkte, und fülle deine Tabelle aus. Stell danach deinen Partner / deine Partnerin der Klasse vor.

C Welche Vokabeln weißt du schon? Ergänze die Lücken mit den Wörtern von der Liste unten.

1. Juttas Vater hat eine Schwester, Helga. Helga ist die _____ von Jutta.
2. Ernst war gestern krank, aber jetzt fühlt er sich wieder _____.
3. Klara, _____ du gern Musik?
4. Ich kann diese Jacke nicht kaufen, weil sie zu _____ ist.
5. Mein Vater kann sehr gut _____ spielen.
6. Meine Wohnung hat eine kleine _____, aber ich esse lieber im Restaurant.
7. Früher habe ich bei meinen Eltern gewohnt, aber jetzt wohne ich _____.
8. Meine Mutter hat eine neue Arbeit, und wir müssen jetzt nach Dresden _____.
9. Am 31. Dezember feiert man _____.
10. In Hamburg ist das Wetter oft ziemlich _____.
11. Karl hat sich das _____ gebrochen und kann nicht laufen.
12. Es regnet! Zieh doch einen _____ an!
13. Ich fahre nie auf der Autobahn. Ich finde sie zu _____.
14. Unser Hotelzimmer liegt im dritten _____.
15. _____ du in der Nähe?
16. Der Rhein ist ein sehr wichtiger _____.

a. wohnst	e. Regenmantel	i. Fluss	m. Tante
b. neblig	f. hörst	j. Bein	n. umziehen
c. gesund	g. Küche	k. Silvester	o. allein
d. Klavier	h. gefährlich	l. Stock	p. teuer

D Ein Mensch. Wie heißen diese Körperteile?

MODELL: Nummer eins: Das ist das Haar.
oder: Das sind die Haare.

Die Körperteile
die Hand, ⸚e
die Nase, -n
die Schulter, -n
die Wange, -n
der Arm, -e
der Finger, -
der Fuß, ⸚e
der Hals, ⸚e
der Mund, ⸚er
der Rücken, -
der Zahn, ⸚e
das Auge, -n
das Bein, -e
das Haar, -e
das Kinn, -e
das Ohr, -en

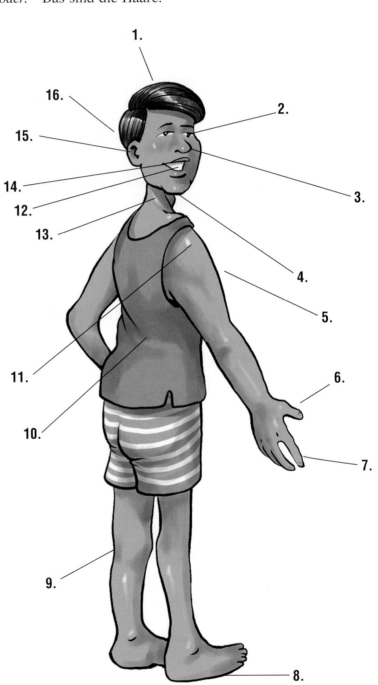

E Kleidung. Beschreib die Personen. Was tragen sie?

1. Michael und Marion.

2. Marion mit ihrer Mutter.

3. Michael in Herrn Boltens Büro.

4. Heinz und Vera Koslowski mit Herrn Becker.

STRUKTUREN

A Wortsalat. Bilde Fragen.

MODELL: du / machen / hier / im Sommer / was →
Was machst du hier im Sommer?

1. deine Freundinnen / heißen / wie
2. ihr / Schüler / sein
3. ihr / gern / Pizza / essen
4. du / oft / Filme / sehen
5. du / ich / morgen / anrufen
6. dein Vater / Zeitungen / gern / lesen
7. ich / etwas sagen / dürfen
8. du / ich / helfen / können
9. deine Schwester / immer / ein Hut / tragen
10. du / haben / wie viele Brüder

So viele Fragen!

B Geschenke. Was bekommen die Koslowskis? Was geben sie wem? Bilde Sätze.

MODELL: Lars: Herr Koslowski / kaufen / er / ein Fußball →
Lars? Herr Koslowski kauft ihm einen Fußball.

1. Vera: Heinz / kaufen / sie / ein Mantel
2. Ich: Vera / mitbringen / ich / eine Rose
3. Du, Marion: Lars / schenken / du / ein Poster
4. Wir, Heinz und Vera: Marion / geben / wir / Fotos
5. Lars und Marion: Die Eltern / kaufen / sie / je ein Rucksack
6. Sie, Herr Koslowski: Herr Becker / geben / Sie / ein Buch

C Schon gemacht! Reagier auf die Befehle. Sag, dass du die Aktivitäten schon gemacht hast.

MODELL: Wasch das Auto! →
Ich habe das Auto schon gewaschen.

1. Kauf einen Mantel!
2. Bleib hier mit dem Kind!
3. Sieh fern!
4. Geh ins Kino!
5. Ruf Tante Heidi an!
6. Probier diese Jacke an!
7. Schreib einen Brief!
8. Mach die Tür zu!

D Wohin? Deine Freunde haben viel zu tun. Gib ihnen einen Rat. Benutze **an, auf** und **in**.

MODELL: „Ich muss Geld holen." → Geh auf die Bank.

1. „Ich muss heute einkaufen gehen."
2. „Ich muss mit meinem Deutschlehrer sprechen."
3. „Ich muss Briefmarken kaufen."
4. „Ich möchte schwimmen gehen."
5. „Ich will in der Sonne liegen."
6. „Ich will einen Roman lesen."

die Post   die Schule
der Supermarkt
die Bibliothek   der Strand
das Meer

E Umziehen. Du ziehst in ein neues Haus ein. Wohin sollen diese Sachen? Kombinier die Wörter.

MODELL: Das Poster hänge ich an die Wand.

WAS	WIE	WER		WOHIN
das Poster	stellen	ich	an	der Teppich
die Blumen	legen		in	die Ecke
das Bett	hängen		auf	der Tisch
die Kleidung			neben	die Vase
die Lampe			unter	der Schrank
die Zeitung			über	die Wand

PERSPEKTIVEN

A Familie. In diesem Buch wirst du mehrere deutsche Familien kennen lernen. Und deine Familie? Zeichne einen Stammbaum von deiner oder einer fiktionalen Familie. Stelle danach diese Familie der Klasse vor.

B Feste und Feiertage

SCHRITT 1: Wie feiert man? Sag, was man zu welchem Fest oder an welchem Feiertag macht.

1. Man trägt bunte Kostüme.
2. Man sieht Feuerwerke und sagt „Guten Rutsch!".
3. Man schenkt Rosen und Schokoladen.
4. Man schmückt einen Baum und gibt Geschenke.
5. Man bekommt einen Kuchen mit Kerzen darauf.

a. Weihnachten
b. Valentinstag
c. Karneval
d. Silvester
e. Geburtstag

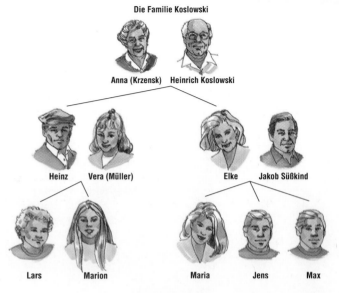

Die Familie Koslowski

Anna (Krzensk) Heinrich Koslowski

Heinz Vera (Müller) Elke Jakob Süßkind

Lars Marion Maria Jens Max

Stammbaum

SCHRITT 2: Wann und was? Beantworte die Fragen.

1. An welchem Tag und/oder in welchem Monat feiert man Weihnachten? Chanukka? Valentinstag? Karneval? Silvester?
2. Wann hast du Geburtstag?
3. Was machst du gern an deinem Geburtstag?

C Schule und Studium

SCHRITT 1: Was weißt du schon von dem deutschen Schulsystem? Schau dir die Grafik auf Seite 8 an. Was stimmt? Was stimmt nicht?

1. Alle Kinder müssen in den Kindergarten gehen.
2. Nach der fünften Klasse hört man mit der Grundschule auf.
3. Alle Schüler gehen nach der Grundschule auf das Gymnasium.
4. Die Schüler in der Realschule sind im allgemeinen zwischen zwölf und sechzehn Jahre alt.
5. Nach der zehnten Klasse hört man mit der Realschule auf.

Zum Karneval feiert man auf der Straße.

6. Im „dualen System" besucht man die Berufsschule und arbeitet im Betrieb.
7. Schüler im Gymnasium machen ein Berufsgrundbildungsjahr.

	Berufsqualifizierender Abschluß		Fachhoch-schulreife	Allgemeine Hochschulreife	19	Sekundarbereich II
13				Gymnasiale Oberstufe (Gymnasium, Berufliches Gymnasium/Fachgymnasium, Gesamtschule)	18	
12	Berufsausbildung in Berufsschule und Betrieb (Duales System)	Berufs-fach-schule	Fach-ober-schule		17	
11					16	
10	Berufsgrundbildungsjahr, schulisch oder kooperativ				15	
	Mittlerer Schulabschluß (Realschulabschluß) nach 10 Jahren, Erster allgemeinbildender Schulabschluß (Hauptschulabschluß) nach 9 Jahren				16	Sekundarbereich I
10		10. Schuljahr				15	
9	Sonder-schule	Hauptschule	Realschule	Gymnasium	Gesamt-schule	14	
8						13	
7						12	
6		(schulartabhängige oder schulartunabhängige Orientierungsstufe)				11	
5						10	
4	Sonder-schule	Grundschule				9	Primärbereich
3						8	
2						7	
1						6	
Jahrgangsstufe	Sonder-kinder-garten	Kindergarten (freiwillig)				5	Elementar-bereich
						4	
						3	
					Alter	

SCHRITT 2: Wie ist das Schulsystem in den USA? Vergleiche die beiden Systeme. Was findst du gut oder schlecht an beiden?

WORTSCHATZ

Substantive	**Nouns**
Im Klassenzimmer	*In the classroom*
die **Kreide, -n**	chalk
die **Tafel, -n**	blackboard
die **Tür, -en**	door
die **Uhr, -en**	clock
die **Wand, ̈e**	wall
der **Bleistift, -e**	pencil
der **Kugelschreiber, -**	ballpoint pen
der **Lehrer, -** / die **Lehrerin, -nen**	teacher
der **Overheadprojektor**	overhead projector
der **Schüler, -** / die **Schülerin, -nen**	pupil; high school student
der **Schwamm, ̈e**	blackboard eraser
der **Student (-en** *masc.***)** / die **Studentin, -nen**	college student
der **Stuhl, ̈e**	chair
der **Tisch, -e**	table
das **Buch, ̈er**	book
das **Heft, -e**	notebook
das **Papier, -**	paper

Die Familie	*The family*
die **Großmutter, ̈**	grandmother
die **Mutter, ̈**	mother
die **Schwester, -n**	sister
die **Tante, -n**	aunt
die **Tochter, ̈**	daughter
der **Bruder, ̈**	brother
der **Großvater, ̈**	grandfather
der **Onkel, -**	uncle
der **Sohn, ̈e**	son
der **Vater, ̈**	father
das **Kind, -er**	child
die **Eltern** (*pl.*)	parents
die **Großeltern** (*pl.*)	grandparents

Sonstige Substantive	**Other nouns**
die **Bluse, -n**	blouse

die **Hose, -n**	pair of pants
die **Jacke, -n**	jacket
die **Küche, -n**	kitchen
der **Anzug, ̈e**	suit
der **Fluss, ̈e**	river
der **Regenmantel**	overcoat
der **Pullover, -**	sweater
der **Schrank, ̈e**	closet
der **Stock (-werke)**	floor, story (in a building)
der **Teppich, -e**	rug
das **Bein, -e**	leg
das **Hemd, -en**	shirt
das **Klavier, -e**	piano
das **Silvester**	New Year's Eve

Adjektive und Adverbien	**Adjectives and adverbs**
allein	alone
bunt	colorful
gefährlich	dangerous
gesund	healthy
neblig	foggy
teuer	expensive

Verben	**Verbs**
an•rufen, angerufen	to call (*on the phone*)
bleiben, ist geblieben	to stay, remain
essen (isst), gegessen	to eat
gehen, ist gegangen	to go; to walk
heißen, geheißen	to be named, called
hören	to listen
kaufen	to buy
lesen (liest), gelesen	to read
schreiben, geschrieben	to write
sehen (sieht), gesehen	to see
sein, ist gewesen	to be
tragen (trägt), getragen	to wear
wohnen	to live; to reside
um•ziehen, ist umgezogen	to move

DER AZUBI

In this chapter, you will

- experience Michael's first day as a trainee.
- find out more about Hamburg, Michael's new home.

You will learn

- how one talks about the workplace.
- expressions for various professions.
- more about the nominative, accusative, and dative cases.
- more about the forms for commands and requests.
- about a successful German company.
- how to create an ad for your own company.

Zwei Azubis am Arbeitsplatz.

Hamburg

Hallo Jürgen!

Schöne Grüße aus Hamburg. Hier fühle ich mich richtig wohl. Ich habe ein tolles Zimmer in einer alten Villa in Blankenese.ᵃ Das Zimmer ist zwar klein aber gemütlich, und die Miete ist nicht so hoch. Mein Chef, Herr Schäfer, hat alles organisiert. Ich habe schon viel in dieser riesigen Stadt gesehen. An der Binnenalsterᵇ war ich und auch in St. Pauli.ᶜ Dort ist natürlich viel los. Die Diskos sind fantastisch.

Heute Morgen war ich zum ersten Mal im Büro. Die Sekretärin hat mich kaum wieder erkannt. Vielleicht sehe ich doch etwas reiferᵈ aus. Herr Schäfer hat mich durch das große Büro geführt, mir die verschiedenen Abteilungenᵉ gezeigt und mich auch vorgestellt. Gleich hat ein Kollege mir erklärt, wie man Formulare ausfüllt und wie man Kopiergerät und Fax bedient. Mein Arbeitsplatz gefällt mir wirklich gut. Es gibt überall riesige Fenster mit einem tollen Blick auf den Hafen.

Wie steht's bei dir? Wie läuft es in der Tierarztpraxis?ᶠ Auch wenn Hamburg sehr spannend ist, vermisse ich Sellin und meine Freunde.

Für heute mache ich Schluss. Am ersten Tag war alles doch ein wenig schwierig, und ich will zur Entspannung noch ein bisschen lesen. Lass bald von dir hören.

Bis bald, Michael

ᵃ(a district of Hamburg)   ᵇ(a lake in Hamburg)   ᶜ(a district of Hamburg)   ᵈmore mature   ᵉdepartments   ᶠveterinary practice

VIDEOTHEK

Marion und Michael auf Rügen.

Michael wartet an der Bushaltestelle.

In der letzten Folge . . .

wiederholt Marion die Geschichte ihrer Reise nach Rügen und erzählt über die Probleme zwischen Michael und Silke. Sie erzählt die Geschichte als Märchen. Michael hat Silke alles erklärt und beide sind am Ende glücklich. Marion ist unzufrieden mit den Geschichten, die sie geschrieben hat, und will jetzt mehr vom Alltagsleben erzählen.

● Weißt du noch?

1. Wie haben sich Michael und Marion kennen gelernt?
2. Was haben Michael und Marion zusammen unternommen?
3. Wer ist Silke? Warum ist sie böse?
4. Wie geht es Michael und Silke am Ende der Geschichte?

In dieser Folge . . .

wiederholt Professor Di Donato Marions Geschichte von Anfang an. Marion erzählt dann weiter. Michael wohnt jetzt in Hamburg und hat eine Lehrstelle bei einer Firma am Hafen. Er zieht sich an und fährt zur Arbeit. Dort lernt er seinen Chef, und seine Kollegen und Kolleginnen kennen.

● Was denkst du? Ja oder nein?

1. Michael trifft Marion in Hamburg.
2. Michael macht eine lange Geschäftsreise.
3. Michael muss nach Rügen zurück.
4. Die Stelle in Hamburg gefällt ihm sehr.

WORTSCHATZ ZUM VIDEO

der Azubi = Auszubildende	*trainee*
die Lehre	*training*
förmlich	*formal*
der Eindruck	*impression*
der Kollege	*colleague*

SCHAU MAL ZU!

A Marions Geschichte. Bring die Sätze in die richtige Reihenfolge.

a. Es gibt Probleme zwischen Michael und Silke.
b. Marion und Michael unternehmen viel zusammen.
c. Marion und Rüdiger liegen im Krankenhaus wegen eines Unfalls.
d. Familie Koslowski zieht nach Köln.
e. Herr Koslowski ist arbeitslos.

f. Marion bleibt aber in Rheinhausen und will dort das Abitur machen.
g. Marion und ihre Mutter fahren nach Rügen im Urlaub.
h. Herr Koslowski bekommt eine Stelle als Hausmeister.

B Neue Bekannte. Wen lernt Michael im Büro kennen? Dort lernt er . . . kennen.

1. _____ die Sekretärin
2. _____ den Chef
3. _____ den anderen Azubi
4. _____ die Kollegen und die Kolleginnen
5. _____ seine neue Freundin

C Möbel und Geräte. Was siehst du alles im Büro? Ich sehe dort . . .

1. _____ ein Fotokopiergerät.
2. _____ einen Schreibtisch.
3. _____ ein Telefon.
4. _____ einen Computer.
5. _____ Bücher.
6. _____ eine Bushaltestelle.
7. _____ eine Kaffeemaschine.
8. _____ ein Faxgerät.

D Hamburg—eine Weltstadt. Was gibt es in Hamburg? Dort gibt es . . .

1. _____ Deutschlands wichtigsten Hafen.
2. _____ das Brandenburger Tor.
3. _____ das erste deutsche Schauspielhaus.
4. _____ viel Wasser und viele Kanäle.
5. _____ fünf Millionen Einwohner.
6. _____ den Schwarzwald.

E Wer will was werden? Sag, welche Person sich für die folgenden Berufe interessiert.

Grace   Anett   Susann   Felix   Anja   Anjas Bruder

1. Diese Person will Elektriker/Elektrikerin werden.
2. Diese Person will Mechaniker/Mechanikerin werden.
3. Diese Person will Apotheker/Apothekerin werden.

F Marion oder Michael. Beantworte die folgenden Fragen.

1. Warum will Marion nicht mehr über sich selbst sprechen, sondern nur die Geschichte von Michael erzählen?
2. Möchtest du lieber die Geschichte von Marion hören oder die Geschichte von Michael als Azubi in der Arbeitswelt erfahren? Warum?

SO GEHT'S!

The word **sich** is a reflexive pronoun that refers back to the speaker. It is not always translated in English.

Er zieht **sich** an.
He gets dressed (dresses himself).

The accusative reflexive pronouns relate to the personal pronouns as follows.

ich	**mich**	wir	**uns**
du	**dich**	ihr	**euch**
Sie	**sich**	Sie	**sich**
sie/er/es	**sich**	sie	**sich**

VOKABELN

DIE ARBEITSWELT

die Firma — SCHÄFER AG

der Auszubildende (*decl.adj.*)*

der Mitarbeiter

die Mitarbeiterin

die Chefin

das Büro

der Arbeitsplatz

Und noch dazu

die Ausbildungsstelle	*training position*	das Einkommen	*income*
die Berufsschule	*career school*	das Gehalt	*salary, pay*
die Bewerbung	*application*	das Vorstellungsgespräch	*job interview*
die Gelegenheit	*opportunity*	einen Beruf aus•üben	*to practice a profession*
die Karriere	*career*	sich beschäftigen mit	*to be occupied with*
die Stelle	*position*	sich interessieren für	*to be interested in*
die Tätigkeit	*activity*	verdienen	*to earn*
die Technik	*technology*	sich vor•stellen	*to introduce oneself*
der Beruf	*occupation*	sich bewerben um	*to apply for*
der Erfolg	*success*	abhängig/unabhängig	*dependent/independent*
der Kollege	*colleague*	finanziell	*financial(ly)*
der Lehrling	*apprentice*	selbständig	*independent(ly)*
der Lebenslauf	*résumé*	sicher	*secure(ly), safe(ly)*
der Schritt	*step, pace*	fest	*certain(ly)*

*Nouns with the marking *decl. adj.* require the endings of attributive adjectives: **Michael ist (neuer) Auszubildender. Kennen Sie den (neuen) Auszubildenden? Ich stelle Sie dem (neuen) Auszubildenen vor.**

Aktivitäten

A Michaels erster Tag. Was macht Michael alles am ersten Tag als Auszubildender? Bring die Sätze in die richtige Reihenfolge.

a. Herr Schäfer stellt ihm seine Kollegen und Kolleginnen vor.

b. Er fährt mit dem Bus zum Arbeitsplatz.

c. Herr Schäfer lädt Michael zu sich zum Essen ein, weil Michael niemanden in Hamburg kennt.

d. Herr Schäfer zeigt Michael die Firma.

e. Michael wartet auf den Bus.

f. Michael fährt mit Herrn Schäfer zum Hafen. Da hat Michael die Gelegenheit, ein Schiff zu sehen.

g. Michael stellt sich der Sekretärin vor.

B Ein Tag im Leben eines Azubis. Michael schreibt Silke einen Brief.

Liebe Silke,

tolle Nachrichten! Heute habe ich meinen ersten _____[1] (Schritt, Bewerbung) in die Arbeitswelt getan. Ich bin dir sehr dankbar—ohne deine Hilfe hätte[a] ich meinen _____[2] (Stelle, Lebenslauf) nicht fertig schreiben können. Ich bin jetzt _____[3] (Auszubildender, Chef) in der Speditionsabteilung bei einer Handelsfirma in Hamburg. Meine neuen _____[4] (Kollegen, Arbeitsplatz) habe ich kennen gelernt. Alle sind sehr freundlich.

Das _____[5] (Büro, Gehalt) ist nicht hoch, aber wie du weißt, Azubis _____[6] (verdienen, ausüben) nicht sehr viel Geld. Mein _____[7] (Chef, Erfolg) hat eine tolle _____[8] (Karriere, Vortstellungsgespräch) bei dieser _____[9] (Firma, Einkommen) gemacht. Er fährt einen BMW! Ich frage mich, ob er auch einmal so eine _____[10] (Ausbildungsstelle, Berufsschule) hatte, wie ich. Er hat mir das _____[11] (Büro, Gelegenheit) gezeigt und jetzt weiß ich ganz genau, wo das Faxgerät ist.

Dein Michael

[a]*would have*

C Ergänze die folgenden Sätze. Benutze die Wörter im Kasten. Pass auf die Verbform auf! Kennst du eine Person, die[a] so denkt?

1. Ich arbeite gern allein und bin sehr _____.
2. Während der Schulferien will ich viel Geld[b] _____.
3. Ich will nicht so _____ von meinen Eltern sein.
4. Ich suche eine _____.
5. Ich möchte _____ mit Menschen _____.
6. Eine Freundin sagt, sie _____ _____ um eine Stelle als Kassiererin im Supermarkt.
7. Aber ich _____ _____ für so eine Arbeit gar nicht.
8. _____ _____ ist auch nicht so wunderbar.
9. Morgen bringe ich meinen _____ in der Bank vorbei, und ich _____ _____ dem Personalchef _____.
10. Wenn ich _____ habe, bekomme ich eine Stelle.

[a]*who* [b]*money*

Kasten:
sich vorstellen
der Erfolg
der Lebenslauf
sich beschäftigen
verdienen
abhängig
selbständig die Stelle
sich vorstellen
das Gehalt
sich bewerben
sich interessieren

BERUFE

der Architekt*

die Ingenieurin

die Anwältin

die Fotografin

der Journalist

der Flugbegleiter

der Politiker

die Informatikerin

der Mechaniker

*Remember, masculine nouns with the marking **-n** or **-en** *masc.* require an **-n** or **-en** ending not only in the plural but also in the singular in all cases *except* the nominative: **Herr Braun ist Architekt. Kennen Sie einen Architekten? Wir haben dem Architekten für die Baupläne gedankt.**

Und noch dazu

die Geschäftsfrau	*businesswoman*	der Philosoph	*philosopher*
die Kauffrau	*female merchant*	der Psychologe	*psychologist*
der Autor	*author*	der Sänger	*singer*
der Bibliothekar	*librarian*	der Schauspieler	*actor*
der Dolmetscher	*interpreter*	der Zahnarzt	*dentist*
der Geschäftsmann	*businessman*		
der Journalist	*journalist*	helfen	*to help*
der Kaufmann	*merchant*	raten	*to advise*
der Künstler	*artist*	zeichnen	*to draw*
der Physiker	*physicist*		

Aktivitäten

A Wer macht was? Verbinde jeden Beruf mit der passenden Beschäftigung.

1. Ein Arzt
2. Eine Dolmetscherin
3. Eine Anwältin
4. Ein Flugbegleiter
5. Eine Informatikerin

a. muss ihren Klienten raten.
b. muss an Bord von Flugzeugen arbeiten.
c. beschäftigt sich mit Computern.
d. hat Medizin studiert und arbeitet in einer Praxis.
e. kann Texte oder Reden in andere Sprachen übersetzen.

B Was waren sie von Beruf? Arbeite zusammen mit einem Partner oder einer Partnerin.

MODELL: A: Was war Adolf Loos von Beruf?
B: Er war Architekt.

1. Willy Brandt
2. Sigmund Freud
3. Jane Austen
4. Pablo Picasso
5. Albert Einstein

a. Künstler/in
b. Politiker/in
c. Autor/in
d. Physiker/in
e. Psychologe/Psychologin

C Assoziationen. Welche Tätigkeiten und Eigenschaften assoziierst du mit diesen Berufen? Benutze einige oder alle der folgenden Ideen.

MODELL: Journalist: Ein Journalist oder eine Journalistin muss sehr gut und oft sehr schnell schreiben. Er/sie reist oft ins Ausland, soll gern interviewen und muss neugierig sein.

1. Automechaniker/in
2. Bibliothekar/in
3. Architekt/in
4. Opernsänger/in

- sich für Autos, Bücher, Theater und Musik, Entwurf (Design), ? interessieren
- sich mit Bauplänen, Makeup und Kostümen, Motoren, Publikationen, ? beschäftigen
- neugierig, fleißig, talentiert, kreativ, intelligent, ? sein
- gern reisen, lesen, singen, interviewen, zeichnen, ? sollen
- gut schreiben, singen, allein arbeiten, Rollen spielen, kalkulieren, ? müssen
- ?

D Herr/Frau X. Denk an einen berühmten Menschen, aber sag den Namen nicht! Gib deinen Mitschülern und Mitschülerinnen Tipps: Was war dieser Mensch von Beruf? Wo hat er gelebt? Wofür ist er bekannt? (Er ist für . . . bekannt.) . . .

MODELL: A: Er war Philosoph und hat in Athen gelebt.
B: Platon?
A: Richtig!

BIST DU WORTSCHLAU?

In German, all words denoting professions have corresponding feminine forms. To get the feminine form, take the masculine form, drop any final **-e**, and add **-in**:

> der Ingenieur → die Ingenieurin
> der Kollege → die Kollegin

If the word has an **a**, **o**, or **u** in the last syllable, add an umlaut:

> der Anwalt → die Anwältin
> der Arzt → die Ärztin

Do not add the umlaut, however, if the last syllable is stressed:

> der Autor → die Autorin
> der Fotograf → die Fotografin

In the plural, all feminine forms end in **-innen**:

> die Kollegin → die Kolleginnen

Loos Haus in Wien.

Platon am Arbeitsplatz.

STRUKTUREN

Review: NOMINATIVE, ACCUSATIVE, AND DATIVE CASE
MARKING SUBJECTS AND OBJECTS

As you have learned, a complete sentence must have a subject and a verb. A sentence may also contain a direct object and/or an indirect object.

- The *subject* tells who or what performs the action.
- The *verb* describes the action.
- The *direct object* indicates whom or what is directly affected by the action.
- The *indirect object* tells you to or for (the benefit of) whom/what an action is carried out.

SUBJECT (NOMINATIVE)	VERB	INDIRECT OBJECT (DATIVE)	DIRECT OBJECT (ACCUSATIVE)
Herr Koslowski	kauft	Marion	Fahrkarten.
Michael	zeigt	Marion	das Segelboot.
Marion	schreibt	ihrem Freund	einen Brief.
Marion	schickt	Michael	auch Fotos.
Herr Bolten	gibt	den Schülern	schlechte Noten.
Michael	schenkt	Silke	eine Blume.

The following table offers an overview of the case endings.

	FEMININE	MASCULINE	NEUTER	PLURAL
NOMINATIVE	die Frau eine Frau meine Frau keine Frau	der Mann ein Mann mein Mann kein Mann	das Kind ein Kind mein Kind kein Kind	die Kinder Kinder meine Kinder keine Kinder
ACCUSATIVE	die Frau eine Frau meine Frau keine Frau	**den** Mann **einen** Mann **meinen** Mann **keinen** Mann	das Kind ein Kind mein Kind kein Kind	die Kinder Kinder meine Kinder keine Kinder
DATIVE	**der** Frau **einer** Frau **meiner** Frau **keiner** Frau	**dem** Mann **einem** Mann **meinem** Mann **keinem** Mann	**dem** Kind **einem** Kind **meinem** Kind **keinem** Kind	**den** Kindern Kindern **meinen** Kindern **keinen** Kindern

Note that, with the exception of the masculine, the forms for the nominative and accusative case are identical. Note also that the masculine and neuter forms are identical in the dative case.

Remember, in the accusative and dative cases some masculine nouns require an **-n** or **-en** ending.

NOMINATIVE:	der/ein Herr	der/ein Student	der/ein Name
ACCUSATIVE:	den/einen Her**rn**	den/einen Student**en**	den/einen Name**n**
DATIVE:	dem/einem Her**rn**	dem/einem Student**en**	dem/einem Name**n**

 *Übungen*

Michael gibt seinem Chef die Hand.

A Satzelemente. Identifiziere das Subjekt (Nom.), das Verb (V.), das direkte Objekt (Akk.) oder das indirekte Objekt (Dat.).

MODELL: Nom. V. Dat. Akk.
Michael gibt seinem Chef die Hand.

1. Michael zieht seine Jacke an.
2. Der Bus bringt ihn zum Ausbildungsplatz.
3. Ein Mitarbeiter zeigt Michael die Firma.
4. Michael fängt heute eine Stelle als Azubi an.
5. Herr Schäfer zeigt dem Azubi den Hafen von Hamburg.
6. Dem Azubi gibt der Chef die Hand.

B Ersetze die kursiv gedruckten Wörter mit den Wörtern in Klammern.

MODELL: Michael gibt *seinem Chef* die Hand. (der Kollege) →
Michael gibt dem Kollegen die Hand.

1. Michael zieht *seine Jacke* an. (seine Schuhe)
2. Der Bus bringt *ihn* zum Ausbildungsplatz. (der Azubi)
3. Ein Mitarbeiter zeigt *ihm* die Firma. (der Azubi)
4. Michael fängt heute *eine Stelle* an. (sein Beruf)
5. Herr Schäfer zeigt dem Azubi *den Hafen*. (die Stadt Hamburg)
6. *Dem Azubi* gibt der Chef die Hand. (ein Mitarbeiter)

C Geschenke. Michaels Chef hat ihn zum Abendessen eingeladen und Michael ist ein bisschen nervös. Er möchte ein Geschenk mitbringen, aber was für eines? Michael macht eine Liste. Benutze den Akkusativ und den Dativ.

MODELL: die Katze: ein Ball →
Bringe ich der Katze einen Ball mit?

1. die Frau von Herrn Schäfer: eine Blume
2. der Chef: ein Buch
3. die Tochter: eine CD
4. der Sohn: mein Fußball

D Eine Büroparty. Alle bringen kleine Geschenke zur Büroparty. Was schenkst du deinen Kollegen und Kolleginnen?

MODELL: die Anwältin →
Ich schenke der Anwältin einen Kugelschreiber.

1. die Architektin
2. der Bibliothekar
3. die Fotografin
4. der Informatiker
5. die Journalistin

6. der Koch
7. die Künstlerin
8. der Lehrer
9. die Politikerin
10. der Verkäufer

REVIEW: IMPERATIVES
MAKING SUGGESTIONS AND GIVING INSTRUCTIONS

As you have learned, a special sentence structure called the "imperative" is used to form commands in German. In such sentences, the verb stands as the first element.

To address a person or persons with whom you use **Sie,** start the sentence with the verb, then the subject pronoun **Sie.**

> **Fahren Sie** nicht so schnell!   *Don't drive so fast!*
> **Rufen Sie** mich **an**!   *Call me up!*

To address a group of people with whom you use **ihr,** start the sentence with the verb and *omit* the subject pronoun **ihr.**

> **Fahrt** nicht so schnell!   *Don't drive so fast!*
> **Ruft** mich **an**!   *Call me up!*

To address an individual with whom you use **du,** start with the verb, but drop the **(s)t** ending from the present tense of the **du**-form. If the verb has a stem-vowel change of **a → ä,** drop the umlaut as well. As in imperatives with **ihr,** *omit* the subject pronoun **du.**

> **Fahr** nicht so schnell!   *Don't drive so fast!*
> **Ruf** mich **an**!   *Call me up!*

To address a group that includes yourself, start the sentence with the verb then the subject pronoun **wir.**

> **Fahren wir** nicht so schnell!   *Let's not drive so fast!*
> **Rufen wir** Marion **an**!   *Let's call Marion up!*

Note that in two-part verbs, the prefix, or first part of the verb, goes at the end of the sentence.

SO GEHT'S!

Do you recall the imperative forms of the verb **sein**?

Sie: seien Sie
ihr: seid
du: sei

The **wir**-imperative form is **seien wir.**

Übungen

A Wie spricht man mit dem neuen Azubi? Am Abend vor dem ersten Arbeitstag hat Michael einen Alptraum: Sein Chef und seine Kollegen wollen, dass er alles tut—und sofort! Setze jeden Sie-Imperativ in den du-Imperativ.

MODELL: Schreiben Sie einen Brief! → Schreib einen Brief!

1. Machen Sie die Tür zu!
2. Bringen Sie mir den Vertrag!ᵃ
3. Nehmen Sie nicht meinen Stuhl!
4. Kopieren Sie diese Dokumente!
5. Stellen Sie sich den Sekretärinnen vor!
6. Seien Sie selbständig!
7. Helfen Sie dem Kollegen mit dem Faxgerät!

ᵃ*contract*

Michael hat einen Alptraum.

B Machen wir es doch. Nach ein paar Wochen geht es Michael schon viel besser bei der Arbeit. Er macht ein paar höfliche Vorschläge.

MODELL: die Sekretäre: helfen → Helfen wir doch den Sekretären.

1. der Vertrag: lesen
2. das Fotokopiergerät: reparieren
3. die Anwältin: konsultieren
4. ein Schreibtisch: kaufen
5. das Schiff: kontaktieren
6. eine Büroparty: machen

C Jetzt bist du der Chef / die Chefin! Wähl einen Beruf aus dem Wortschatz und gib deinen Angestellten vier höfliche Befehle.

MODELL: der Flugbegleiter / die Flugbegleiterin
1. Seien Sie bitte höflich.
2. Arbeiten Sie bitte auch am Samstag.
3. Sprechen Sie bitte nicht so laut.
4. Bringen Sie den Passagieren Wasser.

D Kettenreaktion. Frag deine Klassenkameraden: Was möchtet ihr werden? Arbeitet dann zusammen, und macht zwei bis vier Vorschläge für jede Karriere.

MODELLE: Steve will Schauspieler werden.
1. Lies Dramen!
2. Geh ins Theater!
?

Susan und Kevin wollen Zahnarzt werden.
1. Studiert Medizin!
2. Lest viel!
?

So GEHT'S!

Use **bitte** to soften imperatives.

Bitte, kommen Sie mit. /
Kommen Sie **bitte** mit.
Please come along. / Come along, please.

The adverbs **doch** and **mal**—alone or together—soften or add emphasis to imperatives.

Kommen Sie **doch** vorbei.
Why don't you come by.
Kommen Sie **mal** vorbei.
Come by (sometime).
Kommen Sie **doch mal** vorbei.
Why don't you come by (sometime).

EINBLICKE

BRIEFWECHSEL

Lieber Michael,

nett, dass du schreibst. Deine Lehrstelle klingt toll. Leider habe ich anfangs ziemlich viel Pech[a] gehabt. Du weißt ja, dass ich als Tierarzthelfer in einer Praxis in Bergen angefangen habe. Die Busverbindungen sind ziemlich schlecht, und ich musste mit dem Fahrrad dorthinfahren, auch bei Regen. Dann ist vor einiger Zeit mein Chef bei einem Autounfall umgekommen. Ich musste so schnell wie möglich einen neuen Ausbildungsplatz suchen. Rate mal, wo ich jetzt hin muss—nach Stralsund. Ich kann zwar mit der Bahn fahren, aber ich muss so oft umsteigen. Die Fahrt dauert so lange und ich muss schon ganz früh in der Praxis sein. Na ja, ein bisschen Glück muss man ab und zu haben, denn eine Tante von mir hat gerade ein neues Auto gekauft und mir ihr altes Auto geschenkt.

Ab und zu habe ich die Gelegenheit, mich mit Freunden aus der Klasse zu treffen. Silke habe ich neulich in der Stadt gesehen. Das Physikstudium in Rostock gefällt ihr gut. Schreib bald wieder!

Mache es gut und Tschüss, Jürgen

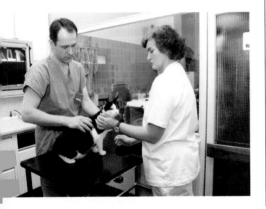

Ein Tierarzt bei der Arbeit.

[a]*bad luck*

● **Erste Erfahrungen.** Lies Michaels Brief auf Seite 11 noch einmal. Wer schreibt über welche Themen? Michael oder Jürgen?

1. die Arbeit in einer Tierpraxis
2. das Ausfüllen von Formularen
3. der Autounfall des Chefs
4. die neue Wohnung in Blankenese
5. wie man Fax- und Kopiergerät benutzt

EINBLICK

Der Informationsbroker ist immer mehr gefragt.

Diese Jobs haben Zukunft

Die Experten sagen, dass die folgenden Berufe auch in 25 Jahren noch gute Perspektiven bieten. Für einige dieser Berufe gibt es allerdings noch keine Berufsbilder oder Ausbildungsgänge.

Der Gastronom hat Zukunft.

- Verkäufer: Vor allem haben Fachhändler Zukunft.
- Kinderbetreuer/Erzieher: Berufstätige Frauen brauchen nicht nur Babysitter, sondern umfassende Betreuung für ihre Kinder.
- Altenpfleger zur Versorgung und Pflege von Senioren zu Hause sind immer mehr gefragt.
- Berufstätige Paare brauchen Haushaltshelfer.
- Online-Redakteure: Sie schreiben für Medien WWW-Seiten oder recherchieren im Internet.
- Multimedia-Trainer: Sie kennen Computer gut und schreiben für Schulungen individuelle Lernsoftware.
- Systemsgastronomen: Immer mehr Menschen verlangen Fastfood in Pizzerias und Schnellrestaurants.
- Erlebnisgastronomen: Kreativen Köchen/Kellnern eröffnen sich im Freizeitbereich gute Chancen.
- Servicetechniker: Die immer komplizierteren Geräte und Maschinen verlangen Kundendienst und Service.
- Man benötigt Teamwerker vorwiegend am Bau, aber auch in vielen Handwerksbereichen.
- Man braucht Touristenbetreuer als Organisatoren und Ansprechpartner am Urlaubsort.
- Die wachsenden Abfallmengen sind ein großes Problem. Entsorger müssen günstige Wege und Verfahren zu ihrer Beseitigung finden.

(A) Europa und Nordamerika. Lies die Liste von Berufen. Welche Berufe gibt es auch in den USA oder Kanada? Kennst du Menschen, die diese Berufe ausüben? Was für eine Ausbildung haben sie?

(B) Welche Berufe interessieren dich? Nenne drei Berufe. Warum interessiert dich jeder Beruf?

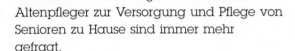

TIPP ZUM LESEN

Even when reading job descriptions in English, there may be terms you do not know. When reading about a job in German, look first for words you recognize. Then try to determine which occupation the text describes.

WORTSCHATZ ZUM LESEN

das Berufsbild	job description
der Ausbildungsgang	training
der Fachhändler	specialist supplier
berufstätig	working
die Versorgung	care
verlangen	to demand
künftig	in the future
vorwiegend	mainly
die Abfallmenge	quantity of garbage
der Entsorger	waste remover

PERSPEKTIVEN

HÖR MAL ZU!

Lehrlinge: Jens aus der Schweiz, Elisabeth aus Österreich und Tina aus Deutschland sprechen alle über Lehrlinge. Mach eine Tabelle. Wie beschreibt jede Person einen „Lehrling"? Hör zu, und schreib Notizen in die Tabelle.

	JENS (SCHWEIZ)	ELISABETH (ÖSTERREICH)	TINA (DEUTSCHLAND)
Alter			
Lohn (Gehalt)			
Ausbildung			
erwähnte Berufe			

LIES MAL!

Zum Thema

Süßigkeiten.[a] Beantworte die folgenden Fragen.

1. Welche Süßigkeiten isst du besonders gern? Welche isst du nicht so gern? Stell diese Fragen an zwei Partner.
2. Welche Süßigkeiten sind in Nordamerika besonders beliebt[b]? Welche sind nicht so beliebt?
3. Nenne Firmen, die Süßigkeiten herstellen.[c] Was weißt du über diese Firmen?

[a]sweets [b]popular [c]produce

Die Gummibärchen-Saga

Hans Riegel aus Bonn ist der Boss von „Haribo", der größten Lakritzfabrik der Welt. So wie das Unternehmen, ist er über 70 Jahre alt.

4000 Mitarbeiter und über 1,5 Milliarden Mark Umsatz im Jahr hat das Unternehmen. Von Rezession gibt es keine Spur, 70 Millionen
5 Gummibärchen rollen hier jeden Tag vom Band. Hans Riegel liebt alles so bunt wie möglich. Sein Sakko ist heute leuchtendgrün, die Krawatte

hat alle Gummibärchenfarben. Der Boss liest gern Mickymaus-Hefte. Die
besten Ideen kommen dem Milliardenunternehmer, wenn er Sonntag
morgens vor dem Fernseher sitzt und die „Sendung mit der Maus"
10   anguckt. Oder wenn er sich über die „Sesamstraße" kringelig lacht. Die
„Biene Maja" zum Beispiel hat ihm so gefallen, dass er sie gleich in
Gummi gießen ließ.

Hans Riegel senior war der Erfinder der Gummibärchen. Im Jahr 1920
gründete er die Firma „Haribo", benannt nach den Anfangsbuchstaben
15   von **Ha**ns **Ri**egel, **Bo**nn. Die ersten Bonbons kochte er in seiner
Waschküche. Startkapital: ein Sack Zucker, ein Herd und eine Walze.
Tägliche Produktionsmenge: ein Zentner Bonbons. Frau Riegel fuhr sie mit
dem Fahrrad aus. Mit den Lakritzschnecken und den Gummibärchen
kam der Durchbruch. In den dreißiger Jahren erfand man dann den
20   berühmten Werbeslogan „Haribo macht Kinder froh". Die Firma wuchs
und nach dem Krieg übernahmen die Söhne Hans und Paul die Leitung.
Heute kann man Gummibärchen überall auf der Welt kaufen.

Warum gibt es eigentlich keine blauen Gummibärchen? „Rot", erklärt
der Boss, „ist eine Farbe zum Zugreifen. Blau signalisiert: Achtung
25   Ungenießbar! Das ist ein psychologisches Problem. Außerdem gibt es
keinen blauen Farbstoff aus Naturprodukten."

Und was ist das Geheimnis der Gummibärchen? „Ihr Rezept?
Keiner kennt es, nur der Chefkoch. Sie bestehen aus Gelatine—ein
eiweißhaltiges Naturprodukt auf Knochenbasis—Zucker und
30   Fruchtkonzentrat. Selbst ehrgeizige Chemiker konnten die
Zusammensetzung und das Verfahren bisher nicht analysieren."

WORTSCHATZ ZUM LESEN

die Lakritze	licorice
das Unternehmen	company
der Umsatz	revenue
das Band	assembly line
der Erfinder	inventor
benannt	named
die Walze	roller
die Menge	quantity
der Zentner	(approximately 100 pounds)
der Durchbruch	breakthrough
die Leitung	management
genießen	enjoy
das Geheimnis	secret
die Knochenbasis	bone base
die Zusammensetzung	ingredients

Zum Text

A Arbeitswelt. Bevor du den Text genau liest, such im Text Wörter, die
etwas mit dem Thema Arbeitswelt zu tun haben, und mach eine Liste.
Weißt du, was die Wörter bedeuten?

B Neue Wörter. Finde im Text die folgenden Wörter. Der Kontext hilft
dir festzustellen, was die Wörter bedeuten.

1.	bunt	**a.**	freundlich	**b.**	vielfarbig	**c.**	alt
2.	„Biene Maja"	**a.**	eine Art Biene	**b.**	Hans Riegels Tochter	**c.**	eine Fernsehsendung
3.	ungenießbar	**a.**	schmeckt schlecht	**b.**	schmeckt gut	**c.**	interessant

C Verben im Imperfekt. Lies die Sätze auf Seite 26, und versuch, die
Infinitivformen der Verben zu identifizieren.

Millionen von Gummibärchen.

MODELL: Frau Riegel **fuhr** sie mit dem Fahrrad **aus.** →
Infinitivform: ausfahren

1. Mit den Lakritzschnecken und den Gummibärchen **kam** der Durchbruch.
2. In den dreißiger Jahren **erfand** man den berühmten Werbeslogan.
3. Die Firma **wuchs,** und nach dem Krieg **übernahmen** die Söhne die Leitung.

D Zur Diskussion. Der Text präsentiert vier Hauptthemen. Such zu jedem Thema drei Informationen. Welche Informationen haben deine Mitschüler/Mitschülerinnen im Text gefunden?

- Gummibärchen
- Geschichte
- Firma Haribo
- Hans Riegel

INTERAKTION

Arbeite in einer Kleingruppe. Gründet eure eigene Firma.

- Was verkauft die Firma? / Welches Produkt stellt die Firma her?
- Wo ist die Firma?
- Wie heißt die Firma?
- Wie viele Mitarbeiter hat die Firma?

TIPP ZUM SCHREIBEN

Advertisements are everywhere—on television and radio, on the Internet, in newspapers and magazines, on billboards along the road, on notice boards in restaurants and other public places. Think about the "ingredients" of an advertisement—text in print and sound, moving and stationary images, various colors. What's the purpose of an advertisement? What do you think makes a good advertisement? Think about these questions as you prepare your ad.

SCHREIB MAL!

Werbung machen

Mach Werbung für deine Firma. Die Werbung muss einen Text und einen Werbeslogan enthalten.

Purpose:	To attract your audience's attention
Audience:	Your classmates
Subject:	Your firm
Structure:	Advertisement

Schreibmodell

Notice that the formal **Sie**-form imperative is used in addressing the intended audience.

Phrases rather than complete sentences and pictures are used to keep the ad lively and help people quickly figure out what is being advertised.

It's important to give your hours and address so people know when you're open and where you're located.

Möbel fürs Leben!

Nennen Sie Ihren Lieblingsstil! Wir haben ihn!

- Von rustikal bemalten Stühlen aus Holz zu eleganten Tischen aus Glas und Metall!

- Über 1.000 Stoffe zur Auswahl!

- Massiholzbetten, orthopädische Matratzen und mehr!

Besuchen Sie unsere vier Stockwerke! Wir helfen Ihnen, genau das Richtige zu finden!

Ernst Schmitt und Töchter
MariahilfestraBe 120
1070 Wien
Telefon: 504 91 46

Montags–Freitags 9.00–18.00, Samstags 9.00–17.00

Schreibstrategien

Vor dem Schreiben

- Jot down key words in German for each question below.

    1. What is the product your company sells or the service your company provides?
    2. Who will buy or benefit from your product or service?
    3. What do you want your customers to know about your company? Be sure to include information about how people can reach you.
    4. What image do you want to present of your company and its product or service?

- Create a slogan based on your answers to questions 1–4 above.

- Next, write information from your answers to questions 1–4 that supports your slogan. Jot down any other information that makes your product or service more attractive. Number the pieces of information according to their order of importance.

- Decide which type of advertising you will use: a poster, a billboard, a sign for the side of a bus, a newspaper or magazine ad, a radio ad, a television commercial, or some other form.

- Consider what you will need to accompany your advertising text: pictures, graphic design, voice(s), actor(s), music and sound effects, props, setting(s), and so forth.

Beim Schreiben

- In German, write your advertisement or the script for your announcement or commercial.

- Review the grammar explanation in this chapter and check any imperative forms you've used in your writing. Consult the vocabulary lists in this chapter and at the end of the book to check the meanings and spellings of words.

- When your text is finished, decide how it will look. Indicate on your paper where graphics or pictures will be placed. If you are writing a script for an announcement or commercial, insert any stage directions needed, for example, directions about where the camera should focus or when music should be played.

- This is your first draft.

Nach dem Schreiben

- Share your first draft with at least three other students. How do they react to your slogan and your text? Do they like your visuals or stage directions? Does your ad create the reaction you intended? What suggestions do your fellow students have for improvement? Do they have any corrections to your grammar or spelling? React to their ads and offer them advice as well.

- Put together your final draft. Make any corrections and changes that you feel improve your message. Finalize any visuals, graphics, or stage directions. If you chose a radio announcement, record your message exactly as you would want it heard. This may require several takes. If you write a script for a television commercial, videotape it, revising and retaping as many times as necessary to achieve your best effort.

- Present your finished advertisement to the class.

Probleme mit dem Computer?

Rufen sie uns an!
Wir bieten vollen
Service für PCs
und Macintosh.

Hardware und
Software.
Wir installieren
und reparieren!

Und alles zu günstigen preisen.

Computerdienst Markus 5 Silver Straße
Tampa (813) 237-5501

WORTSCHATZ

Substantive	**Nouns**
Die Arbeitswelt	*The world of work*
die **Ausbildungsstelle, -n**	training position
die **Berufsschule, -n**	career school
die **Bewerbung, -en**	application
die **Firma,** *pl.* **Firmen**	firm, company
die **Gelegenheit, -en**	opportunity
die **Karriere, -n**	career
die **Stelle, -n**	position
die **Tätigkeit, -en**	activity
die **Technik**	technology
der **Arbeitsplatz, ⁻e**	workplace
der/die **Auszubildende**	trainee
der **Beruf, -e**	occupation
der **Chef, -s***	boss
der **Erfolg, -e**	success
der **Kollege (-en** *masc.***) /**	colleague
die **Kollegin, -nen**	
der **Lebenslauf, ⁻e**	resumé
der **Lehrling, -e**	apprentice
der **Mitarbeiter, -***	co-worker
der **Schritt, -e**	step
das **Büro, -s**	office
das **Einkommen, -**	income
das **Gehalt, ⁻er**	salary, pay
das **Vorstellungsgespräch, -e**	job interview

*Berufe**	*Occupations*
der **Anwalt, ⁻e**	lawyer
der **Architekt (-en** *masc.***)**	architect
der **Bibliothekar, -e**	librarian
der **Dolmetscher, -**	interpreter
der **Flugbegleiter, -**	flight attendant
der **Fotograf (-en** *masc.***)**	photographer
der **Geschäftsmann,** *pl.*	businessman
die **Geschäftsleute**	
der **Informatiker, -**	computer programmer

der **Ingenieur, -e**	engineer
der **Journalist (-en** *masc.***)**	journalist
der **Kaufmann,** *pl.* **die Kaufleute**	merchant
der **Künstler, -**	artist
der **Mechaniker, -**	mechanic
der **Philosoph (-en** *masc.***)**	philosopher
der **Physiker, -**	physicist
der **Politiker, -**	politician
der **Psychologe (-n** *masc.***)**	psychologist
der **Sänger, -**	singer
der **Schauspieler, -**	actor
der **Zahnarzt, ⁻e**	dentist

Verben	**Verbs**
einen Beruf aus•üben	to practice a profession
sich beschäftigen mit	to be occupied with
sich bewerben um (bewirbt), bewarb,** **bewarben**	to apply for
helfen (hilft), half, geholfen	to help
sich interessieren für	to be interested in
raten (rät), riet, geraten	to advise
verdienen	to earn
sich vor•stellen	to introduce oneself
zeichnen	to draw

Adjektive und Adverbien	**Adjectives and adverbs**
abhängig / unabhängig	dependent(ly) / independent(ly)
fest	certain(ly)
finanziell	financial(ly)
selbständig	independent(ly)
sicher	secure(ly), safe(ly)

---

*For feminine forms of occupations, see the **Bist du wortschlau?** box on page 17.
**The simple past tense form is given for all irregular verbs. See Chapter 22.

DER TRICK

In this chapter, you will

- learn more about Michael's first day on the job.
- see how Michael handles a scary situation.

You will learn

- how to write a German resume.
- how to apply for a job in Germany.
- more about the present perfect tense.
- how to talk more about past events.
- about the experiences of a traveler.

Im Vorstellungsgespräch.

Liebe Eltern,

heute hat sich mein neuer Chef, der Herr Schäfer, vielleicht einen Scherz[a] erlaubt. Ich bin immer noch gestresst. Am besten fange ich aber von vorne an. Nachdem Herr Schäfer mir das Büro gezeigt hatte, bin ich mit ihm zum Hafen gefahren. Da hat man eines seiner Schiffe beladen.[b] Auf dem Schiff hat Herr Schäfer mich dann dem Kapitän, dem Lotsen[c] und dem Ersten Offizier vorgestellt. Der Erste Offizier hat mir das Schiff gezeigt. Als wir ganz unten im Maschinenraum waren, habe ich bemerkt, dass das Schiff losgefahren[d] war. Ihr könnt euch meine Panik vorstellen. Ich bin gerannt, so schnell ich konnte. Ich wusste nicht, dass es auf einem Schiff so viele Treppen[e] gibt. Als ich endlich an Deck kam, war das Schiff aber schon ziemlich weit vom Land weg. Ich konnte gerade noch sehen, wie der Herr Schäfer mit seinem BMW wegfuhr. Dann bin ich zum Kapitän gerannt und habe verlangt, dass man das Schiff anhält.[f] Der hat mich aber nur ausgelacht. „Vor Amerika hält dieses Schiff nicht!" hat er gesagt. Mir wurde fast schlecht. Na ja, zum Schluss konnte ich dann doch noch mit dem Lotsen von Bord. Der hat mir dann gesagt, dass der Herr Schäfer das mit allen neuen Lehrlingen so macht. Übrigens bin ich am Wochenende bei Schäfers zum Essen eingeladen. Ob er schon den nächsten Scherz plant?

Viele liebe Grüße
euer Michael

[a]joke [b]loaded [c]pilot, loadsman [d]departed [e]steps [f]stop

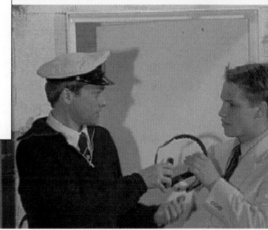

VIDEOTHEK

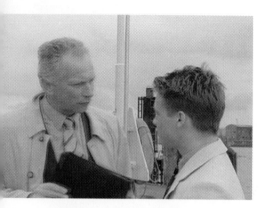

Michael und sein neuer Chef.

In der letzten Folge . . .

wohnt Michael in Hamburg, wo er eine Lehrstelle bei einer Speditionsfirma hat. Sein Chef zeigt ihm das Büro, und Michael lernt seine neuen Kollegen und Kolleginnen kennen.

● Weißt du noch?

1. Wie heißt Michaels Chef?
2. Wen hat Michael am ersten Tag kennen gelernt?
3. Seit wann wohnt Michaels Chef in Hamburg?
4. Wie gefällt Michaels Chef Hamburg?

In dieser Folge . . .

zeigt der Erste Offizier Michael das ganze Schiff. Auf einmal merkt Michael, dass das Schiff losfährt. Er will nicht mitfahren. Er will zurück an Land. Aber vielleicht kann er Schiffskoch werden.

● Was denkst du? Ja oder nein?

1. Michael fährt mit dem Schiff nach Amerika und trifft Marion.
2. Michael wird Koch auf dem Schiff und will nicht mehr im Büro arbeiten.
3. Michael fällt ins Wasser und ertrinkt.
4. Michael kommt wieder gut an Land in Hamburg.

„Das glaubt mir kein Mensch!"

SCHAU MAL ZU!

A Verschiedene Grußformen. Welche Ausdrücke hörst du im Video? Welche hörst du nicht? Ja oder nein?

1. Morgen!
2. Grüß Gott!
3. Moin!
4. Guten Abend!
5. Grüezi!
6. Hallo!
7. Tag!
8. Hi!

B Der Trick. Bring die Bilder auf Seite 33 in die richtige Reihenfolge. Sag dann kurz, was passiert.

WORTSCHATZ ZUM VIDEO

umdrehen	turn around
gebrauchen	use
die Besatzung	crew of a ship
die Rettung	rescue
zufrieden	satisfied
übertreiben	exaggerate

a.

b.

c.

d.

e.

f.

C Wer sagt das?

	DER KAPITÄN	HERR FRIEDRICHS	DER ERSTE OFFIZIER	MICHAEL
1. „Wollen Sie nicht wieder mit uns mitfahren?"	☐	☐	☐	☐
2. „Das glaubt mir kein Mensch."	☐	☐	☐	☐
3. „Das Schiff fährt los."	☐	☐	☐	☐
4. „Ich will zurück. Ich muss an Land."	☐	☐	☐	☐
5. „Wir können dich hier ganz gut gebrauchen. Bei uns kannst du Schiffskoch werden."	☐	☐	☐	☐
6. „Vor Amerika hält das Schiff nicht wieder an."	☐	☐	☐	☐

D Ist Michael eine Karikatur geworden? Beschreib jedes Bild. Passen die Bilder zu Michaels Geschichte? Warum oder warum nicht?

a.

b.

c.

VOKABELN

LEBENSLAUF

Lebenslauf

Name	Michael Händel
Geburtsdatum	28. April 1981
Geburtsort	Göhren
Eltern	Jan Händel
	Ingeborg Händel, geb. Pohle
Ausbildungsgang	
1987–1991	Grund- und Realschule, Sellin
1991–2000	Arndt Gymnasium, Bergen
Schulabschluss	Abitur 2000
Berufliche Ausbildung	Lehre als Speditionskaufmann bei Schäfer AG in Hamburg
Familienstand	ledig
Interessen	wandern, segeln, Journalismus, Musik

Hamburg, 25. November 2000   *Michael Händel*

Und noch dazu

die **Fantasie**	*fantasy*
die **Pflicht**	*responsibility*
die **Wirklich-keit**	*reality*
der **Dienst**	*service, duty*
das **Prestige**	*prestige*
verheiratet	*married*

Aktivitäten

A Michaels Lebenslauf. Beantworte die Fragen.

1. Wann und wo ist Michael geboren?
2. Wann ist er zur Schule gegangen?
3. Was macht Michael gern in der Freizeit?
4. Wo hat er sein Abitur gemacht?
5. Wie alt war er als Abiturient?
6. Hat Michael eine Frau?
7. Du weißt, dass Michael Mathe auf dem Gymnasium belegt hat. Welche anderen Fächer hat er wohl auch belegt?

B Vorstellungsgespräch. Spiel die Rolle von Dieter Schäfers. Michael Händel sitzt in deinem Büro und will eine Lehre als Speditions- kaufmann bei deiner Firma machen. Sein Lebenslauf liegt vor dir. Welche Fragen stellst du Michael? Schreib fünf Fragen auf.

C Die Zeit vergeht. Michael hat die Lehre als Speditionskaufmann in Hamburg erfolgreich abgeschlossen. Was macht er wohl beruflich fünfzehn Jahre später? Hat er eine gute Stelle? Arbeitet er immer noch in Hamburg oder sonst wo? Verdient er viel Geld? Warum (nicht)? Was interessiert ihn besonders? Was macht er gern in der Freizeit? Spekuliere.

D Die Fantasie. Stell dir vor, du bist mit der Schule und deiner Lehre fertig. Schreib deinen eigenen Lebenslauf. Benutze Michaels Lebenslauf als Beispiel.

NAME:
GEBURTSDATUM:
GEBURTSORT:

AUSBILDUNGSGANG:

SCHULABSCHLUSS:
BERUFLICHE AUSBILDUNG:

FAMILIENSTAND:
INTERESSEN:

HEUTIGES DATUM:
UNTERSCHRIFT:

STELLENANGEBOTE

Café Italiano
sucht Mitarbeiter/innen,
fest oder Aushilfe.
Tel:- 03739/23 17 44

Stelle 1

Firma in der Innenstadt sucht zuverlässige Reinigungskraft für Treppenhaus und Büro. 2 Stunden täglich (abends). DM18 pro Stunde. Tel:- 0297/13 83 467

Stelle 2

Neue Bookshop-Boutique
sucht Verkäufer/innen.
Tel:- 05459/08 72 394

Stelle 3

Wir suchen einen technisch versierten Marketingspezialisten / eine technisch versierte Marketingspezialistin für unsere Import- und Vertreterfirma.
Wir erwarten von Ihnen:
- Abgeschlossenes Studium der Fachrichtung Wirtschaftswissenschaften, Kommunikationswissenschaft oder ähnliches.
- Berufserfahrung aus dem Bereich Marketing.
- sehr gute Englischkenntnisse in Wort und Schrift.
- Organisationstalente.
- Kreativität.
Wir bieten Ihnen:
- Ständig neue Herausforderungen in einer technologisch führenden und weltweit expandierenden Firma.
- Gute Arbeitsatmosphäre im Team junger Kolleginnen und Kollegen.
- Persönliche und fachliche Weiterentwicklung.
Bitte senden Sie Ihren Lebenslauf mit neuem Lichtbild an:
Spedition Dittmann
Bredekamp 7
48165 Münster

Stelle 4

Und noch dazu

die **Anzeige**	advertisement
die **Ehrlichkeit**	honesty
die **Eigeninitiative**	self-initiative
die **Qualifikation**	qualification
die **Stellensuche**	job search
die **Traumkarriere**	dream career, job
die **Verantwortung**	responsibility
die **Zuverlässigkeit**	reliability
der **Arbeitgeber**	employer
der **Arbeitnehmer**	employee
der **Besitzer**	owner
der **Bewerber**	applicant
der **Vorschlag**	suggestion
entscheiden	to decide
verlangen	to demand
verlassen	to leave
abwechslungsreich	variable, changeable
persönlich	personal
pünktlich	punctual
überrascht	surprised
ungewöhnlich	unusual

Berater/innen
Besitzen Sie eine gewinnende Ausstrahlung und ein sicheres Auftreten? Dann lesen Sie weiter. Interessieren Sie sich für innovative Ideen und Konzepte? Möchten Sie in einer zukunftorientierten Firma arbeiten? Dann sollten Sie sich für eine Zusammenarbeit mit uns interessieren. Wir setzen voraus, dass Sie über einen guten Background verfügen und bereits 3 Jahre Berufserfahrung mitbringen. Wir erwarten von Ihnen, dass Sie sowohl allein (vor Ort) als auch innerhalb eines Teams effizient tätig sind. Senden Sie uns bitte Ihre Bewerbungsunterlagen:
Kretschmer Design GmbH
Thornerstraße 8
44789 Bochum

Stelle 5

Aktivitäten

A Stelle 1? 2? 3? Welche Stelle(n) passt(passen) zu jeder Beschreibung?

_____ **a.** Welche ist die richtige Stelle, wenn man nicht den ganzen Tag arbeiten kann/will?

_____ **b.** Welche Stellen sind für Studenten und Studentinnen geeignet?

_____ **c.** Für welche Stellen braucht man ein abgeschlossenes Studium?

_____ **d.** Für welche Stellen braucht man schon Arbeitserfahrung?

_____ **e.** Wo muss man mit anderen zusammen arbeiten wollen?

B Welche Qualifikationen muss man haben? Verbinde die passenden Qualifikationen mit den Stellenangeboten auf Seite 36.

MODELL: Für eine Arbeitsstelle als Berater muss man Ehrlichkeit haben.

a. Arbeitserfahrung
b. einen bestimmten Ausbildungsgang
c. Eigeninitiative
d. Humor
e. Computerkenntnisse
f. Sprachkenntnisse
g. Verantwortung
h. Zuverlässigkeit

Schiffskoch in Kombüse.

C Du bist auf Stellensuche. Was machst du?

1. Du liest
   a. die Anzeigen.   **b.** die Stellenangebote.   **c.** den Lebenslauf.

2. Eine Stelle interessiert dich. Du musst
   a. die Stelle verlangen.   **b.** die Stelle erwarten.   **c.** dich um die Stelle bewerben.

3. Du hast ein Vorstellungsgespräch. Du sprichst mit
   a. dem Arbeitnehmer.   **b.** dem Bewerber.   **c.** dem Arbeitgeber.

4. Dein Vorstellungsgespräch ist um zehn Uhr. Du musst
   a. pünktlich sein.   **b.** überrascht sein.   **c.** abwechslungsreich sein.

D Deine Reaktionen. Beantworte die Fragen.

1. Welches Stellenangebot interessiert dich besonders? Warum?
2. Welches Stellenangebot interessiert dich überhaupt nicht? Warum?

STRUKTUREN

REVIEW: THE PRESENT PERFECT TENSE
TALKING ABOUT THE PAST

The present perfect tense enables you to talk about things that happened in the past. To form this tense, use the present-tense form of **haben** or **sein** plus the past participle.

> Herr Koslowski **hat** in Rheinhausen als Stahlarbeiter **gearbeitet.**
> *Mr. Koslowski worked in Rheinhausen as a steelworker.*
> Frau Koslowski und Marion **sind** nach Rügen **gereist.**
> *Mrs. Koslowski and Marion traveled to Rügen.*

To form most past participles in German, combine the verb stem with the prefix **ge-** and the suffix **-(e)t** or **-en,** as in the following examples.

INFINITIVE	STEM	AUXILIARY	+	PAST PARTICIPLE
arbeiten	arbeit-	hat		**ge**arbeit**et**
fahren	fahr-	ist		**ge**fahr**en**
fragen	frag-	hat		**ge**frag**t**
geben	geb-	hat		**ge**geb**en**
kommen	komm-	ist		**ge**komm**en**
lesen	les-	hat		**ge**les**en**
wohnen	wohn-	hat		**ge**wohn**t**

In addition, many verbs with a past participle ending in **-en** also show a stem change.

INFINITIVE	STEM CHANGE	AUXILIARY	+	PAST PARTICIPLE
bleiben	bleib- → bl**ie**b-	ist		gebl**ie**ben
finden	find- → f**u**nd-	hat		gef**u**nden
nehmen	nehm- → n**o**mm-	hat		gen**o**mmen
schreiben	schreib- → schr**ie**b-	hat		geschr**ie**ben
sprechen	sprech- → spr**o**ch-	hat		gespr**o**chen
werden	werd- → w**o**rd-	ist		gew**o**rden

Note that the past participle of **sein** is **(ist) gewesen.**

Some verbs with a past participle ending in **-t** also show irregular stem changes in the past participle.

SO GEHT'S!

Verbs of motion or change typically require **sein** in the present perfect tense: **an•kommen, gehen, kommen, mit•kommen, reisen, vorbei•kommen, wandern, werden, zurück•kommen.** In addition, the verbs **bleiben** and **sein** also take **sein** in the present perfect tense.

INFINITIVE	STEM CHANGE	AUXILIARY	+ PAST PARTICIPLE
bringen	bring- → br**ach**-	hat	gebr**ach**t
denken	denk- → d**ach**-	hat	ged**ach**t
kennen	kenn- → k**ann**-	hat	gek**ann**t
wissen	wiss- → w**uss**-	hat	gew**uss**t

Verbs that begin with **be-, ge-,** or **ver-,** and those that end with **-ieren** do not add the prefix **ge-**.

INFINITIVE	STEM	AUXILIARY	+ PAST PARTICIPLE
besuchen	besuch-	hat	besucht
gefallen	gefall-	hat	gefallen
vergessen	vergess-	hat	vergessen

In two-part verbs, the past participle becomes a single word with **-ge-** between the prefix and the verb.

INFINITIVE	STEM	AUXILIARY	+ PAST PARTICIPLE
an•rufen	ruf-	hat	angerufen
auf•hören	hör-	hat	aufgehört
auf•passen	pass-	hat	aufgepasst
auf•stehen	steh- → st**and**-	ist	aufgestanden
aus•sehen	seh-	hat	ausgesehen
ein•laden	lad-	hat	eingeladen
mit•kommen	komm-	ist	mitgekommen

Übungen

A Das haben sie gemacht. Ersetze das Subjekt mit dem Subjekt in Klammern.

MODELL: Frau Koslowski und Marion sind nach Rügen gereist. (du) →
Du bist nach Rügen gereist.

1. Herr Koslowski hat in Rheinhausen gearbeitet. (sie, *pl.*)
2. Marion ist in Rheinhausen geblieben. (ich)
3. Marion hat Michael einen Brief geschrieben. (wir)
4. Am Montag ist Michael in Hamburg angekommen. (ihr)
5. Gestern hat Michael einen Mitarbeiter angerufen. (du)
6. Warum ist Silke nicht nach Hamburg mitgekommen? (Sie)

B Michael denkt darüber nach, was er alles gemacht hat. Schreib seine Gedanken auf Seite 40 im Perfekt.

MODELL: Ich wohne in Sellin. →
Ich habe in Sellin gewohnt.

1. Meine Eltern arbeiten im Sommer in der Pension.
2. Marion und ihre Mutter kommen nach Rügen.

Michael mit Marion und ihrer Mutter.

SPRACHSPIEGEL

The present perfect tense in German can express any one of the following past tenses in English.

Ich **habe gearbeitet.**
- I *worked.* (simple)
- I *did work.* (emphatic)
- I *was working.* (progressive)
- I *have worked.* (present perfect)

3. Marion und ich wandern auf Rügen.
4. Ich schreibe einen Artikel in der *Wespe*.
5. Herr Bolten sagt: „Das ist eine Frechheit!"
6. Silke sieht die Fotos von Marion.
7. An diesem Tag machen Silke und ich die Mathehausaufgabe nicht.
8. Meine Eltern und ich lesen eine Anzeige in der Zeitung.
9. Ich bewerbe mich um einen Ausbildungsplatz in Hamburg.
10. Ich fahre nach Hamburg.

C Michael ist von Sellin nach Hamburg gezogen. Er hat vieles gemacht. Schreib Sätze im Perfekt.

MODELL: sein Boot verkaufen → Er hat sein Boot verkauft.

1. Silke „Tschüss" sagen
2. seine Sachen packen
3. Rügen verlassen
4. eine Wohnung in Hamburg finden
5. ein Telefon und einen Kühlschrank kaufen
6. mit seinem neuen Chef sprechen

D Auf dem Schiff. Der Kapitän und der Offizier sprechen über ihren Aufenthalt in Hamburg. Ergänze den Dialog mit Hilfsverb und Partizip.

KAPITÄN: Was _____ du dieses Mal in Hamburg _____?[1] (machen)

OFFIZIER: Ich _____ meine Freunde in St. Pauli _____.[2] (besuchen) Ich _____ sie seit einem Jahr nicht _____.[3] (sehen)

KAPITÄN: Meine Frau und ich _____ Kollegen im Restaurant _____.[4] (treffen) Sie _____ viel von ihren Reisen _____.[5] (erzählen)

OFFIZIER: Ach, ich war auch bei der Speditionsfirma und _____ mehr Gehalt _____.[6] (verlangen) Die Fahrt nach Grönland diesen Sommer _____ sehr gefährlich _____.[7] (sein) Schäfer kann das für unser Einkommen nicht erwarten.

KAPITÄN: Das ist richtig. Ich _____ aber schon vor einem halben Jahr ein Gespräch mit ihm _____[8] (haben) und er _____ meinen Gehaltsvorschlag wieder _____.[9] (vergessen) Er ist nicht sehr zuverlässig.

OFFIZIER: Na, vielleicht brauchen wir ein bisschen Eigeninitiative. Hey, guck mal, da ist doch der neue Azubi.

Warum lachen diese Leute?

E Das Schiff fährt nach Amerika, und Michael kann nicht zurück!

SCHRITT 1: Was denkt Michael, während er an Bord ist? Schreib Sätze im Perfekt.

MODELL: keine Kleider einpacken →
Ich habe keine Kleider eingepackt.

„Ich will zurück."

1. die Brille[a] vergessen
2. die Eltern nicht anrufen
3. die Miete nicht bezahlen
4. mein Englischbuch nicht mitbringen
5. nichts essen
6. den Pass verlieren[b]

SCHRITT 2: Du bist jetzt in Michaels Situation: Was geht durch deinen Kopf? Stelle dir vor, du bist auf einem Schiff nach Europa. Mach eine Liste von fünf Dingen, die du nicht erledigt hast.

MODELL: Ich habe meinen Koffer[c] vergessen.

[a]*eyeglasses* [b]*to lose* [c]*suitcase*

F Michael hat sich beworben. Ordne die Sätze und arrangiere Michaels Bewerbungsgeschichte.

a. Dann hat er eine Anzeige von der Firma in Hamburg gesehen.
b. Er hat seinen Lebenslauf geschrieben.
c. Michael und seine Freunde haben ihr Abitur gemacht.
d. Am Ende hat er einen Ausbildungsplatz bekommen.
e. Dann hat er einen Bewerbungsbrief geschrieben.
f. Er hat Informationen über die Firma in der Bibliothek gefunden.
g. Nach vier Wochen hat er ein Vorstellungsgespräch gehabt.
h. Michael hat eine Zeitung gekauft.

G Informationen vom Lebenslauf

SCHRITT 1: Was möchte man von Lilo wissen? Lies Lilos Lebenslauf und stell Fragen im Perfekt.

MODELLE: Wann ist Lilo Lehrling geboren?
Wann hat Lilo die Grundschule besucht?

SCHRITT 2: Was möchte man von dir wissen? Schreib nun einen kurzen Paragraphen über dich selbst.

MODELL: Ich bin am dreißigsten Mai 1984 in Omaha geboren. Ich habe . . .

H Michaels Bewerbungsgespräch mit dem Personalchef

SCHRITT 1: Die Fragen. Arbeitet zu zweit und schreibt Michaels Gespräch mit dem Personalchef. Stellt mindestens drei Fragen im Perfekt über Michaels Leben, seine Erfahrung und seine Hobbys.

SCHRITT 2: Das Interview. Spielt zu zweit die Rollen von Michael und dem Personalchef. Tragt den Dialog der Klasse vor.

Lilo Lehrling
Am Schulhof 3
12345 Lohnstadt

Lebenslauf

Geboren	15.06.1979 in Moers
Vater	Manfred Lehrling, Optikermeister
Mutter	Martina Lehrling, Heilpraktikerin
1985 bis 1989	Besuch der Grundschule
1989 bis 1998	Besuch des Karl-Albrecht-Gymnasiums in Lohnstadt
1998	Abitur
April 1996	2-wöchiges Praktikum bei Josef Prinz, Steuerberatungsbüro, Lohnstadt
Juli 1997	3-wöchiges Praktikum bei Assekuranz Versicherungen, Krefeld
Juli/August 1997	Aufenthalt in Tampa/USA bei einer Gastfamilie
Meine Hobbies	Schachspielen Jazz Dance Volleyball (Mannschaftsmitglied) Reisen Ich gebe seit 3 Jahren regelmäßig Nachhilfeunterricht in Mathematik
September 1997	

EINBLICKE

Was liegt im Sack?

BRIEFWECHSEL

Lieber Michael,

hoffentlich hast du dich von dem kleinen Scherz auf dem Schiff erholt. Ich hätte dir sagen sollen, dass man oft mit neuen Lehrlingen solche Scherze macht und sie ein wenig durch den Kakao zieht.[a] Wenigstens hat dein Chef ein bisschen Humor. Er wollte dir die ersten Tage nur ein wenig leichter machen. Mir ist etwas Ähnliches passiert. Als ich vor vielen Jahren in Berlin Maurer[b] gelernt habe, hat mein Meister mich am ersten Tag vom fünften Stock in den Keller geschickt. Ich sollte die Gewichte[c] für die Wasserwaage[d] holen. Als ich im Keller ankam, gab man mir einen großen, schweren Sack. Ich bin dann brav mit diesem Sack die Treppen wieder hoch gestiegen. Mit Ach und Krach[e] kann ich dir nur sagen. Ganz schlapp[f] bin ich dann oben angekommen. Da standen schon die Kollegen und lachten sich schief. Ich lernte schnell, dass es keine Gewichte für eine Wasserwaage gibt. Im Sack waren nur eine Menge große, schwere Steine. Also, mach's wie ich, immer gute Miene zum bösen Spiel.[g] Lass dich nicht unterkriegen![h]

Dein Papa

[a]durch . . . *to make fun of somebody* [b]*stone mason* [c]*weights* [d]*level (tool used in masonry to ensure a level surface); lit.: water scale* [e]mit . . . *by the skin of one's teeth* [f]*worn-out* [g]gute . . . *make the best of it* [h]Lass . . . *Don't let it get you down.*

A Lehrlinge am Arbeitsplatz. Ergänze mit den richtigen Ausdrücken.

1. Man macht _____ (oft, nie) Scherze mit Lehrlingen.
2. Herr Schäfer hat _____ (ein bisschen, wenig) Humor.
3. Michaels Vater hat _____ (Maurer, Metzger) gelernt.
4. Michaels Vater musste _____ (vom Dachboden, im Keller) etwas holen.

5. Man gab ihm _____ (eine Wasserwaage, einen schweren Sack).

6. Er war _____ (schlapp, sauer), als er oben ankam.

B Ein Scherz. Hast du oder Freunde von dir schon mal jemandem einen Streich gespielt? Erzähl darüber.

EINBLICK

Was erwartet eine Firma?

Lies, was ein großes, internationales Unternehmen von Bewerbern mit Hochschulabschluss erwartet und was die Firma in einer Bewerbung sehen will.

Die Firma erwartet . . .

- gute bis sehr gute Examensnoten.
- eine kurze Studiendauer.
- Fremdsprachenkenntnisse.
- soziale und kommunikative Fähigkeiten.
- Mobilität.
- Initiative.
- die Bereitschaft, Verantwortung zu übernehmen.

Von einer Bewerbung erwartet die Firma . . .

- einen Bewerbungsbrief.[a]
- einen Lebenslauf.
- ein aktuelles Lichtbild.
- Zeugniskopien (nur ab Abitur).
- ein Diplomzeugnis oder eine Leistungsübersicht der Hochschule.
- Praktika.

[a]*cover letter*

● Stimmt das, oder stimmt das nicht?

Die Firma will, dass neue oder zukünftige Mitarbeiter . . .

1. lange studiert haben.
2. ein Praktikum gemacht haben.
3. für lange Zeit in einer Stadt leben wollen.
4. ein Familienfoto schicken.
5. mehrere Sprachen sprechen.
6. ein Berufsziel haben.

WORTSCHATZ ZUM LESEN

die Fähigkeit	*ability*
angestrebt	*desired*
die Tätigkeit	*(here:)* Beruf
ab Abitur	*beginning with* Abitur

PERSPEKTIVEN

HÖR MAL ZU!

Astrid, Elisabeth und Jens sprechen über die Arbeitslage in Europa.

A Wer äußert sich zu den folgenden Themen? Hör gut zu und kreuze an, wer über was spricht.

	ASTRID	ELISABETH	JENS
Berufswechsel	☐	☐	☐
Ausbildung	☐	☐	☐
Internationale Berufe	☐	☐	☐
Renten	☐	☐	☐
Arbeitslosigkeit in der Familie	☐	☐	☐

B Die Arbeitslage in Europa. Was sagen Astrid, Elisabeth und Jens darüber? Beantworte die Fragen.

ASTRID
1. Was ist das größte Problem in Deutschland?
2. Wann geht es einer Familie nicht gut?
3. Wer wird bald Rentner?
4. Wann haben Astrids Verwandte ihre Arbeit verloren?

ELISABETH
1. Für wen ist die Jobsituation kritisch?
2. Wie lange übt man einen Beruf in Österreich aus?

JENS
1. Wovor haben die Leute in der Schweiz Angst?
2. Traditionell wechselt man den Beruf in der Schweiz nicht so oft. Was muss man aber in moderner Zeit tun?
3. Warum sind internationale Berufe wichtig in der Schweiz?

WORTSCHATZ ZUM HÖRTEXT

Rentner	*pensioners*
Renten	*pensions*
wechseln	*to change*
anpassen	*to adapt*
die UNO	*United Nations Organization*

LIES MAL!

In Folge 14 hast du gesehen, dass Michael beinahe auf dem Schiff bleiben musste. Stell dir vor, Michael muss nach Amerika fahren und sieht zum ersten Mal—wie viele Auswanderer[a] und Touristen vor ihm—die Skyline von New York. Was weißt du über New York? Welche Gebäude[b] sieht man in der Skyline? Welche Assoziationen hat man zu New York? Kennst du Lieder[c] über New York?

[a]*emigrants* [b]*buildings* [c]*songs*

Zum Thema

A Drei Statuen. Was kannst du darüber sagen? Du kennst schon die Freiheitsstatue. Beschreib sie. Welche Bedeutung hat sie? Wie heißen die anderen zwei Statuen? Beschreib sie. Was bedeuten sie vielleicht?

Die Freiheitsstatue im New Yorker Hafen.

Germania am Rhein bei Rüdesheim.

Bavaria auf der Theresienwiese in München.

B Wie kann man das anders sagen? Lies den ersten Absatz des Textes. Finde im Text Alternativen für die folgenden Sätze.

MODELL: Der Wind ist kalt und die Luft ist grau. →
„Die Neue Welt grüßte mit kaltem Wind und grauer Luft."

1. Viele Passagiere machen gerne Fotos.
2. Es ist sehr neblig.
3. Die Freiheitsstatue hat zwei Schwestern, Bavaria und Germania.
4. Diese Schwestern (Statuen) haben nichts im Kopf und sind blind.
5. Die Freiheitsstatue ist nicht sehr gut gelaunt.
6. Auch wenn die Freiheitsstatue eine Fackel hält, kann man nichts sehen.

C Die Skyline von New York. Bevor du den Text zu Ende liest, schau dir noch einmal die Skyline von New York an. Woran erinnert sie dich?

Aus: Amerikafahrt

Die Neue Welt grüßte mit kaltem Wind und grauer Luft. Die Erwartung hatte die Reisenden vor Tag aus den Betten getrieben. Eine Herde von Photoamateuren schwärmte, aufgescheuchten Schafen gleich, über die Decks. Die Freiheitsstatue ragte in einem zerrissenen Nebelmantel aus
5   dem Meer und war eine biedere Schwester der beliebten Riesinnen, Bavaria oder Germania, denen man in den hohlen Kopf steigen kann,

KULTURSPIEGEL

This reading is an excerpt from Wolfgang Koeppen's 1959 novel *Amerikafahrt*. Koeppen studied theater and philosophy and wrote and adapted plays for the theater. He lived for some years in Holland and spent time traveling the world by sea. He is well known for his post-war novels, for example, *Tauben im Gras* (1951) and *Tod in Rom* (1954).

WORTSCHATZ ZUM LESEN

aufgescheucht	*frightened*
ragen	*to rise; to tower; to loom*
missmutig	*depressed, in low spirits*
die Fackel	*torch*
der Wolkenkratzer	*skyscraper*
größenwahnsinnig	*megalomaniacal, obsessed with grandiose things*
vertraut	*familiar*
überwältigen	*overwhelm*
übersichtlich	*easy to see; clearly arranged*
der Turm	*tower*
loben	*to praise*
die Allmacht	*omnipotence*
errechnen	*to calculate*

um aus ihren blinden Augen den nichtssagend erweiterten Horizont zu sehen. Sie erscheint als Matrone, ein Mutterkomplex der Nation, die mißmutig eine nasse Fackel hält, aber nichts erhellt.

Da trat nun hinter dem Freiheitssymbol die berühmte Skyline hervor. 10
Da drängten sich die Wolkenkratzer auf der Spitze des festesten und teuersten Felsens zusammen. Ich dachte an ökonomische Statistiken, an graphisch dargestellte Erfolgskurven. Ich sah Kurse klettern, Raketen steigen, aber das Paradies war hier so wenig wie anderswo zu sehen, und die reichste Stadt der Welt wirkte aus der Sicht des sich dem Erdteil 15 nähernden Gastes wie ein größenwahnsinnig gewordenes Dorf. Der Anblick schien vertraut zu sein, statt zu überwältigen. Das Gemälde war eher übersichtlich als gigantisch.

Das Schiff glitt, von Schleppern gezogen, langsam dem neuen Rom zu, dem Rom der oft zitierten westlichen Hemisphäre. Seine Türme lobten 20 nicht Gott, sie fragten nicht nach eines Allmächtigen Existenz, sie hatten selber die eigene Allmacht errechnet. Die Stadt New York, wie sie sich da in den Dunst des Morgens reckte, eine Theaterdekoration aus Stahl, Zement, Glas und auch altem Mauerstein, ließ an Kartenhäuser denken. Unter den höchsten Dächern duckten sich andere, die so viel niedriger 25 wirkten als sie waren. Alles schien wie von einem spielenden, aber nicht sehr phantasiebegabten Kind, zu einer willkürlichen Ordnung hingestellt zu sein.

Zum Text

● Ankunft in Amerika. Beantworte die Fragen.

1. Was machen die Leute auf dem Schiff?
2. Wie beschreibt der Erzähler die Skyline?
3. Ist die Reaktion des Erzählers auf New York positiv oder negativ? Was meinst du?
4. Wie sieht dem Erzähler die Stadt New York aus? Denk daran, dass der Erzähler noch auf dem Schiff steht, noch etwas von der Stadt entfernt.

INTERAKTION

● Besucher(innen) und Einwohner(innen). Arbeitet in Gruppen zu viert. Wählt einen Ort (Stadt, Land, ?) in der Welt, in dem ihr noch nie wart aber besuchen möchtet. Spielt die Rollen von Besucher(innen) oder Einwohner(innen). Die Besucher(innen) beschreiben ihre Erwartungen von diesem Ort. Die Einwohner(innen) beschreiben, wie sie die Besucher(innen) sehen.

SCHREIB MAL!

Ein Reisebericht

● Denk an eine lange Reise, die du einmal gemacht hast. Schreib darüber einen Reisebericht.

Purpose:	To describe a place you have visited
Audience:	The traveling public
Subject:	A place you've visited
Structure:	A report

TIPP ZUM SCHREIBEN

An interesting travel article or essay offers its reader not only facts but descriptions about what the traveler saw or did. It also gives impressions of the place the traveler visited.

chreibmodell

otice that the verb **kommen** uses the xiliary verb **sein** in the esent perfect tense; the rb **erwarten** uses **haben**.

hen describing the area in neral, the writer uses the esent tense. When scribing specifically what /she did, the writer uses e present perfect tense.

rough a combination of rsonal impressions and cts about Freiburg, the riter provides an overall cture of the city.

In Freiburg zu Besuch

Als der Zug in Freiburg im Breisgau angekommen ist, habe ich eine typische Kleinstadt im Schwarzwald erwartet, ein „Städtele" mit schmalen Straßen, wenig Verkehr und Blumen vor den Fenstern. Das Bild stimmt auch zum Teil— die Stadt is ja bildschön—aber mit 200.000 Einwohnern ist Freiburg auch das führende Handels- und Industriezentrum der Region. Ich habe dort meine ältere Schwester besucht. Sie studiert Informatik an der Albert-Ludwigs-Universität. Nach dem Studium will sie in Freiburg bleiben und sich eine Stelle suchen, denn es gibt hier viele High-Tech-Unternehmen.

Freiburg liegt nicht weit von Frankreich und der Schweiz, mitten in Europa also. Mit den Autobahnen ist es leicht auch diese Länder zu besuchen. In der Altstadt Freiburgs haben wir uns das Münster angesehen. Diese große Kirche stammt aus dem Mittelalter, und die Fenster haben schöne Glasmalerei. Viele Fenster zeigen Symbole wie einen Schuh oder eine Schere.[a] Die mittelalterlichen Handwerker haben der Kirche diese Fenster gegeben. Touristen aus der ganzen Welt kommen jedes Jahr, um die schöne Stadt und ihre Sehenswürdigkeiten zu sehen. Beliebte Ausflugsziele sind aber auch die Täler, Berge und Seen des Schwarzwalds. In dieser Landschaft bin ich gewandert und habe die Natur genossen.

---

cissors

Eine Reise nach Maine

Auf der Landkarte hat Maine nicht so groß ausgesehen. Es ~~ist~~ *hat aber mehr als drei Wochen gedauert, durch das Bundesland zu wandern. Das glaubt mir aber kein Mensch! Ich habe nicht gewust, dass die Berge so hoch waren. Die Leute waren ziemlich freundlich. Sie haben nicht viel mit mir* ~~gesprecht~~ *gesprochen, aber sie* ~~hat~~ *haben mir geholfen. Die Landschaft war sehr schön, und das Wetter war auch gut. Ich habe viele schöne Tiere* ~~gesieht~~ *gesehen, aber ich* ~~bin~~ *habe Angst vor den Bären gehabt! Vielleicht will ich das Land noch einmal sehen, aber das nächste Mal mit dem Auto!*

Schreibstrategien

Vor dem Schreiben

- Think about someplace you have visited that you would like to write about. Read the **Tipp zum Schreiben** and jot down some questions to focus your writing in German. For example: **Was hast du gesehen? Was hast du gelernt? Wie waren die Menschen dort?** etc.

- Answer each question in German. Include details, emotions, thoughts, or impressions as they come into your mind.

Beim Schreiben

- Look over your notes. Find an expression or idea that means the most to you when you think about your trip. Use it to write the opening sentence of your report. This is your topic sentence.

- Expand on your topic sentence and move on to other topics as you compose your first draft.

Nach dem Schreiben

- Exchange reports with a classmate. Make comments, give advice, and ask questions—in German—on each other's reports.

  1. Does the report move smoothly from one idea or topic to another? If not, can you suggest ways for improving the transitions?
  2. Make a star next to the sentence(s) or idea(s) you find most interesting in the work. Use a question mark next to sentence(s) or idea(s) you feel detract from the report.
  3. Finally, do you have any suggestions for reordering or refocusing the information to make the report more exciting?

- Review the comments, questions, and suggestions your partner made on your report. Decide which changes might improve your work.

- Examining your partner's report may give you ideas for improving your own. It's often easier to identify problems in someone else's writing, and then apply those insights to your own work.

Stimmt alles?

- Compose your final draft. Try to picture the audience who might be interested in your report, and think of ways you can engage those readers. Adjust your work accordingly.

- Finally, double-check the form, spelling, and order of words in each sentence.

WORTSCHATZ

Substantive	Nouns
Lebenslauf	*Résumé, CV**
die **Fantasie, -n**	fantasy
die **Pflicht, -en**	responsibility
die **Wirklichkeit**	reality
der **Ausbildungsgang**, *pl.* **Ausbildungsgänge**	educational background
der **Dienst, -e**	service, duty
der **Familienstand**	marital status
der **Geburtsort, -e**	place of birth
der/die **Selbstständige** (*decl. adj*)	self-employed person
das **Geburtsdatum**, *pl.* **Geburtsdaten**	date of birth
das **Interesse, -n**	interest
das **Prestige**	prestige

Stellenangebote	*Job offers*
die **Anzeige, -n**	advertisement
die **Arbeitserfahrung, -en**	work experience
die **Bewerbung, -en**	application
die **Ehrlichkeit**	honesty
die **Eigeninitiative**	self-initiative
die **Qualifikation, -en**	qualification
die **Stellensuche**	job search
die **Traumkarriere, -n**	dream career, job
die **Verantwortung, -en**	responsibility
die **Zuverlässigkeit**	reliability
der **Arbeitgeber, -** / die **Arbeitgeberin, -nen**	employer
der **Arbeitnehmer, -** / die **Arbeitnehmerin, -nen**	employee
der **Besitzer, -** / die **Besitzerin, -nen**	owner
der **Bewerber, -** / die **Berwerberin, -nen**	applicant
der **Vorschlag, ¨e**	suggestion

Sonstige Substantive	*Other nouns*
die **Überraschung, -en**	surprise

der **Kapitän, -e**	captain
der **Offizier, -e**	officer
der **Streich, -e**	prank
der **Trick, -s**	trick
die **Kenntnisse** (*pl.*)	knowledge, skills

Verben	Verbs
an•halten (hält an), hielt an, angehalten	to stop
bleiben	to stay, remain
ein•laden	to invite
entscheiden, entschied, entschieden	to decide
erwarten	to expect
folgen (+ *dat.*)	to follow
gefallen	to be pleasing to, to like
glauben	to believe
gucken	to watch, to look
los•fahren (fährt los), fuhr los, ist losgefahren	to depart
verlangen	to demand
verlassen	to leave

Adjektive und Adverbien	Adjectives and adverbs
abwechslungsreich	variable, changeable
ledig	single
persönlich	personal
pünktlich	punctual
überrascht	surprised
ungewöhnlich	unusual
verheiratet	married
zuverlässig	reliable
Gute Fahrt!	Have a good trip!

Sonstiges	Other
Wann sind Sie geboren?	When were you born?

*Curriculum Vitae

ZU VIEL SALZ

In this chapter, you will

- get better acquainted with the Schäfer family.
- see how the Schäfers' dinner party goes wrong and how they resolve the problem.

You will learn

- how to talk about food and restaurants.
- about the eating customs of different people.
- more about pronouns in the nominative, accusative, and dative cases.
- about the genitive case and how to express possession.
- how to read a German recipe.
- about the German author Wolfgang Borchert.

Liebe Silke,

von Jürgen habe ich erfahren, dass Rostock dir gut gefällt. Mir geht's auch gut. Mein Zimmer ist nett, und die Arbeit ist interessant. Ich musste zwar gleich am ersten Tag einen albernen[a] Streich erleben, aber eigentlich sind die Mitarbeiter sehr nett, vor allem mein Chef Herr Schäfer. Vor einigen Tagen hat er mich zum Essen eingeladen. Außer mir war noch ein Ehepaar, Freunde von Schäfers, da. Herr Schäfer ist Hobbykoch und hatte Lammrücken Provenzale gemacht, leider total versalzen.[b] Herrn Schäfer war das natürlich sehr peinlich[c] und seine Tochter Eva hat vorgeschlagen, ins Restaurant zu gehen. Wir haben überall gesucht und konnten nichts finden. Zum Schluss habe ich dann alle zu meinem Lieblingsimbiss gebracht. Er ist direkt am Hafen und hat gute Bratwurst. Zuerst waren alle sehr skeptisch, aber es hat allen doch gut geschmeckt und richtig viel Spaß gemacht. Das war der Hit des Abends. Ich muss sagen, hier in Hamburg fühle ich mich sehr wohl.

Was macht das Studium? Wie oft fährst du nach Hause? Lass mal von dir hören. Ich denke gerne daran, wie wir die Hausaufgaben für Mathe zusammen gemacht haben.

Dein Michael

[a]silly [b]oversalted [c]embarrassing

In der Küche.

VIDEOTHEK

„Ich will zurück!"

In der letzten Folge . . .

fährt Michael mit Herrn Schäfer zum Hafen. Sie besuchen ein Schiff. Der Erste Offizier zeigt Michael das Schiff. Plötzlich fährt das Schiff weg. Michael will nicht nach Amerika fahren und möchte lieber zurück an Land.

● Weißt du noch?

1. Was für einen Streich haben der Kapitän und die Besatzung gespielt?
2. Wie hat Michael reagiert?
3. Was ist am Ende passiert?

In dieser Folge . . .

wird Michael zum Abendessen bei seinem Chef eingeladen. Herr Schäfer kocht das Essen, aber seine Frau Karin und seine Tochter Eva glauben beide, dass sie ihm beim Würzen helfen müssen.

● Was denkst du? Ja oder nein?

1. Michael kommt zu spät zum Abendessen.
2. Die ganze Familie versalzt das Essen.
3. Das Essen schmeckt nicht gut, aber die Gäste essen alles höflich[a] auf.
4. Die Schäfers und ihre Gäste essen in einem feinen Restaurant.

Zu viele Köche verderben den Brei!

[a]*politely*

WORTSCHATZ ZUM VIDEO

würzen	to add spice(s)
lecker	tasty
verschwinden	to disappear
versalzen	to oversalt
Gastgeber / Gastgeberin	host/hostess
Geschlossene Gesellschaft	private party

SCHAU MAL ZU!

A Wer ist an dem Abend bei Familie Schäfer?

Dieter Schäfer	☐	Uwe Cornelius	☐
Karin Schäfer	☐	Michael Händel	☐
Eva Schäfer	☐	Marion Koslowski	☐
Silke	☐	Renate Cornelius	☐

B Das Essen ist versalzen! Wer versalzt das Essen zuerst? Bring die Bilder auf Seite 53 in die richtige Reihenfolge.

a. Eva

b. Frau Schäfer

c. Herr Schäfer

C Eva Schäfer hat eine Idee: Alle sollen ins Restaurant gehen, aber sie haben kein Glück. Warum?

1. Sie können nicht in das erste Restaurant, weil . . .
   a. das Restaurant Ruhetag hat.
   b. Feiertag ist.
   c. die Kellner streiken.
2. Sie können nicht in das zweite Restaurant, weil . . .
   a. es dort eine geschlossene Gesellschaft gibt.
   b. das Restaurant geschlossen hat.
   c. das Restaurant einen schlechten Ruf[a] hat.

[a]*reputation*

D Wo serviert man was?

1. _____ Lammrücken Provenzale, Kartoffeln, Bohnen
2. _____ Wurst, Pommes frites
3. _____ Ravioli Caprese, Schwarzwälder Kirschtorte
4. _____ Mineralwasser
5. _____ Eiswasser, Kaffee

   a. bei Familie Schäfer
   b. bei Professor Di Donato
   c. beim Imbissstand

E Eine peinliche Situation. Beantworte die folgenden Fragen.

1. Erklären die Schäfers den Gästen, was mit dem Essen wirklich passiert ist? Wenn ja, was sagen sie? Wenn nein, warum nicht?
2. Was würdest[a] du deinen Gästen in so einer Situation sagen? (Ich würde ihnen sagen: . . .)

[a]*would*

F Beim Imbiss. Was essen und trinken Michael, Familie Schäfer und Herr und Frau Cornelius am Imbissstand? Kreuz an.

1. _____ Bratwurst
2. _____ Pommes frites
3. _____ Salat
4. _____ Lamm Provenzale

KULTURSPIEGEL

In contrast to other countries, in the German-speaking countries salt and pepper shakers are not typically put on the table at mealtimes.

VOKABELN

ESSEN UND TRINKEN

Und noch dazu

die Beilage	*side dish*
die Milch	*milk*
die Sahne	*cream*
der Champignon	*mushroom*
der Hummer	*lobster*
der Knoblauch	*garlic*
der Pfeffer	*pepper*
der Senf	*mustard*
der Speck	*bacon*
der Traubensaft	*grape juice*
das Eis	*ice cream*
das Salz	*salt*
bekommen	*to receive*
bestellen	*to order*
probieren	*to try out, sample*
schmecken	*to taste*

♣ Gasthaus ♣
Zum goldenen Schwan

VORSPEISEN

Krabbencocktail	5,00
Gemischter Salat	4,50
Thunfisch-Salat	5,70
Zwiebelsuppe	4,90
Erbsensuppe mit Speck	5,50

HAUPTGERICHTE

Forelle mit Weinsoße und Erbsen	15,50
Lachs mit Wildreis	16,00
Wiener Schnitzel mit Kartoffeln und Bohnen	17,50
Schweinebraten mit Knödeln und Sauerkraut	17,00
Leberkäs mit Sauerkraut	17,00
Bratkartoffeln nach Hausfrauen Art	15,00

NACHSPEISEN

New Yorker Käsekuchen	3,50
Apfelstrudel	3,00

GETRÄNKE

Kaffee	3,00
Tee	3,00
Saft (Apfel, Orange)	3,00
Cola	2,00
Limonade	2,50
Mineralwasser	2,00

die Speisekarte

Aktivitäten

A Fastfood. Beantworte die folgenden Fragen.

1. Was kann man an Imbissständen in Deutschland bestellen?
2. Welches Fastfood kann man in Nordamerika bestellen?
3. Isst du gern Fastfood? Warum (nicht)?
4. Was möchtest du besonders gern an einem Imbissstand bestellen?

B Eine Speisekarte. Was gehört zu welcher Kategorie?

VORSPEISE   HAUPTGERICHT   BEILAGE   NACHSPEISE   GETRÄNK

Apfelstrudel	Pommes frites	Sauerkraut
Mineralwasser	Eis	Suppe
Leberkäs	Lachs	Reis
Erbsen	Limonade	Salat
Apfelsaft	Forelle	Wurst

Wurst (Bockwurst, Bratwurst, . . .)

Pommes Frites

Salat

Limonaden (wie Cola, . . .)

Brezeln

Hering   ?

Sauerkraut

Reis

C Ein Dialog im Restaurant. Bring die Sätze in die richtige Reihenfolge.

a. Gern. Unser Leberkäs ist ausgezeichnet. Etwas zu trinken?
b. Ein Mineralwasser, bitte.
c. Ich hätte gern den Leberkäs mit Bratkartoffeln.
d. Bitte schön?
e. Ich möchte gern die Speisekarte sehen.
f. Aber natürlich. Hier ist die Speisekarte.

D Essen und Getränke. Frag einen Mitschüler / eine Mitschülerin, was er / sie gern isst und trinkt—und wo.

MODELL: A: Was isst und trinkst du gern zu Hause?
B: Zu Hause esse ich gern . . .

zu Hause   bei deinem besten Freund
im Restaurant   bei der Familie
in der Mensa[a]   unterwegs[b]
bei deiner besten Freundin   ?

[a]*cafeteria*   [b]*on the go*

 **Wo Essen Wir?**

DREHRESTAURANT IM OLYMPIA TURM

Traumhaftes Ambiente hoch über München

Lassen Sie sich von dem phantastischen Ausblick über München und dem Alpenpanorama bei erlesenen Speisen der internationalen "Haute Cuisine" verzaubern. Wir sind jeden Tag von 11.00 bis 17.30 Uhr und von 18.30 bis 23.30 Uhr für Sie da.

Reservieren Sie bitte unter der Telefon-Nr. 089/3081039 oder Fax 089/3083357 Haberl Gastronomie

Restaurant & Destillation
Radke's
Gasthaus Alt-Berlin
Tel./Fax 213 46 52
Marburger Str. 16 · 10789 Berlin

Täglich von 11 bis 2 Uhr + länger gegenüber dem Europa-Center urige Berliner Atmosphäre Alt-Berliner Küche

An Sonn- & Feiertagen 12-18 Uhr: **Brunch-Buffet DM 25,-** inklusive Kaffee/Säfte für Kinder halbe Preise

Party-Profi Speziell Alt-Berliner Buffet

Separate Gesellschafts- und Tagungsräume

Das preiswerte Spezialitätenrestaurant

APOLLO-GRILL

Türkisches Restaurant - Intern. Küche

Goslarsche Straße 20, Tel.: 50 60 72

Gyros Pita mit Salat und Zazicki, Köfte Pita, Pizza und vieles mehr bekommen Sie bei uns immer frisch zubereitet.

Besuchen Sie auch unseren **Apollo** express **Grill** Langer Hof 2c, Tel.: 4 99 55

SUBWAY Testsieger 8/90 Döner

Treffpunkt für nette Leute
Wirtshaus Zur Krone Oberwinter - Dienstag Ruhetag -

Fremdenzimmer und Ferienwohnungen

Rolf u. Renate Hohl

53424 Remagen-Oberwinter, Hauptstraße 90 Telefon (0 22 28) 3 09

Café

Öffnungszeiten:
Mo–Fr   9.30–1.00
Sa/So 12.00–1.00

durchgehend türkische Küche

MfG-Zentrale

AStA-Zimmervermittlung
Mo–Fr 10.00–15.00

Frauenstr.24

Und noch dazu

die Bedienung	*service*	der Imbissstand	*snack stand*	Hier ist besetzt.	*This seat is taken.*
die Küche	*cuisine*	der Kellner	*waiter*	Sonst noch was?	*Something else?*
die Gaststätte	*restaurant*	zahlen	*to pay*	Was darf's sein?	*What will you have?*
die Rechnung	*check*	voll	*full*	Ich hätte gern . . .	*I'd like . . .*
der Gasthof	*hotel, restaurant*	Ist hier noch frei?	*Is this seat taken?*		

Aktivitäten

A Welches Restaurant ist das? Such für jede Beschreibung das passende Restaurant.

BESCHREIBUNG

1. Hier findet man türkische und internationale Küche.
2. Dieses Restaurant ist am Dienstag geschlossen.
3. Von diesem Restaurant hat man einen Panoramablick beim Essen.
4. Dieses Restaurant bietet traditionelle Küche und ein Buffet.

RESTAURANT

a. Olympia Turm
b. Wirtshaus zur Krone
c. Gasthaus Alt-Berlin
d. Apollo-Grill

B Wer sagt was im Restaurant? Sagt das der Kellner / die Kellnerin? ein Gast? oder niemand (wenn es nicht dazu gehört)?

1. Was kostet eine Fahrkarte?
2. Eine Limo, bitte!
3. Was darf's sein?
4. Wie lange dauert die Fahrt nach München?
5. Ich möchte gern den Schweinebraten.
6. Zahlen, bitte!
7. Die Speisekarte, bitte!
8. Sonst noch was?
9. Darf ich noch etwas bringen?
10. Ich hätte gern ein Mineralwasser.

C Ein neues Restaurant! Arbeitet in Kleingruppen, und gründet ein Restaurant.

SCHRITT 1: Was für ein Restaurant soll es sein? Einigt euch über folgende Fragen.

- Was für Spezialitäten hat euer Restaurant?
- Welche Öffnungszeiten hat es?
- Wo findet man das Restaurant? (Stadt, Straße)

SCHRITT 2: Und die Speisekarte? Schreibt eine Speisekarte für euer Restaurant. Vergesst die Preise nicht!

D Rollenspiel: Der erste Abend im neuen Restaurant. Arbeitet in eurer Kleingruppe von Aktivität C. Als Gruppe habt ihr schon euer eigenes Restaurant gegründet und eine Speisekarte geschrieben. Spielt jetzt der Klasse einen kleinen Sketch vor. Was passiert am ersten Abend im Restaurant? Was sagt die Bedienung? Was sagen die Gäste? Geht alles gut—oder gibt es Probleme?

BEDIENUNG (KELLNER/IN)

Bitte schön?
Bitte.
Was darf es sein?
Zu trinken?
Zu essen?
Sonst noch was?

GÄSTE

Ich möchte/hätte gern _____.
Bringen Sie mir bitte _____.
Zahlen bitte!

STRUKTUREN

REVIEW OF PRONOUNS; WORD ORDER
REFERRING TO PEOPLE AND THINGS

Pronouns refer to people, places, or things and often take the place of nouns in sentences. Like nouns, pronouns may have different forms in the nominative, accusative, and dative cases. Notice the use of pronouns in the following sentences.

Lars, hast **du** einen neuen Computer? —Ja, **ich** zeige **ihn dir.**	*Lars, do you have a new computer? —Yes, I'll show it to you.*
Frau Koslowski, **ich** möchte **Ihnen** einen schönen Aufenthalt wünschen. Haben **Sie** eine schöne Reise gehabt?	*Mrs. Koslowski, I would like to wish you a pleasant stay. Did you have a nice trip?*
Wo wohnt Marion? Ist **sie** noch in Rheinhausen? **Ich** möchte **ihr** einen Brief schicken.	*Where does Marion live? Is she still in Rheinhausen? I would like to send her a letter.*

The following chart summarizes the forms of pronouns in the nominative, accusative, and dative cases.

NOMINATIVE		ACCUSATIVE		DATIVE	
SUBJECT		DIRECT OBJECT		INDIRECT OBJECT	
ich	*I*	mich	*me*	mir	*(to/for) me*
du	*you*	dich	*you*	dir	*(to/for) you*
Sie	*you*	Sie	*you*	Ihnen	*(to/for) you*
sie	*she, it*	sie	*her, it*	ihr	*(to/for) her*
er	*he, it*	ihn	*him, it*	ihm	*(to/for) him*
es	*it*	es	*it*	ihm	*(to/for) it*
wir	*we*	uns	*us*	uns	*(to/for) us*
ihr	*you*	euch	*you*	euch	*(to/for) you*
sie	*they*	sie	*them*	ihnen	*(to/for) them*

Generally speaking, the objects in a sentence must follow a particular order. Remember this rule of thumb regarding nouns and pronouns: Indirect objects come before direct objects, unless the direct object is a pronoun.

SO GEHT'S!

Use **wer** (*who*) to ask about the person performing the action or the subject of a sentence; use **wen** (*whom*) to ask about the recipient of the action or the direct object of a sentence; use **wem** (*[to] whom*) to ask about the person affected by the action or the indirect object of a sentence.

NOMINATIVE
> **Wer** kommt morgen zur Fete?
> —**Mein Freund Michael** kommt zur Fete.

ACCUSATIVE
> **Wen** möchtest du zur Fete einladen?
> —Ich möchte **meinen Freund Michael** einladen.

DATIVE
> **Wem** schreibst du die Einladung?
> —Ich schreibe **meinem Freund Michael** die Einladung.

Übungen

A Was sagen sie zueinander? Ergänze die Sätze mit den richtigen Pronomen: ich, mich, mir, wir, uns, du, dich, dir, ihr, euch, Sie oder Ihnen.

Marion—Bob:

1. _____ habe _____ eine Kleinigkeit mitgebracht. —Etwas für _____? Danke.

2. _____ hast eine schöne Wohnung. —Danke. Sie gehört _____ aber nicht.

Michael Händel—Frau Schäfer:

3. Guten Tag, Frau Schäfer. Diese Blumen sind für _____. —Das ist sehr nett von _____.

Vera—Heinz und Lars:

4. Habt _____ schon vergessen? Ich habe _____ einen Eintopf gemacht. —O ja, einen Eintopf für _____! _____ haben das nicht vergessen.

„Schön, dass du da bist!"

B Bob kocht das Abendessen für Marion. Ersetze die unterstrichenen Wörter mit den richtigen Pronomen.

MODELL: Bob kocht <u>Ravioli Caprese</u>. (*pl.*) <u>Sie</u> schmecken gut.

1. Marion bringt <u>Mozartkugeln</u> mit. (*pl.*) _____ sind eine Salzburger Spezialität.

2. Marion schmeckt <u>das Essen</u> sehr gut. Bob hat _____ nach einem Rezept seiner Mutter gemacht.

3. Bob serviert <u>einen schönen Nachtisch</u>. Er hat _____ in einer Konditorei gekauft.

4. <u>Die Schwarzwälder Kirschtorte</u> war eine gute Idee. Für Marion ist _____ etwas Besonderes.

5. Bob kocht <u>den Tee</u> in der Küche. Er serviert _____ im Wohnzimmer.

Bob kocht für Marion.

C Der Chefkoch. Wenn seine Freunde und Familienmitglieder zu Besuch kommen, kocht der Chefkoch immer etwas Besonderes. Man fragt, wem er was gekocht hat. Wie beantwortet er die Fragen?

MODELL: Was hast du deinem Cousin gekocht? (Spaghetti) →
Ich habe ihm Spaghetti gekocht.

1. Was hast du deiner Kusine Luise gebacken? (einen Käsekuchen)
2. Was hast du deinen Großeltern gemacht? (ein Wiener Schnitzel)
3. Was hast du Onkel Friedrich gemacht? (Rote Grütze)
4. Was hast du dir gebacken? (eine Pizza)
5. Was hast du dir und deinen Freunden gekocht? (Erbsensuppe)
6. Was hast du mir gekocht? (Schweinebraten)
7. Was hast du uns gekocht? (Lammrücken Provenzale)

GENITIVE CASE
SHOWING RELATIONSHIPS AND POSSESSION

You have already learned how to talk about relationships and possession using the preposition **von.**

LARS:	„Der Bruder **von** meinem Vater ist mein Onkel."
LARS:	„Die Schwester **von** meiner Mutter wohnt in Berlin."
PROFESSOR DI DONATO:	„Ich mache Ravioli Caprese nach einem Rezept **von** meiner Mutter."

In writing and more formal spoken German, the *genitive case* instead of **von** is used to indicate

* family or personal relationships.

  Der Bruder **meines Vaters** ist mein Onkel.
  Die Schwester **meiner Mutter** wohnt in Berlin.

* ownership.

  Professor Di Donato macht Ravioli nach dem Rezept **seiner Mutter.**
  Das Abendessen **der Familie Schäfer** ist versalzen.

* characteristics of persons, objects, or ideas.

  Der Imbissstand liegt in der Nähe **des Hafens.**
  Das Essen **des Imbissstands** schmeckt allen sehr gut.

The following table shows the forms of the definite article and the endings for **ein-**words in the genitive case.

	SINGULAR		PLURAL
FEMININE	MASCULINE	NEUTER	ALL GENDERS
der Mutter mein**er** Mutter	**des** Vaters mein**es** Vaters	**des** Kindes mein**es** Kind**es**	**der** Kinder mein**er** Kinder

Note that most masculine and neuter nouns add **-s** in the genitive case; those of just one syllable add **-es.** Masculine nouns that add **-n** or **-en** in the accusative and dative cases also add **-n** or **-en** in the genitive case.

Michael lernt die Tochter **des Herrn Schäfer** kennen.

SPRACHSPIEGEL

In German, nouns of possession follow the nouns they modify, whereas the opposite is true in English.

Der Name **des Kindes** ist Max.
The child's name is Max.

In German, as in English, a proper name that shows possession precedes the noun it modifies. To indicate possession, add an **-s** to the name without an apostrophe. However, if the name already ends in **-s, -z,** or **-ß,** add only an apostrophe.

Schäfers Tochter heißt Eva.
Marions Vater heißt Heinz.
but: Vera ist **Lars'** Mutter.

SO GEHT'S!

The negative article **kein** and all the possessive adjectives—**mein, dein, Ihr, sein, ihr** (*fem.* and *pl.*), **unser,** and **euer**—have the same endings as **ein.** For this reason, they are called **ein-**words.

Übungen

A Was denken Michael und Eva? Identifiziere alle Ausdrücke im Genitiv.

1. MICHAEL: Der Schlips^a meines Vaters sieht eigentlich ganz gut aus. Ob die Frau des Hauses auch so nett ist wie mein Chef? Ich bin ja schon ein bisschen nervös, aber Silkes Freundin sagt ja in diesen Situationen immer: „Einfach die Ohren steif halten.^b"

2. EVA: Wer dieser Typ wohl ist? Mamas Freunde kennen ihn auch noch nicht. Er wohnt in der Nähe des Museums, dort hat die Schwester meines Freundes auch eine Wohnung. Der neue Azubi der Firma meines Vaters . . .

^a*necktie* ^b*die Ohren . . . don't lose courage*

B Die Schäfers und die Cornelius' trinken Kaffee und sprechen übers Kochen. Modifiziere die Sätze mit Ausdrücken im Genitiv.

MODELL: Der Salat war wunderbar. (deine Frau) →
Der Salat deiner Frau war wunderbar.

Frau Schäfer mit Frau Cornelius.

1. Der Schweinebraten hat uns sehr geschmeckt. (deine Mutter)
2. Hast du gestern das Rezept gelesen? (der Koch)
3. Ich finde, die Suppe ist exzellent gewürzt. (eure Tochter)
4. Wo habt ihr denn eine Kritik gefunden? (die Lokale)
5. Wir müssen die Adresse im Telefonbuch suchen. (ein Kochkurs)
6. Habe ich schon den Käsekuchen gebacken? (mein Onkel)
7. Probiert mal die Forelle in der Kantstraße. (die Gaststätte)

C Kettenreaktion

SCHRITT 1: Was schmeckt! Frag deine Mitschüler/Mitschülerinnen, was sie gern essen. Sie sollen mit dem Genitiv beantworten.

MODELL: A: Was schmeckt dir?
B: Mir schmecken die Bratkartoffeln meiner Tante.
A: Anna schmecken die Bratkartoffeln ihrer Tante. Was schmeckt dir, Tom?

SCHRITT 2: Und was schmeckt nicht! Frag sie jetzt, was sie nicht gern essen.

MODELL: A: Was schmeckt dir nicht?
B: Der Salat des Imbissstands schmeckt mir nicht.
A: Chris schmeckt der Salat des Imbissstands nicht. Was schmeckt dir nicht, Shawna?

D Was haben andere Menschen, was du willst oder was dir gefällt? Mach eine Liste (sechs Sachen) im Genitiv.

MODELLE: Ich will das Auto meines Bruders.

Die Wohnung meiner Freundin gefällt mir.

EINBLICKE

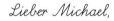

BRIEFWECHSEL

Lieber Michael,

du hast vielleicht Nerven—mit deinem Chef und seiner Familie zum Imbissstand! Gut, dass Herr Schäfer Sinn für Humor hat. Das Studium läuft bis jetzt ganz gut. Die Vorlesungen[a] sind recht interessant, und mit meiner Mitbewohnerin verstehe ich mich sehr gut. Ich bin aber doch froh, dass Sellin nicht so weit weg ist. Du hast wohl kein Heimweh bei deiner tollen Stelle, aber ich muss doch ab und zu nach Hause. Mit meinen Eltern war ich neulich auch essen, aber in einem richtigen Restaurant. Wir sind mit den Rädern losgefahren—runter durch Göhren und aufs Mönchsgut. Das Wetter war herrlich und es war so schön, nicht mehr im Vorlesungssaal[b] sitzen zu müssen. Auf dem Rückweg[c] haben wir beim Walfisch in Lobbe Halt gemacht. Kennst du das Restaurant? In der Gaststube ist ein gemütlicher Kachelofen[d] und die Wände sind mit Gegenständen[e] aus der Fischerei dekoriert. Die Speisekarte ist sehr rügensch—viele Fischspezialitäten. Du weißt, seit der Wende[f] hat sich hier auf Rügen so viel geändert, und es gibt überall exotische Restaurants. Das ist eigentlich gut, aber es ist doch nett, dass etwas Traditionelles aus alten Zeiten geblieben ist. Ich freue mich, dass es dir so gut geht. Wie alt ist denn eigentlich diese Eva? Schreib mal wieder!

Deine Silke

[a]lectures [b]lecture hall [c]return trip [d]tiled stove [e]objects [f]reunification of Germany

 Was hat Silke geschrieben? Bring die Sätze auf Seite 63 in die richtige Reihenfolge.

a. Wie alt ist denn eigentlich diese Eva?
b. Die Vorlesungen sind recht interessant.
c. Mit meinen Eltern war ich neulich essen.
d. In der Gaststube ist ein gemütlicher Kachelofen.
e. Wir sind mit den Rädern losgefahren.
f. Auf dem Rückweg haben wir beim Walfisch in Lobbe Halt gemacht.

EINBLICK

Ein Rezept: Schwarzwälder Kirschtorte

- Butter oder Margarine schaumig rühren
- Löffelweise Zucker und Vanillinzucker dazugeben
- Nacheinander Eier dazugeben
- Danach abgezogene, gemahlene Mandeln und Schokolade dazugeben
- Mehl, Speisestärke und Backpulver mischen, darübersieben und unterrühren
- Teig in eine gefettete Springform (24 cm) geben und backen
- Kalte Torte zweimal durchschneiden
- Unteren Tortenboden mit Konfitüre bestreichen, oder mit Kirschen belegen
- Etwas Schlagsahne darauf verteilen
- Zweiten Tortenboden darauflegen—wie den ersten belegen
- Den dritten Tortenboden darüberlegen—mit Kirschwasser bestreichen
- Oberfläche und Rand der Torte mit Schlagsahne bestreichen
- Mit geraspelter Schokolade, Sahne und Kirschen garnieren

● Was macht man, wenn man backt? Such die folgenden Verben oder ihre Adjektivformen im Text. Wie heißt jedes auf Englisch?

1. _____ rühren	a.	*to bake*
2. _____ mahlen	b.	*to garnish*
3. _____ mischen	c.	*to sift*
4. _____ sieben	d.	*to put something on*
5. _____ backen	e.	*to cut*
6. _____ garnieren	f.	*to spread*
7. _____ schneiden	g.	*to grind*
8. _____ bestreichen	h.	*to mix*
9. _____ belegen	i	*to stir*

Die Torte sieht lecker aus!

PERSPEKTIVEN

HÖR MAL ZU!

WORTSCHATZ ZUM HÖRTEXT

das Bioprodukt	organic product
die Untersuchung	investigation
deftig	heavy, solid
der Heurige	type of inn in Austria
anstehen	to stand in line, wait

A Wie isst man in Europa? Was sagen Jens, Elisabeth und Margit zum Essen in der Schweiz, Österreich und Deutschland? Wer spricht darüber?

	JENS	ELISABETH	MARGIT
1. traditionelles Essen	☐	☐	☐
2. internationales Essen	☐	☐	☐
3. Bioprodukte	☐	☐	☐
4. Tradition im Heurigen	☐	☐	☐

B Was passt?

1. Man verkauft Bioprodukte
2. Das traditionelle österreichische Essen ist
3. Im Heurigen
4. Margit geht jetzt

a. isst, trinkt und singt man.
b. zu einem viel höheren Preis.
c. sehr viel ins Restaurant.
d. schwer und deftig.

LIES MAL!

Zum Thema

● Brot[a]

SCHRITT 1: Zum Titel. Du liest jetzt eine Geschichte von Wolfgang Borchert mit dem Titel „Das Brot". Was fällt dir zum Thema Brot ein? Warum schreibt dieser Autor über Brot? Schreib deine Ideen auf, dann vergleich sie mit denen deiner Mitschüler/Mitschülerinnen.

SCHRITT 2: Die Geschichte beginnt. Lies die ersten zwanzig Zeilen. Was ist richtig?

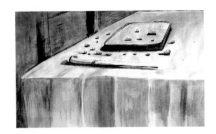

1. Die Geschichte wird aus der Perspektive (einer Frau, eines Mannes) erzählt.
2. Es gibt (zwei, drei) Charaktere in der Geschichte.
3. Die Geschichte findet (nachts, tagsüber) statt.

[a]bread

Das Brot

Plötzlich wachte sie auf. Es war halb drei. Sie überlegte, warum sie
aufgewacht war. Ach so! In der Küche hatte jemand gegen einen Stuhl
gestoßen. Sie horchte nach der Küche. Es war still. Es war zu still, und als
sie mit der Hand über das Bett neben sich fuhr, fand sie es leer. Das war
5   es, was es so besonders still gemacht hatte: sein Atem fehlte. Sie stand
auf und tappte durch die dunkle Wohnung zur Küche. In der Küche
trafen sie sich. Die Uhr war halb drei. Sie sah etwas Weißes am
Küchenschrank stehen. Sie machte Licht. Sie standen sich im Hemd
gegenüber. Nachts. Um halb drei. In der Küche.

10   Auf dem Küchentisch stand der Brotteller. Sie sah, daß er sich Brot
abgeschnitten hatte. Das Messer lag noch neben dem Teller. Und auf der
Decke lagen Brotkrümel. Wenn sie abends zu Bett gingen, machte sie
immer das Tischtuch sauber. Jeden Abend. Aber nun lagen Krümel auf
dem Tuch. Und das Messer lag da. Sie fühlte, wie die Kälte der Fliesen
15   langsam an ihr hoch kroch. Und sie sah von dem Teller weg.

„Ich dachte, hier wäre was", sagte er und sah in der Küche umher.

„Ich habe auch was gehört", antwortete sie, und dabei fand sie, daß
er nachts im Hemd doch schon recht alt aussah. So alt wie er war.
Dreiundsechzig. Tagsüber sah er manchmal jünger aus. Sie sieht doch
20   schon alt aus, dachte er, im Hemd sieht sie doch ziemlich alt aus. Aber
das liegt vielleicht an den Haaren. Bei den Frauen liegt das nachts
immer an den Haaren. Die machen dann auf einmal so alt.

„Du hättest Schuhe anziehen sollen. So barfuß auf den kalten Fliesen.
Du erkältest dich noch."

25   Sie sah ihn nicht an, weil sie nicht ertragen konnte, daß er log. Daß
er log, nachdem sie neununddreißig Jahre verheiratet waren.

„Ich dachte, hier wäre was", sagte er noch einmal und sah wieder so
sinnlos von einer Ecke in die andere, „ich hörte hier was. Da dachte ich,
hier wäre was."

30   „Ich hab auch was gehört. Aber es war wohl nichts." Sie stellte den
Teller vom Tisch und schnippte die Krümel von der Decke.

„Nein, es war wohl nichts", echote er unsicher.

Sie kam ihm zu Hilfe: „Komm man. Das war wohl draußen. Komm
man zu Bett. Du erkältest dich noch. Auf den kalten Fliesen."

35   Er sah zum Fenster hin. „Ja, das muß wohl draußen gewesen sein. Ich
dachte, es wäre hier."

Sie hob die Hand zum Lichtschalter. Ich muß das Licht jetzt
ausmachen, sonst muß ich nach dem Teller sehen, dachte sie. Ich darf
doch nicht nach dem Teller sehen. „Komm man", sagte sie und machte
40   das Licht aus, „das war wohl draußen. Die Dachrinne schlägt immer bei

WORTSCHATZ ZUM LESEN

stoßen	*to push, bump*
leer	*empty*
der Atem	*breath*
der Brotkrümel	*bread crumb*
die Fliese	*(floor) tile*
Es liegt an . . .	*It's due to . . .*
ertragen	*to bear, stand*
lügen	*to lie*
sinnlos	*aimless(ly)*
draußen	*outside*
die Dachrinne	*rain gutter*
kauen	*to chew*

Wind gegen die Wand. Es war sicher die Dachrinne. Bei Wind klappert sie immer."

Sie tappten sich beide über den dunklen Korridor zum Schlafzimmer. Ihre nackten Füße platschten auf den Fußboden.

45 „Wind ist ja", meinte er. „Wind war schon die ganze Nacht. Es war wohl die Dachrinne."

„Ja, ich dachte, es wäre in der Küche. Es war wohl die Dachrinne." Er sagte das, als ob er schon halb im Schlaf wäre.

Aber sie merkte, wie unecht seine Stimme klang, wenn er log.

50 „Es ist kalt", sagte sie und gähnte leise, „ich krieche unter die Decke. Gute Nacht."

„Nacht", antwortete er und noch: „Ja, kalt ist es schon ganz schön."

Dann war es still. Nach vielen Minuten hörte sie, daß er leise und vorsichtig kaute. Sie atmete absichtlich tief und gleichmäßig, damit er
55 nicht merken sollte, daß sie noch wach war. Aber sein Kauen war so regelmäßig, daß sie davon langsam einschlief.

Als er am nächsten Abend nach Hause kam, schob sie ihm vier Scheiben Brot hin. Sonst hatte er immer nur drei essen können.

„Du kannst ruhig vier essen", sagte sie und ging von der Lampe weg.
60 „Ich kann dieses Brot nicht so recht vertragen. Iß du man eine mehr. Ich vertrage es nicht so gut."

Sie sah, wie er sich tief über den Teller beugte. Er sah nicht auf. In diesem Augenblick tat er ihr leid.

„Du kannst doch nicht nur zwei Scheiben essen", sagte er auf seinen
65 Teller.

„Doch. Abends vertrag ich das Brot nicht gut. Iß man. Iß man."

Erst nach einer Weile setzte sie sich unter die Lampe an den Tisch.

Zum Text

● Was ist die richtige Reihenfolge?

a. Er hatte Brot abgeschnitten.
b. Am nächsten Abend gab sie ihm vier Scheiben Brot.
c. Die Frau wachte auf.
d. Sie aß nur zwei Scheiben Brot.
e. Sie gingen wieder ins Bett.
f. Sie hatte etwas in der Küche gehört.
g. Sie hörte, dass er Brot kaute.
h. Sie wusste, dass er log.
i. Der Mann war nicht im Bett.
j. Er sagte, er hätte etwas gehört.
k. Sie trafen sich in der Küche.
l. Der Brotteller stand auf dem Tisch.

KULTURSPIEGEL

Wolfgang Borchert was born in 1921 in Hamburg. During World War II, he fought on the Russian Front where he was wounded. Subsequently he protested against the war and against the Nazis. He died in Basel, Switzerland, in 1947.

SCHREIB MAL!

Eine Einladung

● Du hast einige Freunde lange nicht gesehen und willst sie zum Essen einladen. Und es soll ein deutsches Essen sein! Schreib bitte eine Einladung.

Purpose:	To invite friends to a German dinner
Audience:	Friends
Subject:	A festive meal
Structure:	An informal, written invitation

TIPP ZUM SCHREIBEN

There are many types of invitations—invitations to birthday parties, weddings, graduation parties, special meetings. And they come in all styles from very formal to very informal. Their presentation also varies greatly—from fancy invitations printed on special paper, to handwritten invitations, to those made by word of mouth. You're going to extend your informal invitation in written form.

Schreibmodell

The writer includes the day of the week and the date so the guests are sure which Sunday to come.

The genitive case is used to indicate from whom the recipes stem.

Since the invitation is to two people with whom the writer is good friends, she/he uses the **ihr**-imperative.

> Lieber Paul! Liebe Karen!
>
> Der Sommer ist schon da, und wir haben uns seit langem nicht gesehen. Meine Mutter hat gesagt, ihr dürft mal zu uns zum Mittagessen kommen. Wie wäre es mit Sonntag, dem 1. Juli um 1.00 Uhr? Mein Vater will eine Forelle grillen. Er benutzt das Rezept seines Vaters. Als Beilage dazu macht meine Mutter Bratkartoffeln mit Speck. Und ich grille Gemüse nach dem Rezept meiner Großmutter. Was sagt ihr dazu? Am Sonntag soll das Wetter schön sein, und wir können nach dem Essen eine kleine Wanderung machen. Nicht weit weg liegt ein Gasthaus, wo wir die Nachspeise essen können. Da serviert man einen tollen Apfelstrudel. Den müsst ihr mal probieren. Natürlich sind auch eure Eltern herzlich eingeladen. Lasst bald von euch hören! Vergesst nicht die Wanderschuhe!
>
> Eure
> Lara

Liebe Freunde!

Bald fahren wir alle nach Hamburg. Ich habe ~~mir~~ mich gedacht, vielleicht macht es Spaß, wenn wir zusammen ein deutsches Festessen kochen. Wollt ihr gern mitmachen? Ich koche ~~euer~~ euch das Hauptgericht, Wiener Schnitzel—das Lieblingsessen meines Mutters. Meine Mutter hilft ~~mich~~ mir. Meine Eltern besorgen ~~wir~~ uns die Getränke: Limonade, Saft und Mineralwasser. Ihr sollt die Vorspeise, die Beilagen und die Nachspeise mitbringen. Vielleicht schmecken Champignons, Pommes Frites und Bohnen mit dem Wiener Schnitzel gut? Bringt jemand einen Käsekuchen mit? Meine Eltern sagen, wir dürfen am Samstag von 6.00 bis 11.00 feiern. Was sagt ihr dazu? Bitte antwortet bald!

Euer Tim

Schreibstrategien

Vor dem Schreiben

- Before you can begin your writing, you have decisions to make. Make notes in German as you answer questions like these: **Wen lädst du ein? An welchem Tag sollen die Gäste kommen? Um wieviel Uhr sollen sie ankommen? Was gibt es zum Essen?**

- Is this a special occasion or just an informal gathering? Write down several phrases to describe the type of occasion you are hosting, for example **Ich habe nächste Woche Geburtstag.**

Beim Schreiben

- Begin your invitation with an opener. The standard opener is **Lieber . . . / Liebe. . . ,** but if you are close friends you might start out with **Hallo. . .**

- Try out several lead-ins to the invitation: **möchtest du. . . , hast du Lust. . . , Am Freitag möchte ich. . .** If it is to be a celebration, use words like **feiern** and **Fest.**

- Compose the main part of the invitation. Let your guests know what the occasion is, why you are inviting them to dinner. Don't forget to tell them the date, time, and location of the festivities. And be sure to mention what's on your German menu for the event!

- Close your invitation with a prompt to reply to your invitation, such as **Bis bald** or **Lass bald von dir hören.** Be sure to write your name at the end.

Nach dem Schreiben

- Exchange first drafts with another student and read each other's invitation aloud. Is the invitation clear? Point out possible improvements.

Stimmt alles?

- Rewrite the invitation, incorporating all the corrections and changes you think are important.

- Read your invitation aloud to yourself at least once to proofread for errors and make any further adjustments that will improve the flow.

WORTSCHATZ

Substantive

Essen und Trinken

die **Beilage, -n**   side dish
die **Bohne, -n**   bean
die **Bratkartoffel, -n**   fried potato
die **Brezel, -n**   pretzel
die **Erbse, -n**   pea
die **Forelle, -n**   trout
die **Kartoffel, -n**   potato
die **Milch**   milk
die **Limonade, -n**   carbonated soft drink
die **Nachspeise, -n**   dessert
die **Pommes frites**   french fries
die **Sahne**   cream
die **Suppe, -n**   soup
die **Speisekarte, -n**   menu
die **Vorspeise, -n**   appetizer
die **Wurst, ̈e**   sausage
die **Zwiebel, -n**   onion
der **Apfelstrudel, -**   apple strudel
der **Champignon, -s**   mushroom
der **Hummer, -**   lobster
der **Käsekuchen, -**   cheesecake
der **Knoblauch**   garlic
der **Krabbencocktail, -s**   shrimp cocktail
der **Lachs, -e**   salmon
der **Leberkäs**   Bavarian meatloaf
der **Pfeffer**   pepper
der **Reis**   rice
der **Salat, -e**   salad; (head of lettuce)
der **Schweinebraten**   pork roast
der **Senf**   mustard
der **Speck**   bacon
der **Thunfisch**   tuna
der **Traubensaft**   grape juice
das **Eis**   ice cream
das **Getränk, -e**   drink, beverage
das **Hauptgericht, -e**   entree

Nouns

Food and drink

das **Mineralwasser**   mineral water
das **Salz**   salt
das **Sauerkraut**   sauerkraut
das **Wiener Schnitzel**   veal cutlet

Wo essen wir?

die **Bedienung, -en**   service
die **Gaststätte, -n**   restaurant
die **Küche, -n**   cuisine
die **Rechnung, -en**   bill
die **Spezialität, -en**   specialty
der **Gasthof, ̈e**   hotel; restaurant
der **Imbissstand, ̈e**   snack stand
der **Kellner, -** / die **Kellnerin, -nen**   waitperson (*male*) / waitperson (*female*)
der **Ruhetag, -e**   *day when restaurant is closed*
das **Gasthaus, ̈er**   restaurant, inn
das **Wirtshaus, ̈er**   inn, restaurant

Where are we going to eat?

Verben

bekommen, bekam, bekommen   to receive
bestellen   to order
probieren   to try
schmecken: Das schmeckt (mir) gut.   to taste: That tastes good (to me).
zahlen   to pay

Verbs

Sonstiges

Hier ist besetzt.   This seat is taken.
Ich hätte gern . . .   I'd like . . .
Ist hier noch frei?   Is this seat taken?
Sonst noch was?   Something else?
voll   full
Was darf's sein?   What will you have?

Other

WIEDERHOLUNG 5

VIDEOTHEK

● Michael in Hamburg

SCHRITT 1: Bring die Bilder in die richtige Reihenfolge.

a.

b.

c.

d.

e.

f.

g.

h.

SCHRITT 2: Wer sagt was? Ordne jedem Bild einen passenden Untertitel zu. Wer sagt was?

Michael Händel
Lotse Friedrichs
der Erste Offizier
Eva Schäfer
Dieter Schäfer
die Sekretärin

1. „Guten Tag, ich bin doch hier richtig bei Schäfer?"
2. „Ich hätte Sie beinahe nicht wiedererkannt. Sie sehen ja so anders aus, so förmlich."
3. „Langsam ist es mir egal, was ich esse. Hauptsache ist, irgendwas.ᵃ"
4. „An Bord entscheidet nur einer—der Kapitän."
5. „Darf ich vorstellen? Michael Händel. Beginnt heute seine Lehre als Speditionskaufmann."
6. „Ich weiß was. Wir gehen ins Restaurant."
7. „Das Schiff fährt los!"
8. „Am Freitag kommen Freunde zu mir zum Essen nach Hause. Kommen Sie auch vorbei."

ᵃanything

VOKABELN

A Berufsberatung. Du arbeitest als Berufsberater / Berufsberaterin auf dem Arbeitsamt. Die folgenden Leute sagen, was sie alles gern machen. Rate ihnen, welche Berufe am besten zu ihnen passen. Es kann sein, dass mehr als ein Beruf möglich ist.

MODELL: MARIA: Ich beschäftige mich gern mit Büchern, Zeitungen und Zeitschriften.
Ich lese alles und ich schreibe auch sehr gern.
SIE: Werden Sie Bibliothekarin.
oder: Vielleicht möchten Sie einen Beruf als Autorin oder Journalistin ausüben.

JENS: Ich singe gern und liebe italienische Opern.

EVA: Ich interessiere mich für Jura und mache gern große Entscheidungen.

WALTER: Ich kann alles reparieren. Mein altes Auto war total kaputt, aber jetzt fährt es wie neu!

PETRA: Viele Menschen haben keine Rechte in unserer Gesellschaft. Ich will ihnen helfen.

HORST: Ich bin sehr sprachbegabt. Ich kann schon mehrere Sprachen.

SVEN: Ich reise gern und habe Freunde überall in der Welt. Ich will sie besuchen, aber ich habe leider nicht viel Geld.

ANNA: Ich mache gern Fotos. Meine Freunde sagen, dass meine Fotos immer sehr interessant sind.

KARIN: Ich will Menschen helfen und auch viel Geld dabei verdienen.

B Die Arbeitswelt

SCHRITT 1: Definitionen. Welche Definition passt zu welchem Ausdruck?

1. Das schreibt man, wenn man auf Stellensuche ist.
2. Das ist ein anderes Wort für Karriere.
3. Diese Person arbeitet für sich selbst.
4. Diese Person bewirbt sich um eine Stelle.
5. Man liest diese Anzeige in der Zeitung, wenn man einen Job sucht.
6. Bewerber / Bewerberinnen sollen diese Qualifikationen haben.
7. Diese Leute arbeiten für eine Firma.
8. Viele berufstätige Menschen wollen das.
9. Das ist ein Interview mit einem Arbeitgeber.
10. Viele Stellen verlangen das.

a. Prestige und Erfolg
b. das Stellenangebot
c. der Arbeitnehmer / die Arbeitnehmerin
d. der Lebenslauf
e. Ehrlichkeit und Zuverlässigkeit
f. der Bewerber / die Bewerberin
g. das Vorstellungsgespräch
h. der Beruf
i. die Arbeitserfahrung
j. der/die Selbstständige

SCHRITT 2: Was macht man, wenn man auf Stellensuche ist? Mach eine Liste mit mindestens vier Sätzen. Benutze Ideen von Schritt 1.

Wiener Schnitzel
Champignons
Cola
Forelle
Eis
Salat
Wurst
Suppe
?
Traubensaft
Erbsen   Bratkartoffeln
Krabbencocktail
Mineralwasser
Leberkäs
Lachs
Apfelstrudel
Schweinebraten

C Partyvorbereitungen. Du gibst eine Party. Deine Freunde und Freundinnen wollen etwas mitbringen—aber was genau? Sag, was jede Person mitbringen soll.

MODELL: Anton soll Salat, _____ oder _____ mitbringen.

1. Vorspeisen: Anton
2. Hauptgerichte: Richard
3. Beilagen: Melanie
4. Getränke: Anja
5. Nachtische: Peter

STRUKTUREN

A Auf Arbeitssuche

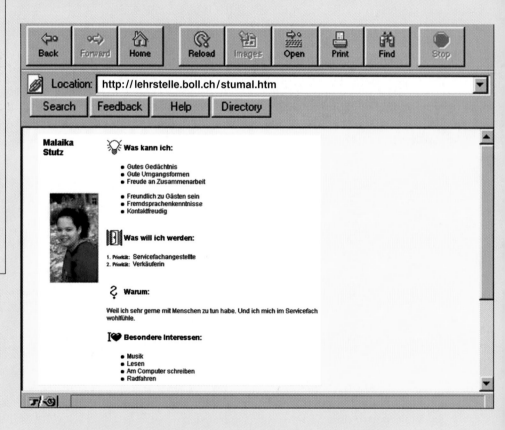

das Gedächtnis *memory*   die Umgangsformen *manners*

SCHRITT 1: Was fragt man Malaika im Interview? Lies ihren Lebenslauf. Stell dann jede Frage im Perfekt.

1. Wann kommen Sie in unserer Stadt an?
2. Wer in unserer Firma ruft Sie an?
3. Bringen Sie eine Kopie Ihres Lebenslaufs mit?
4. Wo sprechen Sie mit Gästen?
5. Welche Sprachen lernen Sie?
6. Mit wie vielen Menschen arbeiten Sie an einem Projekt?
7. Welche Arbeitserfahrung bekommen Sie in Neuenhof?
8. In welcher Stelle beschäftigen Sie sich mit Menschen?
9. Lernen Sie ein Instrument?
10. Was für Bücher lesen Sie?
11. Was schreiben Sie am Computer?
12. Wohin fahren Sie mit dem Rad?

SCHRITT 2: Ein kreativer Lebenslauf. Malaikas Lebenslauf hat vier Teile: was kann ich, was will ich werden und so weiter. Schreib einen kurzen Lebenslauf mit denselben Teilen.

SCHRITT 3: Partnerarbeit: Tausch Lebensläufe mit einem Partner / einer Partnerin ein. Stellt einander Fragen darüber im Perfekt.

B Was kann Michael besser machen?

SCHRITT 1: Michaels erste Arbeitstage sind nicht einfach. Was kann er tun? Mach Vorschläge im Sie-Imperativ.

MODELL: Er hat seine neuen Kollegen noch nicht kennen gelernt. →
Lernen Sie Ihre neuen Kollegen kennen!

1. Er hat seinen Arbeitstisch nicht organisiert.
2. Er ist nicht jeden Tag pünktlich gewesen.
3. Er hat keine Vorschläge in Meetings gemacht.
4. Er hat die Kunden noch nicht angerufen.

SCHRITT 2: Und wenn das Büro nicht so förmlich ist? Mach die Vorschläge oben im du-Imperativ.

MODELL: Lern deine neuen Kollegen kennen!

SCHRITT 3: Michael ist nicht allein. Zwei andere Azubis brauchen dieselben Vorschläge. Mach die Vorschläge oben im ihr-Imperativ.

MODELL: Lernt eure neuen Kollegen kennen!

C Michaels erste Woche in Hamburg. Was ist schon passiert? Erweitere die Sätze mit Genitivformen.

MODELL: Michael hat die Krawatte (sein Vater) getragen. →
Michael hat die Krawatte seines Vaters getragen.

1. Herr Schäfer hat Michael die Büros (die Firma) gezeigt.
2. Herr Schäfer hat Michael den Kapitän (das Schiff) vorgestellt.

„Darf ich vorstellen?"

Marion bei der Arbeit.

3. Michael hat die Tochter (sein Chef) sehr nett gefunden.
4. Herr Schäfer hat Lammrücken Provenzale nach dem Rezept (eine Französin) gekocht.
5. Alle wollten die Spezialität (das Restaurant) bestellen, aber das Restaurant hatte Ruhetag.
6. Das Essen (der Imbissstand) hat den Schäfers und ihren Gästen geschmeckt.
7. Michaels Wohnung ist wie die Wohnung (ein Student): klein und praktisch.
8. Michael kennt die Freunde (seine Mitarbeiter) noch nicht.

D Was macht Marion nach dem Abitur? Geht sie sofort an die Uni oder beginnt sie zuerst eine Lehre? Ergänze den Text mit den richtigen Objekt- oder Reflexivpronomen.

Mein Vater hat _____[1] (ich) gesagt, ich soll studieren. Aber viele meiner Freunde haben eine Lehrstelle gesucht, und ich habe nicht gewusst, soll ich Geld verdienen oder nicht? Meine Lehrer haben _____[2] (wir) immer geraten, dass wir praktisch denken sollen. Naja, aber mit einem Uniabschluss gibt man _____[3] (ich) sicher mehr Chancen.

Ich bin zum Arbeitsamt gegangen. Dort hat man _____[4] (ich) nach meinen Plänen gefragt; aber eigentlich habe ich noch keine richtigen Pläne. Was _____[5] (wir) die Lehrer über die Uni erzählt haben, ist ziemlich unklar. Ein Freund von _____[6] (ich) hat einen Ausbildungsplatz als Krankenpfleger bekommen. Man hat _____[7] (er) ein gutes Gehalt gegeben, und in drei Jahren hat er eine feste Stelle. Aber ich interessiere _____[8] (sich) für Geschichte und Politik: da gibt es keine Ausbildungsplätze. Jetzt bewerbe ich _____[9] (sich) bei der Universität Bochum und bei der Universität Bremen. Und meine Eltern drücken _____[10] (ich) die Daumen.

WORTSCHATZ ZUM HÖRTEXT

die Kleckergefahr	*danger of dripping*
das Currypulver	*curry powder*
scheußlich	*dreadfully; horribly*

EINBLICKE

● Fastfood-Kultur. Du hörst Beschreibungen der Fastfood-Kultur in Deutschland. Welche Beschreibung passt zu welchem Bild?

_____ a.

_____ b.

_____ c.

_____ d.

PERSPEKTIVEN

Lieba Wat Jutes, Dafür een Bissken Mehr[a]

In der Geschichte der Kochkunst hat Berlin keine besonderen Spuren
hinterlassen. Den kulinarischen Großtaten der französischen Küche oder
der jahrhundertealten Kunst der Pasta kann die deutsche Hauptstadt nur
kleine Bescheidenheiten wie die Bulette, den Kasseler Braten oder das
5 Eisbein entgegensetzen. Eine Berliner Küchenerfindung wurde jedoch
sogar patentiert. Der Koch Johann Heinrich Grüneberg wurde dadurch
berühmt und auch ein ziemlich reicher Mann. Grüneberg wollte vor
allem den vielen Menschen in den Armenküchen der Stadt ein billiges
Mittagessen ermöglichen und erfand kurzerhand die Trockenkonserve
10 Erbswurst. Sie wurde so genannt, weil man Erbsmehl, Zwiebeln,
Rinderfett und Gewürze konservierte, trocknete und in runde Portionen
presste. Dann verpackte man mehrere davon in eine wurstförmige Rolle.
Das war 1867. Die preußische Armee wurde sofort hellhörig, weil sie
diese Erbswurst aus einem ganz anderen Blickwinkel betrachtete. In
15 einem Test ernährte man hundert Soldaten einige Wochen lang unter
härtesten physischen Bedingungen nur mit trockenem Brot und in
heißem Wasser aufgelöster Erbswurst. Der Test war ein großer Erfolg: die
Soldaten hielten durch. Der Staat kaufte Grüneberg das Rezept und das
Fabrikationsverfahren für 35 000 Taler ab. Blitzschnell baute man eine
20 Fabrik für die Produktion von Erbswurst—noch bevor 1870 der Krieg
gegen Frankreich ausbrach. Die Erbswurst gehörte jetzt zu jeder eisernen
Ration der preußischen Soldaten. Sehn se, det is Belin!

[a]Berliner Dialekt: Lieber was Gutes, dafür ein bisschen mehr

WORTSCHATZ ZUM LESEN

die Spur	trace
die Bescheidenheit	modesty; discretion
entgegensetzen	to contrast
die Armenküche	soup kitchen
die Trockenkonserve	dried preserve
das Rinderfett	beef drippings
trocknen	to dry
hellhörig	keen of hearing; attentive
betrachten	to consider
ernähren	to nourish
eisern	iron; strict

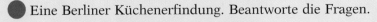

● Eine Berliner Küchenerfindung. Beantworte die Fragen.

1. Wer hat Erbswurst erfunden?
2. Wann und wo (in welcher Stadt) hat man zum ersten Mal Erbswurst gegessen?
3. Welche Zutaten (Ingredienzen) hat Erbswurst?
4. Warum war Grünebergs Erfindung so erfolgreich?
5. Was ist eine „eiserne Ration"? Wer muss sie essen, und wie muss sie sein?

KAPITEL 16

AM WOCHENENDE

In this chapter, you will

- learn what people in German-speaking countries typically eat for breakfast.
- become better acquainted with the Cornelius family and their current dilemma.

You will learn

- to use **der**-words to indicate *which, this/that, these/those, each,* and *all.*
- how to distinguish between dative and accusative prepositions.
- about the German author Heinrich Böll.

Die Familie sitzt am Frühstückstisch.

Liebe Marion,

endlich haben wir etwas Ruhe in unserem Leben. Seit dem Karnevalsfest haben wir einige Nachbarn kennen gelernt, und wir verstehen uns ganz gut. Papa hat immer viel zu tun, aber am Wochenende schlafen wir etwas länger und frühstücken dann gemütlich zusammen—wie früher. Die Terrasse in Rheinhausen fehlt uns allerdings sehr, und Papa vermisst natürlich seine Tauben.

Aber so viel Zeit haben wir am Wochenende doch nicht. Dein Papa guckt wie immer sehr gern seine Fußballspiele im Fernsehen. Neuerdings geht er auch mit Lars joggen. Danach muss der Arme[a] dann aber etwas auf dem Sofa liegen und dösen. Zum Glück muss er keinen Rasen mähen.[b]

Lars verdient sich bei den Nachbarn etwas Taschengeld. Für einige wäscht er das Auto, macht Einkäufe oder bringt Sachen zum Recycling.

Ich mache, wie schon immer, samstags meine Einkäufe.[c] In der Nähe gibt es zwei schöne Supermärkte und auch eine sehr gute Bäckerei. Ich muss jetzt nicht mehr so viel Zeit mit dem Einkauf verbringen.

Deine Mutti

[a]poor thing [b]Rasen . . . mow the lawn [c]purchases

VIDEOTHEK

„Möchte vielleicht jemand nachwürzen?"

In der letzten Folge . . .

lädt Familie Schäfer Uwe und Renate Cornelius und Michael Händel zum Abendessen ein. Herr Schäfer kocht, aber Frau Schäfer und Eva versalzen das Essen.

● Weißt du noch?

1. Wer hat das Abendessen versalzen?
2. Warum haben sie das Essen versalzen?
3. Welche Schwierigkeiten[a] gibt es, als die Schäfers und ihre Gäste in ein Restaurant gehen wollen?
4. Wo essen sie zum Schluss?

[a]*difficulties*

In dieser Folge . . .

erfahren wir, was Familie Schäfer an einem typischen Samstag macht.

● Was denkst du? Ja oder nein?

1. Familie Schäfer macht nichts und faulenzt den ganzen Tag.
2. Sie geht einkaufen[a] und lädt Freunde zu Kaffee und Kuchen ein.
3. Es gibt ein großes Fest bei den Schäfers.
4. Die Schäfers arbeiten den ganzen Tag im Haus und im Garten.

[a]*to go shopping*

„Uwe und Renate müssen gleich da sein!"

SCHAU MAL ZU!

WORTSCHATZ ZUM VIDEO

bummeln	to stroll
ordentlich	neat, tidy
aufstellen	to put up, set up
das Altglas	glass for recycling
das Altpapier	paper for recycling
verraten	to betray
erfahren	to discover, find out

A Am Samstag

SCHRITT 1: Bring die Bilder in die richtige Reihenfolge.

a.

b.

c.

d.

e.

f.

g.

h.

SCHRITT 2: Was machen sie? Verbinde die folgenden Sätze mit den Bildern a–i.

1. Herr Schäfer muss ein Regal in der Garage einbauen.
2. Herr Schäfer lässt das Auto waschen.
3. Eva will mit in die Stadt, um Jeans zu kaufen.
4. Auf der Terrasse legt sich Herr Schäfer hin und döst.
5. Herr Cornelius erzählt, dass er nach Thüringen versetzt wird.
6. Frau Schäfer schreibt eine Einkaufsliste, und Herr Schäfer liest die Zeitung.
7. Frau Schäfer mäht den Rasen.
8. Herr Schäfer und Herr Cornelius gehen joggen.
9. Uwe und Renate Cornelius kommen zum Kuchen essen.

B Wer macht was am Wochenende? Du hast gesehen, was diese Leute am Wochenende machen. Kombiniere jeden Namen mit allen passenden Aktivitäten.

MODELL: Herr Schäfer geht einkaufen, relaxt, joggt, . . .

i.

1. Herr Schäfer	a. geht in die Disko	k. trinkt Kaffee
2. Frau Schäfer	b. geht einkaufen	l. geht ins Kino
3. Eva Schäfer	c. relaxt	m. liest
4. Marion	d. frühstückt ruhig	n. fährt Rad
5. Professor Di Donato	e. arbeitet im Garten	o. bummelt durch die Stadt
6. Grace	f. lädt Freunde ein	p. schläft lang
7. Dirk	g. trifft sich mit Freunden	q. schwimmt
8. Daniela	h. guckt Fußball	r. geht ins Theater
9. Gürkan	i. spielt Fußball	s. geht spazieren
10. Iris	j. joggt	

C In Nordamerika und in Europa. Beantworte die Fragen.

1. Was machen Nordamerikaner gern am Wochenende?
2. Was machst du besonders gern am Wochenende?
3. Wofür hast du nie Zeit am Wochenende? Was tust du am Wochenende nicht gern?

VOKABELN

IN DER FREIZEIT

sich ausruhen/relaxen/faulenzen

trainieren

joggen

Fußball spielen

Fußball gucken

die Zeitung lesen

im Garten arbeiten

Freunde treffen

gemütlich am Wochenende frühstücken

Und noch dazu

die Freizeit	*free time*
die Sporthalle	*sport center*
die Terrasse	*terrace*
sich ärgern (über + *acc.*)	*to be annoyed (about)*
dösen	*to nap, doze*
ein•schlafen	*to fall asleep*
mähen: den Rasen mähen	*to mow: to mow the lawn*
waschen	*to wash*
wecken	*to waken*
früh	*early*
gemütlich	*comfortable, comfortably*
spät	*late*

Aktivitäten

A Was macht Familie Schäfer am Wochenende? Schau dir die Bilder an, und beantworte die Fragen.

1. Was machen Herr und Frau Schäfer zusammen?

2. Mäht Frau Schäfer den Rasen gern, oder ärgert sie sich darüber?

3. Herr Schäfer hat die ganze Woche schwer gearbeitet. Was macht er gern samstags im Garten?

4. Was machen Herr Schäfer und Herr Cornelius?

5. Was machen Frau Schäfer und Frau Cornelius im Garten?

6. Was machen die Männer im Park?

B Freizeitaktivitäten. Interviewe drei Schüler / Schülerinnen. Frag sie, was sie am Wochenende gern machen. Schreib die Resultate auf, und berichte der Klasse, was du gelernt hast.

C Wochenendaktivitäten

SCHRITT 1: Marion und Sabine trainieren zusammen. Marion muss aber gehen, um Professor Di Donato zu helfen. Deswegen sagt sie zu Sabine: „Mein Wochenende ist jetzt vorbei." Warum sagt sie das? Was bedeutet das Wort *Wochenende*?

SCHRITT 2: Was gehört zu einem richtigen Wochenende? Welche Aktivitäten sind Wochenendaktivitäten? Welche nicht? Schreib eine kurze Liste.

Was ich am Wochenende machen *will*:

Was ich am Wochenende machen *muss*:

> ins Kino gehen   joggen gehen
> einkaufen   fernsehen
> ?   lange schlafen
> in die Disko gehen   Zeitung lesen
> trainieren   Freunde treffen

EINKAUFEN

Und noch dazu

die Banane	*banana*
die Buchhand-lung	*bookstore*
die Einkaufs-liste	*shopping list*
die Konditorei	*pastry shop*
die Marmelade	*marmelade, jelly*
die Tomate	*tomato*
der Apfel	*apple*
der Käse	*cheese*
der Kuchen	*cake*
der Laden	*store*
das Ei	*egg*
das Lebensmit-telgeschäft	*grocery store*
das Plätzchen	*cookie*
das Schild	*sign*
das Sonder-angebot	*special offer*
das Warenhaus	*department store*
das Wasser	*water*
das Werk	*manufac-turing plant*
offen	*open*
zu	*closed*
Das macht zusammen...	*The total (price) is . . .*
Schlange stehen	*to stand in line*

der Kaffee

der Tee

das Brot

das Brötchen

die Butter

das Obst

der Saft

Aktivitäten

A Beim Einkaufen. Was kann man in den folgenden Geschäften alles kaufen?

MODELL: Im Kaufhaus kann man Kleidung kaufen.

Bücher   Wurst
  Kleidung
Milch   Schuhe
    Brötchen
  eine Tasse
Kuchen   Tee

1. im Kaufhaus
2. im Lebensmittelgeschäft
3. in der Buchhandlung
4. in der Bäckerei
5. im Café
6. in der Metzgerei

B Frühstück

SCHRITT 1: Die Schäfers frühstücken am Samstag in Ruhe. Was essen sie?

Frühstück bei der Familie Schäfer.

Kuchen auf dem Balkon.

SCHRITT 2: Samstagnachmittag in Boston. Professor Di Donato und Marion sitzen auf dem Balkon. Was gibt es zum Essen?

C Frühstück in Nordamerika. Was essen Nordamerikaner normalerweise zum Frühstück? Und du persönlich? Was isst du zum Frühstück?

STRUKTUREN

DER-WORDS AND THE EXPRESSION WAS FÜR (EIN)

POINTING OUT SPECIFIC PERSONS, PLACES, AND THINGS

You are already familiar with the various forms of the definite articles **die, der,** and **das.** The following words are collectively called **der**-words, because they have the same endings as **die, der,** and **das** in all cases: nominative, accusative, dative, and genitive.

welche, welcher, welches	*which*
diese, dieser, dieses	*this, that; (pl.) these, those*
jede, jeder, jedes *(sg.)*	*each, every*
solche, solcher, solches	*such (a)*
alle *(pl.)*	*all*

Just as **die** is also the nominative plural form of the definite article, **welche, diese,** and **solche** are nominative plural as well as feminine forms.

To ask *what kind(s) of,* use the interrogative expression **was für (ein).** In this particular expression, consider **für** just a word and not an accusative preposition. The indefinite article **ein** takes the grammatical form that the noun requires in the sentence.

**NOMINATIVE
(SUBJECT)**

Was für ein Haus ist das?   *What kind of house is that?*

**ACCUSATIVE
(DIRECT OBJECT)**

Was für einen Garten haben die Schäfers?   *What kind of garden do the Schäfers have?*

**DATIVE
(PREPOSITIONAL OBJECT)**

In **was für einem** Haus wohnen die Mertens?   *In what kind of a house do the Mertens live?*

**DATIVE
(PREPOSITIONAL OBJECT)**

Mit **was für** Leuten arbeitet Michael?   *What kind of people does Michael work with?*

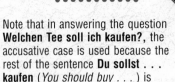

Übungen

A Im Supermarkt. Herr Schäfer weiß nicht genau, was er kaufen soll. Eva hilft ihm. Benutze **welch-** und **dies-.**

MODELL: der Tee → Welchen Tee soll ich kaufen?
Diesen Tee, Papa.

1. der Kuchen   3. die Plätzchen   5. das Wasser
2. die Marmelade   4. die Tomaten   6. der Salat

SO GEHT'S!

Note that in answering the question **Welchen Tee soll ich kaufen?**, the accusative case is used because the rest of the sentence **Du sollst . . . kaufen** (*You should buy . . .*) is understood.

B Beim Einkaufen. Du hast einige Fragen für den Verkäufer. Ergänze die Sätze mit den Wörtern in Klammern.

1. Sind _____ Äpfel frisch? (dies-)
2. —Ja, _____ Äpfel sind heute ganz frisch. (all-)
3. Aus _____ Land kommen _____ schönen, roten Tomaten? (welch-, dies-)
4. —_____ Tomaten kommen normalerweise aus Italien. (solch-)
5. In _____ Bäckereien kann ich _____ Brötchen kaufen? (welch-, dies-)
6. —Sie können _____ Brötchen in _____ Bäckereien finden. (solch-, all-)

C Genau gesagt. Du willst alles genauer wissen. Stell Fragen mit **was für (ein).**

MODELL: Der Mann trägt eine *alte Lederhose.* →
Was für eine Lederhose trägt er?

1. Die Schäfers besitzen ein *teures Auto.*
2. Eva isst gern *belgische Schokolade.*
3. Michael trinkt gern *kalte Cola.*
4. Sabine kennt *viele deutsche Studenten.*
5. Marion und Sabine kaufen manchmal *in einem armenischen Laden ein.*
6. Marion schickt ihrer Familie oft ein *kleines Päckchen.*

Direction:

stellen	to place in a vertical position
legen	to lay, place in a horizontal position
setzen	to set, put in position
hängen	to hang, place in a hanging position
stecken	to stick; to hide, place in a concealed place

Location:

stehen	to stand, be in a vertical position
liegen	to lie, be in a horizontal position
sitzen	to sit, be in a sitting position
hängen	to hang, be in a hanging position
stecken	to be stuck; to be hidden, be in a concealed space

REVIEW: TWO-WAY PREPOSITIONS; VERBS OF DIRECTION AND LOCATION
EXPRESSING DIRECTION AND LOCATION

You have learned that the prepositions **in, an,** and **auf** require different case forms depending on the meaning of the sentence. To indicate direction, use the accusative case.

Wir reisen **in die Schweiz.**	*We're traveling to Switzerland.*
Jens geht **an die Tafel.**	*Jens is going up to the blackboard.*
Eva stellt die Gläser **in den Schrank.**	*Eva is putting the glasses in the cabinet.*

To indicate location, use the dative case.

Wir reisen **in der Schweiz.**	*We're traveling around Switzerland.*
Jens steht **an der Tafel.**	*Jens is standing at the blackboard.*
Die Gläser stehen **im (-in dem) Schrank.**	*The glasses are in the cabinet.*

You also learned the following contrasting verb pairs. The verbs of direction combine with prepositional objects in the accusative case, those of location with prepositional objects in the dative case. Notice that the past participles of the verbs of direction end in **-t,** whereas those of the verbs of location end in **-en.** However, all the past participles require the auxiliary **haben.**

DIRECTION	LOCATION
stellen, stellte, hat gestellt	stehen, stand, hat gestanden
legen, legte, hat gelegt	liegen, lag, hat gelegen
setzen, setzte, hat gesetzt	sitzen, saß, hat gesessen
hängen, hängte, hat gehängt	hängen, hing, hat gehangen

Notice that **hängen** has the same present-tense forms, whether it indicates direction or location. However, the forms differ in the simple past and present perfect tenses. Only **stecken** has identical forms in all tenses for both direction and location.

Remember, use **wohin** to ask about direction, **wo** to inquire about location.

Wohin fährt Herr Schäfer mit dem Auto?	*Where is Mr. Schäfer going by car?*
Wo kauft Herr Schäfer ein?	*Where does Mr. Schäfer shop?*

You will learn more about the simple past tense in *Kapitel 22.* The forms (for example, **stellte, stand**) are provided here and in the end-of-chapter vocabulary lists so you will recognize them.

Übungen

A Einkaufen

SCHRITT 1: Du hast eine lange Einkaufsliste. Wo findest du diese Dinge?

MODELL: Joghurt und Käse / der Supermarkt →
Ich finde Joghurt und Käse im Supermarkt.

1. Wurst und Wurstsalat / die Metzgerei
2. Plätzchen und Käsekuchen / die Bäckerei
3. Jeans und ein Fußball / das Kaufhaus
4. einen Stadtplan und ein Buch / die Buchhandlung

SCHRITT 2: Wohin gehst du für diese Dinge?

MODELL: Joghurt Käse / der Supermarkt →
Für Joghurt und Käse gehe ich in den Supermarkt.

B Partnerarbeit: Wo und warum? Frau Schäfer will mit Renate Cornelius in den Harz fahren. Herr Schäfer hat ein paar Fragen zum Haushalt. Spiel die Rollen mit einem Partner / einer Partnerin.

MODELL: die Schlüssel: an / die Tür (hängen/hängen) →

Herr Schäfer: Wo sind die Schlüssel?
Frau Schäfer: Die Schlüssel hängen an der Tür.
Herr Schäfer: Warum hast du sie an die Tür gehängt?

1. die Zeitung: neben / das Bett (liegen/legen)
2. das Auto: in / die Garage (stehen/stellen)
3. das Rezept: zwischen / die Bücher (stecken/stecken)
4. die Pflanzen[a]: vor / der Fernseher (stehen/stellen)
5. die Einkaufsliste: an / der Kühlschrank (hängen/hängen)
6. der Fußball: hinter / die Waschmaschine (liegen/legen)

[a]*plants*

C Das neue Zimmer

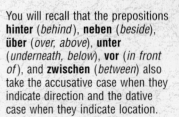

SCHRITT 1: Deine Schwester zieht in ihre eigene Wohnung ein. Zu Hause bekommst du ihr Zimmer. Wie möchtest du dein neues Zimmer einrichten[a]?

MODELL: Ich stelle das Bett an die Wand. Ich lege das Kopfkissen auf das Bett.

SCHRITT 2: Partnerarbeit. Frag jetzt deinen Partner / deine Partnerin, wie er/sie das Zimmer eingerichtet hat.

MODELL: A: Wohin hast du das Bett gestellt?
B: Ich habe das Bett an die Wand gestellt.

[a]*decorate*

> **SO GEHT'S!**
>
> You will recall that the prepositions **hinter** (*behind*), **neben** (*beside*), **über** (*over, above*), **unter** (*underneath, below*), **vor** (*in front of*), and **zwischen** (*between*) also take the accusative case when they indicate direction and the dative case when they indicate location.

der Schreibtisch

das Bett   die Lampe

das Aquarium

die Blumen

das Kopfkissen

die Vase

die Bücher

der Schrank

EINBLICKE

BRIEFWECHSEL

> *Liebe Mutti,*
>
> *ach, wäre das schön–mal wieder ein Wochenende richtig ausruhen! Seit ich hier bin, habe ich wirklich kaum Zeit für mich. Am Wochenende arbeite ich meistens, und ich muss auch Besorgungen[a] machen. Ich bin froh, dass es gute Geschäfte hier in der Nähe gibt.*
>
> *Ich war auch in einem Fitnesscenter und habe etwas für meine Gesundheit getan. Ich sollte öfter dahin gehen und Sport treiben. Ich glaube, ich habe in den letzten Wochen ein paar Pfund zugenommen. Wenn ich noch öfter bei dem Professor esse, werde ich jeden Tag dahin gehen müssen.*
>
> *Am Sonntag konnte ich auch endlich mal wieder in die Stadt und ein bisschen bummeln.[b] Sabine und ich waren im Aquarium am Hafen. Es gibt in Boston so viel zu sehen. Gut, dass ich noch einige Zeit hier bleibe.*
>
> *Von dem Käsekuchen hätte ich sehr gerne ein Stück gegessen … Viele liebe Grüße, auch an Papa und Lars.*
>
> *Deine Marion*

[a]*purchases* [b]*stroll*

● Wer macht was am Wochenende? Lies Marions Brief und den Brief von ihrer Mutter am Anfang des Kapitels noch einmal, und bilde Sätze.

1. Marion
2. Vera
3. Heinz
4. Lars
5. Sabine

a. verdient sich bei den Nachbarn etwas Taschengeld.
b. geht mit Marion in die Stadt bummeln.
c. arbeitet meistens, und muss auch Besorgungen machen.
d. muss jetzt nicht so viel Zeit mit dem Einkauf verbringen.
e. guckt gern Fußballspiele in Fernsehen.

EINBLICK

In vielen deutschen Städten gibt es Märkte, in denen alle Produkte „biologisch" hergestellt sind. Es folgt jetzt eine Anzeige für einen solchen „Biomarkt" in der Stadt Bergisch-Gladbach.

Verkäufer und Kunden an einem Obst- und Gemüsestand.

JEDEN DONNERSTAG VON 8.00 BIS 13.00 UHR

Sechzehn Anbieter von biologischen Produkten gewährleisten ein attraktives Angebot. Alle Produkte, die Sie auf dem Biomarkt erhalten, sind von kontrolliert biologischer Qualität. Obst und Gemüse wachsen unter natürlichen Bedingungen, ohne Einsatz von synthetischen Düngern. Man verzichtet ganz auf Pestizide.

Genmanipulierte Waren finden Sie bei uns nicht. Obst und Gemüse aus kontrolliert biologischem Anbau liefern hohe Nährwerte und erfreuen die Sinne mit intensivem Geschmack und natürlichem Duft. Bekleidung aus Naturfasern und Nahrungsmittel aus biologischem Anbau reduzieren das ständig steigende Allergiepotential auf ein Minimum.

Sie finden ein breites Angebot auf natürlicher Basis:

- Obst
- Gemüse und Kräuter
- Pflanzen und Blumen
- Fleisch, Wurstwaren, Geflügel
- Käse, Eier, Molkereiprodukte
- Brot, Kuchen, feine Backwaren
- Feinkost und Delikatessen
- Getreideprodukte und Getränke
- Bekleidung aus Naturfasern

Wenn Ihnen Ihre Gesundheit und die Ihrer Lieben besonders am Herzen liegt, sollten Sie den Besuch des Biomarktes nicht versäumen.

● Was stimmt? Was stimmt nicht?

1. Auf dem Biomarkt kann man kein Fleisch kaufen.
2. Obst und Gemüse wachsen ohne Pestizide.
3. Die Produkte auf dem Biomarkt sind besonders gut für Leute, die Allergien haben.
4. Die Produkte auf dem Biomarkt haben hohe Nährwerte.
5. Man kann alles essen, was auf dem Biomarkt angeboten wird.

WORTSCHATZ ZUM LESEN

das Gemüse	vegetable
wachsen	to grow
die Bedingung	condition
der Dünger	fertilizer
verzichten	to do without
der Anbau	cultivation
die Nährwerte	nutritional value
die Bekleidung	clothing
die Naturfaser	natural fiber
das Fleisch	meat
das Geflügel	poultry
das Molkerei- produkt	dairy product
das Getreide	grain; cereals
versäumen	to miss out (on something)

PERSPEKTIVEN

HÖR MAL ZU!

● Was machen diese Leute gewöhnlich am Wochenende? Ergänze die Sätze.

Werner sagt:

1. Wir fahren vielleicht nach Hannover und gehen vielleicht in eine _____.
2. Samstagmorgens muss ich _____ bis _____ Stunden arbeiten.
3. Am _____ gehe ich wieder mit Freunden aus.
4. Am Sonntag muss ich mit _____ aushelfen.

Sara sagt:

1. Ich _____ viel am Wochenende.
2. Ich mache, worauf ich _____ habe.
3. Ich frühstücke bis _____.
4. Abends treffe ich mich sehr oft mit _____.

Doris sagt:

1. Ich werde nicht _____ und nicht _____.
2. Ich werde meine Freunde _____.
3. Ich werde ein gutes _____ lesen.
4. Ich werde in ein _____ gehen.

FOKUS INTERNET

For more information, visit the **Auf Deutsch!** Web Site at www.mcdougallittell.com.

LIES MAL!

Zum Thema

● Anekdote. Du liest jetzt eine Kurzgeschichte von Heinrich Böll. Die Geschichte heißt „Anekdote zur Senkung der Arbeitsmoral". Was ist eine Anekdote? Was erwartest du also von einer Anekdote „zur Senkung der Arbeitsmoral"? Ja oder nein?

1. wichtige Themen
2. Ironie
3. sprechende Tiere
4. ein Happyend

KULTURSPIEGEL

Heinrich Böll is one of the most widely read German writers of the post-World War II era. In 1972 he won the Nobel Prize for Literature. He was a prominent representative of the "Gruppe 47," a group of German writers involved not only in the literary life of the country but also the political life.

Anekdote zur Senkung der Arbeitsmoral

In einem Hafen an einer westlichen Küste Europas
liegt ein ärmlich gekleideter Mann in seinem
Fischerboot und döst. Ein schick angezogener Tourist
legt eben einen neuen Farbfilm in seinen Fotoapparat,
5 um das idyllische Bild zu fotografieren: blauer
Himmel, grüne See mit friedlichen schneeweißen
Wellenkämmen, schwarzes Boot, rote Fischermütze.
Klick. Noch einmal: klick, und da aller guten Dinge
drei sind, und sicher sicher ist, ein drittes Mal: klick.
10 Das spröde, fast feindselige Geräusch weckt den
dösenden Fischer, der sich schläfrig aufrichtet.
     „Sie werden heute einen guten Fang machen."
     Kopfschütteln des Fischers.
     „Sie werden also nicht ausfahren?"
15 Kopfschütteln des Fischers, steigende Nervosität
des Touristen. Gewiß liegt ihm das Wohl des ärmlich
gekleideten Menschen am Herzen, nagt an ihm die
Trauer über die verpaßte Gelegenheit.
     „Oh, Sie fühlen sich nicht wohl?"
20 Endlich geht der Fischer von der Zeichensprache
zum wahrhaft gesprochenen Wort über. „Ich fühle
mich großartig", sagt er. „Ich habe mich nie besser
gefühlt." Er steht auf, reckt sich, als wollte er
demonstrieren, wie athletisch er gebaut ist. „Ich
25 fühle mich phantastisch."
     Der Gesichtsausdruck des Touristen wird immer
unglücklicher, er kann die Frage nicht mehr
unterdrücken, die ihm sozusagen das Herz zu
sprengen droht: „Aber warum fahren Sie dann
30 nicht aus?"
     Die Antwort kommt prompt und knapp. „Weil ich
heute morgen schon ausgefahren bin."
     „War der Fang gut?"
     „Er war so gut, daß ich nicht noch einmal
35 auszufahren brauche, ich habe vier Hummer in
meinen Körben gehabt, fast zwei Dutzend Makrelen
gefangen . . ."
     Der Fischer, endlich erwacht, taut jetzt auf und
klopft dem Touristen beruhigend auf die Schultern.
40 Dessen besorgter Gesichtsausdruck erscheint ihm als
ein Ausdruck zwar unangebrachter, doch rührender
Kümmernis.
     „Ich habe sogar für morgen und übermorgen
genug", sagt er, um des Fremden Seele zu erleichtern.
45 Ein fünftes Klick, der Fremde setzt sich kopfschüttelnd

auf den Bootsrand, legt die Kamera aus der Hand,
denn er braucht jetzt beide Hände, um seiner Rede
Nachdruck zu verleihen.
     „Ich will mich ja nicht in Ihre persönlichen
50 Angelegenheiten mischen", sagt er, „aber stellen Sie
sich mal vor, Sie führen heute ein zweites, ein drittes,
vielleicht sogar ein viertes Mal aus, und Sie würden
drei, vier, fünf vielleicht gar zehn Dutzend Makrelen
fangen . . . stellen Sie sich das mal vor."
55   Der Fischer nickt.
     „Sie würden", fährt der Tourist fort, „nicht nur heute,
sondern morgen, übermorgen, ja an jedem günstigen
Tag zwei-, dreimal, vielleicht viermal ausfahren—
wissen Sie, was geschehen würde?"
60   Der Fischer schüttelte den Kopf.
     „Sie würden sich in spätestens einem Jahr einen
Motor kaufen können, in zwei Jahren ein zweites
Boot, in drei oder vier Jahren könnten Sie vielleicht
einen kleinen Kutter haben, mit zwei Booten oder
65 dem Kutter würden Sie natürlich viel mehr fangen—
eines Tages würden Sie zwei Kutter haben, Sie würden
. . ." die Begeisterung schlägt ihm für ein paar
Augenblicke die Stimme, „Sie würden ein kleines
Kühlhaus bauen, vielleicht eine Räucherei, später eine
70 Marinadenfabrik, mit einem eigenen Hubschrauber
rundfliegen, die Fischschwärme ausmachen und ihren
Kuttern per Funk Anweisung geben, Sie könnten die
Lachsrechte erwerben, ein Fischrestaurant eröffnen,
den Hummer ohne Zwischenhändler direkt nach Paris
75 exportieren—und dann . . .", wieder verschlägt
die Begeisterung dem Fremden die Sprache.
Kopfschüttelnd, im tiefsten Herzen betrübt, seiner
Urlaubsfreude schon fast verlustig, blickt er auf die
friedlich hereinrollende Flut, in der die ungefangenen
80 Fische munter springen.
     „Und dann", sagt er, aber wieder verschlägt ihm
die Erregung die Sprache. Der Fischer klopft ihm auf
den Rücken, wie einem Kind, das sich verschluckt
hat. „Was dann?" fragte er leise.
85   „Dann", sagte der Fremde mit stiller Begeisterung
„dann könnten Sie beruhigt hier im Hafen sitzen, in der
Sonne dösen—und auf das herrliche Meer blicken."
     „Aber das tu ich ja schon jetzt", sagt der Fischer
„ich sitze beruhigt am Hafen und döse, nur Ihr Klicken
90 hat mich dabei gestört."

Tatsächlich zog der solcherlei belehrte Tourist nachdenklich von dannen, denn früher hatte er auch einmal geglaubt, er arbeite, um eines Tages einmal 95 nicht mehr arbeiten zu müssen, und es blieb keine Spur von Mitleid mit dem ärmlich gekleideten Fischer in ihm zurück, nur ein wenig Neid.

Zum Text

W ORTSCHATZ ZUM LESEN

schick	stylish
spröde	hard, unyielding
das Geräusch	noise
eifrig	eager, zealous
die Höflichkeit	politeness
die Verlegenheit	difficulty; predicament
der Fang	catch
das Kopfschütteln	shake of the head
die Zeichensprache	sign language
der Korb	basket
die Kümmernis	concern
die Angelegenheit	matter; affair
nicken	to nod
der Hubschrauber	helicopter
der Fischschwarm	shoal of fish
per Funk	by radio
das Lachsrecht	salmon fishing rights
die Begeisterung	excitement
betrübt	grieved; distressed
nachdenklich	reflectively; contemplatively
das Mitleid	compassion
der Neid	envy

A Was ist richtig? Es gibt manchmal mehr als eine richtige Antwort.

1. Der Mann auf dem Fischerboot
   a. hat sehr schöne Kleidung.
   b. liest ein Buch.
   c. liegt in der Sonne und schläft.

2. Der Tourist am Hafen
   a. hat einen Fotoapparat.
   b. hat sehr elegante Kleidung.
   c. macht drei Fotos.

3. Der Fischer
   a. spricht gern mit dem Touristen.
   b. will zum Fischen fahren.
   c. kommuniziert durch Zeichensprache.

4. Der Tourist fragt den Fischer,
   a. ob er ausfahren wird.
   b. ob er sich nicht wohl fühlt.
   c. ob er ihn mitnimmt.

5. Der Fischer
   a. ist am Morgen bereits ausgefahren.
   b. hat keinen guten Fang gemacht.
   c. klopft dem Touristen auf die Schulter.

6. Der Tourist
   a. freut sich für den Fischer.
   b. macht noch ein Foto vom Fischer.
   c. gibt dem Fischer etwas zu trinken.

7. Der Tourist erklärt dem Fischer,
   a. warum er noch öfter ausfahren soll.
   b. warum er weiter in der Sonne liegen soll.
   c. wie er mehr Geld einbringen könnte.

B Die Teile[a] der Geschichte. Was denkst du? Wie viele Teile hat die Geschichte? Wo beginnt und endet jeder Teil? Gib jedem Teil einen Titel.

[a]parts

C Beschreibungen. Such Ausdrücke mit Adjektiven, und schreib sie in Kategorien auf: Fischer, Tourist, Dinge, Landschaft. Welche Kategorie hat die meisten Ausdrücke? Sind diese Ausdrücke meistens positiv oder negativ?

MODELLE: **FISCHER** ärmlich gekleidet **TOURIST** schick angezogen

SCHREIB MAL!

Eine Präsentation auf der Haus- und Gartenmesse

⬤ Du bist sehr kreativ. Ein Möbelgeschäft will, dass du das typische Zimmer eines Teenagers für eine Haus- und Gartenmesse möblierst. Du sollst auch bereit sein den Besuchern der Messe das Zimmer zu beschreiben. Damit du bei der Präsentation nicht zu nervös wirst,[a] schreibst du deine Beschreibung vorher auf.

[a]*Damit. . . so that you won't be too nervous*

Purpose:	To design a teenager's room
Audience:	Visitors to a home and garden show
Subject:	The placement of objects in a room
Structure:	A paragraph

TIPP ZUM SCHREIBEN

In this assignment you are writing about something you designed—something you know well. Before you write, you'll spend time visualizing and drawing your room. This will help you "know" your room before you write about it.

Schreibmodell

Ich habe das Bett neben das Fenster gestellt. Es ist schön, im Sommer beim offenen Fenster zu schlafen. Neben dem Bett steht der Nachttisch. Auf den Nachttisch habe ich eine Lampe gestellt. Ein Schreibtisch steht an einer Wand. An die Wand gegenüber habe ich ein Bücherregal gestellt. Natürlich stehen im Bücherregal Bücher, Fotos und andere Dinge. Auf dem Boden liegt ein dunkelblauer Teppich. An die Wand habe ich einige Poster gehängt. Damit das Zimmer wie das Zimmer eines Teenagers aussieht, liegen viele Schuhe unter dem Bett. Und in eine Ecke habe ich ein Telefon und einen CD-Spieler auf einen Tisch gestellt.

Here the location of the table is described; **stehen** and the dative case are used.

This sentence describes the action or direction of putting the bed by the window; **stellen** and the accusative case are used.

Pay careful attention to the verbs and the cases throughout this sample.

Schreibstrategien

Vor dem Schreiben

• Think about the size and shape of your model room. Where is the door? How many windows does the room have? Does the room have its own bath?

• Make a list in German of all the furniture and other objects you want to include.

• Draw a sketch of the room. Begin with just the walls, windows, and door(s). Next, fill in the floor plan with furniture and objects.

• Think about what you want to be sure to point out to visitors.

Beim Schreiben

• Using your sketch, begin writing your description. Vary your sentences by describing the location of some items and the direction or act of having placed others. Review the verbs and use of dative and accusative cases in the **Struktur** section of this chapter.

• Remember that visitors at the show won't want to hear a long description, so limit your description to the most important things.

Nach dem Schreiben

• Exchange the first draft of your description with another classmate.

1. As you read your classmate's description, draw his/her room. Your partner will do the same.
2. Put a question mark next to anything in the description you don't think is clear. Make suggestions for improvements to the writing.
3. Return your partner's description and your drawing of his/her room to your partner.

• Review your partner's drawing of your room. Does your partner's drawing resemble the drawing you made of your room? If not, how can you improve your description so that the two pictures match?

Stimmt alles?

• Revise the description, incorporating all the corrections and changes you think are important.

• Double-check the form, spelling, and order of words in each sentence.

Das Zimmer hat alles für den typischen Teenager. Hierhin habe ich einem Kühlschrank ~~gestanden~~ gestellt. In dem Kühlschrank gibt es Saft, Cola und Käse. An der Wand neben dem Kühlschrank hängt ein Regal. Auf ~~das~~ dem Regal ~~legen~~ liegen eine Packung Plätzchen und Äpfel. Natürlich hat das Zimmer auch ein Bett und einen Schreibtisch. Auf ~~das~~ dem Schreibtisch ~~stellt~~ steht der Computer und auf ~~dem~~ den Stuhl habe ich den Fernseher ~~gestanden~~ gestellt. Kleidungsstücke ~~legen~~ liegen überall.

WORTSCHATZ

Substantive	**Nouns**
In der Freizeit	*In one's free time*
die **Freizeit**	free time
die **Sporthalle, -n**	sport center
die **Terrasse, -n**	terrace
die **Zeitung, -en**	newspaper
der **Rasen, -**	lawn
das **Fußballspiel, -e**	soccer game
Einkaufen	*Shopping*
die **Apotheke, -n**	drugstore (*prescription drugs*)
die **Bäckerei, -en**	bakery
die **Buchhandlung, -en**	bookstore
die **Drogerie, -n**	drugstore (*over-the-counter drugs*)
die **Einkaufsliste, -n**	shopping list
die **Konditorei, -en**	pastry shop
die **Metzgerei, -en**	butcher's store
der **Apfel, ⁝**	apple
der **Käse**	cheese
der **Kuchen, -**	cake
der **Laden, ⁝**	store
der **Saft, ⁝e**	juice
das **Brot, -e**	bread
das **Brötchen, -**	roll
das **Ei, -er**	egg
das **Kaufhaus, ⁝er** / das **Warenhaus, ⁝er**	department store
das **Lebensmittelgeschäft, -e**	grocery store
das **Plätzchen, -**	cookie
das **Wasser**	water
Sonstige Substantive	*Other nouns*
das **Schild, -er**	sign
das **Sonderangebot, -e**	special offer

der **Plan, ⁝e**	plan
das **Werk, -e**	manufacturing plant
Verben	**Verbs**
sich ärgern	to be annoyed
sich ausruhen	to relax
dösen	to nap, doze
ein•schlafen (schläft ein), schlief ein, ist eingeschlafen	to fall asleep
faulenzen	to be lazy
frühstücken	to have breakfast
sich hin•legen	to lay down
joggen	to jog
den Rasen mähen	to mow the lawn
recyceln	to recycle
relaxen	to relax
setzen	to set, place
sitzen, saß, gesessen	to sit
stecken	to stick; to hide
stehen, stand, gestanden **Schlange stehen**	to stand: to stand in line
trainieren	to train, exercise
treffen, traf, getroffen	to meet
waschen (wäscht), wusch, gewaschen	to wash
wecken	to waken
Sonstiges	**Other**
Das macht zusammen...	The total price is . . .
Adjektive und Adverbien	**Adjectives and adverbs**
früh	early
gemütlich	comfortable, comfortably
offen	open
spät	late
zu	closed

KAPITEL 17

NACH THÜRINGEN?

In this chapter, you will

- find out more about Mr. and Mrs. Cornelius and their careers.
- learn how the family reacts to Mr. Cornelius' transfer.

You will learn

- the names and features of some of the German federal states.
- more about festivals and legends in German-speaking countries.
- how to talk about more distant or remote future events.
- more about attributive adjectives and learn to use them with **ein**- and **der**-words in all cases.
- about the German author Siegfried Lenz.

Dieter,

war dabei, meine heutigen E-Mails zu erledigen[a] und wollte dir schnell berichten, dass die Versetzung[b] jetzt hundertprozentig sicher ist. Gerade musste ich zum Chef und habe erfahren, dass ich technischer Leiter[c] der neugekauften Firma in Thüringen werden soll. Das neue Werk liegt in Kosmar, fast 400 Kilometer von Hamburg weg. Ich habe versucht, dem Chef klarzumachen, dass diese Versetzung mir gar nicht recht ist, aber er hat gar nicht zugehört. Die Entscheidung ist getroffen, dass die Firma mich für zwei Jahre in Thüringen braucht. In meinem Alter kann ich unmöglich die Firma wechseln,[d] und Renate kann nicht so leicht eine neue Schule finden, vor allem, wenn wir in zwei Jahren wieder nach Hamburg kommen sollen. Und es kommt für sie überhaupt nicht in Frage, die Karriere ganz aufzugeben. Und die Kinder, sie werden ganz bestimmt hochgehen.[e] Wie bringe ich diese schlechte Nachricht[f] der Familie bei? Ich muss mir bald eine Lösung[g] einfallen lassen. Hast du einen Vorschlag?[h]

Gruß,
Uwe

[a]deal with [b]transfer [c]manager [d]change [e]get upset
[f]news [g]solution [h]suggestion

Der Grüne Markt in Weimar: ein historisches Reiseziel Thüringens.

VIDEOTHEK

„Die sind wir los!"

In der letzten Folge . . .

erfahren wir, was Familie Schäfer an einem typischen Samstag macht. Am Nachmittag kommen Uwe und Renate Cornelius zu Besuch. Die Männer sehen ein Fußballspiel, und die Frauen trinken zusammen einen Kaffee. Uwe Cornelius erzählt Dieter Schäfer, dass er vielleicht nach Thüringen versetzt wird.

● Weißt du noch?

1. Was hat Frau Schäfer an diesem Samstag gemacht? Herr Schäfer? Eva Schäfer?
2. Wohin sind Dieter Schäfer und Uwe Cornelius gegangen?
3. Was für ein Geheimnis[a] hat Uwe Cornelius erzählt?
4. Warum soll das ein Geheimnis bleiben?

[a]*secret*

„Wo ist mein Brot?"

In dieser Folge . . .

frühstückt Familie Cornelius an einem Werktag, aber es ist ganz anders als das gemütliche Frühstück bei Familie Schäfer. Frau Cornelius fährt mit dem Auto in die Schule, wo sie unterrichtet. Herr Cornelius fährt mit der Bahn zur Arbeit. Er muss mit seinem Chef sprechen.

● Was denkst du? Ja oder nein?

1. Uwe Cornelius will nicht mehr in der Fabrik in Hamburg arbeiten.
2. Renate Cornelius arbeitet nicht mehr am Gymnasium.
3. Uwe Cornelius wird als technischer Leiter nach Thüringen versetzt.
4. Familie Cornelius zieht nach Thüringen um.

WORTSCHATZ ZUM VIDEO

Moin (northern dialect: Morgen)	*Morning!*
schicken	*to send*
erhöhen	*to increase*
hundemüde	*dog-tired*

SCHAU MAL ZU!

A Schau das Video an, und beantworte die Fragen.

1. Wer macht was am Frühstückstisch?
   a. Renate streicht Butter auf ein Brot, Uwe liest Zeitung und Nina fragt nach ihrer Schwester.
   b. Renate macht ein Pausenbrot für Nina, Uwe liest Zeitung und Nina fragt nach dem Brot.
   c. Renate legt Tomaten aufs Brot, Uwe liest ein Buch und Nina will einen Apfel von ihrer Mutter.
2. Wie kommen Uwe und Renate Cornelius zur Arbeit?
   a. Sie fahren beide mit dem Bus.
   b. Uwe geht zu Fuß, und Renate fährt mit der Bahn.
   c. Renate fährt das Auto, und Uwe fährt mit der Bahn.
3. Warum wird Uwe nach Thüringen versetzt?
   a. Renate will in Thüringen unterrichten.
   b. Uwe will von Hamburg wegziehen.
   c. Die Firma hat eine neue Fabrik in Thüringen gekauft. Uwe soll der technische Leiter werden.

B Das Gespräch. Uwe spricht mit seinem Chef, Willi Ungermann. Was stimmt? Was stimmt nicht? Verbessere die Sätze, die falsch sind.

MODELL: Frau Cornelius hat eine neue Stelle. →
           Herr Cornelius hat eine neue Stelle.

1. Die neue Stelle ist für zwei Jahre.
2. Die Firma will Uwes Gehalt erhöhen.
3. Das neue Werk ist in einer Großstadt in Thüringen.
4. Kosmar, die Stadt in Thüringen, ist etwa 400 Kilometer von Hamburg entfernt.
5. Herr Cornelius ist sehr begeistert davon und will sofort nach Thüringen ziehen.
6. Frau Cornelius ist Lehrerin in Hamburg und will vielleicht nicht wegziehen.

C Heimweh. Marion sagt, „Ich kann kein Wort mehr schreiben. Mir fällt einfach nichts mehr ein . . . ich habe Heimweh." Du willst, dass Marion froh ist. Was kann/muss/soll sie machen? Was schlägst du ihr vor? Mach drei Vorschläge (Sätze).

MODELL: Marion soll ihre Eltern aurufen.

VOKABELN

DIE BUNDESREPUBLIK DEUTSCHLAND

Deutschland und Luxemburg
Bundeshauptstadt = ✪
Landeshauptstadt = ●
Grenze = ———

Und noch dazu

die Alpen (*pl.*)	*the Alps*
die Nähe	*proximity; vicinity*
in der Nähe	*in the vicinity*
der Einwohner	*inhabitant*
der Gipfel	*summit*
der Gletscher	*glacier*
das Bundesland	*federal state*
fließen	*to flow*
grenzen an (+ *acc.*)	*to border on*
trennen	*to divide*

Aktivitäten

A Bundesländer und Landeshauptstädte

SCHRITT 1: Kennst du die deutschen Landeshauptstädte? Nenne die Hauptstädte von diesen Bundesländern.

1. Thüringen
2. Niedersachsen
3. Brandenburg
4. Saarland
5. Bayern
6. Sachsen-Anhalt

a. München
b. Erfurt
c. Saarbrücken
d. Magdeburg
e. Potsdam
f. Hannover

SCHRITT 2: Wer weiß, gewinnt! Arbeite mit einem Partner / einer Partnerin. Jeder/Jede macht eine Liste von fünf Bundesländern. Macht dann die Bücher zu und fragt einander, wie die Hauptstädte heißen. Jede richtige Antwort bekommt einen Punkt.

B Wo ist das? Nenn die Stadt, und das Bundesland.

1. Die Firma braucht Herrn Cornelius jetzt in <u>Kosmar</u>. <u>Kosmar</u> liegt in _____.
2. Familie Cornelius wohnt jetzt in _____. _____ ist ein Stadtstaat.
3. Die Koslowskis sind nach _____ gezogen. _____ liegt in _____.
4. Marion wollte in _____ bleiben.
5. Michael kommt aus _____, einer Stadt auf der Insel _____ in der Ostsee. _____ ist eine Stadt in dem Bundesland _____.

C Bundesländer und Länder. Welches Bundesland liegt wo? Verwende die folgenden Ausdrücke.

im Norden/nördlich von _____ (nordwestlich/nordöstlich von _____)
im Süden/südlich von _____ (südwestlich/südöstlich von _____)
im Westen/westlich von _____
im Osten/östlich von _____

MODELL: Bayern → Bayern liegt im Süden.
  oder: Bayern liegt südlich von Thüringen.

1. Schleswig-Holstein
2. Nordrhein-Westfalen
3. Mecklenburg-Vorpommern
4. Saarland
5. Hessen

KULTURSPIEGEL

You may have noticed that three of the German federal states are actually city-states (**Stadtstaaten**): the federal capital of Berlin, the city of Bremen, and the city of Hamburg. In fact, the vehicle license plates for Hamburg begin with the initials HH for **Hansestadt Hamburg,** the Hanseatic City of Hamburg, in deference to this city's long tradition of independence and self-governance.

Hamburg   Mecklenburg-Vorpommern

Sellin   Köln   Rügen

Rheinhausen   Thüringen

Nordrhein-Westfalen

SAGEN, FESTE, BRÄUCHE

Das Neujahr beginnt um Mitternacht am ersten Januar mit Feuerwerk.

Ein Faschingsumzug zieht durch die Straßen.

Das Oktoberfest in München.

Man feiert das Erntedankfest am ersten Sonntag im Oktober.

Der Weihnachtsmann kommt an Weihnachten und bringt Geschenke.

Die Sage der Lorelei ist eine berühmte Geschichte.

Und noch dazu

die Kerze	*candle*	gratulieren	*to congratulate*
die Stimmung	*mood*	schmücken	*to decorate*
der Ball	*ball*	statt•finden	*to take place*
der Lebkuchen	*gingerbread*	überraschen	*to surprise*
der Umzug	*parade*	wünschen	*to wish*
der Urlaub	*vacation*	festlich	*festive*
das Lied	*song*	lustig	*fun, cheerful*
an•zünden	*to light*	verrückt	*crazy, mad*
bedeuten	*to mean*		

Aktivitäten

A Im Frühling, Sommer, Herbst oder Winter? In welcher Jahreszeit feiert man jedes Fest?

MODELL: Man feiert den Tag der Arbeit im Frühling.

1. der Tag der Arbeit
2. Rosch Ha-Schana
3. der Tag der deutschen Einheit
4. Weihnachten
5. das Erntedankfest
6. Fasching
7. dein Geburtstag

B Mit welchem Fest assoziierst du das?

MODELL: Ich assoziiere Blumen mit Muttertag.

1. Blumen	a. Weihnachten
2. Kostüme	b. Chanukka
3. Geschenke	c. vierter Juli
4. Kerzen	d. Neujahr
5. Umzüge	e. Ostern
6. Lieder	f. Muttertag
7. geschmückte Bäume	g. Erntedankfest
8. Lebkuchen, Kerzen und der Christkindlmarkt	h. Fasching
9. Feuerwerke	
10. ?	

C Welche Feste oder Feiertage feierst du? Sag, was du an diesen Tagen alles machst. Die Wörter rechts im Kasten stehen dir zur Verfügung.

MODELL: Weihnachten →
An Weihnachten schmücken wir den Baum, zünden Kerzen an und geben Geschenke.

D Sagen. Wofür ist jede Figur berühmt? Kennst du die Geschichte oder die Sage? Was kannst du dazu sagen?

1. Johnny Appleseed
2. der Rattenfänger von Hameln
3. die Lorelei
4. Rotkäppchen

a. sang ein schönes Lied und lenkte die Schiffer am Rhein ab.
b. wollte ihre Großmutter besuchen aber traf einen Wolf.
c. pflanzte viele Apfelsamenkörner, und bald wuchsen Apfelbäume.
d. spielte seine Flöte, und alle Ratten folgten ihm aus der Stadt.

IST DU WORTSCHLAU?

The German word for *autumn*, **Herbst**, is actually a cognate of *harvest*. The modern German word for *harvest* is **Ernte**.

ULTURSPIEGEL

The German **Erntedankfest** and the North American Thanksgiving are both harvest festivals, but the German festival is primarily a traditional religious holiday in rural areas and not a secular one, as in North America.

Weihnachten
Valentinstag
Ostern   Karneval
Rosch Ha-Schana
Jom Kippur
Ramadan
Neujahr   Muttertag

STRUKTUREN

So GEHT'S!

As the future auxiliary, **werden** follows the infinitive at the end of a dependent clause.

Die Familie weiß nicht, dass die Firma Herrn Cornelius nach Thüringen **versetzen wird.**

Remember, the infinitive of two-part verbs appears as one word.

Vielleicht wird die Familie **umziehen.**
Herr Cornelius weiß noch nicht, ob die Familie **umziehen** wird.

SPRACHSPIEGEL

Both the German present tense and the English present progressive tense refer to immediate or specific future events.

Die Firma **kauft** bald eine neue Fabrik.
The company is soon going to buy a new factory.

In both languages, the future tense suggests an event that will take place at a more distant or indefinite future time.

Die Firma **wird** eine neue Fabrik **kaufen.**
The company will buy a new factory.

FUTURE TENSE WITH WERDEN
TALKING ABOUT THE FUTURE

German frequently uses the present tense in reference to future events, especially with a time expression that indicates the future, such as **morgen, nächste Woche,** or **nächstes Jahr.**

German also has a future tense, which consists of the present-tense form of the verb **werden** as an auxiliary and the infinitive of another verb at the end of the sentence. You have already learned to use this construction with modal verbs.

FUTURE	Ich **werde** Neujahr in Berlin **feiern.**
	I will celebrate the new year in Berlin.
MODAL	Ich **möchte** Neujahr in Berlin **feiern.**
	I would like to celebrate the new year in Berlin.

You already know the present-tense forms of **werden** (*to become*). Just remember, as an auxiliary for the future tense, **werden** means *will*.

FUTURE AUXILIARY: **werden**	
STEM: **werd-**	
SINGULAR	PLURAL
ich werde (. . . feiern)	wir werden (. . . feiern)
du wirst (. . . feiern)	ihr werdet (. . . feiern)
Sie werden (. . . feiern)	Sie werden (. . . feiern)
sie/er/es wird (. . . feiern)	sie werden (. . . feiern)

The future tense with the adverb **wohl** expresses probability.

Herr Cornelius wird wohl umziehen müssen.	*Mr. Cornelius will probably have to move.*
Die Kinder werden wohl nicht glücklich sein.	*The children will probably not be happy.*

Übungen

A Heute in einem Jahr

SCHRITT 1: Was sagt Uwe Cornelius? Jetzt hat die Familie ein großes Problem. Wird in einem Jahr alles ganz anders sein? Bilde Sätze im Futur.

MODELL: Klara studiert in München. →
Klara wird in München studieren.

Klara

Nina

Uwe

Renate

1. Nina wohnt noch in Hamburg.
2. Ich fahre jeden Freitagabend zurück nach Hamburg.
3. Renate, du arbeitest montags bis freitags in der Schule.
4. Wir essen jeden Samstag ein gemütliches Frühstück.
5. Renate und ich treffen samstagabends unsere Freunde.
6. Nina und Klara, ihr feiert Weihnachten bei uns.
7. Alles ist sehr schön.

SCHRITT 2: Was sagst du? Wie wird heute in einem Jahr alles für dich sein? Bilde fünf Sätze im Futur.

B Was glaubst du? Wie sieht die Zukunft von Bob, Marion, Sabine und anderen Leuten aus *Auf Deutsch!* aus? Bilde Sätze im Futur, und benutze **wohl.**

MODELL: Marion →
Marion wird wohl bald nicht mehr mit Bob arbeiten.

C Die Zukunft. Bob sagt: „Konzentration, Planung und ein gewisser Killerinstinkt!" Was denkst du? Sind das die Dinge, die man zum Erfolg[a] braucht? Wie sieht die Zukunft für dich aus? Was wird passieren? Mach eine Collage von Fotos, Bildern und Wörtern aus Zeitungen und Zeitschriften (Magazinen), und präsentiere die Zukunft. Mach sechs Aussagen über deine persönlichen Pläne oder über die Zukunft generell.

Bob

Marion und Sabine

[a]*success*

ADJECTIVES
DESCRIBING PEOPLE, OBJECTS, AND PLACES

You have already learned to use adjectives before nouns when no other qualifying word is present.

NOMINATIVE Heiße Wurst, würziger Senf, frisches Brot und gebratene Kartoffeln sind hier die Spezialitäten.

ACCUSATIVE Die Schäfers und ihre Gäste essen heiße Wurst, würzigen Senf, frisches Brot und gebratene Kartoffeln.

In the dative case, the endings are the same as those of the definite article: **der, dem, dem, den.** In the genitive, the feminine and plural forms end in **-er,** the masculine and neuter forms in **-en.**

DATIVE Nach heißer Wurst, würzigem Senf, frischem Brot und gebratenen Kartoffeln will Renate nur ein Glas Mineralwasser.

GENITIVE Was ist der Preis heißer Wurst? würzigen Senfes? frischen Brotes? gebratener Kartoffeln?

In this chapter you will learn to describe people, objects, and places with attributive adjectives in combination with **der-** and **ein-**words. When an adjective follows a **der-**word, it ends either in **-e** or **-en.**

	SINGULAR			PLURAL
	FEMININE	MASCULINE	NEUTER	ALL GENDERS
NOM	die schön**e** Tochter	der neu**e** Job	das salzig**e** Essen	die nett**en** Schüler
ACC	die schön**e** Tochter	den neu**en** Job	das salzig**e** Essen	die nett**en** Schüler
DAT	der schön**en** Tochter	dem neu**en** Job	dem salzig**en** Essen	den nett**en** Schülern
GEN	der schön**en** Tochter	des neu**en** Jobs	des salzig**en** Essens	der nett**en** Schüler

When adjectives follow **ein-**words, they have the same endings as adjectives that follow **der-**words with these exceptions.

	MASCULINE	NEUTER
NOMINATIVE	**ein neuer** Job	**ein salziges** Essen
ACCUSATIVE		**ein salziges** Essen

Übungen

A Familie Cornelius. Ergänze die Sätze mit den richtigen Formen der Adjektive.

MODELL: Renate ist die _____ Frau von Uwe Cornelius. (nett) →
Renate ist die nette Frau von Uwe Cornelius.

1. Nina trägt eine _____ Jacke. (weiß)
2. Die Familie besitzt einen _____ Wagen. (schwarz)
3. Die Zimmer der _____ Wohnung sind hell. (groß)
4. Herr Cornelius steht von dem _____ Frühstückstisch auf. (gemütlich)
5. Wegen des _____ Jobs in Thüringen ist Renate unglücklich. (neu)
6. Herr Cornelius fährt nicht mit dem _____ Fahrrad zur Arbeit. (alt)

B Thüringen. Diese Region in Deutschland ist der Familie Cornelius fremd. Lies, was die Familie denkt, und ergänze die Sätze mit Adjektiven.

RENATE CORNELIUS: Dieses _____[1] (unbekannt) Thüringen! Soll Uwe doch alleine nach Kosmar gehen, ich habe jedenfalls keine _____[2] (groß) Lust. Wer kennt denn schon dieses _____[3] (neu) Bundesland? Naja, mit dem _____[4] (historisch) Weimar kann ich schon etwas anfangen, aber sonst? Ich kann doch nicht meine _____[5] (gut) Stelle als Lehrerin aufgeben.

UWE CORNELIUS: Leiter der _____[6] (neu) Fabrik? Das hört sich schon gut an. Aber mit der _____[7] (ganz[a]) Familie nach Thüringen, das ist ein _____[8] (groß) Problem. Aber zwei _____[9] (teuer) Mieten können wir uns auch nicht leisten.

KLARA: Ich geh sowieso nicht mit. Nein, ich werde ins _____[10] (schön) München ziehen, dort ein _____[11] (interessant) Studium hinlegen, vielleicht einen _____[12] (nett) Mann kennen lernen, und dann werde ich die _____[13] (intelligent) Leiterin eines _____[14] (wichtig) Industrielabors. Ach ja, träum weiter . . .

NINA: Doch so ein _____[15] (furchtbar) Land kann Thüringen ja nicht sein; ich habe schon mal im Internet geschaut, dort gibt es viele _____[16] (interessant) Städte. Und ich brauche ja nicht immer im _____[17] (langweilig) Kosmar zu bleiben, sondern kann in das _____[18] (berühmt) Erzgebirge wandern gehen, Jena und Weimar besuchen und andere Ausflüge machen.

[a]*entire*

EINBLICKE

BRIEFWECHSEL

Uwe,

mein lieber Freund, du stehst wirklich vor einem großen Dilemma.
Aber diese Geschichte hört man seit der Wende immer öfter. Mit
der Privatisierung der ganzen Unternehmen[a] im Osten und dem
Wiederaufbau[b] der Infrastruktur sind schon viele Leute versetzt
worden. Und viele Deutsche im Osten mussten wegen Arbeitslosigkeit
neue Stellen im Westen suchen. Ein alter Schulfreund von mir war
Professor für Architektur in Mainz und hat ein tolles Angebot von der
Uni in Leipzig bekommen. Er wollte gerne was Neues machen, aber
seine Frau wollte ihre Arbeit in Mainz nicht so schnell aufgeben. Er
hat sich eine Wohnung in Leipzig besorgt, und fährt am Wochenende
nach Mainz. Ab und zu fährt seine Frau nach Leipzig. Seine Kinder
studieren, und diese Wochenendehe[c] scheint für ihn eine gute Lösung
zu sein. Als ich neulich mit ihm telefonierte, merkte ich, dass er sogar
schon mit einem leichten sächsischen Akzent redet.

Dein Dieter

[a]*businesses* [b]*rebuilding* [c]*weekend marriage*

⬤ Lies noch einmal die E-Mails von Uwe und Dieter. Ergänze die Sätze.

1. _____ steht vor einem Dilemma.
   a. Dieter **b.** Dieters Schulfreund **c.** Uwe
2. Viele Unternehmen _____ sind seit 1990 privatisiert worden.
   a. im Westen **b.** im Osten **c.** in den USA
3. Wegen _____ müssen viele Ostdeutsche Stellen im Westen suchen.
   a. Krankheit **b.** des Klimawechsels **c.** Arbeitslosigkeit
4. Die Lösung für Dieters Schulfreund ist _____.
   a. eine Wochenendehe.
   b. ein Firmenwechsel.
   c. Sächsisch zu reden.

EINBLICK

Der Hamburger Dom—Du denkst vielleicht, das ist eine Kirche. Das ist aber ein Fest, das dreimal im Jahr stattfindet und jeweils 31 Tage dauert.

Die Geschichte des Hamburger Doms

Schon im 14. Jahrhundert feierte man in Hamburg einen Weihnachtsmarkt. Weil im Winter in Hamburg das Wetter meistens schlecht ist, feierte man dieses Fest im Dom. Daher der Name „Hamburger Dom". Immer wieder wollte man den Markt aus der Kirche entfernen, aber alle Versuche blieben ohne Erfolg. Im Jahre 1337 wurde der Markt im Dom offiziell vom Erzbischoff Burchard erlaubt. Der Markt wurde populärer und größer, und war bald nicht nur ein Christmarkt.

Die „Himalaya-Bahn".

Von 1804–1806 wurde der Mariendom in Hamburg abgerissen, und man suchte einen neuen Platz für den Markt, der nun Dom-Zeit hieß. Die Kaufleute verteilten sich auf verschiedene Plätze, z.B., auf den Gänsemarkt und später auf den Pferdemarkt und den Großneumarkt. Ab 1850 kamen Schausteller mit Ausstellungen und Shows auf den Markt.

1892 litt Hamburg unter Cholera. Die Schausteller durften nicht in die Stadt und der Markt wird seit dieser Zeit auf dem Heiligengeistfeld gefeiert. Während der zwei Weltkriege gab es keinen Dom. Ab 1922 feierte man alljährlich auch den Frühlingsmarkt und seit 1949 das Hummelsfest. Seitdem feiern die Hamburger bei jedem Wetter dreimal im Jahr ihren Dom.

● Zur Geschichte des Hamburger Doms. Beantworte die Fragen.

1. Seit wann feiert man in Hamburg den Dom?
2. Was für ein Markt war der Dom zuerst?
3. Wo in Hamburg hat man diesen Markt gefeiert?
4. Wann musste der Dom „umziehen"?
5. Seit wann gibt es auf dem Dom Schausteller?
6. Wann mussten die Schausteller in die Vorstadt?
7. Wie oft feiern die Hamburger den Dom in einem Jahr?

WORTSCHATZ ZUM LESEN

der Dom	cathedral
entfernen	to remove
der Versuch	attempt
abreißen	to tear down
der Gänsemarkt	geese market
der Pferdemarkt	horse market
die Schausteller (*pl.*)	fairground show people
leiden	to suffer
der Weltkrieg	World War

PERSPEKTIVEN

HÖR MAL ZU!

„Tut uns Leid, wir brauchen Sie nicht!"

WORTSCHATZ ZUM HÖRTEXT

die Absage	rejection
der Maurer	mason
leer	empty
der Führerschein	driver's license
der Stammtisch	table reserved for regular guests

A Auf der Suche. Hör zu, was Mike über seine Suche nach einer Lehrstelle erzählt. Mach Notizen zu den Informationen!

1. Name
2. Alter
3. Schulabschluss
4. Berufswunsch
5. wie viele Absagen
6. Einkommen

B Mikes Tagesablauf. Hör das Interview noch einmal. Beantworte die Fragen!

1. Wie beschreibst du den typischen Tag für Mike? Was macht er?
2. Was macht Mike um eine Lehrstelle zu finden?

LIES MAL!

Zum Thema

Du liest jetzt einen Auszug aus Siegfried Lenz' „Die Deutschstunde"
(1968). Der Roman spielt zur Zeit des Zweiten Weltkriegs. Ein Charakter
im Roman, Asmus Asmussen, spricht mit dem Großvater des Erzählers
über Amerikaner. Der Großvater hat eine negative Vorstellung von
Amerikanern.

● Heimat und Heimweh. Bevor du den Auszug liest, denk an die
folgenden Fragen.

1. Warum soll Uwe Cornelius nach Thüringen? Warum wollen seine
   Frau Renate und seine Tochter Klara nicht mitkommen?
2. Wo ist für dich deine Heimat? Ist deine Familie schon umgezogen?
   Warum?
3. Was bedeuten für dich die Worte *Heimat* und *Heimweh*? Finde
   Definitionen. Hast du schon einmal Heimweh gehabt? Warum?

Die Deutschstunde

Amerikaner. Alles ist für sie ein Job, sagte mein Großvater, auch der
Krieg. —Sie kennen keine Bildung, sagte Asmus Asmussen, ein innerer
Auftrag ist ihnen unbekannt, sie fühlen sich überall zu Hause. —Sie essen
nur Watte und trinken gefärbte Limonade, sagte mein sauertöpfischer
5 Großvater, das hab ich selbst gelesen, ihre Nahrung ist typisch für sie.
—Weil sie überall zu Hause sind, sagte Asmus Asmussen, deshalb sind
sie nirgends zu Hause. Ihre Lieder: Lieder von Reisenden. Ihre Unterkunft:
Unterkunft von Nomaden. Ihre Bücher: die Bücher von Wandersleuten.
Amerikanisches Leben: das heißt: auf Widerruf leben, ohne dauerhafte
10 Verpflichtung, vorläufig. Sagen wir: im Planwagen. —Zivilisten, sagte
mein Großvater geringschätzig, lauter Zivilisten, selbst in Uniform.
—Eben, sagte Asmus Asmussen, und danach glückte ihm der Satz:
die großen Stürme überstehen nur die Sesshaften (. . .)

KULTURSPIEGEL

Siegfried Lenz wrote more than 30
stories and 10 novels. His stories and
novels deal typically with people facing
major decisions and the conflict
between doing one's duty and not
conforming.

WORTSCHATZ ZUM LESEN

die Bildung	*education*
der Auftrag	*task; mission*
die Watte	*cotton candy*
nirgends	*nowhere*
der Widerruf	*revocation;*
	disavowal
die Verpflichtung	*obligation*
der Planwagen	*covered wagon*
der Zivilist	*civilian*
der/die Sesshafte	*settled (person);*
(*decl. adj.*)	*established*
	(*person*)

Zum Text

A Amerikaner. Beantworte die Fragen.

1. Welche Personen sprechen? Über wen sprechen sie?
2. Was ist eigentlich eine mögliche Definition für das Wort „der/die Sesshafte"?
   a. Jemand, der viel sitzt.
   b. Jemand, der gerne zu Hause ist.
   c. Jemand, der eine Wohnung und eine Adresse hat.
3. Wie definierst du das Wort *Vorurteil*[a]? Such Beispiele von Vorurteilen im Text.

[a]*prejudice*

B Stereotype und Vorurteile. Was sagt man über Amerikaner? Mach eine Liste der stereotypischen Aussagen über Amerikaner.

MODELL: Amerikaner essen nur Hamburger.

INTERAKTION

Partnerarbeit: In einem neuen Land. Stell dir vor: Du kommst neu in den USA an. (Oder vielleicht bist du wirklich neu in diesem Land angekommen.) Arbeite mit einem Mitschüler / einer Mitschülerin. Beschreib ihm/ihr das Land, aus dem[a] du kommst. Wie ist das Leben dort[b]? Was sind deine Pläne für dein neues Leben in den USA? Was fragt dich dein Partner / deine Partnerin? Beantworte die Fragen, und tausch dann die Rollen.

[a]aus . . . *from which*   [b]*there*

SCHREIB MAL!

Reisetips

Mach für Jugendliche in Deutschland eine Reisebroschüre der USA.

FOKUS INTERNET

For more information, visit the
Auf Deutsch! Web Site at
www.mcdougallittell.com

Purpose:	To write and illustrate a travel brochure
Audience:	Youth in Germany
Subject:	Places to visit and tips for traveling in the USA
Structure:	A brochure

TIPP ZUM SCHREIBEN

You've probably seen lots of brochures—brochures about places to visit, brochures about various causes. Why did you pick them up? What caught your eye? What do you think makes a good brochure?

Schreibmodell

Wirst du in die Vereinigten Staaten fahren? Hier sind einige Tipps, um deine Amerikareise erfolgreich zu machen!

Note the use of the future tense.

• Die Vereinigten Staaten sind ein riesiges Land. Man kann nicht in einer Woche das ganze Land sehen— nicht einmal in einem Monat!

There are many adjectives following **der-** and **ein-**words in this brochure. Note their endings.

• Es gibt nicht so viele Jugendherbergen.[a] Ein billiges Hotel zu finden, ist auch nicht leicht. Im Sommer sind viele Leute unterwegs. Am besten bucht man im voraus.[b]

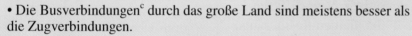

• Im Restaurant legt man das Trinkgeld auf den Tisch. 15% ist üblich.

• Man braucht das richtige Fahrgeld, wenn man mit dem Autobus in Großstädten fahren will. Immer Kleingeld dabei haben!

• Die Busverbindungen[c] durch das große Land sind meistens besser als die Zugverbindungen.

• Auf der Autobahn darf man nicht per Anhalter fahren.[d]

The writer uses future tense + **wohl** to indicate probability.

• In Wohnungen und Häusern sind die Toilette und das Bad zusammen in einem Zimmer. Das wirst du wohl ohne Problem erfahren.

• Die Leute sind freundlich und hilfsbereit.

[a]*youth hostels* [b]*ahead of time* [c]*bus connections* [d]per. . . *hitchhiking*

Schreibstrategien

Vor dem Schreiben

- Brainstorm in German a list of things you would like to tell visitors about the U.S. Where would you suggest they visit? What should they see? What should they be aware of?

- If you have traveled outside of the U.S., what struck you as being different? Think of concrete objects, such as the money, and less obvious things, like the noise level on a street filled with people.

- If you know people who have moved to the U.S. from other countries, ask them what they found different here. Recall what you've learned in your study of German and by watching the videos.

- Finally, think about the way the U.S. is similar to other countries.

Beim Schreiben

- Now write your brochure. Think about tone, style, and format. Since you want to attract people, you'll want to use a friendly tone. Use the imperative form for tips, and since you are addressing people your own age, the **du**-imperative is appropriate.

- To make the writing more attractive, use lots of adjectives. You might want to review the information on adjective endings in the **Struktur** section of this chapter.

- Now illustrate your brochure. Locate pictures or draw them and make notes on your first draft where they will be placed.

Nach dem Schreiben

- Exchange the first drafts with another classmate. Comment on each other's brochure.

- Incorporate your classmate's suggestions in your final brochure.

Stimmt alles?

- Put illustrations in place.

- Double-check the form, spelling, and order of words in each sentence.

Du wirst mal Amerika besucht^{en}? Mach jetzt Pläne!

Hast du deinen Führerschein? Fährst du gern Auto? Kauf dann ein alte_s Auto und fahr von New York nach Kalifornien.

Die Autobahnen sind schön, aber die kleinen Landstraßen sind gemütlich. Man trifft die interessante_n Leute in ~~die~~ ^{den} kleinen Restaurants.

Für billige Übernachtung gibt es in den hohen Bergen des Westens viele netten[^] Campingplätze.

WORTSCHATZ

Substantive

Nouns

die Bundesrepublik Deutschland

the Federal Republic of Germany

Baden-Württemberg	Baden-Württemberg
Bayern	Bavaria
Berlin	Berlin
Brandenburg	Brandenburg
Bremen	Bremen
Hamburg	Hamburg
Hessen	Hesse
Mecklenburg-Vorpommern	Mecklenburg-Western Pomerania
Niedersachsen	Lower Saxony
Nordrhein-Westfalen	North Rhine-Westphalia
Rheinland-Pfalz	Rhineland Palatinate
Saarland	Saarland
Sachsen	Saxony
Sachsen-Anhalt	Saxony-Anhalt
Schleswig-Holstein	Schleswig-Holstein
Thüringen	Thuringia
die **Grenze, -n**	border
die **Hauptstadt, ⸚e**	capital city
die **Nähe**	vicinity
in der **Nähe**	in the vicinity
der **Einwohner, -** / die **Einwohnerin, -innen**	inhabitant
der **Gipfel, -**	summit
der **Gletscher, -**	glacier
das **Bundesland, ⸚er**	federal state
die **Alpen** (*pl.*)	the Alps

Sagen, Feste, Bräuche

Legends, festivals, customs

die **Kerze, -n**	candle

die **Lorelei**	a legendary maiden who lived on a cliff above the Rhine
die **Stimmung, -en**	mood
der **Ball, ⸚e**	ball
der **Fasching**	Carnival, Mardi Gras
der **Lebkuchen**	gingerbread
der **Nikolaus**	St. Nicholas
der **Umzug, ⸚e**	parade
der **Urlaub, -e**	vacation
das **Lied, -er**	song
das **Oktoberfest**	autumn festival in Southern Germany
das **Spielzeug, -e**	toy

Verben

Verbs

an•zünden	to light
bedeuten	to mean; signify
fließen, floss, geflossen	to flow
gratulieren	to congratulate
grenzen an (+ *acc.*)	to border on
schmücken	to decorate
statt•finden, fand statt, stattgefunden	to take place
trennen	to divide
überraschen	to surprise
wünschen	to wish

Adjektive und Adverbien

Adjectives and adverbs

festlich	festive
lustig	fun, cheerful
verrückt	crazy, mad

18

DIE LÖSUNG

In this chapter, you will

- see the difficulties involved with the Cornelius family's possible move.
- find out how the family resolves its problem.

You will learn

- how the events of 1989 changed life throughout Germany.
- more about the politics and geography of German-speaking countries.
- to use prepositions that require the genitive case.
- more about expressions of negation with **nicht** and **kein.**
- what young people have to say about their hometown Berlin and life in the former East Germany.

Hallo Anna!

Vielen Dank für die schöne Postkarte aus Maryland. Toll, dass du wieder ein Jahr in den USA verbringen kannst. Aber dieses Mal bist du Lehrassistentin an einem College, und du darfst zweimal die Woche Deutsch unterrichten. Ich weiß, die Studenten sind jünger, aber du bist sehr flexibel und bist wohl eine gute Lehrerin wie meine Mutter.

Ich brauche dringend deinen Rat.[a] Neulich hat Vater uns mitgeteilt, dass er nach Kosmar in Thüringen versetzt wird. Meine Mutter war wütend[b] und hat das Zimmer sofort verlassen. Sie will nicht nach Thüringen. Auch gibt sie ihre Stelle als Lehrerin auf keinen Fall auf. Na ja, sie hat sich nach einer Weile beruhigt,[c] und wir haben Kosmar auf der Karte gesucht. Von dem kleinen Ort hatte noch niemand was gehört. Der Klara ist egal, was mein Vater macht, denn im Herbst studiert sie in München. Ich bin bereit, meinem Vater beizustehen und nach Kosmar zu ziehen. Schule ist überall gleich.[d] Vielleicht ist es auch interessanter, in einer kleinen Stadt zu leben.

Wie hast du alles damals gefunden, als dein Vater nach Leipzig wollte? Wie hat deine Mutter reagiert?

Schreib bald wieder!

Deine Nina

[a]advise [b]angry [c]calmed down [d]the same

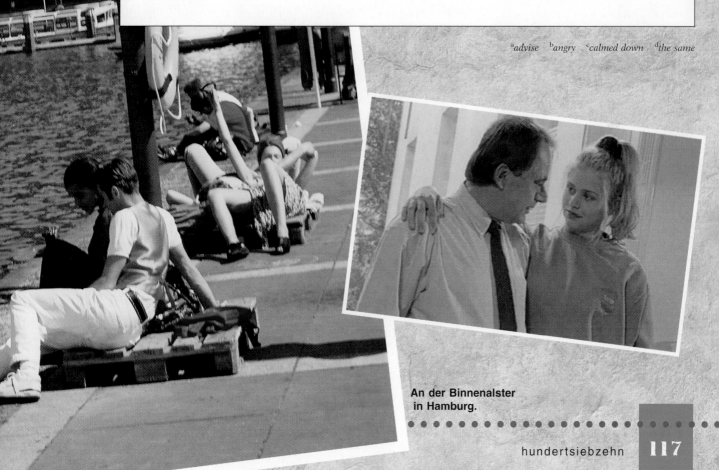

An der Binnenalster in Hamburg.

VIDEOTHEK

„Ich muss auch los."

In der letzten Folge . . .

sind wir an einem Arbeitstag bei Familie Cornelius. Aber es ist kein normaler Arbeitstag, denn Uwe Cornelius muss sich überlegen, ob er nach Thüringen umziehen will. Die Firma will ihn nach Thüringen versetzen, wo er der technische Leiter werden soll. Er hat seiner Familie aber noch nichts davon erzählt.

● Weißt du noch?

1. Warum wird Uwe Cornelius nach Thüringen versetzt?
2. Wie lange muss er in Thüringen arbeiten?
3. Was macht Renate Cornelius beruflich?
4. Wie heißen die beiden Töchter?
5. Wie alt sind die Töchter wahrscheinlich? Arbeiten sie, oder gehen sie immer noch zur Schule?

In dieser Folge . . .

erzählt Uwe Cornelius seiner Familie, dass seine Firma ihn nach Thüringen versetzen will. Wir hören, wie Renate Cornelius und die Töchter auf den Umzug reagieren.

● Was denkst du? Ja oder nein?

1. Die Familie will nicht nach Thüringen ziehen.
2. Es gibt viele Probleme zwischen Uwe und Renate Cornelius.
3. Ein Kollege findet das Ganze nicht so kompliziert.
4. Renate und Uwe besprechen die Situation und schließen einen Kompromiss.

„Kosmar? Nie gehört!"

WORTSCHATZ ZUM VIDEO

die Mahlzeit	mealtime
die Chance	opportunity
die Wochenendehe	weekend marriage
der Drachen	kite
bildhaft	with pictures
sowieso	in any case; anyway
die Umwelt	environment

SCHAU MAL ZU!

A Wie reagiert jedes Familienmitglied auf die Nachricht?

1. Renate
2. Klara
3. Nina
4. Uwe

a. sieht den Umzug nach Thüringen als Aufstiegsmöglichkeit.[a]
b. will unbedingt nicht nach Thüringen ziehen.
c. ist es egal; sie geht sowieso nicht mit.
d. hat nichts dagegen.

[a]advancement possibility

B Zwei Gespräche

Uwe spricht mit seinem Mitarbeiter, Herrn Lehmann.

Uwe und Renate schließen einen Kompromiss.

SCHRITT 1: Herr Cornelius und Herr Lehmann besprechen den Umzug nach Thüringen. Beantworte die Fragen.

1. Wie reagiert Herr Lehmann auf den Umzug?
   a. Er will nicht umziehen und protestiert dagegen.
   b. Er sucht sich eine neue Stelle in Hamburg.
   c. Für ihn ist es etwas Neues. Er zieht um.
2. Wie reagiert Frau Lehmann auf den Umzug?
   a. Sie gibt ihre Stelle auf und zieht auch um.
   b. Sie will nicht nach Thüringen ziehen.
   c. Sie freut sich auf den Umzug.
3. Was machen Herr und Frau Lehmann?
   a. Sie lassen sich scheiden.
   b. Sie ziehen zusammen nach Thüringen.
   c. Frau Lehmann bleibt in Hamburg, und sie führen eine Wochenendehe.

SCHRITT 2: Uwe und Renate besprechen den Umzug. Welche Antworten stimmen?

1. Wie findet Renate den Umzug nach Thüringen?
   a. Sie will ihre Stelle nicht aufgeben und bleibt in Hamburg.
   b. Es ist ihr egal.
   c. Uwe muss unbedingt nach Thüringen ziehen.
2. Was ist die Lösung?
   a. Die Familie wird nach Thüringen umziehen.
   b. Uwe kommt einmal im Monat nach Hamburg zurück.
   c. Montag bis Freitag ist Uwe in Thüringen. Am Wochenende kommt er nach Hause.

C Wie findest du den Kompromiss? Was würdest du in der gleichen Situation machen? Vergleich die Geschichte der Familie Cornelius mit der Geschichte der Familie Koslowski. Warum muss jeder umziehen? Wie reagieren die Familien darauf? Welche Kompromisse müssen die beiden Familien schließen?

VOKABELN

DIE WENDE

Es gab jeden Montag Demonstrationen in Leipzig.

Die Mauer fiel, und man öffnete die Grenzen.

Viele Deutsche aus dem Osten gingen nach der Maueröffnung in den Westen.

Man führte die D-Mark in Ostdeutschland ein.

KULTURSPIEGEL

German reunification in 1990 did not join together two equal states, the **Bundesrepublik Deutschland (BRD)** and the **Deutsche Demokratische Republik (DDR).** Rather, the local districts (**Bezirke**) of the DDR reorganized themselves into regional **Länder,** which then petitioned the West German parliament to join the Federal Republic as federal states under Article 23 of the West German Basic Law (**Grundgesetz**).

Und noch dazu

die Behörde	*government office*
die Einheit	*unity*
die Einstellung	*point of view*
die Marktwirtschaft	*market economy*
die Meinungsfreiheit	*freedom of opinion*
die Planwirtschaft	*planned economy*
die Pressefreiheit	*freedom of the press*
die Reisefreiheit	*freedom of travel*
die Wahl	*election*
die Währung	*currency*
die Währungsunion	*currency union*
die Wiedervereinigung	*reunification*
die Wirtschaft	*economy*
der Grenzübergang	*border crossing*
der Rahmen	*context*

Aktivitäten

A Merkmale der Wende. Ist das passiert oder nicht? Was weißt du? Was denkst du?

1. Fünf neue Bundesländer sind nach der Wende entstanden.
2. Nach der Wende kauften viele Firmen im Westen Fabriken im Osten.
3. Die Arbeitslosigkeit im Osten ist nach der Wende gesunken.
4. Bonn wird die Hauptstadt von Deutschland.

B Definitionen. Welches Wort auf Seite 120 passt?

1. Das Recht, frei zu sagen, was man glaubt oder für richtig hält.
2. Geldscheine und Münzen.
3. Eine Wirtschaft, in der die meisten Firmen privat sind.
4. Eine Versammlung von Bürgern, die gegen etwas protestieren.
5. Eine Wirtschaft, in der die Firmen dem Staat oder dem Volk gehören.
6. Das Recht, Bücher und Zeitungsartikel zu schreiben, die den Staat kritisieren.

C Die neuen Bundesländer. Fünf Bundesländer in Deutschland sind die „neuen Bundesländer", weil sie zur ehemaligen DDR gehörten. Wie heißen diese neuen Bundesländer? Wie heißen ihre Hauptstädte?

D Was ist passiert? Es folgt eine kurze Zusammenfassung der wichtigen Ereignisse der Jahre 1989–90. Ergänze die Lücken mit den Wörtern rechts.

1989 waren viele Menschen in der DDR unzufrieden. Es gab oft große _____[1] auf den Straßen. Sie forderten[a] unter anderem _____,[2] das heißt, das Recht, nach München oder Paris zu fahren, wenn man will. Die DDR-_____[3] hatten November 1989 beschlossen,[b] die Grenzen zu öffnen. An den _____[4] zum Westen versammelten[c] sich Tausende von Leuten. Kurz danach gab es eine _____,[5] in der die ostdeutsche Mark durch die D-Mark ersetzt wurde. Diese spezifisch deutschen Ereignisse geschahen im _____[6] einer europäischen Vereinigung nach der Spaltung[d] des Kalten Krieges.

[a]*demanded* [b]*decided* [c]*gathered* [d]*division*

E Was weißt du schon? Was weißt du vom Leben in der ehemaligen DDR und in den osteuropäischen Ländern vor 1989? Was für eine Wirtschaft hatten diese Länder? Mit welchen Ländern waren sie verbunden? Benutze Wörter aus dem Vokabelschatz, und mach eine Liste der Unterschiede zwischen West- und Osteuropa vor 1989. Mit deinen Mitschülern und deinem Lehrer / deiner Lehrerin diskutier, warum diese Unterschiede existierten.

Die ehemalige Deutsche Demokratische Republik.

Grenzübergängen

Demonstrationen

Grenzen

Reisefreiheit

Wiedervereinigung

Behörden   Rahmen

Währungsunion

GEOGRAPHIE

Österreich

Einwohner (1995): 8 Mio

Maßstab 1,5 cm = 50 km

Die Schweiz und Liechtenstein
Einwohner

Schweiz (1995): 6,8 Mio
Liechtenstein (1995): 29 000
Maßstab 2,0 cm = 50 km

NIDW = NIDWALDEN
OBW = OBWALDEN

Und noch dazu*

die Lage	situation; location
der/die Deutsche	German person
der Engländer	English person
der Europäer	European person
der Grieche	Greek person
der Italiener	Italian person
der Niederländer	Dutch person
der Österreicher	Austrian person
der Pole	Polish person
der Russe	Russian person
der Schweizer	Swiss person

*For additional nationalities, see the **Wortschatz** on page 135.

Aktivitäten

A Österreich oder die Schweiz? Sieh dir die Landkarten an, und sag, in welchem Land die folgenden Kantone oder Länder liegen.

MODELLE: Kärnten → Kärnten liegt in Österreich.

Thurgau → Thurgau liegt in der Schweiz.

1. Salzburg
2. Steiermark
3. Bern
4. Vorarlberg
5. Basel
6. Graubünden
7. Burgenland
8. Tirol
9. Tessin
10. Uri

B Welche Sprache spricht man wo in der Schweiz? Wo spricht man hauptsächlich Deutsch, Französisch, Italienisch oder Romantsch? Was glaubst du? Mach eine kleine Tabelle von den Kantonen, je nach Sprache. Nenn mindestens sechs Kantone.

DEUTSCH	FRANZÖSISCH	ITALIENISCH	ROMANSCH
Zürich	Genf		

C Nationalität. Wie nennt man diese Leute?

1. Marion Koslowski kommt aus Deutschland. Sie ist _____.
2. Stefan kommt aus Bern. Er ist _____.
3. Daniela kommt aus Wien. Sie ist _____.
4. Königin Elizabeth kommt aus England. Sie ist _____.
5. Sigmund Freud kommt aus Österreich. Er ist _____.

D Herkunft

SCHRITT 1: Länder und Nationalitäten. Woher kommst du und deine Familienmitglieder? Mach eine Liste.

MODELL:
ich	aus Kanada / Kanadierin
Mutter	aus Mexiko / Mexikanerin
Vater	aus den USA / Amerikaner
Großvater	. . .
?	

SCHRITT 2: Partnerarbeit. Frag einen Partner / eine Partnerin, woher er/sie und seine/ihre Familie kommen. Mach Notizen. Dann berichte der Klasse, was dein Partner / deine Partnerin gesagt hat.

MODELL: A: Woher kommst du? Woher kommt deine Familie?
B: Ich komme aus Kanada und bin Kanadierin. Meine Mutter . . .

KULTURSPIEGEL

Germany is made up of federal states, Austria of provinces, and Switzerland of cantons (**Kantone**). The formerly independent cantons joined together to form the Swiss state in 1291. One of the oldest cantons, **Schwyz,** gave its name to the entire confederation. Although many people in Switzerland speak more than one language, most Swiss are primarily German, French, Italian, or even Romansch speakers. The Swiss license plate initials **CH** stand for **Confederatio Helvetica,** the official Latin name of the Swiss confederation.

SO GEHT'S!

Note that most nouns for nationalities, like those for professions, end in **-er** or **-e** for the masculine, and **-in** for the feminine.

der Engländer / die Engländerin
der Grieche / die Griechin
der Russe / die Russin

The noun **der/die Deutsche** is an exception for both genders. This noun takes the endings of adjectives.

Herr Cornelius ist Deutsch**er.**
Frau Cornelius ist Deutsch**e.**
Kennen Sie diese zwei Deutsch**en?**

STRUKTUREN

SO GEHT'S!

In conversation, German speakers frequently use the dative case instead of the genitive case with the prepositions **wegen** and **trotz**: **wegen dem kalten Wetter**, instead of **wegen des kalten Wetters**. Note that the feminine form is the same in the genitive and dative cases: **trotz dieser peinlichen Situation.**

In Chapter 15 you learned about the genitive case. These prepositions also require the genitive case: **außerhalb, innerhalb, während,** and **trotz.**

Wegen des neuen Jobs gibt es Probleme in der Familie.	*Because of the new job there are problems in the family.*
Die Familie Schäfer wohnt **außerhalb der Stadt.**	*The Schäfer family lives outside the city.*
Innerhalb des Büros arbeiten fünf Leute.	*Five people work in the office.*
Während der Woche wohnt Herr Cornelius in Thüringen.	*During the week Mr. Cornelius lives in Thuringia.*
Trotz der Probleme gibt es eine Lösung.	*In spite of the problems, there is a solution.*

Übungen

A Marion und Alex

SCHRITT 1: Was sagt Marion? Marion spricht am Telefon mit ihrem Freund Alex. Benutze **während, trotz, wegen, außerhalb** und **innerhalb.**

MODELL: _____ der günstigen Preise habe ich schon jetzt einen Flug gebucht. →
Wegen der günstigen Preise habe ich schon jetzt einen Flug gebucht.

1. _____ des schlechten Wetters bin ich sehr glücklich.
2. _____ der Arbeit mit Bob bekomme ich immer großen Hunger.
3. _____ der Stadt Boston gibt es das Meer, die Berge und viele kleine Städte.

4. _____ des wunderbaren Aufenthalts hier freue ich mich sehr auf dich.

5. _____ des Staates Massachusetts darf ich Auto fahren.

6. _____ unserer Reise durch die USA müssen wir auch meine Tante in San Francisco besuchen.

SCHRITT 2: Was fragt Alex? Du weißt, was Marion gesagt hat, aber nicht, was Alex gefragt hat. Spekuliere, und schreibe einen kurzen Dialog. Fange so an.

ALEX: Wie geht es dir?
MARION: Es geht mir gut. Und dir?
ALEX: Ich vermisse dich sehr hier in Köln. Wann buchst du deinen Flug nach Deutschland?
MARION: Wegen der günstigen Preise . . .
ALEX: . . .

B Das Leben in Deutschland. Bilde vollständige Sätze.

MODELL: trotz / meine Frau / möchten / ich / nach Thüringen →
Trotz meiner Frau möchte ich nach Thüringen.

1. trotz / die Wende / denken / viele Leute / immer noch / an West- und Ostdeutschland

2. wegen / die Töchter und seine Frau / können / Herr Cornelius / die Situation / nicht sofort entscheiden

3. während / das Gespräch / sein / Renate / unruhig

4. innerhalb / die neuen Bundesländer / besprechen / man / viele neue Pläne

C Rollenspiel

SCHRITT 1: Du hast gerade einen Diebstahl[a] beobachtet. Die Polizei fragt dich, was passiert ist. Beantworte ihre Fragen.

1. Haben Sie den Dieb klar gesehen? —Ja, trotz . . .
2. Wie konnten Sie uns so schnell[b] anrufen? —Wegen . . .
3. Wo waren Sie, als der Dieb alles gestohlen hat? —Während . . .
4. Wohin ist der Dieb gelaufen? —Er ist außerhalb . . .

SCHRITT 2: Jetzt arbeite mit einem Partner / einer Partnerin, und spielt die obige Szene der Klasse vor. Natürlich könnt ihr andere Fragen stellen, und weitere Antworten geben.

[a]*theft*   [b]*quickly*

NEGATION WITH NICHT AND KEIN
NEGATING WORDS, EXPRESSIONS, AND STATEMENTS

You have learned to use **nicht** and **kein** in various contexts. Remember, the negative article **kein** negates only nouns, specifically those that would be preceded by **ein** or no article in a positive context. The word **nicht** negates all other words; it can also negate expressions or entire sentences.

Kosmar ist **keine** Großstadt.	*Kosmar is not a big city.*
Frau Cornelius ist **nicht** glücklich.	*Mrs. Cornelius is not happy.*

Use **sondern** to give positive or correct information after a negative or false statement.

Die Familie zieht **nicht** um, **sondern** sie bleibt in Hamburg.	*The family is not moving, but (rather) staying in Hamburg.*

Use **noch nicht** or **noch kein** to give a negative answer to a question that includes the adverb **schon** (*already; yet*).

Warst du **schon** in Thüringen?	*Have you been to Thuringia yet?*
—Nein, ich war **noch nicht** da.	*—No, I haven't been there yet.*
Hast du **schon** eine neue Stelle?	*Do you have a new job yet?*
—Nein, ich habe **noch keine.**	*—No, I don't have one yet.*

Use either **kein . . . mehr** or **nicht mehr** to give a negative answer to a question with **noch** or **immer noch.**

Schreibt Marion **noch** Geschichten?	*Is Marion still writing stories?*
—Nein, Marion schreibt **keine** Geschichten **mehr.**	*—No, Marion is no longer writing stories.*
Arbeitet Herr Cornelius **immer noch** in Hamburg?	*Does Mr. Cornelius still work in Hamburg?*
—Nein, er arbeitet **nicht mehr** in Hamburg.	*—No, he doesn't work there anymore.*
Gibt es **noch** Probleme?	*Are there still problems?*
—Nein, es gibt **keine** Probleme **mehr.**	*—No, there aren't any more problems.*

SO GEHT'S!

Of course, the phrases **noch nicht, noch kein, nicht mehr,** and **kein . . . mehr** need not always follow questions. Rather, you can use them to state what is not yet or no longer true.

Übungen

A Familie Cornelius. Negiere die Informationen mit **kein** oder **nicht**.

MODELL: Renate Cornelius arbeitet im Büro. →
Renate Cornelius arbeitet *nicht* im Büro.

1. Uwe geht oft mit Peter Schäfer joggen.
2. Klara steht gern früh auf.
3. Familie Cornelius hat ein blaues Auto.
4. Nina mag ihre Schwester.
5. Der Vater soll nach Mecklenburg-Vorpommern gehen.
6. Renate hat Lust, nach Thüringen zu ziehen.

Uwe

B Noch nicht, noch kein. Die Familie Cornelius war noch nicht in Thüringen. Es gibt viele andere Orte, an denen diese Familie auch noch nicht gewesen ist. Benutze **noch nicht** oder **noch kein** und das Perfekt, und beschreibe, was die Familie noch nicht gemacht hat.

MODELL: **a.** die Verbotene Stadt sehen →
Die Familie Cornelius hat die Verbotene Stadt noch nicht gesehen.
b. einen heiligen Berg besteigen →
Sie hat noch keinen heiligen Berg bestiegen.
c. in Hongkong Fisch essen →
Sie hat in Hongkong noch keinen Fisch gegessen.

China

1.

Ägypten

a. die Pyramiden besuchen
b. auf dem Nil Boot fahren
c. in Kairo einkaufen gehen

2.

Italien

a. das Kolosseum in Rom besichtigen
b. mit Freunden im Mittelmeer baden
c. Limonade auf dem Marktplatz trinken

3.

Kanada

a. in Calgary Ski fahren
b. Jazz in Montréal hören
c. in den Bergen von British Columbia wandern

EINBLICKE

BRIEFWECHSEL

Liebe Nina,

es hat mich sehr gefreut, einen Brief von dir zu bekommen. Lieb, dass du denkst, ich bin so eine gute Lehrerin wie deine Mutter.

Und deine Familie findet auch eine Lösung zusammen—ganz bestimmt. Damals haben wir in der Familie viel darüber geredet, dass mein Vater nach Leipzig wollte. Wir waren alle sehr froh, dass er so ein schönes Angebot bekommen hat. Mir ging es wie Klara. Ich hatte gerade mein Abi gemacht und wollte studieren, und jetzt bin ich in den USA. Meine kleine Schwester Steffi hatte Probleme in der Schule und war gerne bereit, mit meinem Vater nach Leipzig zu ziehen. Meine Mutter hatte eine sehr gute Arbeit als Designerin in Mainz und ist einfach dort geblieben. Sie fühlt sich ab und zu[a] etwas allein in dem großen Haus in Mainz, aber mein Vater und Steffi kommen sehr oft am Wochenende, oder meine Mutter fährt nach Leipzig.

Hauptsache ist, ihr besprecht alles miteinander. Heutzutage muss man sehr flexibel bleiben. Man sollte sich ein Beispiel an den Amerikanern nehmen. Viele von den Studenten am College sind schon drei- oder viermal umgezogen. Berufswechsel und Umziehen sind hier ganz normal.

Bis bald,
deine Anna

[a]ab . . . *now and then*

● Wie reagieren diese Leute auf den Umzug? Mache dir eine Tabelle, und fülle sie aus.

MODELL:	REAKTION	VORTEILE	NACHTEILE
Marion	wollte nicht nach Köln	Ihr Vater hatte endlich Arbeit.	Sie musste noch ihr Abitur machen.

1. Anna/USA
2. Steffi/Leipzig
3. Klara/Thüringen
4. Renate/Thüringen
5. Nina/Thüringen
6. Annas Vater/Leipzig

EINBLICK

Patrick G., ein Schüler, der in Ostberlin aufgewachsen ist, schreibt über seine Stadt nach der Wende.

Berlin

Berlin—eine Stadt der Gegensätze. Während im Zentrum ein Nobelquartier im Auftrag von Regierung und Weltkonzernen entsteht, passiert in der Peripherie nichts. Bauland liegt brach, oder gläserne Schlaraffenländer werden aus dem Boden gestampft.

Will man mal was Kulturelles erleben, ist ein Fahrweg von einer Stunde in Kauf zu nehmen. Zur Zeit gibt sich Berlin kulturell. Während Christo den Reichstag verhüllt, wird man förmlich mit Ereignissen bombardiert. Auch sonst ist Berlin eine schöne Stadt.

Leider geht in einer Großstadt jede Persönlichkeit verloren. So hat man seine Freunde und wartet auf den Nikolaus.

Patrick G.

Geschichte als Kunstwerk: der berühmte Künstler Christo hat 1995 den Reichstag in Berlin verhüllt.

Ⓐ Patrick hat drei Absätze geschrieben. In welchem Absatz schreibt er über:

1. das kulturelle Leben in Berlin?
2. die Anonymität einer Großstadt?
3. Gegensätze?

Ⓑ Patrick zeigt seiner Heimatstadt gegenüber einen gewissen Zynismus. Woran erkennt man seine Haltung? Was passt?

PATRICK SAGT
1. Bauland liegt brach
2. auch sonst ist Berlin eine schöne Stadt
3. wartet auf den Nikolaus

PATRICK MEINT
a. ohne das große Getue[a] ist Berlin schön
b. wartet darauf, dass etwas Schönes passiert
c. Nichts wird gebaut

WORTSCHATZ ZUM LESEN

der Gegensatz	contradiction
der Auftrag	commission; contract
entstehen	to arise
das Bauland	land under construction
brach	fallow
das Schlaraffen-land	paradise of idleness and luxury
verhüllen	to cover
sonst	otherwise

[a]fuss

PERSPEKTIVEN

HÖR MAL ZU!

Inge, Andrea und Lukas haben in der DDR gelebt und äußern sich zu ihrem Leben damals.

A Wer ist das? Welches Bild passt zu welcher Person?

a.

b.

c.

WORTSCHATZ ZUM HÖRTEXT

angehen	to concern
behüten	to protect; to shelter
versorgen	to provide for
der Hintergrund	background
die Sache	thing
etwas Besonderes	something special
die Einstellung	point of view

B Etwas genauer! Hör noch einmal zu, und ergänze die Sätze.

INGE: Als _____[1] hatte ich es in der DDR viel besser. Ich war sehr _____[2] in der DDR. Jetzt komme ich in den _____,[3] weil es eine Männerwelt ist.

ANDREA: Schöne Sachen, das heißt sehr _____[4] Sachen. Manchmal war es _____,[5] Sachen zu bekommen, zum Beispiel, _____[6] oder _____.[7] Jeans aus dem _____[8] waren was ganz besonderes.

LUKAS: Uns war nicht erlaubt, in _____[9] _____[10] zu fahren. Erlaubt waren meistens die östlichen: _____,[11] die Tschechoslowakei, _____.[12] Ich war mit meinen _____[13] und meiner _____[14] in der Tschechoslowakei.

C Themen. Über welche Themen sprechen Inge, Andrea und Lukas? Waren diese Aspekte des Lebens für sie eher positiv oder negativ?

MODELL: Inge meinte, es gibt jetzt Probleme für Frauen in der Arbeitswelt. Auch . . .

1. Inge
2. Andrea
3. Lukas

LIES MAL!

Zum Thema

● Der 3. Oktober—
Tag der
offiziellen
deutschen
Einigung. Was
zeigen die
Bilder: Euphorie,
Probleme oder
Verbesserungen?

a.

b.

c.

„Berlin ist mein Zuhause"

Berlin ist meine Heimat, mein Zuhause. Ich könnte nie
irgendwo anders in Deutschland leben. Berlin ist eine Weltstadt, das liebe
ich an ihr. Es gibt viele Gegensätze, die das Leben erst spannend
machen. Ich wohne erst zwei Jahre in Hellersdorf. Vorher wohnte ich in
5 Pankow und bin auch dort geboren worden. Deshalb war es schwer für
mich, mich hier zurechtzufinden. Pankow ist ein Altbaubezirk. Auf
unserem Hof hatten wir eine riesige Kastanie mit zahmen Ringeltauben.
Das vermisse ich am meisten. Unser Freundeskreis bestand hauptsächlich
aus Künstlern. In der DDR-Zeit war das schön, weil man keine Angst
10 haben brauchte, verpfiffen zu werden. Wir waren anders als der Rest,
Doch deswegen sind wir beobachtet worden. Das ist jetzt vorbei. Auch
die Grillabende. Alles hat sich verstreut. Man entfremdete sich; die, die
Karriere machten und die, die noch an Ideale glaubten. Sehr viele sind
nach Westdeutschland gezogen. Aber wir sind hiergeblieben. Nach
15 Hellersdorf sind wir gezogen, weil Mama hier arbeitet und der Weg zu
weit war. Ich habe mich mit dem Leben hier arrangiert. Am schönsten
sind im Sommer die Paraden. Man muss einfach mal dabei sein und
„Berliner Luft" schnuppern. Eine Reise lohnt sich bestimmt.

Katharina Zapf, 18
Berlin, Hellersdorf

WORTSCHATZ ZUM LESEN

spannend	exciting
der Altbaubezirk	district of historic buildings
die Kastanie	chestnut tree
zahm	tame
die Ringeltaube	wood-pigeon
verpfeifen	to squeal on
beobachten	to observe
sich entfremden	to become alienated
schnuppern	to sniff

Zum Text

A Katharina in Berlin. Beantworte die Fragen.

1. In welchem Bezirk hat Katharina früher gewohnt? Wie beschreibt sie ihr Leben dort?
2. Wo wohnt Katharina jetzt?
3. Was meint Katharina mit dem Satz, „Ich habe mich mit dem Leben hier arrangiert"?
4. Was findet Katharina am schönsten in Berlin?

B Gegensätze. Katharina schreibt, dass Berlin viele Gegensätze hat. Welche Gegensätze meint sie? Denk an Großstädte, die du kennst. Welche Gegensätze hat eine Großstadt?

INTERAKTION

Ein großes Fest an der Mauer.

Interview. Stellt dir vor: Du interviewst einen Schüler / eine Schülerin aus der ehemaligen DDR. Frag nach seinem/ihrem Leben. Arbeite mit einem Partner / einer Partnerin, und spielt die Rollen von Interviewer/Interviewerin und Schüler/Schülerin. Tauscht dann die Rollen.

Fragen:

1. Lebst du in einer Großstadt? In einer Kleinstadt? Auf dem Land? In einem kleinen Dorf?
2. Was sind deine Lieblingsbeschäftigungen oder Lieblingsereignisse in den verschiedenen Jahreszeiten?
3. Welche Adjektive würdest du benutzen, um dein Leben zu beschreiben?
4. Würdest du lieber woanders wohnen? Beschreib die ideale Lebenssituation.

SCHREIB MAL!

Das Leben im Osten

Schreib einen kurzen Bericht über eins der folgenden Themen.

1. ein Aspekt des Lebens in der ehemaligen DDR

2. ein Aspekt des Lebens im Osten seit der Wende, zum Beispiel Arbeitslosigkeit, Wiederaufbau, Änderungen in dem Schulsystem

3. ein neues Bundesland, eine Stadt in einem neuen Bundesland oder eine Region im Osten

Purpose:	To learn more about recent German history
Audience:	People with little knowledge of the former GDR and recent German history
Subject:	The former GDR or the current eastern section of Germany
Structure:	A short first-person report

TIPP ZUM SCHREIBEN

This writing assignment requires you to go beyond what you already know and do some research to gain further insight into Germany. Apply the skills you've learned in doing history projects to this writing project.

Schreibmodell

The prepositions **während** and **trotz** take the genitive case.

The genitive case follows the preposition **wegen.**

> Mein Name ist Klaus. Ich bin 62 Jahre alt. Ich bin Rentner[a] und wohne mit meiner Frau in Dresden. Bevor ich in Rente[b] gegangen bin, habe ich in einem großen Hotel gearbeitet. Ich war sogar Leiter des Hotels. Im Hotel haben viele politische Tagungen[c] stattgefunden. Viele hohe Tiere[d] aus der ehemaligen DDR, der Sowjetunion, Polen und Ungarn haben bei uns übernachtet. Während einer Tagung war immer viel zu tun, aber trotz der vielen Arbeit hatten meine Kameraden und ich immer Zeit, mit einander zu plaudern. Wir waren Freunde.
>
> Kurz nach dem Fall der Mauer hat ein internationales Hotelunternehmen aus dem Westen unser Hotel gekauft. Wegen des schlechten Zustands[e] des Gebäudes hat man das Hotel abgerissen. Um das neue Hotel zu bauen, braucht man mindestens ein Jahr. Wir haben unsere Stellen verloren. Keine Firma wollte mich anstellen. Ich war schon über 50. Man hat mich pensioniert. Meine ehemaligen Kollegen sind jünger und haben Stellen im Westen bekommen.
>
> In Dresden ist alles jetzt sehr teuer. Mit der kleinen Rente ist das Leben nicht leicht. Außerhalb der Stadt ist es vielleicht billiger zu leben, aber trotzdem bleiben wir hier. Dresden ist unsere Heimat.

[a]retired person   [b]retirement   [c]conferences   [d]hohe. . . (slang) big shots   [e]condition

Ich bin 1978 in Ost-Berlin geboren. Als Kind habe ich das Leben in der DDR schön gefunden. Meine Eltern haben gearbeitet und ich bin in die Schule gegangen.

Meine Großeltern haben aber in West-Berlin gelebt. Sie durften uns besuchen aber wir durften sie nicht besuchen. Trotz keiner Reisefreiheit nach dem Westen war das Leben nicht schlecht. Wir hatten eine nette Wohnung, viele Kleider und immer genug zum Essen. Während des Sommers sind wir immer zwei Wochen aufs Land gefahren.

Jetzt bin ich 22. Ich wohne immer noch in Berlin bei meinen Eltern. Wir wohnen noch in der selben Wohnung. Aber jetzt darf ich meine Großeltern besuchen, und ich studiere an der Freien Universität im westlichen Teil Berlins.

Schreibstrategien

Vor dem Schreiben

- Recall what you have learned about life in eastern Germany before and after unification.

- Look up information about the former GDR and the current situation in eastern Germany in encyclopedias, the World Wide Web, history books, and news magazines. Perhaps your teacher has German-language magazines from November 1989, when the Wall came down. Make notes about information you want to share with your audience.

- Invent a character who lived through these events to provide a point of view. Is your character cynical, like Patrick, or more hopeful about the future, like Katharina? Your character's perspective will determine how she or he reports the events.

Beim Schreiben

- Keeping your theme and your character's point of view in mind, write your report. Use some of the grammatical structures you have recently learned, such as negative constructions and genitive prepositions.

- Be sure your character's point of view and his/her reasons for it are clear to your audience.

Nach dem Schreiben

- As you read your report, ask yourself if your character's point of view is clear. Does the narration develop the theme?

- Have you been consistent with your use of the first person (**ich**)?

- Exchange reports with a partner. Make suggestions for improvement in your partner's work.

- Was your character's point of view clear to your partner? If not, how can you make it clear?

Stimmt alles?

- As you write your final draft, pay particular attention to your character's attitude and style, so that the voice you project is clearly that of your character's throughout the report.

- Double-check the form, spelling, and order of words throughout your report.

WORTSCHATZ

Substantive
Die Wende*

die **Behörde, -n**	government office
die **Demo, -s**	demonstration
die **Einheit**	unity
die **Einstellung, -en**	point of view
die **Marktwirtschaft**	market economy
die **Mauer, -n**	wall
die **Berliner Mauer**	the Berlin Wall
die **Meinungsfreiheit**	freedom of opinion
die **Planwirtschaft**	planned economy
die **Pressefreiheit**	freedom of the press
die **Reisefreiheit**	freedom of travel
die **Wahl, -en**	election
die **Währung, -en**	currency
die **Währungsunion**	currency union
die **Wiedervereinigung**	reunification
die **Wirtschaft**	economy
der **Grenzübergang, ⸚e**	border crossing
der **Rahmen, -**	context

Geography**

die **Lage, -n**	situation; location
der **Afrikaner, -**	African (*person*)
der **Amerikaner, -**	American (*person*)
der **Asiate (-n** *masc.*)	Asian (*person*)
der **Chinese (-n** *masc.*)	Chinese (*person*)
der/die **Deutsche** (*decl. adj.*)	German (*person*)
der **Engländer, -**	English (*person*)
der **Europäer, -**	European (*person*)
der **Grieche (-n** *masc.*)	Greek (*person*)
der **Inder, -**	Indian (*person*)
der **Italiener, -**	Italian (*person*)
der **Kanadier, -**	Canadian (*person*)

Nouns
The change

der **Mexikaner, -**	Mexican (*person*)
der **Niederländer, -**	Dutch (*person*)
der **Österreicher, -**	Austrian (*person*)
der **Pole (-n** *masc.*)	Pole
der **Russe (-n** *masc.*)	Russian (*person*)
der **Schweizer, -**	Swiss (*person*)
der **Türke (-n** *masc.*)	Turk

Sonstige Substantive

die **Fabrik, -en**	factory
die **Mobilität**	mobility
der **Grund, ⸚e**	reason

Other nouns

Verben — Verbs

auf•geben (gibt auf), gab auf, aufgegeben	to give up
besprechen (bespricht), besprach, besprochen	to discuss
sich freuen auf (+ *acc.*)	to look forward to
verursachen	to cause
surfen: im Internet surfen	to surf: to surf the Internet

Adjektive und Adverbien — Adjectives and adverbs

beruflich	occupational(ly); professional(ly)
egal: Es ist mir egal.	same: It's all the same to me.
ehemalig	former
einverstanden	in agreement
flexibel	flexible
verbunden	allied

*In reference to the reunification of Germany in 1990.
See **So geht's!, p. 123, for feminine forms of nationalities.

WIEDERHOLUNG 6

VIDEOTHEK

● Familie Cornelius

SCHRITT 1: Was passiert? Bring die Bilder in die richtige Reihenfolge.

a.

b.

c.

d.

e.

f.

g.

h.

SCHRITT 2: Wer sagt was? Ordne jedem Bild einen passenden Untertitel zu. Wer sagt das, Klara, Dieter, der Chef, Renate, Uwe, Herr Lehmann oder Karin?

1. „Denkst du, meine Frau will mit?"
2. „Halt, Moment! Altglas."
3. „Ach, wissen Sie, Herr Petersen, am liebsten möchte ich so eine richtig schöne Wiese haben—so hoch!"
4. „Montag bis Freitag bist du in Kosmos, oder wie dieser Ort heißt, und am Wochenende—"
5. „Ich gehe sowieso nicht mit."
6. „Aber Herr Cornelius, was sind heute schon 400 Kilometer?"
7. „Für den Supermarkt gebe ich dir noch einen anderen Einkaufszettel."
8. „Nina, wo bleibst du denn? Du kommst noch zu spät."

VOKABELN

A In der Freizeit. Wo kann man was machen?

MODELL: Im Garten kann man sich ausruhen.

B Einkaufen. Rate den folgenden Leuten, was sie brauchen und wo sie das alles erledigen können.

MODELL: Jutta: „Ich möchte so gerne was Süßes essen." →
Du solltest zur Konditorei gehen und einen Kuchen kaufen!

1. Gregor: „Ich habe furchtbare Kopfschmerzen."
2. Heidi: „Ich habe nichts Elegantes anzuziehen."
3. Karl: „Ich fahre morgen in den Urlaub, und ich habe nichts zu lesen."
4. Prisca: „Ich möchte heute Abend Lammrücken Provenzale kochen."
5. Joschka: „Ich will morgen gemütlich frühstücken."

C Eine Reise durch Deutschland. In welchen deutschen Bundesländern kann man sich die folgenden Dinge ansehen?

1. das Brandenburger Tor
2. die Außen- und Binnenalster
3. die Alpen
4. der Reichstag
5. die alte Oper in Frankfurt
6. den Kölner Dom
7. die Bremer Stadtmusikanten
8. die Kieler Woche
9. die Insel Rügen
10. die Universitätsstadt Tübingen

> im Stadtbad
> im Park
> in der Sporthalle
> im Wohnzimmer
> am Strand
> auf dem Fußballplatz
> in den Bergen
> im Garten

D „Ostalgie"—so nennt man das Gefühl, das nicht alles in der ehemaligen DDR schlecht war. Viele Leute meinen, es gab auch Positives in der DDR-Gesellschaft. Was meinst du? Welche Aspekte des Lebens in der DDR waren positiv, welche negativ? Mach eine Liste.

MODELL: **POSITIVES**   **NEGATIVES**
Der Staat versorgte die Kinder.   Man hatte begrenzte Reisefreiheit.

E Nationalitäten. Aus welchen Ländern und Kontinenten kommen diese Leute? Welche Nationalitäten haben sie?

MODELL: Frau Li ist in Shanghai geboren.→
Frau Li kommt aus China, aus Asien.
Sie ist Chinesin, auch Asiatin.

1. Herr Lefflers Geburtsstadt ist Salzburg.
2. Frau Lopez ist in Mexiko-Stadt geboren.
3. Herr Poulakidas kommt aus Athen.
4. Frau Antonelli ist in Rom aufgewachsen.
5. Herr Patel kommt ursprünglich aus Kalkutta.
6. Frau Mayr ist in Zürich geboren.
7. Herrn Christophs Geburtsstadt ist München.

STRUKTUREN

A Das neue Leben

SCHRITT 1: Die Pläne. Uwe Cornelius geht nach Thüringen, Klara studiert bald in München, Renate und Nina bleiben wahrscheinlich in Hamburg—aber natürlich werden sie den Vater besuchen. Was plant Herr Cornelius für die Familie? Bilde Sätze im Futur.

> MODELL: Nina und Renate, ihr: eine Reise in den Harz machen →
> Nina und Renate, ihr werdet eine Reise in den Harz machen.

1. Renate, du: die Firma besichtigen
2. wir: im Erzgebirge wandern gehen
3. Klara und Nina, ihr: die Küche Thüringens probieren
4. Klara, du: Ausflüge machen
5. Renate und Nina, ihr: in Weimar und Jena Einkäufe machen
6. ich: die Geschichte der ehemaligen DDR kennen lernen

SCHRITT 2: Was für Aktivitäten? Schreib jetzt die Sätze neu mit vielen Adjektiven.

> MODELL: Nina und Renate, ihr werdet eine kleine Reise in den berühmten Harz machen.

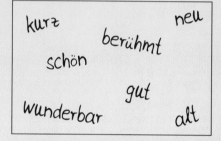

kurz   neu
berühmt
schön
gut
wunderbar   alt

B Zwei Familien. Bilde Sätze.

Familie Koslowski

Familie Cornelius

1. trotz / die Arbeitslosigkeit / zusammenhalten / die Familie Koslowski
2. wegen / eine neue Stelle / umziehen / die Koslowskis / nach Köln
3. wegen / das Abitur / wollen / Marion / nicht / nach Köln
4. während / der Urlaub auf Rügen / kennenlernen / Marion / Michael
5. wegen / die neue Stelle / müssen / Uwe Cornelius / nach Kosmar / umziehen
6. trotz / das Geld / wollen / Uwe Cornelius / nicht / nach Kosmar
7. außerhalb / die Stadt Hamburg / wollen / Renate Cornelius / nicht / leben
8. während / das Schuljahr / werden / Renate und Nina / in Hamburg / bleiben

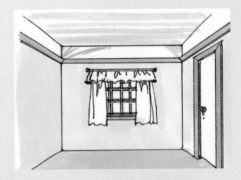

C Evas Zimmer. Und wie geht es der Familie Schäfer? Auch die Schäfers wollen zusammenhalten, denn Eva wird bald in Dresden an der Technischen Hochschule studieren. Sie möchte Innenarchitektin werden. Sie plant schon jetzt das Design ihres Zimmers in Dresden. Zeichne, wie Evas Zimmer aussehen soll. Beschreib alles dann mit den Verben **stellen, hängen, stecken** und **legen**: 1. was Eva macht, und 2. wo etwas steht. Benutze auch Adjektive.

MODELL: der Schrank →
   1. Eva stellt den gelben Schrank hinter die Tür.
   2. Der gelbe Schrank steht hinter der Tür.

D Was machen sie? Bilde Fragen und Antworten.

MODELLE: Eva: in Dresden studieren →
   Studiert Eva schon in Dresden?
   —Nein, sie studiert noch nicht in Dresden.

   Herr Koslowski: in Rheinhausen arbeiten →
   Arbeitet Herr Koslowski noch in Rheinhausen?
   —Nein, er arbeitet nicht mehr in Rheinhausen.

1. Lars: Auto fahren
2. Klara: eine eigene Wohnung in München haben
3. Michael: in Sellin bei den Eltern wohnen
4. Nina: einen Ausflug mit Klara gemacht hat
5. Uwe Cornelius: nach Thüringen umgezogen ist
6. Vera Koslowski: Marion in Boston besucht hat

EINBLICKE

Thüringen— warum denn nicht?

A Wo liegt Thüringen? Beschreib die Lage Thüringens in Deutschland. Wie heißen Thüringens Nachbarn?

B Informationen. Schau im Internet unter Thüringen nach und berichte was du gefunden hast.

Bundesland Thüringen

die Kommode
das Bett
der Schreibtisch
das Bild
die Gardine[a]
der Computer
der Stuhl
die Pflanze
die Stereoanlage
der Fernseher

[a]*curtains; drapes*

Die Wartburg bei Eisenach.

Das Goethe-Schiller-Denkmal in Weimar.

PERSPEKTIVEN

Du hast schon viel über das Land Thüringen gelernt. Jetzt lernst du etwas von der Kultur und der Geschichte dieses Landes.

Berühmte Städte und Persönlichkeiten in Thüringen— eine unvollständige Kulturgeschichte

Die Geschichte Thüringens geht zurück bis in das vierte und fünfte Jahrhundert. Im sechsten und siebten Jahrhundert wurde dieser östlichste Teil des Frankenreiches durch Bonifatius, den „Apostel der Deutschen" christianisiert. 742 wurde Erfurt das erste Bistum dieses Teils
5 des Fränkischen Reiches. Mit dem Grafengeschlecht der Ludowinger gab es im zwölften und in der ersten Hälfte des dreizehnten Jahrhunderts eine Blütezeit der höfischen Epik in Thüringen.

Auf der Wartburg bei der Stadt Eisenach traten im Sängerkrieg, dem Wettstreit der Minnesänger, unter anderen Wolfram von Eschenbach,
10 Heinrich von Veldecke und Walther von der Vogelweide gegeneinander an. Richard Wagner hat diesen Wettstreit der Minnesänger in seiner Oper „Tannhäuser" beschrieben.

Auf der Wartburg lebte auch die ungarische Königstochter Elisabeth (1207–1231), die Gemahlin des Landgrafen Ludwig IV. Wegen ihrer
15 Sorge um Arme und Kranke wurde sie 1235 heilig gesprochen. Sie ist heute die Schutzpatronin Thüringens.

Der Augustinermönch und Doktor der Theologie Martin Luther (1483–1546) wollte die Katholische Kirche reformieren. Seine Thesen von 1517 gegen Fehler seiner Kirche lösten so heftige Reaktionen aus, dass sich
20 Luther 1521 auf der Wartburg als Junker Jörg verstecken musste. Im folgenden Jahr konnte er nach Wittenberg zurückkehren und daran arbeiten, seine Ideen praktisch umzusetzen. Ungewollt wurde er der Begründer der Protestantischen Kirche.

Die Kulturgeschichte Thüringens lässt sich unmöglich ohne die Namen
25 wichtiger Dichter und Denker in Weimar und Jena betrachten. Die Freundschaft zwischen den Dichtern Johann Wolfgang Goethe (1749–1832) und Friedrich Schiller (1759–1805) muss als wichtiger Meilenstein der deutschen Literaturgeschichte gesehen werden. Beide haben unzählige Werke geschrieben, wie zum Beispiel Goethes *Faust* oder
30 Schillers *Wilhelm Tell*. Nach 1775 lebte Goethe in Weimar am Hofe des Erbprinzen Carl August und seiner Mutter Anna Amalia. Goethes

W ORTSCHATZ ZUM LESEN

das Bistum	*bishopric; diocese*
das Grafen-geschlecht	*ducal lineage*
die Blütezeit	*heyday*
höfisch	*courtly*
der Minnesänger	*medieval musician*
der Wettstreit	*contest*
die Gemahlin	*wife*
heiligsprechen	*to declare someone a saint*
die Schutzpatronin	*patron saint*
zurück•kehren	*to return*
sich lassen	*to allow*
betrachten	*to consider*

Wohnhaus ist heute Teil des Goethe-Nationalmuseums. Schiller wurde
1789 Professor an der Universität Jena. Jena ist außerdem bekannt für
eine Gruppe von Schriftstellern der Romantik: den Jenaer
35 Romantikerkreis.

A Thüringen. Welche Informationen über Thüringen bekommst du in
diesem Text?

Wetter	Wirtschaft	wichtige Persönlichkeiten
Tourismus	Geographie	Geschichte
Literatur		

B Berühmte Städte, berühmte Menschen. Welche Namen von
berühmten Menschen assoziiert man mit jeder Stadt? Mach drei
Listen.

JENA   **WEIMAR**   **EISENACH**

C Aus der thüringischen Geschichte. Welche Namen assoziierst du mit
den Orten, Ereignissen, Personen und Werken auf der rechten Seite?
Mehr als eine Assoziation kann richtig sein.

1. Bischof Bonifatius
2. Wolfram von Eschenbach
3. die heilige Elisabeth
4. Heinrich von Veldecke

5. Richard Wagner
6. Martin Luther
7. Johann Wolfgang Goethe
8. Friedrich Schiller

a. *Faust*
b. *Wilhelm Tell*
c. Erfurt
d. Ludwig IV

e. Wartburg
f. der Sängerkrieg
g. Junker Jörg
h. *Tannhäuser*

INTERAKTION

Projekt: ein Display für eine Ausstellung der deutschsprachigen
Länder. Arbeitet in Kleingruppen. Jede Gruppe soll ein Display für
eine Stadt oder einen Bundesstaat (Bundesland in Deutschland, Land
in Österreich oder Kanton in der Schweiz) machen.

1. Wählt die Stadt oder den Bundesstaat.
2. Sammelt Informationen und schreibt die Texte. Denkt an die
folgenden Fragen:
   • Welche Kategorien von Information soll euer Display haben?
   • Wie beschreibt ihr die geographische Lage dieser Stadt / dieses
   Bundesstaates?
   • Welche Sehenswürdigkeiten gibt es dort? Welche wichtigen
   Personen haben dort gelebt?
   • Was wisst ihr über die Kultur oder die Geschichte dieser
   Stadt/dieses Bundesstaates?
   • Welche Bilder sollen euren Text illustrieren?
   • Welche Tipps könnt ihr den Besuchern der Ausstellung geben?
3. Macht Plakate mit den Texten und Bildern und stellt sie im
Zimmer auf. Präsentiert der Klasse (den Besuchern) euer Display.

19.

DER SPAGHETTI– PROFESSOR

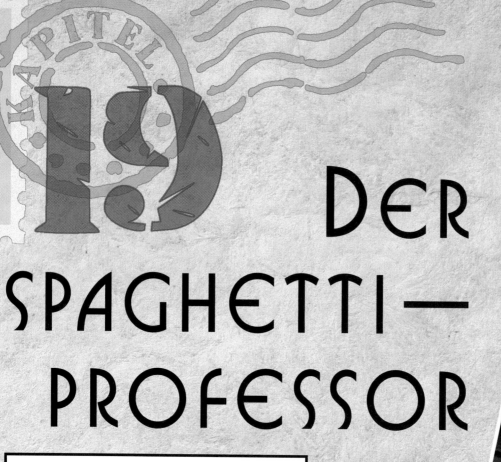

In this chapter, you will

- follow Klara Cornelius around the university in Munich.
- see how Klara gets some help from a new friend at the university.

You will learn

- about student life at a German university.
- more about different kinds of foods and eating habits.
- how to use reflexive verbs to talk about daily routines and other activities.
- how to express comparisons using the comparative and superlative forms of adjectives.
- about two students' plans for the future.

Liebe Familie,

der Umzug nach München ist geschafft. Mein Zimmer im Studentenwohnheim ist klein, aber gemütlich. Das Essen in der Mensa ist erträglich[a] –lange nicht so gut wie das Essen zu Hause. Ich habe auch schon Kontakt mit einigen Kommilitonen.[b] Zwei oder drei sind sogar aus Hamburg, und wir kennen uns schon, weil wir das gleiche Hauptfach haben.

Leider hatte ich aber auch schon ein wenig Stress. Gestern war ich an der Uni, um mich für ein Praktikum einzuschreiben. Ich brauche das unbedingt für's Vordiplom. Als ich da ankam, war der Flur schon voll mit Studenten, die sich auch einschreiben wollten. Als ich dann an der Reihe war,[c] war kein Platz mehr frei. Ich war vielleicht sauer und enttäuscht.[d] Der Professor sagte mir doch ganz einfach, dass ich das Praktikum nächstes Jahr machen soll. Zuletzt gab es aber dann doch noch eine sehr angenehme Überraschung. Ein Kommilitone hat mir seinen Platz gegeben. Ist das nicht toll? Ich kenne den jungen Mann gar nicht, aber ich finde das total nett.

Wie kommt ihr zu Hause zurecht ohne Papa? Gefällt es ihm in der neuen Fabrik in Thüringen?

Gruß,
Klara

[a] tolerable [b] fellow students
[c] Als... When it was my turn
[d] disappointed

An der Uni.

VIDEOTHEK

Der Kompromiss.

In der letzten Folge . . .

gab es Streit und Diskussionen bei Familie Cornelius, denn die Firma versetzt Uwe Cornelius nach Thüringen. Frau Cornelius und Klara wollen auf keinen Fall nach Thüringen umziehen, nur Nina kann sich ein neues Leben in Thüringen vorstellen.

● Weißt du noch?

1. Wie reagiert die Familie beim Frühstück?
2. Welcher Kollege von Herrn Cornelius wird auch versetzt?
3. Wie reagiert die Frau des Kollegen auf den Umzug?
4. Welche Vorschläge machen Herr und Frau Cornelius?
5. Welchen Kompromiss schließen sie miteinander?

„Was ist denn los?"

In dieser Folge . . .

studiert Klara Cornelius an der Universität in München.

● Was denkst du? Was passiert Klara? Ja oder nein?

1. Sie wird viele neue Leute kennen lernen.
2. Sie muss etwas ganz anderes studieren.
3. Sie wird sich vielleicht verlieben.
4. Sie wird ihr Studium aufgeben.

WORTSCHATZ ZUM VIDEO

die Anmeldung	*registration*
erforderlich	*required*
verschwinden	*to disappear*
gewissenhaft	*conscientious*
fleißig	*dutiful*
die Erfahrung	*experience*
oberflächlich	*superficial*

SCHAU MAL ZU!

A Klara in München

SCHRITT 1: Was passiert? Bring die Bilder auf Seite 145 in die richtige Reihenfolge.

a.

b.

c.

d.

SCHRITT 2: Die ganze Geschichte. Verbinde die Bilder mit dem richtigen Satz, und schreib noch zwei weitere Sätze, die die Situation beschreiben.

1. Das Praktikum ist voll.
2. Der Professor hält eine Vorlesung.
3. Die Studenten und Studentinnen stehen Schlange.ᵃ

4. Klara ist total überrascht.
5. Klara steht vor dem schwarzen Brett.
6. Sie geht in die Mensa.

ᵃSchlange stehen: *to stand in line*

B Wohin geht Klara in der Uni? Ja oder nein?

1. in die Mensa?
2. in die Bibliothek?
3. ins Theater?
4. ins Studentenwohnheim?
5. ins Café?
6. in den Hörsaal?

e.

C Klara besucht eine Vorlesung. Beantworte die Fragen.

1. Was für eine Vorlesung ist das?
   a. Das ist eine Biologievorlesung.
   b. Das ist eine Literaturvorlesung.
   c. Das ist eine Physikvorlesung.
2. Warum klopfen die Studenten am Ende der Vorlesung auf die Tische? Was denkst du?
   a. Die Vorlesung ist zu Ende.
   b. Die Vorlesung hat ihnen gut gefallen.
   c. Die Vorlesung hat ihnen nicht gefallen.
   d. Es ist höflich.

f.

D Klara und Markus. Professor Di Donato sagt: „Markus und Klara sind sehr angetan von einander." Wie erfahren wir im Video, dass Markus und Klara einander mögen? Wie geht die Geschichte für Markus und Klara weiter? Was erwartest du?

VOKABELN

DAS LEBEN AN DER UNI

das schwarze Brett

einen Vortrag halten

die Zwischenprüfung abgeben

die Mensa

das Studentenwohnheim

sich in das Praktikum einschreiben

Und noch dazu

die Vorlesung	*lecture*	an•melden	*to register*
der Hörsaal	*lecture hall*	sich entschließen	*to decide*
das Referat	*seminar paper*	sich fürchten vor	*to be afraid*
ein Referat halten	*to present a*	(+ dat.)	*of something*
	paper (orally)	klopfen	*to knock, rap*
das System	*system*	zufrieden	*satisfied*
die Studiengebühren (*pl.*)	*tuition, study fees*		

Aktivitäten

A Ergänze den Absatz mit den Wörtern im Kasten.

Im _____[1] sitzen zwei Studentinnen auf ihren Betten und reden miteinander. Sie sprechen über den Tag und über die Arbeit, die sie zu tun haben. Eine Studentin muss viel lesen, denn sie muss morgen ein _____.[2] Die andere Studentin erzählt von ihrem Mittagessen in der _____.[3] Sie _____[4] sich vor den Klausuren,[a] die sie am Ende des Semesters schreiben muss. Die beiden studieren Geschichte als Nebenfach. Sie sind froh, dass sie sich für denselben Kurs bei Herrn Professor Schmidt _____[5] haben. Sie finden seine _____[6] sehr interessant und sind mit dem Kurs sehr _____.[7] Sie _____[8] sich, zusammen in die Bibliothek zu gehen.

[a]*exams*

To learn more about university life in German-speaking countries, visit the **Auf Deutsch!** Web Site at www.mcdougallittell.com.

Mensa
angemeldet
Vorlesungen
Studentenwohnheim
Referat halten
zufrieden
entschließen
fürchtet

B Das Studium. Ergänze die Sätze.

1. Nach dem Abitur hat Klara das _____ begonnen. (Studium / Praktikum).
2. Klara belegt Seminare und hört _____. (Vorlesungen / Praktika)
3. Am Ende einer Vorlesung haben Klara und die anderen Studenten auf die Tische _____. (geklopft / abgegeben)
4. In Deutschland bezahlt man an der Uni keine _____. (Mensa / Studiengebühren)
5. Während des Studiums suchen die Studenten oft Jobs und Zimmer am _____. (System / schwarzen Brett)

C Gibt es in deiner Schule ein schwarzes Brett? Was hängt an dem Brett? Angebote für Jobs? Meldungen über Sportaktivitäten? Annoncen für Filme, die im Kino laufen? Was noch?

D In der Schule. Arbeite mit einem Partner / einer Partnerin, und frag ihn/sie, was er/sie gern und nicht gern in der Schule macht.

LEBENSMITTEL UND TISCH

Unser Angebot:

Salatgurken
Stück- **1,99**

spanische **Tomaten**
I kg- **2,39**

deutsche **Karotten**
500 g- **1,29**

holländische **Kartoffeln**
I kg- **1,19**

Blumenkohl
500 g- **1,29**

Brokkoli
500 g- **1,39**

Äpfel
I kg-Netz **,99**

Bananen
I kg- **3,99**

Eiernudeln
250 g-Pack. **1,89**

Lachs
100 g- **2,49**

Sauerbraten
100 g- **1,59**

Rinderhack-fleisch
100 g- **2,29**

Brot
500 g- **3,20**

Kopfsalat
Stück- **,99**

Mineralwasser
.75 Ltr.-Fl.- **1,89**

Und noch dazu

die Gabel	fork	das Gemüse	vegetable	bitter	bitter
die Pfanne	pan	das Glas	glass	lecker	delicious, tasty
der Fisch	fish	das Messer	knife	roh	raw
der Löffel	spoon	braten	to fry	saftig	juicy
der Teller	plate	erhitzen	to heat	salzig	salty
der Topf	pot	gießen	to pour	sauer	sour
das Fleisch	meat	schlagen	to beat	scharf	spicy, hot
das Abendessen	dinner	schneiden	to cut, slice	süß	sweet
das Besteck	silverware	vermischen	to mix	zäh	tough

Aktivitäten

A Lebensmittel einkaufen. Du planst ein großes Abendessen, aber du hast leider nur 20 Mark dabei. Was möchtest du kochen? Was musst du dafür einkaufen? Du darfst nur Lebensmittel kaufen, die in der Anzeige auf Seite 148 stehen!

MODELL: Ich koche heute Abend Spaghetti. Ich muss Nudeln kaufen. Die Nudeln kosten 1,89 (eine Mark neunundachtzig).

B Am Esstisch. Wenn du ein besonderes Abendessen kochst, musst du natürlich den Tisch schön decken. Wohin stellst du die folgenden Dinge?

MODELL: Das Besteck lege ich neben den Teller.

SO GEHT'S!

To say in German that you want a certain amount of something, simply state the quantity followed by the noun, with no prepositions or inflections.

ein Pfund Hackfleisch *1 pound (= 500 grams) of ground meat*
fünf Stück Kuchen *five pieces of cake*
zwei Liter Milch *two liters of milk*

C Wie schmeckt's? Mittagessen mit Freunden in der Mensa. Frag deine Freunde, was sie essen und wie es ihnen schmeckt.

MODELL: A: Was isst du?
B: Ich esse einen Hamburger.
A: Wie ist er? / Wie schmeckt's?
B: Er ist ein bisschen zäh.

das Glas   die Gabel
die Pfanne   der Topf
der Löffel   das Messer
der Teller   das Besteck

1.   2.   3.   4.

bitter   roh   süß   lecker   zäh
saftig   sauer   salzig   scharf

D Lieblingsgerichte. Arbeite mit einem Partner / einer Partnerin, und stell ihm/ihr die folgenden Fragen.

1. Was ist dein Lieblingsgericht[a]?
2. Welche Zutaten[b] gehören dazu?
3. Wie bereitet man es vor?[c]

[a]*favorite dish* [b]*ingredients* [c]*Wie... How is it prepared?*

STRUKTUREN

REFLEXIVE VERBS AND PRONOUNS
DOING SOMETHING FOR ONESELF

German has a number of reflexive verbs that occur in combination with reflexive pronouns. These pronouns refer to the subject of a sentence. Compare the following two sentences, one with a reflexive pronoun and one with a direct object.

Klara wäscht **sich.**	*Klara washes herself.*
Klara wäscht **das Auto.**	*Klara washes the car.*

Because they serve as objects in a sentence, reflexive pronouns appear in the accusative or dative case.

ACCUSATIVE	DATIVE	ACCUSATIVE	DATIVE
SINGULAR		PLURAL	
mich *myself* dich *yourself* sich *yourself* sich *herself* *himself* *itself*	mir dir sich sich	uns *ourselves* euch *yourselves* sich *yourselves* sich *themselves*	uns euch sich sich

Note that reflexive pronouns have the same forms in the accusative and dative cases with these exceptions: **mich/mir** and **dich/dir.**

Whereas the reflexive pronoun occurs with English verbs in an optional sense primarily for emphasis, a number of German verbs require it. Note the **sich** here is not translated.

Klara **interessiert sich** für Markus.	*Klara is interested in Markus.*
Klara und Markus **treffen sich** vor der Uni.	*Klara and Markus meet (each other) in front of the university.*

When you see **sich** listed with a verb, you will know to use that verb with the appropriate reflexive pronoun in the accusative case.

If a sentence has a direct object, the reflexive pronoun appears in the dative case.

Ich ziehe **mich** an.	*I get dressed.*
but: Ich ziehe **mir die Jacke** an.	*I put on my jacket.*

The following verbs often occur with a direct object—usually an article of clothing or part of the body—and a dative reflexive pronoun.

sich anziehen	*to get dressed*
sich kämmen	*to comb*
sich waschen	*to wash*
sich verletzen	*to injure*
Zieh dir die Jacke an!	*Put the jacket on!*
Wascht euch die Hände!	*Wash your hands!*

Übungen

A Was machen sie? Welcher Satz passt zu welchem Bild?

a. Martin und Jens treffen sich vor der Bibliothek.
b. Angelika beeilt^a sich.
c. Herr Schreiber entspannt^b sich.
d. Sabine meldet sich für das Praktikum an.
e. Herbert ärgert sich.

^a*is in a hurry*   ^b *is relaxing*

B Was ist logisch?

1. Silvia arbeitet gern im Garten. Was macht sie nach der Gartenarbeit?
   a. Sie wäscht sich.   b. Sie ärgert sich.
2. Jens kommt um fünf Uhr nach Hause und muss um halb sechs im Restaurant sein. Was macht er?
   a. Er beeilt sich.   b. Er entspannt sich.
3. Klaus schläft während der Vorlesung. Warum?
   a. Er langweilt sich.   b. Er regt sich auf.
4. Maria hat eine große CD-Sammlung und geht gern ins Konzert. Wie findet sie Musik?
   a. Sie interessiert sich dafür.   b. Sie ärgert sich darüber.
5. Es ist sieben Uhr. Bodo steht auf und duscht sich. Was macht er danach?
   a. Er legt sich hin.   b. Er zieht sich an.

C Morgenroutine. Was machst du morgens?

MODELL: Zuerst dusche ich mich. Dann wasche ich mir die Haare. . . .

COMPARATIVES AND SUPERLATIVES
COMPARING THINGS AND PEOPLE

SO GEHT'S!

To draw an equal comparison, use the basic form of the adjective or adverb in the phrase **so . . . wie.**

Markus ist **so alt wie** Klara.
Markus is as old as Klara.

To make unequal comparisons, use either (1) the basic form of the adjective or adverb in the phrase **(nicht) so . . . wie,** or (2) the comparative form of an adjective or adverb plus the word **als.**

Thomas ist **nicht so alt wie** Markus.
Thomas is not as old as Markus.
Thomas ist **jünger als** Markus.
Thomas is younger than Markus.

SPRACHSPIEGEL

The addition of the umlaut to monosyllabic German nouns does not seem so odd, if you consider the following archaic forms in English: *old, elder, eldest.* In fact, people still speak of their *elders.*

The comparative and superlative forms of adjectives and adverbs enable you to draw comparisons or to assign degrees of quality or quantity—and to do so in different ways.

Hamburg ist **größer als** München, aber Berlin ist **am größten.**	*Hamburg is bigger than Munich, but Berlin is the biggest.*
Hamburg ist eine **größere** Stadt **als** München, aber Berlin ist die **größte** Stadt.	*Hamburg is a bigger city than Munich, but Berlin is the biggest city.*

Adjectives and adverbs in German form the comparative with **-er.** Most one-syllable adjectives and adverbs in German also add an umlaut.

alt, älter	*old, older*
groß, größer	*big, bigger*
interessant, interessanter	*interesting, more interesting*

Adjectives and adverbs in German form the superlative by adding **-(e)st-** to the basic word. If the superlative form appears as a predicate adjective or as an adverb, it also requires the word **am** and the ending becomes **-(e)sten.** The superlative form assigns the highest degree of quality or quantity.

Dieses Auto ist **am neuesten.**	*This car is the newest.*
Vielleicht ist es nicht **am schönsten.**	*Maybe it isn't the most beautiful.*
Es fährt aber **am schnellsten.**	*But it goes the fastest.*

When comparative and superlative adjectives appear before nouns, they take attributive endings. The endings for comparative and superlative adjectives are the same as those for basic adjectives.

Wer fährt das **alte** Auto?	*Who drives the old car?*
Wer fährt das **ältere** Auto?	*Who drives the older car?*
Wer fährt das **älteste** Auto in dieser Gegend?	*Who drives the oldest car in this area?*

A number of adjectives and adverbs have irregular forms. Sometimes the English counterparts are also irregular, sometimes not.

BASIC	COMPARATIVE	SUPERLATIVE			
gern	lieber	am liebsten	*gladly*	*rather*	*most of all*
gut	besser	am besten	*good/well*	*better*	*best*
hoch	höher	am höchsten	*high*	*higher*	*highest*
nah	näher	am nächsten	*near*	*nearer*	*nearest/next*
viel	mehr	am meisten	*much/a lot*	*more*	*most*

Übungen

A Was sagen sie? Sonja, Klara und Markus vergleichen ihre Erlebnisse an der Uni.

MODELL: SONJA: Mein Biologieprofessor ist alt. →
           KLARA: Mein Biologieprofessor ist noch älter!
          MARKUS: Aber mein Biologieprofessor ist am ältesten!

SONJA:
1. Meine Klausur war schwer.
2. Ich habe einen langen Vortrag gehört.
3. Ich muss viele Bücher lesen.
4. Meine Professorin hält interessante Vorlesungen.
5. Mein Heft war teuer.
6. Mein Professor schreibt gut.

B Was meinst du? Vergleich die folgenden Sachen und Aktivitäten mit einem Partner oder einer Partnerin!

MODELL: Biologie / Musik →
         Ich finde Biologie interessanter als Musik. Und du?

1. das Essen in der Mensa / das Essen in meinem Lieblingsrestaurant
2. meine Muttersprache / Deutsch
3. ein Referat schreiben / eine E-Mail schreiben
4. ein Klassenzimmer / ein Sportplatz
5. eine Reise nach München / eine Reise nach New York
6. ein Auto / ein Fahrrad
7. ein Haus / eine Wohnung

schön   interessant   freundlich   nett   groß   praktisch   alt   wichtig   schnell   gut   langweilig   teuer

C Ganz super(lativ)! Berta, Klaras Kusine, hat ein Jahr an einer amerikanischen Universität in Kalifornien studiert. Klara hat viele Fragen an sie! Benutz Superlativformen!

1. Was ist der _____ (gut) Kurs an der Uni?
2. Wie heißt die _____ (lang) Brücke[a] in San Franzisko?
3. Wo hast du das _____ (teuer) Essen gegessen?
4. Wo waren die _____ (nett) Menschen?
5. Was waren die _____ (interessant) Sehenswürdigkeiten[b]?
6. Wie heißt der _____ (schön) Strand in Kalifornien?
7. Wie heißt das _____ (hoch) Gebäude?

[a]bridge   [b]sights worth seeing

EINBLICKE

BRIEFWECHSEL

Liebe Klara,

vielen Dank für deinen Brief. Ich bin froh, dass du dir die Zeit nimmst und an mich schreibst. Hier ist es sehr still, seit Papa in Thüringen ist. Die Arbeit da macht ihm aber großen Spaß und bis jetzt konnte er jedes Wochenende nach Hause kommen. Ich glaube, wir werden mit dieser Situation doch ziemlich leicht zurechtkommen. Deine Schwester vermisst dich und ihren Papa sehr, würde das aber nie zugeben.

Also, die Sache mit dem Praktikum war ja wohl wirklich stressig. Warum hat der Student dir seinen Platz gegeben? Wie geht es denn mit deinen Vorlesungen? Hast du alle Kurse in deinem Hauptfach und Nebenfach, die du noch brauchst? Klausuren habt ihr wohl noch nicht geschrieben, oder? Schreib mir bitte, wenn du Zeit hast. Ich bin gespannt, ob das Unileben so ganz anders ist als zu meiner Zeit. Schick mal ein paar Fotos von deinem Zimmer und deinen Freunden.

Gruß und Kuss von uns allen!
Deine Mutter

Was schreibt Klaras Mutter? Ergänz die Sätze.

1. Herr Schäfer ist _____ (schon/noch nicht) in Thüringen.
2. Nina vermisst _____ (ihre Schwester und ihren Vater/ihre Freunde) sehr.
3. Renate hat viele _____ (Informationen/Fragen) an ihre Tochter.
4. Klaras Mutter will Fotos von _____ (dem Spaghetti-Professor/ Klaras Zimmer und Freunden).

EINBLICK

Das Leben einer Studentin

Sonja, Klaras Freundin, studiert Medizin im ersten Semester. Sie hat
mit Klara in München angefangen und muss sich langsam an den
Unterschied zur Schule gewöhnen. Zu Beginn des Semesters hatte sie
außerdem noch keine Unterkunft, denn im Studentenwohnheim war
5 noch kein Platz frei. Sie musste also zum Studentenwerk, um die Papiere
auszufüllen und um Gebühren zu zahlen. Und das BAföG war auch noch
nicht da! Doch nach einer Woche hatte sie den Wohnheimplatz und das
Geld. Aber dann das lange Warten beim Einwohnermeldeamt, die Jagd
nach billigen Möbeln, die Anmeldeformulare fürs Telefon und den
10 Fernseher . . . Das war stressiger als die Orientierungswoche für
Erstsemestler!

Jetzt ist sie mittendrin im Studentenalltag: Sie belegt mehrere
Seminare und Kurse, da sie ihr Klinikum schneller erreichen möchte. Ab
und zu jobbt sie abends in einem Hotel. Das klappt nur deshalb so gut,
15 weil die meisten Vorlesungen erst um halb zehn Uhr morgens anfangen.
Ansonsten wäre sie jeden Tag ganz schön kaputt. Das Gehalt reicht für
die Miete zwar nicht aus, aber sie kann wenigstens die Lebensmittel
davon kaufen. Ihr wird ziemlich schnell klar, dass sie ohne BAföG gar
nicht studieren könnte: Ihre Eltern verdienen nicht genug, um ihr das
20 Studium zu finanzieren. Doch mit ein paar Jobs nebenbei kann man das
Studium schon bewältigen.

Pauken, pauken, pauken. Das ist ihr Leben, obwohl sie in der Schule
noch dachte, dass das Studentenleben so viel Freiheit mit sich bringt.
Aber wenn sie abends zu einer Fete geht, kann sie morgens nicht
25 lernen. Doch die Hausarbeiten wollen geschrieben werden—wie Klara
das wohl macht?

● Das Leben ist gar nicht einfach! Arbeite mit einem
Partner / einer Partnerin, und stell ihm/ihr die
folgenden Fragen.

1. Wie oft lernst du?
2. Arbeitest du auch? Wenn ja, wie viele Stunden pro Woche arbeitest
   du?
3. Was sind die Unterschiede zwischen dem Leben als Schüler/
   Schülerin und dem Leben als Student/Studentin? Was denkst du?

Sonja.

WORTSCHATZ ZUM LESEN

sich gewöhnen an	to get used to something
das Einwohner-meldeamt	registration office for new residents
das Anmeldeformular	registration form
das Klinikum	clinical internship
die Miete	rent
pauken	to cram

KULTURSPIEGEL

German students whose financial resources, primarily parental income, do not cover the cost of their academic study are eligible for government financial assistance in the form of the **BAföG,** which stands for **Bundesausbildungsförderungsgesetz.** The BAföG is a form of need-based financial aid, half of which is given out as a grant and half as an interest-free loan payable within five years after completion of study.

PERSPEKTIVEN

HÖR MAL ZU!

Mehmet erzählt über seine Ausbildung.

A Mehmets Ausbildung

SCHRITT 1: Wann hat er was gemacht? Wie beginnt jeder Satz?

1. _____ hat Mehmet mit dem Studium begonnen.
2. _____ ist er in die Grundschule gekommen.
3. _____ hat er in der Türkei besucht.
4. _____ ist er in eine reguläre deutsche Klasse gekommen.
5. _____ war Mehmet mit dem Studium ganz fertig.

a. Die erste und zweite Klasse
b. 1991
c. Mit sechs Jahren
d. 1984
e. In der fünften Klasse

SCHRITT 2: Mehmets Geschichte. Bring die Sätze in die richtige Reihenfolge, um Mehmets Geschichte zu erzählen.

B Dein Leben. Erzähl ein bisschen über dein Leben. Mach zuerst einen kleinen Lebenslauf.

MODELL:	WANN?	WAS?	WO?
	1985	geboren	in Concord
	1990	Kindergarten	in der Conant Schule

WORTSCHATZ ZUM LESEN

die Hoffnung	hope
die Angst	fear
demnächst	soon
die Bauzeichnerin	building-plan artist
das Ziel	goal
erreichen	to reach
entwerfen	to design
schneidern	to be a tailor/ dressmaker
der Bauingenieur	civil engineer
der Umkreis	area
allerdings	though

LIES MAL!

Zum Thema

● Du liest hier von den Zukunftsplänen zwei junger Deutschen. Bevor du den Text liest, beantworte die folgenden Fragen.

1. Wie viele Jahre musst du noch in der Schule verbringen?
2. Denkst du schon daran, was du nach der Schule machst? Willst du weiter studieren oder gleich arbeiten?
3. Lies den Text flüchtig durch. Wie heißen die Schüler? Wie alt sind sie? Von welchen Fächern sprechen sie?

Was bringt die Zukunft?

Abiturienten erzählen von ihren Wünschen, Hoffnungen, Ängsten

Wer hat sich nicht schon mal gefragt, was man nach der Schule machen wird? Reisen, arbeiten gehen, weiterlernen oder heiraten? Vielleicht alles das irgendwann machen, aber nicht sofort? Jan und Sandra leben in Kleinstädten im Taunus, nördlich von Frankfurt. Sie
5 besuchen das berufliche Gymnasium für Wirtschaft der Feldbergschule in Oberursel. Sie machen demnächst ihr Abitur. Wie geht es danach weiter? Was wünschen sie sich vom Leben? Welche Hoffnungen haben sie, welche Ängste bedrücken sie?

Sandra (22) aus Wehrheim möchte nach dem Abitur am liebsten
10 Architektur studieren. „Leider ist Architektur ein sogenanntes Numerus-clausus-Fach. Das heißt, man braucht ein sehr gutes Abitur. Ich weiß nicht, ob ich so gute Noten schaffe." Die Schülerin sieht aber auch andere Chancen ihr Wunschfach zu studieren. „Vielleicht mache ich zuerst eine Lehre als Bauzeichnerin. Mit Abitur und diesem Beruf kann
15 ich ein paar Jahre später immer noch studieren. In der Zukunft wird es immer wichtiger flexibel zu sein. Sein Ziel kann man auch über Umwege erreichen."

Nach der Schule möchte Sandra am liebsten für ein paar Wochen in die U.S.A. fliegen. „Das ist ein Traum. Ich glaube nicht, dass das Geld
20 dafür reicht. Natürlich kann man mit Freunden zusammen hier auch etwas unternehmen. Außerdem kann ich mich in der Freizeit ganz gut selber beschäftigen. Ich entwerfe Mode und schneidere auch selbst." Sie lacht: „Vielleicht mache ich auch das Hobby zum Beruf." Fünf bis zehn Jahre, so schätzt Sandra, braucht sie für Lehre, Studium und
25 Berufsausübung. Danach möchte sie eine Familie haben. „Ich wünsche mir ein kleines Haus mit Garten. Vielleicht hier in der Gegend. In der Stadt will ich nicht wohnen, schon gar nicht in Frankfurt." Angst vor der Zukunft hat sie nicht. Nur, dass Eltern, Geschwistern und Freunden etwas passiert – davor fürchtet sie sich. „Gedanken daran schiebe ich möglichst
30 weit weg."

„Nach Jamaika fliegen und dort Urlaub machen" – davon träumt **Jan (18)** aus Eschborn. „Die Leute dort sollen sehr nett sein – außerdem ist da bestimmt gutes Wetter. In der Realität stürze ich mich wohl eher auf mein Studium. Mathe und Physik liegen mir. Ich werde mich für das Studium
35 zum Bauingenieur an der Technischen Hochschule in Darmstadt einschreiben. Das heißt auch, dass ich aus dem näheren Umkreis weg muss. Allerdings glaube ich, dass man überall nette Leute kennenlernt, wenn man will. Zunächst ist es ein Sprung ins kalte Wasser, aber das wird schon werden."

K ULTURSPIEGEL

Admission to study certain subject areas is limited (**Numerus clausus**) because so many students wish to pursue them. Placement in these subject areas is awarded based on the student's **Abitur** results and on how long he or she has waited to gain entrance into the area. In some areas of study, applicants are required to take entrance exams and go through selection interviews as well.

Zum Text

A Sandra und Jens. Lies den Text ohne Wörterbuch. Stimmt das oder stimmt das nicht?

1. Sandra und Jan wohnen im nördlichen Teil der Stadt Frankfurt.
2. Sie haben das Abitur schon gemacht.
3. Sandra will Architektur studieren.
4. Es ist leicht, einen Studienplatz im Fach Architektur zu bekommen.
5. Sandra will eine Reise in die U.S.A. machen.
6. In der Zukunft möchte Sandra in einer Großstadt leben.
7. Sie fürchtet sich vor Krankheiten und Unfällen in der Familie.
8. Nach dem Abitur will Jan ein paar Monate arbeiten.
9. Er studiert Mathe und Sport.
10. Er möchte Bauingenieur werden.
11. Jan wird während des Studiums zu Hause bei den Eltern wohnen.
12. Er glaubt, dass er an der Hochschule keine netten Leute kennen lernen wird.

B Die Zukunft. Beantworte die folgenden Fragen zum Thema „Zukunft".

1. Was meinst du? Was halten Sandra und Jan von ihrer Zukunft?[a] Stehen sie ihr positiv oder negativ gegenüber? Begründe deine Meinung.
2. Wie stehst du zu deiner Zukunft? Freust du dich auf das Ende der Schulzeit? Hast du Angst vor der Zukunft? Warum oder warum nicht?
3. Was kannst du jetzt machen, um deine Ziele für die Zukunft zu erreichen?

[a]Was... *What do Sandra and Jan think about their future?*

INTERAKTION

Arbeitet in Kleingruppen. Lest die Beschreibung von Sara unten. Was will Sara werden? Was kann sie jetzt und in der Zukunft machen, um ihr Ziel zu erreichen? Macht eine Liste von mindestens[a] vier Vorschlägen.[b]

Ich heiße Sara. Ich bin 15. Zur Zeit bin ich Gymnasiastin in München. In die Schule gehe ich nicht so gern. Ich bleibe lieber zu Hause, lese Bücher, male und surf' im Netz. Ich möchte 'mal Künstlerin werden. Ich träume von einer Zeit, wenn meine Malerei in der ganzen Welt bekannt wird. Meine Freunde sagen, dass meine Bilder gut sind. Meine Eltern sagen das auch, aber dann sagen sie gleich: „Das Leben als Künstlerin ist schwer. Nur wenn man sehr berühmt ist, kann man von seinem Malen leben."

[a]*at least*   [b]*suggestions*

SCHREIB MAL!

Ein Informationsblatt

● Schreib ein Informationsblatt über deine Schule für Schüler und Schülerinnen aus Deutschland.

Purpose:	To present your school
Audience:	Visiting students from Germany
Subject:	Your school
Structure:	A pamphlet

TIPP ZUM SCHREIBEN

You've already written several pieces in German whose purpose is to attract or catch the attention of your audience. In *Kapitel 13* you wrote an advertisement for "your" company; in *Kapitel 14* you authored a travel report; and in *Kapitel 16* you prepared a presentation for a trade show. Think about those pieces and what they might have in common with a pamphlet about your school.

Schreibmodell

The name and location of the school are predominantly featured even on the inside of the pamphlet to maintain the reader's orientation.

Statistics help provide a brief overview of the size of the school.

MacDonald High School
Auburn, Washington

Herzlich willkommen an der MacDonald High School (MHS)! In diesem Informationsblatt findest du alles, was du über die MHS wissen möchtest.

Schüler:	1.060
Lehrkräfte:	55
Jahrgangsstufen:	10–12
Kalender:	Schuljahr: Anfang September – Mitte Juni
Ferien:	2 Wochen im Dezember/Januar, 1 Woche im Februar, 1 Woche im April

Wie du siehst, ist die MHS eine große Schule. Aber man ist hier keine Nummer. Kleinere Klassen sind an der MHS normal.

Interessierst du dich für Sport? Dann bist du bei uns genau richtig! Die MHS bietet folgende Sportarten an:

■ Fußball, Football, Basketball, Feldhockey, Eishockey, Skilaufen, Turnen, Schwimmen, Gewichtheben und natürlich typisch amerikanischen Baseball

Hast du geistige[a] Interessen? Dann findest du hier sicher viele Kurse, die dir gefallen. Einige, die zur Auswahl stehen, sind z.B.[b]

■ Afrika im 20. Jahrhundert, Europa im Mittelalter, amerikanische Geschichte

■ Chemie, Biologie, Physik

■ Algebra, Geometrie, Infinitesimalrechnung[c]

■ Moderne amerikanische Literatur

■ Spanisch, Deutsch, Französisch, Japanisch

Unser Musik-, Theater- und Kunstunterricht ist einer der besten im amerikanischen Nordwesten. Außerdem bietet die MHS eine große Zahl von Arbeitsgemeinschaften[d] (AGs) an, wie z.B. die Schach-AG, Rhetorik-AG, Deutsch-AG, Spanisch-AG und noch viele andere mehr.

Superlatives are often used in pamphlets. ●

[a]*intellectual*   [b]z.B. = zum Beispiel   [c]*calculus*   [d]*clubs*

Schreibstrategien

Vor dem Schreiben

- What do you think German students would like to know about your school? Jot down German words and phrases to describe your school.

- The look of your pamphlet becomes as important as your words. Think about how you will illustrate your information.

- Fold an 8 1/2 × 11 inch piece of paper in half. Think of how you can best lay out your text and artwork. What will you put on the front of the brochure? on the inside? on the back cover?

Beim Schreiben

- As you create your pamphlet, keep the following questions in mind.
  1. Wer soll das Informationsblatt lesen?
  2. Welche Wörter und Sätze sind am wichtigsten? Warum?
  3. Wie kannst du die Schule und das Leben an der Schule kurz beschreiben?

- After you have finished your text, make a rough sketch of the final brochure. Indicate where the text and artwork will be placed.

Nach dem Schreiben

- Ask several classmates to look over your pamphlet. Do they agree with your description of the school? Do they have more accurate information or just a different opinion?

- As you revise the text, remember that in a small pamphlet such as this, each word should contribute in some way to your message. Cut any unnecessary words. Check your verbs. If you used **sein** and **haben** as main verbs, try to rewrite the sentences with action verbs.

Stimmt alles?

- On what color paper will you "print" your final pamphlet? Make sure that your visuals and text work well together. You may need to revise your text to relate it to your visuals, or you may need to change your visuals to enhance your text.

Cameron High School, Cameron, Iowa

Eine Schule für Schüler und Schülerinnen, ~~denen~~ die an die Zukunft denken.

- *Bei uns halten die berühmtesten Wissenschaftler und Wissenschaftlerinnen regelmäßig Vorträge.*
- *Es gibt zehn Computers in jedem Klassenzimmer.*
- *Unsere Schüler und Schülerinnen geben ~~gutere~~ bessere Konzerte als viele professionelle Orchester.*
- *Und noch dazu: Cameron High School hat die besten Footballmannschaft Iowas.*

WORTSCHATZ

Substantive	Nouns
Das Leben an der Uni	*Life at the university*
die **Mensa,** *pl.* **Mensen**	student cafeteria
die **Vorlesung, -en**	lecture
die **Zwischenprüfung, -en**	mid-diploma exam
der **Hörsaal,** *pl.* **Hörsäle**	lecture hall
der **Vortrag, ̈-e**	lecture
einen Vortrag halten	to give a lecture
das **Brett, -er**	board
das **schwarze Brett**	bulletin board
das **Praktikum,** *pl.* **Praktika**	internship
das **Referat, -e**	seminar paper
ein Referat halten	to present a paper (orally)
das **Studentenwohnheim, -e**	student dormitory
das **Studium,** *pl.* **Studien**	course of studies
das **System, -e**	system
die **Studiengebühren** (*pl.*)	tuition, study fees

Lebensmittel und Tisch	*Food and table*
die **Gabel, -n**	fork
die **Gurke, -n**	cucumber
die **Karotte, -n**	carrot
die **Nudel, -n**	noodle
die **Pfanne, -n**	pan
der **Blumenkohl**	cauliflower
der **Brokkoli**	broccoli
der **Fisch, -e**	fish
der **Löffel, -**	spoon
der **Teller, -**	plate
der **Topf, ̈-e**	pot
das **Abendessen, -**	dinner
das **Besteck, -e**	silverware
das **Fleisch**	meat
das **Gemüse, -**	vegetable
das **Glas, ̈-er**	glass
das **Messer, -**	knife
das **Obst**	fruit

Verben	Verbs
ab•geben (gibt ab), gab ab, abgegeben	to hand or pass in
sich an•melden	to register
braten (brät), briet, gebraten	to fry
sich duschen	to shower
sich ein•schreiben, schrieb ein, eingeschrieben	to enroll, sign up
sich entschließen, entschloss, entschlossen	to decide
erhitzen	to heat
sich fürchten vor (+ *dat.*)	to be afraid of
gießen, goss, gegossen	to pour
klopfen	to knock
sich kämmen	to comb
schlagen (schlägt), schlug, geschlagen	to beat
schneiden, schnitt, geschnitten	to cut, slice
sich verletzen	to injure
vermischen	to mix
sich waschen	to wash

Adjektive und Adverbien	*Adjectives and adverbs*
bitter	bitter
lecker	delicious, tasty
roh	raw
saftig	juicy
salzig	salty
sauer	sour
scharf	spicy, hot
süß	sweet
zäh	tough
zufrieden	satisfied

KAPITEL 20

DER UMWELTSÜNDER

In this chapter, you will

- follow Klara and Markus's outing from Munich to his mother's house.
- witness Klara's reaction when she catches someone polluting the environment.

You will learn

- to discuss environmental concerns and possible solutions.
- to talk about other problems confronting societies today.
- to express polite requests and possibilities using the general subjunctive.
- to use relative clauses to give more information about a topic.
- to analyze a poem by Hilde Domin.

Liebe Nina,

was gibt's Neues in Hamburg? Mutti schreibt, dass es Papa in Thüringen gut gefällt. Ich bin auch froh, dass er jedes Wochenende nach Hause kommen kann. Ich würde das auch manchmal gerne tun, das ist aber doch ein wenig zu weit.

Mir gefällt es ganz toll hier an der Uni. Ich habe schon einige nette Leute kennen gelernt. Insbesondere gefällt mir ein junger Mann—er heißt Markus. Er ist der Kommilitone, der mir seinen Platz im Praktikum überlassen hat. Danach hab' ich ihn einige Zeit nicht wieder finden können, aber dann hab' ich ihn bei einem Abendessen im Studentenwohnheim als "Il Professore Spaghetti" näher kennen gelernt. Am Wochenende war ich mit ihm zu Besuch bei seiner Familie. Auf dem Weg dahin gab es ein wenig Aufregung—wir waren auf Verbrecherjagd.[a] Markus hat mir einen sehr schönen Platz im Wald gezeigt, und dort haben wir einen Umweltsünder[b] auf frischer Tat ertappt.[c] Der Typ hat einfach seinen Müll im Wald abgeladen! Ich hab' heimlich "Umweltsünder" auf seine Scheibe[d] geschrieben. Der war vielleicht überrascht. Er ist mit seinem Auto ganz schnell weggebraust. Die Autonummer hab' ich schon der Polizei gegeben. Jetzt aber Schluss. Ich muss unbedingt noch eine Arbeit schreiben. Gruß an Mutti und Papa.

Alles Liebe!
Deine Schwester Klara

[a] chase after the criminals
[b] polluter [c] caught [d] windshield

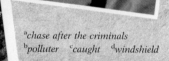

Der Rhein: An seinem Strom liegen nicht nur romantische Ruinen und Wälder, sondern auch große Industrieanlagen.

VIDEOTHEK

„Markus!"

In der letzten Folge . . .

will sich Klara um einen Praktikumsplatz bewerben, aber das Praktikum ist voll. Bei der Einschreibung für das Praktikum hat Klara dann Markus kennen gelernt.

● Weißt du noch?

1. Wofür braucht Klara das Praktikum?
2. Was hat Markus für Klara getan?
3. Warum hat sie ihn später gesucht?
4. Wo hat sie ihn wieder getroffen und richtig kennen gelernt?
5. Warum heißt die letzte Folge „Der Spaghetti-Professor"?

„Wenn jemand kommt, dann pfeifst du!"

In dieser Folge . . .

fahren Markus und Klara zum Kaffee und Kuchen bei Markus' Mutter. Weil sie viel Zeit haben, will Markus Klara seinen Lieblingsplatz im Wald zeigen. Da ist aber etwas los.

● Was denkst du? Ja oder nein?

1. Klara und Markus haben eine Autopanne[a] und können Markus' Mutter nicht besuchen.
2. Sie kommen sehr früh bei Markus' Mutter an und verbringen den ganzen Tag bei ihr.
3. Im Wald ist etwas Schreckliches los.
4. Klara und Markus wollen einem Umweltsünder eine Lehre erteilen.[b]
5. Sie kommen bei der Mutter etwas verspätet[c] an. Die Mutter hatte sich Sorgen gemacht.[d]

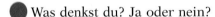

[a]car breakdown   [b]eine Lehre... to teach a lesson   [c]late   [d]hatte... was worried

WORTSCHATZ ZUM VIDEO

der Pappkarton	cardboard box
ankündigen	to notify
knapp	close; barely
So ein Mist!	What a nuisance!
zu Recht	justifiably
die Verbrecherjagd	pursuit of a criminal

SCHAU MAL ZU!

A Auf dem Weg. Die Fahrt dauert knapp zwei Stunden. Was machen Klara und Markus auf dem Weg? Ja oder nein?

1. Sie trinken Cola.
2. Sie hören Musik.
3. Sie schnallen sich an.
4. Sie besprechen vieles.
5. Sie gehen im Wald spazieren.
6. Klara wird böse und Markus will aus dem Auto aussteigen.

B Was passiert im Wald?

SCHRITT 1: Klara und Markus. Beantworte die Fragen.

1. Klara und Markus gehen im Wald spazieren. Warum ist dieser Wald Markus sehr wichtig?
   a. Er bringt alle seine Freundinnen in den Wald.
   b. Hier ist er immer mit seiner Freundin hingefahren. Sie waren acht Jahre alt.
   c. Markus' Mutter wohnt in einem kleinen Haus mitten im Wald.
2. Wie ist das Wetter oben im Wald?
   a. Es ist warm und sonnig.
   b. Es ist neblig, und ein bisschen Schnee liegt auf dem Boden.
   c. Es ist windig und regnerisch.
3. Was machen Markus und Klara, als sie den Umweltverschmutzer sehen?
   a. Sie laufen zum Auto und fahren weg.
   b. Sie verstecken sich und schauen sich ihn an.
   c. Sie sprechen mit ihm.
4. Was schreibt Klara an die Windschutzscheibe?
   a. Warnung!
   b. Polizei kommt!
   c. Umweltsünder.

SCHRITT 2: Und du? Stell dir vor, du bist im Wald und siehst einen Umweltverschmutzer. Was machst du?

C Markus' Mutter hat Fragen. Stell dir vor, du bist Markus' Mutter, und du hast Klara noch nicht kennen gelernt. Markus und Klara kommen spät an, und du machst dir schon Sorgen. Was fragst du Klara, Markus oder die beiden? Stell fünf Fragen.

VOKABELN

Umwelt

Wohin mit dem Müll?

Der Abfall wird sortiert und recycelt.

Organischer Abfall wird kompostiert.

Umweltfreundliche Verpackung und Mehrwegflaschen helfen der Umwelt.

Auf der Sammelstelle findet man Container für alte Flaschen und Dosen.

Manche Autos verbrauchen weniger Benzin als zuvor.

Und noch dazu

die Plastiktüte	*plastic bag*	teil•nehmen	*to participate*
die Umweltverschmutzung	*pollution*	vermindern	*to reduce*
die Wegwerfflasche	*disposable bottle*	verbieten	*to prohibit*
der Umweltsünder	*litterbug*	verwenden	*to use*
schützen	*to protect*	vor•ziehen	*to prefer*

Aktivitäten

A Recycling

SCHRITT 1: Keiner will Umweltverschmutzer sein. Aber was kann man recyceln?

MODELL: Man kann Altglas recyceln.

leere[a] Flaschen   eine Waschmaschine

Altbatterien   alte Reifen[b]

Blumen   antike Möbel

Zeitungen   Weihnachtsbäume

Der Umweltsünder.

[a]*empty*   [b]*tires*

SCHRITT 2: Und du? Recycelst du diese Dinge, wenn du sie verwendest? Wenn nicht, warum nicht?

B Bist du umweltfreundlich? Was tust du für die Umwelt? An welchen Aktivitäten nimmst du (**immer, oft, manchmal, selten, nie**) teil? Warum?

MODELL: Altglas bringe ich nie zum Recycling. Ich habe keine Zeit dafür.

1. Altglas zum Recycling bringen
2. Plastiktüten benutzen[a]
3. Auto fahren
4. zu Fuß gehen
5. Artikel mit umweltfreundlicher Packung kaufen
6. Wasser sparen[b]
7. mit dem Bus oder mit der U-Bahn fahren
8. Altpapier recyceln
9. viel Strom verbrauchen

[a]*to use*   [b]*to save*

C Welche Umweltprobleme gibt es in deiner Stadt? Diskutier mit einem Partner / einer Partnerin darüber. Welche Probleme gibt es? Warum? Gibt es Alternativen? Was kann man machen?

MODELL: A: Die Luftverschmutzung in unserer Stadt ist ziemlich stark.
      B: Es gibt zu viele Autos. Man soll mit dem Bus oder mit dem Fahrrad fahren, wenn es möglich ist.
      A: Es gibt auch zu viel Industrie in dieser Stadt . . .

PROBLEME DER MODERNEN GESELLSCHAFT

In den neuen Bundesländern baute man viele Arbeitsplätze ab.

Menschen, die ihre Arbeitsplätze verloren haben, bekommen Arbeitslosengeld vom Staat.

Nach der Wende ist die Zahl der Gewalttätigkeiten gegen Ausländer dramatisch gestiegen.

In den Straßen protestierte man gegen Ausländerfeindlichkeit.

Krieg bringt Angst, Armut und Hunger.

Internationale Organisationen arbeiten gegen Obdachlosigkeit und Krankheiten.

KULTURSPIEGEL

In the former GDR, full employment was constitutionally guaranteed and almost every adult capable of working had a secure job. After reunification, it was necessary to close down many inefficient enterprises. However, the massive unemployment that resulted led to a number of social problems, such as violence against foreigners.

Und noch dazu

die Arbeits-losigkeit	*unemployment*
die Nahrung	*nourishment*
die Polizei	*police*
der Ausländer / die Ausländerin	*foreigner*
der Lärm	*noise*

der/die Obdachlose (*decl. adj.*)	*homeless person*
mutig	*courageous*
streng	*strict(ly)*
übertrieben	*exaggerated*
unbedingt	*necessarily, absolutely*

Aktivitäten

A Probleme der modernen Welt. Welche Probleme kennst du aus eigener Erfahrung[a] und welche nur aus den Nachrichten[b]?

PROBLEM	AUS EIGENER ERFAHRUNG	AUS DEN NACHRICHTEN
1. Arbeitslosigkeit	☐	☐
2. Ausländerfeindlichkeit	☐	☐
3. Hunger	☐	☐
4. Obdachlosigkeit	☐	☐
5. Krieg	☐	☐

[a]*experience* [b]*news*

B Probleme und Konsequenzen. Verbinde die Probleme mit den Konsequenzen.

MODELL: Wegen der Arbeitslosigkeit haben viele Leute keine Hoffnung[a] mehr im Leben.

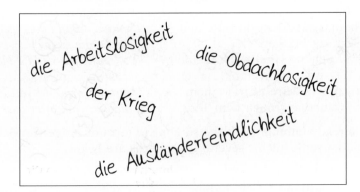

die Arbeitslosigkeit
die Obdachlosigkeit
der Krieg
die Ausländerfeindlichkeit

1. Viele Leute haben keine Hoffnung mehr im Leben.
2. Dörfer werden zerstört und Zivilisten werden obdachlos.
3. Ausländer haben Angst, in einem fremden Land zu wohnen.
4. Manche Leute müssen auf den Straßen leben und betteln.[b]
5. Kinder bekommen nicht genug Nahrung.

[a]*hope* [b]*beg*

C Eine Lösung? Was kann man dafür tun? Arbeite mit einem Partner / einer Partnerin. Wählt ein weltweites Problem, das euch beide besonders interessiert. Was kann man dafür tun, um eine mögliche Lösung zu diesem Problem zu erreichen? Macht Vorschläge.

KULTURSPIEGEL

Citizenship laws differ in Germany and the United States. For example, anyone born in the United States automatically receives citizenship in that country. However, individuals born on German soil to parents not legally considered of German ethnicity retain the nationality of their parents. Even though they were born and brought up in Germany, these individuals are considered **Ausländer.** On the other hand, individuals of German ancestry born outside of Germany are called **Aussiedler** (*emigrants*) and are entitled to German citizenship. Some changes in the laws taking effect in 2000 will make it easier for children born in Germany of foreign parents to gain German citizenship.

STRUKTUREN

SO GEHT'S!

The modals **können** und **müssen** follow the same pattern as **dürfen** in the subjunctive. The modals **sollen** and **wollen** do *not* have umlauts in the subjunctive.

Könnte ich bitte etwas Zucker haben?
Could I have some sugar please?

Müsstet ihr so schnell wegfahren?
Do you have to leave so quickly?

Ihr **solltet** bald zurückkommen.
You should come back soon.

Wolltet ihr nicht länger bleiben?
Wouldn't you want to stay longer?

THE SUBJUNCTIVE
MAKING POLITE REQUESTS AND GIVING ADVICE

The subjunctive forms of verbs such as **haben, sein, werden,** and the modals enable you to make requests and to express wishes in a very polite manner.

Zum Tee bei Frau Schöps:

Klara, **möchten** Sie eine Tasse Tee?	*Klara, would you like a cup of tea?*
—Ja, ich **hätte** gerne einen Tee.	*—Yes, I would like to have a cup of tea.*
Thomas, **würdest** du bitte den Zucker bringen?	*Thomas, would you please bring the sugar?*
Frau Schöps, **dürfte** ich meine Eltern kurz anrufen?	*Frau Schöps, could I please call my parents?*
Mutti, wie **wäre** es mit einem Spaziergang nach dem Tee?	*Mom, how would you like to take a walk after tea?*

You are already familiar with the subjunctive form of **mögen: möchte.** The subjunctive forms for several other verbs are below.

INFINITIVE:	**dürfen**	**sollen**	⋆ **haben**	⋆ **sein**	⋆ **werden**
SUBJUNCTIVE STEM:	**dürfte**	**sollte**	**hätte**	**wäre**	**würde**
SINGULAR					
ich	dürfte	sollte	hätte	wäre	würde
du	dürftest	solltest	hättest	wärest	würdest
Sie	dürften	sollten	hätten	wären	würden
sie/er/es	dürfte	sollte	hätte	wäre	würde
PLURAL					
wir	dürften	sollten	hätten	wären	würden
ihr	dürftet	solltet	hättet	wäret	würdet
Sie	dürften	sollten	hätten	wären	würden
sie	dürften	sollten	hätten	wären	würden

To make polite requests, to express wishes, and to give advice, use the **würde-**form of the subjunctive with the infinitive of almost any verb—except, **haben, sein, werden,** and the modal verbs.

> Markus, **würdest** du bitte die Blumen in eine Vase **stellen**?
> *Markus, would you please put the flowers in a vase?*

> Ich **würde** nicht zu spät hier **wegfahren.**
> *I wouldn't drive away from here too late.*

Übungen

A Thomas und Klaus. Thomas will etwas von seinem Bruder Klaus. Hilf Thomas, höflicher zu sprechen!

MODELL: Gib mir das Foto! →
Würdest du mir bitte das Foto geben?
Könntest du mir bitte das Foto geben?

1. Bring mir eine Cola.
2. Mach mein Bett!
3. Mach die Tür zu!
4. Warte auf mich!
5. Hilf mir!

B Wer würde was (nicht) machen? Sag, was diese Personen (nicht) machen würden.

MODELL: Marion, du würdest sicher an Demonstrationen gegen die Umweltverschmutzung teilnehmen.

1. organische Abfälle kompostieren
2. Altpapier und Glas zur Sammelstelle bringen
3. an Demonstrationen gegen die Umweltverschmutzung teilnehmen
4. einen Umweltsünder der Polizei melden
5. den Haushaltsmüll vermindern

C Die Autofahrt. Markus lädt Klara zum Kaffee bei seiner Mutter ein. Natürlich sind Markus und Klara nett und höflich zueinander. Spiel die Rollen.

MODELL: du/mit mir meine Mutter besuchen mögen →
Möchtest du mit mir meine Mutter besuchen?

1. wir / nicht Benzin kaufen sollen
2. du / nicht zum Blumengeschäft wollen
3. ich / das Radio anmachen dürfen
4. du / nicht ein bisschen langsamer fahren sollen
5. ich / dir meinen Lieblingsort im Wald zeigen können

Herr Schäfer, Sie

Marion, du

mein Vater / meine Mutter

Klara und Markus, ihr

ich

meine Freunde und ich

?

RELATIVE CLAUSES AND PRONOUNS
DESCRIBING PEOPLE OR THINGS

Relative clauses add information about a person, place, or thing already mentioned in a sentence.

> Klara und Markus sehen einen **Mann, der** Müll in den Wald wirft.
> *Klara and Markus see a man who is dumping trash in the forest.*

To form a relative clause in German, remember these rules.

- The relative pronoun can never be omitted in German.
- The relative pronoun agrees in *number* and *gender* with the noun it describes.
- The *case* of the relative pronoun depends on its function in the relative clause.
- The conjugated verb comes at the end of the relative clause.
- The relative clause usually follows the noun it describes.
- A comma precedes the relative clause. A comma also follows the clause, if the sentence continues after it.

SO GEHT'S!

Note that the relative pronouns have the same forms as the definite articles for all genders in the nominative and accusative singular and plural, and in the dative singular. The dative plural form adds **-en: denen.** The genitive feminine and genitive plural forms also add **-en: deren.** The genitive masculine and neuter forms double the **-s-** before adding **-en: dessen.**

	FEMININE	MASCULINE	NEUTER	PLURAL
NOMINATIVE	die	der	das	die
ACCUSATIVE	die	den	das	die
DATIVE	der	dem	dem	**denen**
GENITIVE	**deren**	**dessen**	**dessen**	**deren**

SO GEHT'S!

If the relative clause contains a preposition, the preposition precedes the relative pronoun. The relative pronoun is in the case that is required by the preposition:

Markus und Klara gehen in einen Wald, in dem es sehr viel Müll gibt.
Markus and Klara are going into a forest in which there is a lot of garbage.

NOMINATIVE
Es gibt **einen Mann, der** seinen Müll in den Wald wirft.
There's a man who is throwing his trash in the forest.

ACCUSATIVE
Das ist **der Mann, den** Klara und Markus im Wald gesehen haben.
This is the man whom Klara and Markus saw in the forest.

DATIVE
Ist das **der Mann, dem** der Wagen gehört?
Is this the man to whom the car belongs?

GENITIVE
Sie wollen **den Mann** anzeigen, **dessen Nummer** sie aufgeschrieben haben.
They want to report the man whose number they wrote down.

Übungen

A Markus erzählt. Such in jedem Satz das Relativpronomen. Erklär dann das Geschlecht, die Zahlform und den Fall des Pronomens.

gender   number   case

> MODELL: Mein Bruder, den ich eigentlich sehr gern habe, spricht nur wenig.
> Relativpronomen: den = *masculine, singular, accusative*

1. Meine Mutter ist eine Frau, die sich um mich Sorgen macht.
2. Das Dorf, in dem wir leben, liegt auf dem Land.
3. Mein kleiner Bruder ist ein Schüler, dessen Noten nicht immer die besten sind.
4. Unsere Nachbarn sind Leute, die wir nicht so gern haben.
5. Wir sind eine Familie, die viel zusammen macht.
6. Susanne war meine alte Freundin, mit der ich in den Wald ging.

B Klara erzählt, was alles passiert ist. Kombiniere jeden Hauptsatz mit dem passenden Relativsatz.

1. Markus zeigte mir den Wald,
2. Wir haben einen Mann gesehen,
3. Er fährt einen Wagen,
4. Hier ist der Lippenstift,
5. Ich habe dem Umweltverschmutzer eine Lehre erteilt,

a. die er nicht vergessen wird.
b. mit dem ich das Nummernschild auf die Hand geschrieben habe.
c. in den er als Kind gegangen ist.
d. der Müll in den Wald geworfen hat.
e. der ziemlich alt ist.

1.

Frau Schöps.

C Umweltschutz. Kombiniere die Sätze mit Hilfe eines Relativpronomens.

> MODELL: Kennen Sie *die Frau*? *Sie* diskutiert über Recyclingprogramme. →
> Kennen Sie die Frau, die über Recyclingprogramme diskutiert?

1. Wo sind *die Flaschen*? Wir bringen *sie* zum Container.
2. Haben wir *alte Batterien*? Wir könnten *sie* bei den Sammelstellen abgeben.
3. Umweltverschmutzung ist *ein wichtiges Thema*. *Das Thema* geht uns alle an.
4. Wo war *der Umweltverschmutzer*? Du hast *von ihm* gestern gesprochen.
5. Haben wir *organische Abfälle*? Wir könnten *sie* kompostieren.
6. Wir informieren *Menschen*. *Sie* möchten umweltfreundlicher leben.

2.

Markus.

D Beschreibungen. Benutze Relativsätze, um die Leute in den Bildern zu beschreiben.

> MODELL: Markus ist der nette Student, der Klara seinen Platz im Praktikum gegeben hat.

3.

Klara.

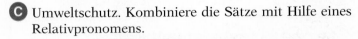

EINBLICKE

BRIEFWECHSEL

Liebe Klara,

du hast vielleicht Nerven. Womit hast du denn auf die Scheibe geschrieben, mit einem Filzstift? Hattest du denn keine Angst? Was wäre geschehen, wenn der Kerl dich erwischt[a] hätte? Ich bin froh, dass du heil geblieben bist. Hoffentlich bekommt der Typ bald von der Polizei zu hören und muss ordentlich Strafe zahlen. Wir machen an der Schule zur Zeit auch ein Umweltprojekt, und ich bin sehr aktiv daran beteiligt. Einige von uns stehen vor verschiedenen Supermärkten, und wenn die Einkäufer raus kommen, fragen wir sie, ob wir sehen können, was sie eingekauft haben. Dann zeigen wir den Leuten, wie viel Verpackung sie in ihren Einkaufstaschen haben und wie viel davon Verschwendung[b] ist. Die meisten Leute sind wirklich überrascht, wenn sie sehen, wie schlimm das ist. Leider gibt es aber auch einige, die gar nicht zuhören wollen.

    Wie geht's übrigens mit Markus? War der Besuch bei seiner Familie nett? Ich hoffe, ich kann dich bald mal in München besuchen.

Tschüss,
Nina

[a]caught [b]waste

⬤ Nina. Welche Satzteile passen zusammen?

1. Nina macht	a. Klara in München besuchen.
2. Die Schüler zeigen	b. Angst um ihre Schwester Klara.
3. Nina will	c. ein Umweltprojekt an der Schule.
4. Nina hatte	d. überrascht, wenn sie die unnötige Verpackung sehen.
5. Die meisten Leute sind	e. den Einkäufern wie viel Verpackung sie in den Einkaufstaschen haben.

EINBLICK

Wohin mit dem Müll?

Shawna ist sechzehn Jahre alt, kommt aus Kalifornien und wohnt für ein halbes Jahr in Freiburg im Schwarzwald. Sie geht dort in die zehnte Klasse eines Gymnasiums. Das Austauschprogramm ihrer Schule hat es so arrangiert, dass sie bei einer Familie wohnen kann und mit deren Kindern zusammen in den Unterricht geht, Projekte mitmacht und in die Ferien fährt, um den deutschen Alltag besser kennen zu lernen. Was sie alles so erlebt, berichtet sie per E-Mail ihren Freunden aus dem Deutschunterricht in Kalifornien, die sich oft über ihre Abenteuer unterhalten und im Web surfen, damit sie ein bisschen mehr über Shawnas neue Welt herausfinden können. Zur Zeit sollen ihre Freunde ein Umweltprojekt für die Klasse organisieren und sie fragen Shawna—auf Deutsch natürlich—wie Umweltschutz im deutschen Alltag funktioniert.

Das Recycling ist nicht immer einfach!

Ibw.class@calnet.com:
> Hey, Shawna, wir brauchen unbedingt Informationen zum Umweltschutz in Deutschland, weißt du, für's Projekt. Schreib doch mal, wie deine Familie das macht!

SjSimpson@t-online.de:
> Kein Problem. Hier in Freiburg ist der tägliche Umweltschutz und das Recycling von Müll ganz besonders kompliziert. Schon am ersten Tag hat Janne, meine Gastmutter, das Briefpapier, das ich weggeschmissen[a] hatte, wieder aus dem Eimer geholt und gesagt: „Das ist nur für Essensabfälle!" Essensabfälle? hab' ich gedacht, wieso kommen die nicht in den Garten? Das ist mir noch ein paar Mal passiert, mit Jens und mit Göran meinem Freund auch; jeder scheint hier zu wissen, wohin mit welchem Müll. Aber nach einer Weile war ich so eingeschüchtert, ich hatte keine Ahnung mehr, was wohin kommt! Einmal war ich allein zu Hause und habe mir die Haare gefärbt; und weil ich nicht wusste, wohin mit dem Abfall, habe ich vor lauter Verzweiflung[b] die Nachbarn gefragt. Aber alle sind daran gewöhnt, den Müll zu sortieren.

[a]*thrown away*   [b]*desperation*

For more information, visit the **Auf Deutsch!** Web Site at www.mcdougallittell.com.

● Umweltschutz

SCHRITT 1: Zwei Listen. Was machst du alles, um die Umwelt zu schützen? Mach zwei Listen: was du machst, und welche Probleme du mit dem Umweltschutz hast.

SCHRITT 2: Diskussion. Diskutiere in einer Kleingruppe über Umweltschutz und mögliche Probleme dabei. Benutze konkrete Beispiele aus dem Text und aus deinen Listen.

PERSPEKTIVEN

HÖR MAL ZU!

● Thema: Umwelt! Lisa, Frau Henkel, Anke und Maja sagen, was sie für die Umwelt tun. Hör gut zu, und sag dann, wen jeder Satz beschreibt.

Diese Person . . .
1. fährt so wenig wie möglich mit dem Auto.
2. hat eine Tochter, für die Umwelt ein großes Thema ist.
3. benutzt nicht so viel Strom und Wasser.
4. glaubt, dass die öffentlichen Verkehrsmittel perfekt organisiert sind.
5. benutzt meistens Pfandflaschen und Glasflaschen.
6. glaubt, dass die deutsche Regierung viel tut, um die Umwelt zu schützen.

Diese zwei Personen . . .
7. trennen den Müll.
8. kaufen so wenig Verpackungsmaterial wie möglich.

LIES MAL!

Zum Thema

● Es gibt sehr viele Dinge, die der Umwelt schaden. Und wir Menschen müssen dann in einer verschmutzten Umwelt leben. Welcher Satz beschreibt welches Bild?

a. Pestizide auf dem Bauernhof vergiften den Boden.
b. Ein Ölteppich verschmutzt das Meer und tötet Vögel und andere Tiere.
c. Industrie- und Autoabgase verschmutzen die Luft. Wegen der Luftverschmutzung stirbt der Wald.
d. Atomkraft macht Atommüll.
e. Früher haben Spraydosen FCKWs enthalten, die das Ozon zerstörten.

„Seids gewesen, seids gewesen!"

Die letzte Erde
Der Erde letzter Tag
Die letzte Landschaft
Die eines letzten Menschen Auge sieht
5 Unerinnert
Nicht weitergegeben
An nicht mehr Kommende
Dieser Tag
Ohne Namen ihn zu rufen
10 Ohne Rufende

Nicht grüner
Nicht weißer
Nicht blauer
Als die Tage die wir sehn
15 Oder schwarz
Oder feuerfarben
Er wird einen Abend haben
Oder er wird keinen Abend haben
Seine Helle sein Dunkel
20 Unvergleichbar.
Die Sonne die leuchtet falls sie leuchtet
Unbegrüßt
Nach diesem Tag
Wird es sich unter ihr öffnen?
25 Werden wir als Staunende
Wieder herausgegeben
Unter einem währenden Licht?

Zünder der letzten Lunte
Maden der Ewigkeit?

Hilde Domin (1912–   )

TIPP ZUM LESEN

The title of a poem often provides important information regarding content, meaning, intention, and audience. Consider the title an integral part of the poem.

WORTSCHATZ ZUM LESEN

die Erde	earth
die Landschaft	landscape
unerinnert	unremembered
weitergegeben	passed on
die Helle	brightness
unvergleichbar	incomparable
falls	in case
leuchten	to shine
Staunende	amazed (persons)
während	lasting
der Zünder	igniter
die Lunte	match
die Made	maggot; mite
die Ewigkeit	eternity

Zum Text

A Was bedeutet das Gedicht? Beantworte die Fragen.

1. Was bedeutet „seids gewesen"?
   a. Ihr seid es/das gewesen.
   b. Sei das gewesen, . . . !
   c. Seitdem „es" gewesen (ist), . . . !
   d. ?

2. Warum steht der Ausdruck „seids gewesen" zweimal und zwischen Anführungszeichen[a]?
   a. Jemand hat diese Wörter gesagt. Jetzt steht das Zitat[b] als Schlagzeile[c] in einer Zeitung.
   b. Der Ausdruck ist eine Warnung, die man beachten muss.
   c. Der Titel ist ein Aufschrei, ein lauter Vorwurf,[d] und wir alle sind vielleicht schuldig.[e]
   d. ?
3. Was beschreibt das Gedicht?
   a. Es beschreibt die Folge eines Weltkrieges oder einer weltweiten Katastrophe.
   b. Es beschreibt eine Zeit, wenn das Leben, wie wir es kennen, nicht mehr existiert.
   c. Es beschreibt, wie die Erde eines Tages aussehen könnte, wenn man die Umwelt nicht schützt.
   d. ?

[a]*quotation marks* [b]*quotation* [c]*headline* [d]*accusation* [e]*guilty*

B Wortwahl. Diskutiere über die Wahl und Bedeutung der Wörter im Gedicht.

1. Welche Wörter oder Ausdrücke im Gedicht haben eine negative Bedeutung? Welche haben eine positive Bedeutung, wenn sie allein stehen? Mach zwei Listen. Welche Liste ist länger? Was für Wörter (Nomen, Adjektive, Adverbien, Verben) stehen auf jeder Liste?
2. „Dieser Tag" ist „nicht grüner, nicht weißer, nicht blauer, als die Tage, die wir sehen." Was sind grüne, weiße oder blaue Tage? Mit welchen Farben würdest du die Tage des Jahres beschreiben, wo du wohnst?
3. Man kann Verben als Adjektive benutzen. Die kommenden Menschen sind zum Beispiel die Menschen, die kommen oder einfach die Kommenden. Wer könnten die „Kommenden," die „Rufenden" und die „Staundenden" in diesem Gedicht sein?
4. Wer oder was könnten die „Zünder der letzten Lunte" und die „Maden der Ewigkeit" sein?

INTERAKTION

Eine Aufführung[a] des Gedichts. Arbeitet in einer Gruppe, und spielt dann das Gedicht der Klasse vor. Diskutiert zuerst über diese Fragen.

- Wer sollte das Gedicht vorlesen? Eine Person oder mehrere?
- Wollt ihr das Gedicht dramatisieren? Wollt ihr Kostüme tragen?
- Wollt ihr Musik spielen, die zu diesem Gedicht passt?
- Wollt ihr das Gedicht mit Bildern, Fotos oder Postern darstellen?
- Was für Licht wollt ihr? Wollt ihr andere Effekte benutzen?

[a]*performance*

Schreib mal!

Ein Gedicht

● Schreib ein Gedicht über ein Problem der modernen Gesellschaft.

Purpose:	To write about an issue
Audience:	A classmate
Subject:	A problem society faces
Structure:	Poem

TIPP ZUM SCHREIBEN

One way to become comfortable writing in a particular form is to read pieces written in that form. To feel more at ease writing poetry, reread the poem on page 177. If you've read any poems for your English class, read those through again. Even though they're in English, they may give you ideas about how to structure your poem.

Schreibmodell

The writer uses this line later in the poem. Note the different punctuation used at its next occurrence. Why do you suppose the writer changed the punctuation?

The middle of the poem shows many examples of relative pronouns, which you learned about in this chapter.

> **Energie**
> Ein Leben ohne Energie.
> Nicht möglich.
> Strom^a für das Licht, bei dem ich lese.
> Strom für die Stereoanlage, mit der ich Musik höre.
> Strom für den Ofen, mit dem ich mein Essen vorbereite.
> Strom für den Fernseher, vor dem ich sitze und lache.
> Strom für die Klimaanlage, mit der ich es mir bequem mache.
> Ein Leben ohne Energie?
> Und wenn die Energieressourcen verschwinden?
> Nein, das darf nicht passieren, das wird nicht passieren.
> Nein, das darf nicht, ich . . .

^{a}*electricity*

Hunger und Hoffnung

Die Eltern sind arbeitslos.
Die Mutter war bei einer
  Firma, der nicht mehr
  existiert.
Der Vater sucht eine neue
  Stelle.
Vielleicht hat er heute
  Glück!
Die Kinder sind noch
  klein.
Arbeiten können sie nicht.
„Könnte ich eine Banane
  haben, bitte?"
Hunger.

Die Eltern sind arbeitslos.
Die Mutter wartet auf
  ihren Mann, ~~dem~~ sich
  um Arbeit bewirbt.
Der Vater kommt nach
  Hause.
Heute hatte er Glück!
Die Kinder sind noch
  klein.
Arbeiten können sie nicht.
„Ich ~~mag~~ eine Banane,
  bitte."
Hoffnung.

Schreibstrategien

Vor dem Schreiben

- Think of issues and problems facing your town or city and the world as a whole. Choose one that interests you.

- Decide on the point of view or the aspect of the problem to write about. Determine the mood you want to convey.

- Brainstorm a list of words and phrases to use in your poem. Use the words in the **Wortschatz** list in this chapter to help you.

- Think about the structure of your poem. How long will the lines be? Will you use complete sentences or fragments? Will your poem be a series of short, syncopated ideas or long, flowing thoughts?

Beim Schreiben

- Organize your ideas into groups of lines, depending on the structure you chose. Write whatever comes to your mind. Don't stop to correct errors while you're writing. Just keep going!

- After you've finished your first draft, go back and polish your text. Do you need to improve the flow of the poem? Are there other words you could use to enhance the overall mood of the poem?

- Read your poem aloud and consider the rhythm. Where should the reader pause, speed up, or slow down? Shorten or lengthen your lines accordingly. You might decide to put each word on one line, or you may decide to end a sentence and begin another on the same line.

- As you review your poem, consider repetition. Would repeating a word or line as in the **Schreibmodell** add or take away from the overall effect of your poem?

- Finally, add a title that suggests the content of the poem.

Stimmt alles?

- Incorporate your classmate's suggestions and corrections and write your final draft. Check it over carefully.

- Perform your poem or ask someone else to perform it under your direction. Your presentation may include music, dance, or visual aids. It may also include simply the sound of a human voice.

WORTSCHATZ

✴ Substantive / Nouns

die Umwelt / the environment

die **Dose, -n**	tin can
die **Flasche, -n**	bottle
die **Mehrwegflasche, -n**	reusable bottle
die **Plastiktüte, -n**	plastic bag
die **Sammelstelle, -n**	collection station
die **Umweltverschmutzung**	pollution
die **Verpackung, -en**	packaging
die **Wegwerfflasche, -n**	disposable bottle
der **Abfall, ⸚e**	garbage
der **Container, -**	container
der **Müll**	garbage
der **Umweltsünder, -**	polluter
das **Benzin**	gasoline

Probleme der modernen Gesellschaft / Problems of modern society

die **Angst**	fear
die **Arbeitslosigkeit**	unemployment
die **Armut**	poverty
die **Ausländerfeindlichkeit**	xenophobia
die **Gewalttätigkeit, -en**	act of violence
die **Krankheit, -en**	illness
die **Nahrung**	nourishment
die **Obdachlosigkeit**	homelessness
die **Polizei**	police
der **Ausländer, -** / die **Ausländerin, -nen**	foreigner
der **Hunger**	hunger
der **Krieg, -e**	war
der **Lärm**	noise
der/die **Obdachlose, -n**	homeless person

✴ Sonstige Substantive / Other nouns

die **Fußgängerzone, -n**	pedestrian zone
der **Sicherheitsgurt, -e**	seat belt
der **Waldweg, -e**	forest path
das **Haushaltsgerät, -e**	household appliance
das **Nummernschild, -er**	license plate

Verben / Verbs

ab•bauen	to reduce
ab•schaffen	to get rid of
an•schnallen	to fasten
bedauern	to regret
diskutieren über (+ *acc.*)	to discuss
entwickeln	to develop
erteilen	to teach
erziehen	to bring up; educate
halten für (hält), hielt, gehalten	to consider; regard
kompostieren	to compost
kriegen	to get
merken	to notice
pfeifen	to whistle
schützen	to protect
sortieren	to sort
teil•nehmen (nimmt teil), nahm teil, teilgenommen	to participate
verbieten	to prohibit
verbrauchen	to use
verbreiten	to distribute
verlieren, verlor, verloren	to lose
vermindern	to reduce
verschwinden	to disappear
verwenden	to use
vor•ziehen, vorzog, vorgezogen	to prefer

Adjektive und Adverbien / Adjectives and adverbs

mutig	courageous(ly)
organisch	organic(ally)
streng	strict(ly)
übertrieben	exaggerated
umweltfreundlich	environmentally friendly
unbedingt	necessarily, absolutely

KAPITEL 21

DIE FALSCHEN KLAMOTTEN

In this chapter, you will

- observe how Thomas, Markus' brother, is talked into going to a popular club by his cousin Laura.

- see how a bouncer turns Thomas away from the club because of the clothes he's wearing.

You will learn

- to discuss clothing and fashion.

- to talk about different kinds of media, such as television and printed material.

- to recognize and use the passive voice.

- how to use alternatives to the passive voice.

- the views of some young people regarding fashion.

Jugendliche in einer Disko.

Hallo Bruder,

ich muss dir unbedingt erzählen, was im letzten Monat hier passiert ist. Vor ein paar Wochen war unsere Kusine Laura zu Besuch bei uns. Am letzten Abend hat sie mich überredet, mit ihr in ein Livekonzert ins Roxy zu gehen. Zuerst wollte ich gar nicht mit, bin aber dann doch mitgegangen. Du wirst es nicht glauben, aber so ein Typ an der Tür hat mich gar nicht reingelassen. Ich war vielleicht sauer. Mutti und Laura haben gemeint, ich sei total out mit meinen Klamotten.[a] Dass du das denkst, weiß ich ja schon lange. Ich habe mir also die neuesten Klamotten gekauft—von dem Geld, das ich für mein Moped gespart hatte. Jetzt am Wochenende war wieder ein Konzert im Roxy. Ich hab' mich in meine neuen Klamotten geschmissen und bin hin gegangen. Und was passiert mir da? Der Typ lässt mich wieder nicht rein. Jetzt sind schon wieder andere Klamotten in. Was mach' ich jetzt bloß mit all dem Zeug, das ich mir gekauft habe? Wie krieg' ich jetzt mein Moped?

Thomas

[a]*clothes*

„Du wolltest mir doch was zeigen!"

In der letzten Folge . . .

sind Markus und Klara zu Markus' Mutter gefahren. Unterwegs gehen sie im Wald spazieren. Sie kommen bei Markus' Mutter spät an.

● Weißt du noch?

1. Warum sind Markus und Klara im Wald spazieren gegangen?
2. Was haben sie im Wald gesehen?
3. Wie haben sie darauf reagiert?
4. Was haben sie gemacht?
5. Wer hat wen kennen gelernt, als sie bei Markus' Mutter angekommen sind?

Thomas' Kusine Laura.

In dieser Folge . . .

lernen wir Markus' Bruder Thomas besser kennen. Seine Kusine Laura ist zu Besuch da. Sie muss am nächsten Tag wieder nach Hause, und Thomas soll mit ihr zu einem Konzert ins Roxy.

● Was denkst du? Ja oder nein?

1. Thomas hat kein Interesse und will nicht mit ins Roxy.
2. Thomas geht mit, und es ist ein ganz toller Abend.
3. Thomas darf nicht ins Roxy, denn er hat die falschen Klamotten an.
4. Thomas kauft sich neue Klamotten und kommt das nächste Mal rein.

WORTSCHATZ ZUM VIDEO

einen Gefallen tun	to do a favor
überreden	to convince
Hau ab!	Get lost!
das Sparbuch	savings account book
der Aufwand	expense; extravagance

SCHAU MAL ZU!

A Was passiert Thomas? Bring die Sätze in die richtige Reihenfolge.

a. Thomas geht nach Hause.
b. Thomas kauft neue, supermoderne Klamotten, die total in sind.
c. Laura kommt ins Roxy rein, aber Thomas darf nicht rein.
d. Die „Heißen Ohren" spielen in vier Wochen noch einmal im Roxy.
e. Thomas darf ein zweites Mal nicht ins Roxy.
f. Laura versucht, Thomas zu überzeugen, dass er mitkommen soll.

B Mini-Dialog. Lies den folgenden Dialog vom Video. Was lernst du in diesem Gespräch über Laura? Thomas? Thomas' Mutter?

LAURA: Na, wie hab ich das gemacht?
INGE SCHÖPS: Also, ich hätte nicht gedacht, dass du Thomas überreden könntest, in eine Disko zu gehen.
LAURA: Thomas auch nicht, aber ich.

C Thomas' Klamotten. Beantworte die Fragen.

a. Die alte Kleidung.

b. Die neue Kleidung.

1. Beschreib, was Thomas trägt und wie du diese Klamotten findest.
2. Findest du es richtig, dass Thomas nicht ins Roxy darf?
3. Was muss Thomas tragen, damit er ins Roxy darf?

D Zu jung! Am Anfang der Folge darf Marion nicht in eine Disko in Boston, weil sie nicht alt genug ist.

1. Wie alt ist Marion?
2. Wann darf man in Nordamerika in die Disko gehen?
3. Marion sagt: „Ja, aber in Deutschland wär' das kein Problem. Da komme ich in jede Disko rein." Warum sagt sie das?
4. Was findest du besser: die Situation in Deutschland oder in Nordamerika? Warum?

VOKABELN

KLEIDUNG UND MODE

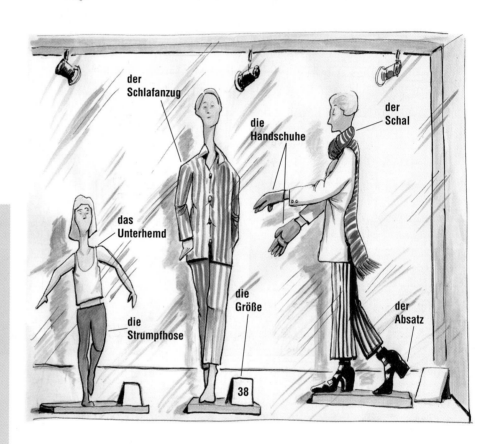

der Schlafanzug

die Handschuhe

der Schal

das Unterhemd

die Größe

38

die Strumpfhose

der Absatz

Und noch dazu

die Kleidung	*clothing*
die Klamotten	*clothes*
das Leder	*leather*
fehlen (+ *dat.*)	*to lack; to be missing*
gehören (+ *dat.*)	*to belong to*
passen (+ *dat.*)	*to fit*
stehen (+ *dat.*)	*to suit*
geblümt	*flowered*
gefärbt	*tinted, colored*
gemustert	*patterned, printed*
gepunktet	*polka-dotted*
gestreift	*striped*
kariert	*checkered*
modisch	*stylish(ly)*

Aktivitäten

A Was tragen sie? Du siehst zwei Szenen vor dem Roxy. In jeder sind die Kleider verschieden. Beschreib die Kleider, die du in beiden Szenen im Video gesehen hast.

a.

b.

B Interview. Arbeitet mit einem Partner / einer Partnerin, und fragt einander.

Was trägst du,
1. wenn es Sommer ist?
2. wenn es schneit?
3. wenn du schläfst?
4. wenn du ins Konzert gehst?
5. wenn es regnet?
6. wenn du in die Disko gehst?

C Was sagst du zum Türsteher? Stell dir vor: Du gehst zum Roxy und trägst die Kleidung, die du normalerweise trägst, wenn du ausgehst. Der Türsteher sagt zu dir: „Das ist doch hier kein Museum. Wie du angezogen bist. Völlig out!"

1. Was trägst du? Wie siehst du aus? Beschreib alles so ausführlich wie möglich.
2. Was sagst du zum Türsteher?
3. Was machst du, nachdem du das alles gesagt hast?

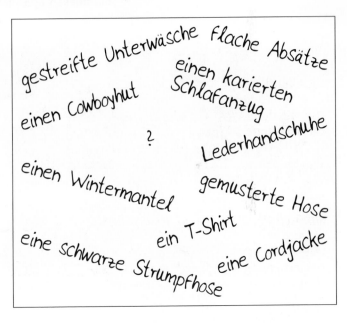

gestreifte Unterwäsche flache Absätze
einen Cowboyhut einen karierten Schlafanzug
?
einen Wintermantel Lederhandschuhe
gemusterte Hose
ein T-Shirt
eine schwarze Strumpfhose eine Cordjacke

MEDIEN, WERBUNG, FERNSEHEN

der Bericht   das Programm

Im Fernsehen werden aktuelle Nachrichten berichtet.

die Kleinanzeige   die Schlagzeile

Die Zeitung erscheint täglich oder wöchentlich. Man kann sie entweder durchlesen oder schnell überfliegen.

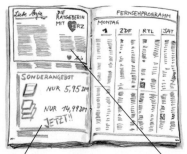

die Reklame   der Ratgeber

In einer Zeitschrift gibt es manchmal unterhaltsame Artikel. Im Fernsehprogramm kann man sich eine Sendung aussuchen.

Und noch dazu

die Politik	*politics*
die Werbesendung	*commercial*
die Werbung	*advertising*
die Lokalnachrichten	*local news*
der Leserbrief	*letter to the editor*
der Ratgeber	*advice column; columnist*
abonnieren	*to subscribe to*
an•schauen	*to look at, to watch*
sich an•sehen	*to look at, to watch*
auf•nehmen	*to record (on video)*
aus•drücken	*to express*
beeinflussen	*to influence*
erfinden	*to invent*

erklären	*to explain*
handeln (von)	*to deal with, be about*
missverstehen	*to misunderstand*
verzichten (auf + *acc.*)	*to do without*
aufregend	*exciting*
eigentlich	*actual(ly), real(ly)*
ermüdend	*tiring*
gescheit	*intelligent, sensible*
gleichzeitig	*simultaneous(ly)*
oberflächlich	*superficial(ly)*
täglich	*daily*

Aktivitäten

A Was gibt's heute im Fernsehen? Arbeite mit einem Partner / einer Partnerin, und diskutier über das Fernsehprogramm für Samstag auf seite 189. Stell ihm/ihr Fragen wie die folgenden.

- Was kommt um (zehn) Uhr?
- Um wie viel Uhr läuft (Star Trek)?
- Gibt es heute (eine Komödie)?
- Wie lange dauert (Eine schrecklich nette Familie)?

- Was kommt im (MDR)?
- Was für eine Sendung ist (Wunder-Zwillinge)?
- ?

Fernsehprogramm für **Samstag**

10.00	SWR	***Sag die Wahrheit*** Ratespiel[a]
10.10	ORF-1	***Star Trek – Raumschiff Voyager*** Sciencefiction-Serie: „Die Kooperative"
10.15	Hessen	***Hessenstudio*** Tipps und Informationen für den Alltag, Nachrichten und Regionales
10.15	MDR	***Hier ab zehn*** Informatives und Unterhaltsames aus der Region
10.15	Pro7	***Andreas Türck*** Talkshow
10.30	ZDF	***Hallo Deutschland*** Menschen und Geschichten aus Deutschland
10.35	Kabel 1	***Eine schrecklich nette Familie*** Comedyserie
10.40	RTL 2	***Wunder-Zwillinge*** Zeichentrickserie:[b] „Die letzte Chance"
10.55	Kabel 1	***Gnadenlose Stadt*** Krimiserie: „Jäger und Gejagte"
11.00	Nord 3	***Ein Fisch namens Wanda*** Spielfilm

Spielfilme Musik Komödien Krimis Serien Talkshows Trickfilme Seifenopern Quizsendungen Nachrichten

[a]*quiz show* [b]*animated cartoon series*

B Fernsehumfrage. Welche Sendungen seht ihr gern? Welche nicht so gern? Gebt Beispiele, und fragt dann drei Mitschüler/ Mitschülerinnen, was sie gern und was sie nicht gern sehen.

MODELL: Ich finde Serien wie „ER" sehr spannend. Quizsendungen finde ich überhaupt nicht unterhaltsam.

C Wie informierst du dich? Arbeite mit einem Partner / einer Partnerin, und stell ihm/ihr die folgenden Fragen.

1. Welche Zeitungen oder Zeitschriften liest du und wie oft? Warum liest du diese Zeitungen oder Zeitschriften?
2. Welche Nachrichtensendungen siehst du dir an, und wie oft?

PASSIVE VOICE I
FOCUSING ON THE EFFECT OF THE ACTION

So far you have used sentences in the active voice. In these sentences the subject performs an action. Sentences in the passive voice focus on the effect of an action. The subject performing the action is often not named, because it is understood, unimportant, or unknown.

ACTIVE VOICE	PASSIVE VOICE
Dumme Leute verschmutzen den Wald.	Der Wald wird veschmutzt.
Dumb people pollute the forest.	*The forest is (being) polluted.*
Die Familie Schöps isst um neunzehn Uhr das Abendessen.	Das Abendessen wird um neunzehn Uhr gegessen.
The Schöps family eats dinner at seven o'clock.	*Dinner is eaten at seven o'clock.*

To form sentences in the present or simple past tenses of the passive voice, use **werden** as an auxiliary verb and the past participle of the main verb.

PRESENT TENSE (PRÄSENS)

Der Umweltsünder **wird verhaftet.**	*The litterbug is being arrested.*
Klara und Markus **werden** von der Polizei **befragt.**	*Klara and Markus are being interviewed by the police.*

SIMPLE PAST (PRÄTERITUM)

Der Umweltsünder **wurde verhaftet.**	*The litterbug was arrested.*
Klara und Markus **wurden** von der Polizei **befragt.**	*Klara and Markus were interviewed by the police.*

To form the present perfect tense of the passive voice, use the conjugated form of **sein**—as the present perfect auxiliary for **werden**—with the past participle of the main verb and, at the very end of the clause or sentence, a special past participle of **werden: worden.**

SO GEHT'S!

The object of the active sentence becomes the subject of the passive sentence. The subject of the active sentence becomes the agent in the passive sentence. If the agent is a person, it follows the preposition **von;** if it is not a person, it follows **durch.** However, the passive sentence may not even include an agent.

Umweltsünder verschmutzen **den Wald.**

Der Wald wird **von Umweltsündern** verschmutzt.

Feuer zerstört **den Wald.**

Der Wald wird **durch Feuer** zerstört.

PRESENT PERFECT (PERFEKT)

Der Umweltsünder **ist verhaftet worden.**

The litterbug has been arrested.

Klara und Markus **sind** von der Polizei **befragt worden.**

Klara and Markus have been interviewed by the police.

Übungen

A Bei Familie Schöps. Was wird alles gemacht?

MODELL: der Rasen / mähen →
Der Rasen wird gemäht.

1. das Fenster
2. die Cola
3. die Kleidung
4. die Zeitung
5. der Kuchen

a. trinken
b. waschen
c. putzen
d. backen
e. lesen

B Thomas will in die Disko. Schreib die Sätze neu im Passiv—zuerst im Präsens und dann im Präteritum.

MODELL: Thomas kauft neue Klamotten. →
Neue Klamotten werden von Thomas gekauft.
Neue Klamotten wurden von Thomas gekauft.

1. Die „Heißen Ohren" geben ein Livekonzert im Roxy.
2. Viele Rockfans hören ihre Musik.
3. Die Fans tragen ganz modische Klamotten.
4. Thomas trägt die falschen Klamotten.
5. Der Türsteher sieht Thomas vor dem Roxy.
6. Er lässt Thomas nicht in die Disko rein.

Auf dem Weg zur Disko.

C Markus und Klara und ihre Familien. Schreib die Sätze neu im Passiv.

MODELL: Markus' Bruder hat den Rasen gemäht. →
Der Rasen ist von Markus' Bruder gemäht worden.

1. Markus' Mutter hat diese Plätzchen gebacken.
2. Markus und Klara haben die Polizei angerufen.
3. Die Firma hat Klaras Vater nach Thüringen versetzt.
4. Klaras Professor hat dieses Buch geschrieben.
5. Klaras Mitstudenten haben das Buch schon gelesen.

PASSIVE VOICE II ALTERNATIVES TO THE PASSIVE

EXPRESSING GENERAL ACTIVITIES AND STATES

German often uses the passive voice to refer to an activity that generally goes on in a certain place, without reference to a subject or an agent. These sentences begin with a 'dummy' subject, **es,** or another word or phrase.

Im Roxy wird getanzt.	Es wird getanzt.
There's dancing in the Roxy.	*There's dancing.*
Vor neunzehn Uhr wird nicht getanzt.	Es wird nicht getanzt.
No dancing before seven o'clock.	*There's no dancing.*
Hier wird kein Alkohol serviert.	Es wird kein Alkohol serviert.
No liquor is served here.	*No liquor is served.*

There are many strategies speakers use to substitute an active sentence for a passive one. One of the most common of these in conversation is the use of the pronoun **man,** meaning *one:*

PASSIVE: Hier **werden** Bücher **verkauft.**
Books are being sold here.

ACTIVE: **Man verkauft** hier Bücher.
One sells books here.

German also uses the verb **sich lassen** to substitute an active for a passive voice construction with the verb **können.**

PASSIVE: Dieses Problem **kann** nicht **gelöst werden.**
This problem cannot be solved.

ACTIVE: Dieses Problem **lässt sich** nicht **lösen.**
lit.: This problem does not allow itself to be solved.

SO GEHT'S!

To form sentences using modal auxiliary verbs in the passive voice, the modal verb appears in the present tense of the active voice with the past participle of the main verb and the infinitive **werden.**

Solche Klamotten dürfen nicht getragen werden.
Such clothes must not be worn.

Übungen

A Was ist alles im Roxy los? Was nicht? Schreib Sätze im Passiv Präsens.

MODELL: Im Roxy werden Lieder gesungen.

interessante Leute sehen
lachen
tanzen
Cola trinken
Lieder singen
keinen Alkohol servieren
?

B Ratespiel. Wo wird das gemacht?

MODELL: Hier wird Cola getrunken. →
Im Café wird Cola getrunken.

1. Hier werden Bücher gelesen und ausgeliehen.
2. Hier werden Brot und Brötchen gebacken.
3. Hier wird gegessen.
4. Hier wird Kleidung gekauft.
5. Hier wird Fußball gespielt.

auf den Sportplatz
im Restaurant
im Kaufhaus
in der Bäckerei
in der Bibliothek

C Was macht man? Bilde Sätze mit **man** im Aktiv.

MODELL: Über ihn wird nur Gutes gesagt. →
Man sagt nur Gutes über ihn.

1. Es wird hier viel gelernt.
2. Darüber wird nie diskutiert.
3. Hier werden keine Lieder gesungen.
4. In der Mensa wird viel geredet.
5. An der Uni wird fleißig gearbeitet.

D Was lässt sich machen? Ändere die Sätze ins Aktiv mit Hilfe des Verbs **sich lassen.**

MODELL: Seine Handschrift kann nicht gelesen werden. →
Seine Handschrift lässt sich nicht lesen.

1. Ihre Aufgabe kann leicht gemacht werden.
2. Die Türen können nicht geöffnet werden.
3. Dieses Problem kann nicht gelöst werden.
4. Diese Bücher können schnell verkauft werden.
5. Solche Wünsche können nicht erfüllt werden.

EINBLICKE

BRIEFWECHSEL

Lieber Bruder,

ich kann verstehen, dass du wegen der Sache mit den Klamotten stinksauer bist. Wie ich dir schon immer gesagt habe, sind deine Klamotten eben ein bisschen out. Ich hätte allerdings nie gedacht, dass du dein gespartes Geld für Diskoklamotten ausgibst. Was die Leute in diesen Klubs tragen, ist doch mehr Kostüm als richtige Kleidung. Vielleicht solltest du versuchen, die Sachen wieder zurückzubringen. Wenn du willst, gehen Klara und ich dann nächstes Mal mit dir einkaufen. Also, Kopf hoch und den Mut nicht verlieren.

Markus

● Markus und Thomas. Beantworte die Fragen.

1. Was kann Markus nicht verstehen?
2. Wie findet Markus die Kleidung von seinem Bruder?
3. Wie findet er die Kleidung von Leuten, die in die Disko gehen?
4. Was soll Thomas tun?
5. Wie will Markus seinem Bruder helfen?

EINBLICK

Echt schick!

Eine kurze Geschichte der deutschen Mode präsentiert von den Modeexperten Jäckel und Heide.

Jäckel und Heide: Modeexperten par excellence.

1. Jäckel: Karl Hein ist sehr einnehmend gekleidet im Anzug und dunklem Wollmantel. Dazu trägt er passende Lederhandschuhe und den korrekten Hut. Eine imposante Erscheinung von ausgesuchter Eleganz, ganz das Bild des aktuellen Herrn in den fünfziger Jahren.

Heide: Die Dame bleibt bescheiden und adrett im dunklen Kostüm, passend dazu ein apartes Hütchen und Handtasche mit modernem Flair. Die strenge Linie wird vom hellen Mantel und den weißen Lederhandschuhen angenehm aufgelockert. Aber Jäckel, weißt du, das hört sich wirklich doof an! Da schläft man ja ein.

2. Jäckel: Na gut, machen wir das anders: Was kommt denn hier angelaufen? Ach, diese Mode aus den Sechzigern, ganz ausgesprochen schrecklich! Die sich da Männer nennen, tragen knappe Anzüge mit weißen Hemden und einem soooo dünnen Schlips. Und dann diese Sonnenbrillen . . . die sehen ja aus wie die Blues Brothers! Lächerlich. Na, wenn die Stil haben wollen . . .

Heide: Ha, aber die Frauen wissen, was Sache ist! Die Kleider sind kürzer, die Haare länger und was die Leute denken, ist sowieso egal. Alles kommt etwas knapper an die Körper, Hauptsache eng. Ach ja, was 'ne Stimmung!

3. Jäckel: Umweltschutz ist in, Klamotten sind out. Was ist schon Mode? Die Wälder sterben, da trägt frau Erdtöne, also braune Kordhosen, ein braunes Sweatshirt und wuschelige braune Haare. Die Jugend ist engagiert, die nächste Demo kommt bestimmt.

4. Heide: Hey, Jäckel, ist das Thomas auf dem Weg zum Roxy? Sieht ja scharf aus; ist aber vielleicht ein bisschen heftig, oder? Die grüne Jacke ist auf jeden Fall super, und die schwarzen Lackhosen sitzen knalleng, echt Spitze. Aber die weißen Motorradstiefel, na ja, ich weiß nicht, 'n bisschen NASA-mäßig. Und bloß weg mit der Brille, ist ja nicht auszuhalten . . .

● Modeschau. Stimmst du mit den Meinungen dieser Modeexperten überein? Jetzt bist du dran. Finde einen Partner / eine Partnerin, und mach eine Modeschau! Ein Partner / eine Partnerin trägt besondere Klamotten. Der andere Partner / Die andere Partnerin beschreibt ihn/sie. Ihr könnt auch andere Bilder aus Zeitschriften benutzen, oder sogar eure eigenen Photos.

1. die fünfziger Jahre.

2. die sechziger Jahre.

3. die achtziger Jahre.

4. die neunziger Jahre und nach dem Jahr 2000.

WORTSCHATZ ZUM LESEN

einnehmend	appropriately	apart	exquisite
die Erscheinung	appearance	knapp	tight
ausgesucht	select; sought-out	der Schlips	necktie
bescheiden	modest	eng	tight
adrett	dressy; smart	wuschelig	tousled

PERSPEKTIVEN

HÖR MAL ZU!

Großer Auftritt

Am ersten Schultag trifft man ganz neue Typen—oder nicht? Du hörst jetzt die Meinungen von einer Schülerin und zwei Schülern.

A Der erste Schultag. Welche Beschreibung passt zu welchem Bild?

1. Daniela, 15

2. Henning, 18

3. Jörg, 18

WORTSCHATZ ZUM HÖRTEXT

prägen	to influence
das Portemonnaie	billfold
das Batikkleid	dress of hand-dyed fabric
einschätzen	to estimate; guess
freiwillig	voluntary
die Schere	scissors

B Neue Typen. Hör den Text noch einmal, und schau dir die Bilder an. Welche Kleidungsstücke tragen diese Schüler und diese Schülerin am ersten Schultag? Wie sehen sie aus? Mach dir Notizen, und beschreib dann so vollständig wie möglich jede Person. Vergiss nicht die Adjektive.

DANIELA   HENNING (USA)   JÖRG

C Persönliche Meinungen. Beantworte die Fragen.

1. Warum hat Daniela diese Klamotten getragen?
2. Was hat Henning in den USA gelernt?
3. Was sagt Jörg über seine neue Frisur?
4. Was trägst du am ersten Schultag? Warum?

LIES MAL!

Zum Thema

● Im Text äußern sich drei junge Leute zum Thema Markenklamotten. Beantworte folgende Fragen bevor du den Text liest.

1. Welche Trends sind zur Zeit in und welche out? Mach zwei Listen!
2. Welche Kleidungsstücke und Farben gehören zum neuesten Trend? Richtest du dich nach den neuesten Trends? Warum (nicht)?
3. Sind Markenklamotten wichtig für dich? Warum (nicht)?

Thomas' neue Klamotten.

Markenklamotten – ja oder nein?

Ohne Markenklamotten geht heutzutage nichts mehr! Der Preis spielt keine Rolle! Auch wenn die Eltern stöhnen, für die meisten kommt eine Hose unter 100 Mark überhaupt nicht mehr in Frage.

Dauernd kommen neue Trends—dann freut sich die
5 Altkleidersammlung. Denn: Sind deine Klamotten out, bist du automatisch auch out. So ist das Leben—doch muss es eigentlich so teuer sein?

Oft soll die Markenkleidung mangelndes Selbstbewusstsein ersetzen, das bei vielen Jugendlichen, warum auch immer, schon mal auf der
10 Strecke bleibt. Reicht das dann immer noch nicht, um genügend Anerkennung zu bekommen, lassen einige schon mal etwas mitgehen. Das monatliche Taschengeld—wenn es denn überhaupt reicht—wird häufig in den Schrank gehängt. Doch macht euch keine Sorgen, auch ohne Markenklamotten kommt ihr mit Power und Witz gut an. Man sagt
15 zwar „Kleider machen Leute". Aber auch tausend „Labels" können den Charakter und die Person nicht ändern.

Natürlich wollen wir auch die schönen Seiten der Mode erwähnen. Denn wem macht es keinen Spaß, mit der Freundin shoppen zu gehen, sich mit anderen über die neueste Mode zu unterhalten oder mit den
20 schicken Klamotten zu prahlen?

Und nun noch ein Tipp von uns, den „Modeexperten": Die trendigsten Farben im kommenden Sommer werden Lila, Hellblau, Rot, Schwarz, Weiß und Beige sein. Also dann, viel Spaß beim Shoppen!

Theresa Götz, Klasse 8c, Kathrin Krug, Klasse 8b, Marie Dudzic, Klasse 8c,
Gesamtschule Aßlar-Hermannstein.

WORTSCHATZ ZUM LESEN

die Markenklamotten *(pl.)*	*brand-name clothing*
stöhnen	*to moan*
mangelnd	*low*
das Selbstbe-wusstsein	*self-esteem*
ersetzen	*to replace*
auf der Strecke bleiben	*to fall by the wayside*
häufig	*frequently*
erwähnen	*to mention*
prahlen	*to show off*

Zum Text

● SCHRITT 1: Ja oder nein? Was schreiben Theresa, Kathrin und Marie über Klamotten?

1. Markenklamotten sind heute nicht wichtig für junge Leute.
2. Die meisten Teenager kaufen Hosen, die über 100 Mark kosten.
3. Neue Trends gibt es sehr oft.
4. Teenager kaufen oft Klamotten mit ihrem Taschengeld.
5. Oft kommen Klamotten in die Altkleidersammlung.
6. Klamotten zeigen den Charakter einer Person.
7. Es macht keinen Spaß, Klamotten einzukaufen.
8. Teenager wollen mit Klamotten prahlen.
9. Teenager reden nicht gern über Klamotten.
10. Neue Trends werden die Farben Blau und Grün sein.

SCHRITT 2: Was denkst du? Bist du mit Theresa, Kathrin und Marie einverstanden? Was sagst du zu ihren Meinungen?

INTERAKTION

● Klamotten

SCHRITT 1: Die Umfrage. Stellt drei Mitschülern/Mitschülerinnen die folgenden Fragen. Schreibt alle Antworten kurz auf.

1. Wie wichtig sind Klamotten für dich?
2. Wie oft kaufst du Klamotten?
3. Wer bezahlt die Klamotten?
4. Wo kaufst du die Klamotten?
5. Was für Markenklamotten trägst du oder kennst du?

SCHRITT 2: Die Resultate. Was habt ihr gelernt? Benutzt eure Notizen, und macht eine Tabelle, um die Resultate anschaulich zu machen.

SCHREIB MAL!

Ein Zeitschriftenartikel

● Schreib einen Zeitschriftenartikel über das Thema „Jugendliche und Mode".

Purpose: To express one's thoughts or observations on a current theme
Audience: The magazine's readers
Subject: Youth and fashion
Structure: Magazine article

TIPP ZUM SCHREIBEN

Many magazines are focused on one topic, such as sports, music, movies, fashion. Reading several articles in magazines that you particularly like will help prepare you for writing your own article.

Schreibmodell

„Ich kaufe am liebsten im WWW ein!" Bridget Lewis

Since the magazine is directed at a youthful audience, the writer uses the familiar **du**-form in addressing the reader.

Hast du die Nase voll von der Einkaufshetze? Heutzutage braucht man nicht mehr im überfüllten Kaufhaus oder in einer kleinen Boutique seine Klamotten zu kaufen. Man kann sich leicht das Gedränge und die Strapaze ersparen! Du kannst in aller Ruhe zu Hause sitzen und um ein Uhr früh deinen Schrank mit den neuesten Klamotten, die es auf dem Markt gibt, füllen!

Note how the writer uses a question to introduce the theme of each paragraph.

Einkaufen von zu Hause aus? Um ein Uhr früh? Das gibt's doch nicht! An die Technologie denken, liebe Leser und Leserinnen! Das Einkaufen wird einfach mit Computer, Modem, Internetanschluß, Web-Browser und Kreditkarte gemacht. Ja, ohne Kreditkarte geht das natürlich nicht, denn man muss – auch wenn es in aller Ruhe von zu Hause aus gemacht wird – schließlich

This passive voice clause employs the 'dummy' subject **es.**

für seine Einkäufe bezahlen.

Ist das alles vorhanden? Dann los! Du brauchst nur im Katalog deiner Internet-Suchmaschine nach den Kategorien „Einkaufen" oder „Shopping" zu suchen. In der Kategorie „Mode" findet man die WWW-Seiten von allen möglichen Großhändlern (wie z.B. Brandmania.com) und von Versandhäusern wie Quelle. Dort werden die Klamotten nicht nur ausführlich beschrieben, sie werden auch vollfarbig abgebildet. Gefällt dir die grüne Bluse? Klick einfach auf das Symbol für Einkaufskorb oder Einkaufstüte! Größe, Farbe und weitere Details wie Name, Adresse und Nummer deiner Kreditkarte angeben und dein Einkauf ist fertig – ganz ohne Stress! Einfacher kann's nicht sein!

To focus on the clothes rather than the sellers, the writer uses the passive voice in this sentence.

Modische Klamotten kaufen oder für die Zukunft sparen?
von Tom Gilbert

Viele Jugendliche geben sehr viele Geld für ihre Kleidung aus. Anstatt billige Jeans zu kaufen, wollen sie die teuersten Designer-Jeans tragen. Jeden Herbst und jedes Frühjahr laufen die Jungs und Mädchen durch die Warenhäuser und Designer-Boutiques. Die Geld fliegt vom Kunden zum Verkäufer.

Nach der Schule arbeiten viele, weil sie das Geld für die neuste, tollste Mode brauchen. Das Geld, das sie verdienen, werden aber nicht für das Universitätsstudium gespart. Es wird für ganz tolle, teure Sachen ausgeben. Natürlich kann man das ganze Geld, das man für das Studium braucht, nicht selbst sparen. Das Studium ist sehr teuer. Aber auch das Bisschen, das man sparen kann, hilft.

Schreibstrategien

Vor dem Schreiben

- Think about these questions before you begin writing:

  1. Was haben deine Mitschüler/Mitschülerinnen über Mode und Kleidung gesagt?
  2. Wie hast du die Fragen in der **Interaktion** beantwortet?
  3. Was kannst du über dieses Thema schreiben?

- Will you write about the latest fashion trends or your classmates' reactions to fashion? Or will you write about a particular aspect of the theme, such as "shopping for fashions?" Do you want to write a serious or a humorous article?

- Brainstorm a list of words and phrases in German that you will use in your article. Organize them in the order you will use them.

Beim Schreiben

- Begin your article with a statement that summarizes the overall position or point of your article.

- Support this statement with details. If you are writing about your reaction or your classmates' reactions to the questions in the **Interaktion,** use details from the individual answers and explanations of the attitudes. If you are quoting directly, include the person's name, age, gender, or a description of the person you are quoting.

- End your article with a conclusion about the theme. If appropriate, offer a personal commentary or some advice for your readers.

- Finally, don't forget to include your byline (your name).

Nach dem Schreiben

- Exchange drafts with a classmate. Review each others' articles and suggest improvements.

- Revise your article as necessary to sharpen the focus, clarify your point of view and explanations, and strengthen the tone.

Stimmt alles?

- Give your article a final proofread, checking for errors in spelling, word order, and tenses.

- Add visuals and captions. Lay out your article with your artwork.

WORTSCHATZ

Substantive	**Nouns**
Kleidung und Mode	*Clothing and fashion*
die **Größe, -n**	size
die **Kleidung**	clothing
die **Strumpfhose, -n**	tights
der **Absatz, ⸚e**	heel
der **Handschuh, -e**	gloves
das **Leder**	leather
der **Schal, -s**	scarf
der **Schlafanzug, ⸚e**	pajamas
das **Unterhemd, -en**	undershirt
die **Klamotten** (*pl.*)	(*slang*) clothes

Medien, Werbung, Fernsehen	*Media, advertising, television*
die **Kleinanzeige, -n**	classified ad
die **Politik**	politics
die **Reklame, -n**	advertising; publicity; ad
die **Schlagzeile, -n**	headline
die **Sendung, -en**	broadcast, show
die **Werbesendung, -en**	commercial
die **Werbung**	advertising
die **Zeitschrift, -en**	magazine, periodical
der **Bericht, -e**	report
der **Leserbrief, -e**	letter to the editor
der **Ratgeber, -**	advice column; columnist
das **Programm, -e**	station, channel
die **Lokalnachrichten** (*pl.*)	local news

Verben	**Verbs**
abonnieren	to subscribe to
an•schauen	to look at; to watch
sich an•sehen (sieht an), sah an, angesehen	to look at; to watch
aufnehmen (nimmt auf), nahm auf, hat aufgenommen	to record (video)

aus•drücken	to express
sich etwas aus•suchen	to choose something for oneself
beeinflussen	to influence
berichten	to report
erfinden, erfand, erfunden	to invent
erklären	to explain
fehlen (+ *dat.*)	to lack; to be missing
gehören (+ *dat.*)	to belong to
handeln (von)	to deal with, be about
missverstehen, missverstand, missverstanden	to misunderstand
passen (+ *dat.*)	to fit
stehen (+ *dat.*)	to suit
überfliegen, überflog, überflogen	to skim
verzichten (auf + *acc.*)	to do without

Adjektive und Adverbien	**Adjectives and adverbs**
aktuell	current, topical
aufregend	exciting
eigentlich	actual(ly), real(ly)
ermüdend	tiring
geblümt	flowered
gefärbt	tinted, colored
gemustert	patterned, printed
gepunktet	polka-dotted
gescheit	intelligent, sensible
gestreift	striped
gleichzeitig	simultaneous(ly)
kariert	checkered
modisch	stylish(ly)
oberflächlich	superficial(ly)
täglich	daily
unterhaltsam	entertaining
wöchentlich	weekly

WIEDERHOLUNG 7

VIDEOTHEK

● Klara, Markus und Thomas.

SCHRITT 1: Bringen Sie die Bilder in die richtige Reihenfolge.

a.

b.

c.

d.

e.

f.

g.

h.

i.

SCHRITT 2: Wer sagt was? Verbinde die Worte mit dem richtigen Bild und der richtigen Person.

1. „Heute hast du dir zu Recht Sorgen gemacht. Wir waren nämlich auf Verbrecherjagd."
2. „So'n Blonder mit Schal?"
3. „Genau die Musik, die du magst!"
4. „Du wolltest mir doch was zeigen!"
5. „Genau, die richtigen Klamotten, und du trägst die falschen."
6. „So eine Sauerei! Wir müssen die Polizei holen."
7. „Wie siehst du denn aus?"
8. „Wollen sie sich hier alle für das Praktikum anmelden?"
9. „Man hilft eben, wo man kann."

Klara   Markus

Sonja   Laura

Thomas' Mutter

der Türsteher

VOKABELN

A Studentenleben. Ergänze die fehlenden Wörter.

1. An unserer Uni wohnen die meisten Studenten in einem _____,
   weil es dort billiger ist und man andere Studenten besser kennen
   lernen kann.
2. Die Professorin hält heute einen _____ im _____ zum Thema
   europäische Integration.
3. Dieses Wochenende bleibt Gregor mit seinen Büchern zu Hause,
   weil er am Montag eine _____ schreiben muss.
4. Markus hat seinen Platz _____, damit sich Klara für's Praktikum
   anmelden konnte.
5. Wir haben uns _____, in den Semesterferien nach Italien zu reisen.

B Melanie bereitet das Abendessen vor. Was macht sie? Ergänze die
fehlenden Wörter.

Weil Melanie Vegetarierin ist, isst sie niemals _____.[1] Sie hat aber
ganz viel _____[2] gekauft, wie Gurken, Karotten und Blumenkohl. Sie
_____[3] die Kartoffeln in kleine Stücke und legt sie in einen _____[4] mit
viel Wasser drin. Während die Kartoffeln kochen, deckt sie den Tisch.
Erst stellt sie die neuen weißen Porzellan _____[5] auf den Tisch. Jeder
Platz bekommt auch zwei _____,[6] das eine für Sprudelwasser und das
andere für Saft. Dann legt sie das Besteck auf den Tisch: einen _____[7]
für die Suppe und eine kleine _____[8] für den Salat. Sie geht zurück in
die Küche und _____[9] den Tofu in einer Pfanne mit Olivenöl. Es ist
aber sehr viel Arbeit! Melanie hat sich entschlossen, den nächsten
Abend auszugehen.

C Was schlägst du vor? Du bist der neue Bürgermeister / die neue
Bürgermeisterin. Deine Mitbürger / Mitbürgerinnen haben sich heute
versammelt, um über die Probleme der Stadt zu diskutieren. Arbeite
mit deinen Ratgebern, und schlag mögliche Lösungen vor.

1. Herr Jakobs: „In der Innenstadt gibt es zu viele Autos. Man hat
   Angst, zu Fuß zu gehen."
2. Herr Falk: „Ich will recyceln, aber wohin soll ich mein Altglas und
   Altpapier bringen?"
3. Frau Kästner: „Herr Falk ist ein Umweltsünder. Wen soll ich
   anrufen, wenn er seinen Abfall in meinen Garten wirft?"
4. Frau Augustiniak: „Ich bin Ausländerin und habe Angst, hier zu
   wohnen. Was kann man gegen die Ausländerfeindlichkeit in
   unserer Stadt tun?"
5. Herr Abraham: „Wir haben in unserer Stadt zu viele tödliche
   Autounfälle. Was kann man tun, um sicherer zu fahren?"

**Die Stadtversammlung: Was
sagt man?**

D Was würdest du in welcher Situation tragen? Beschreib deine Kleidung. Verwende dabei so viele Substantive und Adjektive wie möglich.

1. Du bist ein/eine Azubi und heute ist dein erster Tag im Büro.
2. Dein bester Freund will dir einen Bekannten / eine Bekannte von ihm vorstellen. Er meint, du würdest ihn/sie mögen. Du triffst die beiden heute Abend bei ihm zu Hause.
3. Jemand ist in dich verliebt, aber du magst ihn/sie nicht. Er/sie lädt dich zum Abendessen ein.
4. Du willst auch ins Roxy! Du weißt aber schon, dass man sich dafür sehr elegant anziehen soll.
5. Du hast heute den ganzen Tag frei und hast keine Pläne gemacht.

E Nachrichten und Medien. Beantworte die Fragen.

1. Was ist der Unterschied zwischen einer Zeitschrift und einer Zeitung?
2. Was hältst du von Werbung im Fernsehen?
3. Hast du schon einmal einen Brief an einen Ratgeber / eine Ratgeberin geschrieben? Warum schreibt man solche Briefe?
4. Hast du eine Lieblingssendung? Was für eine Sendung ist das?
5. Auf welche Medien könntest du am wenigsten verzichten: Bücher, Radio, Computer oder Fernsehen? Warum?

STRUKTUREN

A Bilde Fragen aus den folgenden Sätzen.

MODELL: Jutta fühlt sich nicht wohl. (du) →
Warum fühlst du dich nicht wohl?

1. Kai interessiert sich für Umweltforschung. (du)
2. Tanja freut sich nicht auf ihre Reise. (du)
3. Martin und Josef regen sich auf. (ihr)
4. Karin zieht sich die Schuhe an. (du)
5. Die Studenten treffen sich immer in der Mensa. (ihr)

B Sie sind nicht gleich. Vergleich die folgenden Dinge.

MODELL: Deutschland / Österreich (groß) →
Deutschland ist größer als Österreich.

1. der Amazonas / der Rhein (lang)
2. eine Mark / ein Pfennig (viel)
3. die Nordsee / das Mittelmeer (kalt)
4. der Mars / der Neptun (nah)
5. das Empire-State-Building / der Eifelturm (hoch)

C Jens kann alles besser! Was sagt er zu den folgenden Aussagen?

MODELL: Ich habe ein großes Stück Kuchen gegessen. →
Ich habe ein größeres Stück Kuchen gegessen!

1. Ich bin in einem dunklen Wald spazieren gegangen.
2. Ich bin auf einen hohen Berg geklettert.
3. Ich habe viel Cola getrunken.
4. Ich habe tolle Sachen gekauft.
5. Ich habe eine kleine Katze gerettet.
6. Ich bin in ein gutes Restaurant gegangen.
7. Ich habe einen lustigen Witz erzählt.

D Etwas höflicher, bitte! Stell die Fragen im Konjunktiv.

MODELL: Kannst du mir ein bisschen Geld leihen? →
Könntest du mir ein bisschen Geld leihen?

1. Willst du mit ins Kino?
2. Darf ich das Fenster aufmachen?
3. Kann ich meine Freundin zum Abendessen einladen?
4. Sollen wir lieber zu Hause bleiben?
5. Mögen Sie so was haben?

E Ein Satz aus zwei Sätzen. Verbinde die Sätze mit Relativpronomen.

MODELL: Ich habe die Frau gesehen. Du hast sie in der Mensa kennen
gelernt. →
Ich habe die Frau gesehen, die du in der Mensa kennen
gelernt hast.

**Wer etwas bekommen möchte,
sollte sehr nett sein.**

1. Kennen Sie den Mann? Er wohnt neben mir.
2. Das ist ein berühmter Schriftsteller. Seine Bücher sind immer noch
populär.
3. Wir leben in einer kleinen Stadt. Sie liegt nicht weit von Hamburg.
4. Sie ist eine alte Freundin. Ich bin mit ihr aufgewachsen.
5. Wir haben ein kleines Kind gesehen. Es sah wie meine Nichte aus.

F Immer Befehle! Sag, dass alles schon erledigt wird.

MODELL: Fege[a] den Boden! →
Der Boden wird schon gefegt!

1. Wasch das Auto!
2. Mäh den Rasen!
3. Koche das Abendessen!
4. Füttere die Tiere![b]
5. Mach die Fenster zu!

[a]*sweep*   [b]*Feed the animals!*

EINBLICKE

Du hörst jetzt ein Radioprogramm mit Informationen über Auslandsstudium, Umweltschutz und Tipps für junge Leute und ihre Eltern.

● Was hast du gelernt? Hör noch einmal zu, und ergänze die Sätze!

1. Auslandspraktika.
   a. Praktikumsstellen in (Belgien / Brasilien) werden empfohlen.
   b. Frau Schachner ist gerade aus (São Paolo / San Diego) zurück gekehrt.
   c. Die Carl-Duisberg-Gesellschaft bietet (dreimonatige / dreiwöchige) Aufenthalte an.
2. Probleme mit der Biotonne.
   a. Bei heißem Wetter kann die Biotonne (explodieren / stinken).
   b. Die Biotonne soll (in der prallen Sonne / in der Garage) stehen.
   c. Essensreste sollen (immer / absolut nicht) in die Toilette geworfen[a] werden.
3. Tipps für junge Leute.
   a. Man sollte Freunde (zu einer Party / zu sich nach Hause) einladen.
   b. Man sollte die Eltern (positiv / negativ) beeinflussen.
   c. (Freunde / Verwandte) könnten mit den Eltern reden.

[a]*thrown away*

In der Innenstadt von São Paulo.

PERSPEKTIVEN

Im folgenden Text spekuliert eine Schülerin aus Deutschland über eine Zukunft, in der es kein Papier in der Schule gibt.

Papierlose Schule—Utopie oder Vision

Stell dir das mal vor: eine Schule ohne Papier! Undenkbar? Katia, 17 Jahre, hat sich das Undenkbare vorgestellt.

Wenn mir im Unterricht langweilig ist, zerfleddere ich gern Heftseiten mit Lateinvokabeln. Oder ich schreibe meiner Freundin Tine auf einem abgerissenen Löschpapier alles über mein letztes Date. Oder ich werfe Papierkügelchen auf den Vordermann. Neulich hat mich mein
5 Deutschlehrer beim Papierkügelchen-Werfen erwischt. Er hat mich angeschaut und zu mir gesagt: „Verschwenden Sie doch das Papier nicht

so; seien Sie froh, dass wir noch Papier haben!" Was hat er bloß damit
gemeint? Vielleicht hat Herr Müller an die Putzfrauen gedacht, die meine
Kügelchen zusammenfegen müssen. Oder er ist unter die Umweltschützer
10   gegangen und bangt um jeden Baum? Vielleicht hat er auch an die
Zeiten gedacht, als weißes Papier kostbar war und Schüler noch auf
Schiefertafeln schrieben. Oder hat er dabei an die papierlose Schule
gedacht? An eine Schule, in der ich erst Disketten zerschnippeln müsste,
um etwas Werfbares zu haben. In der ich meiner Freundin meine
15   Erlebnisse mit diesem schnuckeligen Typen E-Maile. An eine Schule, in
der ich Goethe lese, ohne jemals ein Buch in der Hand zu haben. Im
Unterricht haben wir schon mal über die papierlose Schule geredet. Das
war allerdings in der siebten Klasse. In Englisch. Es ging um „the future"
und lauter grüne Männchen schwirrten auf der Englischbuch-Seite rum.
20   Wir haben uns dann ausgemalt, wie es wäre, wenn jeder Schüler seinen
eigenen Computer in der Schule hätte. Und wir konnten es uns gar
nicht so ganz ohne Stifte, Bücher und Hefte vorstellen. Vollkommen
unrealistisch. Denn wie sollten alle Computer finanziert werden? Und wie
würde das mit Schulaufgaben funktionieren, ohne Papier? Doch das
25   größte Problem unserer Englischlehrerin war der Computer, dieses
technische Monster, das ihr Angst machte. Damals fanden wir die
papierlose Schule „just crazy". „Utopisch!", beruhigte sich unsere Lehrerin.
Wer hat denn in der siebten Klasse wissen können, dass die Verfasser
unseres Englischbuchs prophetische Gaben haben! Aber vielleicht war
30   es ja auch gar kein Zufall, sondern Absicht. Vielleicht wird unser
Englischbuch ja von Microsoft oder Apple gesponsert. Letzte Woche
haben wir nämlich nochmal darüber geredet. Auch wieder in Englisch.
Weil jemand einen Artikel aus „Seventeen" über „digital classrooms"
dabeihatte. Unser neuer Englischlehrer fand das gar nicht mehr so
35   „crazy", eher „very modern" und durchaus realistisch, eine schöne Vision.
Seitdem schreiben meine Freundin und ich uns dauernd Zettelchen im
Unterricht. Und wir haben eine Papierkügelchen-Roll-Gemeinschaft
gegründet. Für Notzeiten. Schließlich weiß man nie, was kommt. Und vor
allem nicht wann!

**Katja Murmann, aus der Schülerzeitung des Maria-Ward-Gymnasiums Nürnberg
(prämierter Beitrag des SPIEGEL-Schülerzeitungs-Wettbewerbes 1998).**

zerfleddern	*to tatter, tear up (the ends)*
das Löschpapier	*blotting paper*
das Papierkügelchen	*small ball of paper*
der Vordermann	*person (m.) who sits in front of one*
das Werfen	*throwing*
die Putzfrau	*cleaning lady*
zusammenfegen	*to sweep up*
bangen um	*to worry about*
die Schiefertafel	*slate*
zerschnippeln	*to snip to pieces*
schnuckelig	*cute*
der Verfasser	*author*
die Gabe	*gift*
das Zettelchen	*little note*
die Notzeit	*time of emergency*

● In Kleingruppen beantworte die folgenden Fragen.

1. Wie findet ihr die Idee einer papierlosen Schule? Was gefällt euch
daran (nicht)? Ist so etwas überhaupt möglich? Versucht man in
eurer Schule in den letzten Jahren weniger Papier zu benutzen?
Warum (nicht)?

2. Möchtet ihr Bücher, Zeitungen, Zeitschriften am Computer lesen,
anstatt sie in der Hand zu halten? Denkt dabei an die
verschiedenen Orte und Stellen, an denen man liest. Wie praktisch
wäre das Lesen mit dem Computer? Was für Schwierigkeiten gäbe es?

KAPITEL 22

EIN NEUES GEMÄLDE

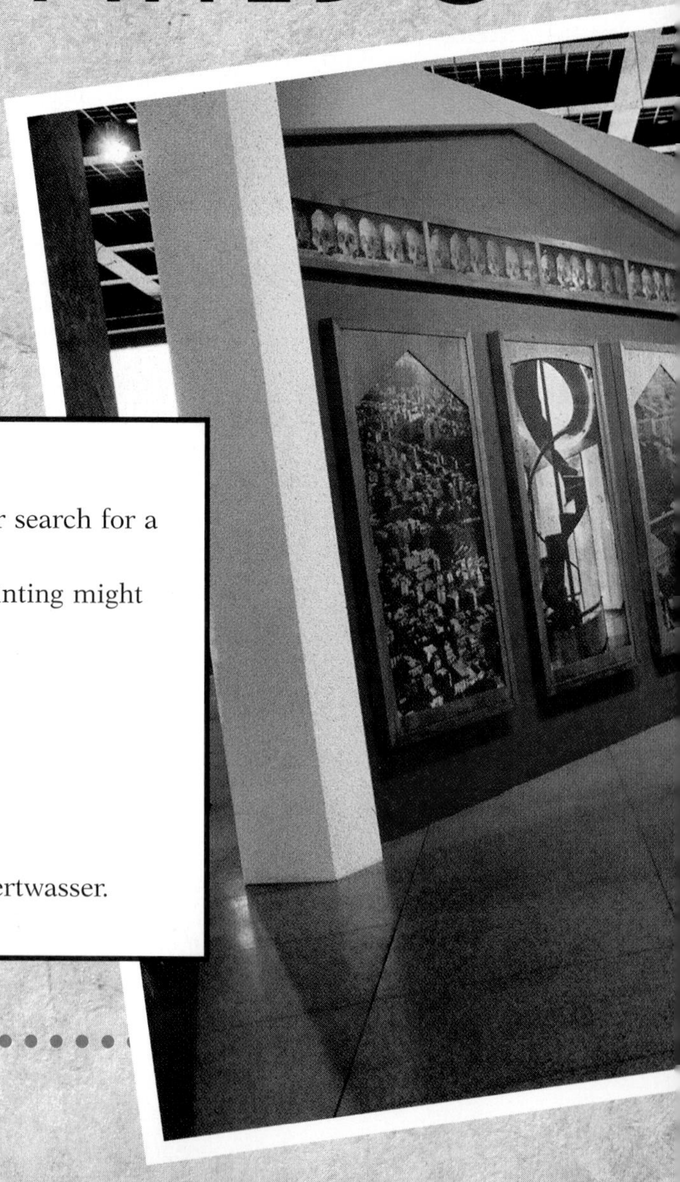

In this chapter, you will

- find out more about Laura Stumpf's family and their search for a new painting.
- see how the Stumpfs react to the news that their painting might be worth a lot of money.

You will learn

- to discuss different places to shop.
- how to ask for and give directions.
- how to use any verb in the simple past tense.
- the German equivalents of the English word *when*.
- about a famous Austrian artist, Friedensreich Hundertwasser.

Liebe Vera,

vielen Dank für die Postkarte aus Rügen. Wir sind alle froh, dass Marion sich nicht schwer bei dem Unfall verletzt hat. Schade, dass ihr keine Zeit hattet, bei uns wenigstens eine Tasse Kaffee zu trinken.

Diese Woche ist endlich unsere neue Sofagarnitur angekommen. Roswita meint, dass das schöne Bild vom Großvater nicht dazu passt. Jetzt heißt es, wir sollen uns ein neues kaufen. Es gibt natürlich viele Galerien hier in Berlin, weißt du, in der Fasanenstraße und am Kudamm,[a] aber das bedeutet dann schon wieder viel Geld ausgeben und die neuen Möbel waren teuer genug. Aber keeken[b] kostet nichts, und wir können auf jeden Fall zum Flohmarkt am Savignyplatz gehen. Dann gibt's Currywurst und Pommes.

Sonst ist hier nicht viel los. Heiner macht noch den Hausmann und versorgt[c] Kai. Eigentlich macht er das ganz gut. Habt ihr euch in Köln schon eingelebt? Macht's jut[d] und schreib bald!

Gruß und Kuss auch an Heinz und die Kinder!
Deine Schwester Evelyn

[a]Kurfürstendamm, *a famous shopping street*   [b]gucken
[c]*takes care of*   [d]gut

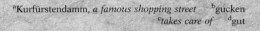

Besucher in der Nationalgalerie in Berlin.

VIDEOTHEK

Thomas trägt die falschen Klamotten.

Ist dieses Bild echt?

In der letzten Folge . . .

wollen Thomas und Laura ins Konzert gehen. Laura darf ins Roxy, aber Thomas hat einige Probleme.

● Weißt du noch?

1. Warum wollten Laura und Thomas ins Roxy?
2. Warum durfte Thomas das erste Mal nicht ins Roxy?
3. Warum durfte Thomas das zweite Mal nicht ins Roxy?
4. Woher hatte Thomas das Geld, neue Klamotten zu kaufen?
5. Warum durfte Marion nicht in die Disko in Boston?

In dieser Folge . . .

hat Familie Stumpf ein neues Sofa gekauft. Jetzt brauchen die Stumpfs aber ein neues Bild, das sie über das Sofa hängen können. Sie suchen sich ein Gemälde in der Stadt.

● Was denkst du? Ja oder nein?

1. Die Stumpfs kaufen sich ein teures Gemälde in einer Galerie.
2. Sie wollen ein Gemälde in einer Galerie kaufen, aber es ist zu teuer.
3. Sie finden ein schönes Bild auf dem Flohmarkt.
4. Sie finden kein passendes Bild.

SCHAU MAL ZU!

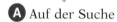

A Auf der Suche

SCHRITT 1: Was passiert? Bring die Bilder unten und auf Seite 211 in die richtige Reihenfolge.

a.

b.

WORTSCHATZ ZUM VIDEO

echt	*genuine*
der Bock	*buck (deer)*
heutzutage	*nowadays*
Herein!	*Come in!*
trotzdem	*nonetheless*
der Herr im Haus	*lord of the house*

c.  d.  e.  f.

SCHRITT 2: Welcher Satz passt zu welchem Bild?

1. Der Rahmen ist beschädigt.
2. „Jetzt mehr nach rechts!"
3. Sie zahlen 250 Mark.
4. In der Galerie ist ihnen alles zu teuer.
5. Familie Stumpf braucht ein neues Gemälde.
6. Der Restaurator glaubt, dass das Gemälde sehr wertvoll ist.

B Ein echter Macke? Der Restaurator denkt, dass das Bild vielleicht sehr wertvoll ist. Ein Bild von August Macke kostet etwa 300.000 Mark. Stell dir vor, das Bild ist doch 300.000 Mark wert. Was rätst du Familie Stumpf?

1. Was sollten die Stumpfs mit dem Gemälde machen? Sollten sie es behalten oder verkaufen? Warum?
2. Wenn Frau und Herr Stumpf das Gemälde behalten, wer sollte es eines Tages erben?[a] Wenn sie es verkaufen, was sollten sie mit dem Geld tun?
3. Was würdest du mit so einem Gemälde tun?

[a]*inherit*

C Dialekt

SCHRITT 1: Der Verkäufer auf dem Flohmarkt spricht im Berliner Dialekt. Was sagt er? Wie heißt das auf Hochdeutsch?

1. „Tach."
2. „Suchen Sie wat Bestimmtes?"
3. „Na, da hätt' ik doch wat, junge Frau, wat janz Feines."
4. „Na jut, sagen wir 270."

SCHRITT 2: Was merkst du an seiner Sprache? Welche Wörter und Laute[a] sind anders als im Hochdeutschen?

[a]*sounds*

D Marion wird Susanne. Professor Di Donato trifft Marion und Sabine im Museum. Er lernt Sabine als Marions Schwester kennen. Marion sagt ihm aber auch, dass sie nicht Marion ist, sondern sie heißt Susanne. Der Professor ist nicht überrascht. Warum nicht? Was denkst du?

F OKUS INTERNET

To learn more about Berlin and its attractions, visit the **Auf Deutsch!** Web Site at www.mcdougallittell.com.

S PRACHSPIEGEL

You may have noticed that in some ways Berlin dialect resembles English more than does standard High German—and for good reason. Berlin lies in the Low German dialect area, which is also the origin of the Germanic people who conquered England in the fifth century. This explains why the word **wat** looks and sounds more like *what* than does **was.** In the middle and southern German dialects, **t** became either **ts** or **s.** Try to think of other German words that have a **z** or **ss** sound, whereas the English counterparts have a *t* sound.

VOKABELN

In der Innenstadt

In der Boutique sucht man tolle Kleidung aus.

Auf dem Flohmarkt kann man alte Bilder und verschiedene Sachen finden.

In einer Galerie sieht man wertvolle Kunstobjekte.

Im Juweliergeschäft werden Schmuck und Edelsteine verkauft.

Die Waren im Schreibwarengeschäft sind für Studenten und Schüler gut geeignet.

Im Reformhaus werden biologisches Obst und Gemüse angeboten.

Und noch dazu

die Tierhandlung	*pet store*
das Haustier	*pet*
sich beschweren über (+ *acc.*)	*to complain about*
antiquarisch	*antique*
originell	*original(ly); genuine*
verschieden	*different*

Aktivitäten

A Beim Einkaufen. Wohin gehst du, wenn du die folgenden Dinge kaufen willst?

MODELL: schöne Postkarten →
Ich gehe in die Galerie.

1. ein Poster
2. ein Kleid
3. eine kleine Katze[a]
4. einen Ring
5. gesundes Essen
6. einen Kugelschreiber
7. Briefmarken[b]
8. alte Bücher

[a]cat   [b]stamps

die Galerie

das Postamt

das Schreibwarengeschäft

die Boutique

die Tierhandlung

das Reformhaus

der Flohmarkt

das Juweliergeschäft

B Ein neues Fahrrad. Stell dir vor, du willst ein neues Fahrrad in Deutschland kaufen. Was machst du? Bring die folgenden Aktivitäten in die richtige Reihenfolge.

a. Ich fahre mit der Straßenbahn in die Stadt.
b. Ich frage nach dem Preis.
c. Ein Freund hat mir von einem Geschäft in der Innenstadt erzählt.
d. Ich suche mir ein Fahrrad aus.
e. Ich gehe ins Geschäft.
f. Ich frage einen Passanten, wo das Geschäft ist.
g. Ich fahre nach Hause.

C Auf Arbeitssuche. Du hast schon Erfahrung als Verkäufer/Verkäuferin und willst jetzt Arbeit in der Innenstadt finden. Welche Fähigkeiten hast du? In was für einem Geschäft könntest du arbeiten?

MODELL: Du weißt viel über Tiere und bist sehr hilfsbereit. →
Ich könnte in einer Tierhandlung arbeiten.

1. Du weißt viel über Juwelen, Gold, Silber und so weiter.
2. Du liest besonders gern und kennst viele Bücher.
3. Du interessierst dich sehr für Kunst und weißt viel über Kunstgeschichte.
4. Du weißt viel über Nahrung, Vitamine und eine gesunde Lebensweise.
5. Du interessierst dich für gebrauchte Waren. Auch weißt du etwas über Wert.

„So ein liebes Kaninchen!"

Nach dem Weg fragen

Das Auto fährt geradeaus.

Biegen Sie an der Kreuzung nach rechts/links ab!

Die Radfahrer fahren an der Schule vorbei.

Der Zug fährt den Fluss entlang.

Das Hotel liegt gegenüber von dem Bahnhof.

Und noch dazu

die Ecke	corner	das Museum	museum
die Mitte	middle, center	das Postamt	post office
die S-Bahn	urban train	ein•biegen	to turn (drive) in
die Schwimmhalle	indoor swimming pool	entlang•gehen	to go (walk) along next to
die Straßenbahn	streetcar	sofort	immediately
die Tankstelle	gas station	vor•schlagen	to suggest
die U-Bahn	subway	ungefähr	approximately
der Weg	way, path	in der Nähe (von)	near (by)

Aktivitäten

A Informationsamt

SCHRITT 1: Informationen. Stell dir vor, du arbeitest auf dem Informationsamt in Berlin. Viele Besucher rufen dich mit Fragen an. Wie kannst du ihnen helfen? Wo sind die Anrufer jetzt? Wohin möchten oder sollten sie gehen? Wie können sie ihr Ziel am besten erreichen?

MODELL: WOLF: „Ich bin jetzt auf dem Bahnhof und ich möchte zum Hotel Alt-Cölln gehen."

DU: „Das Hotel liegt an der Bundesallee. Gehen Sie geradeaus bis zur Bundesallee, und dann biegen Sie in die Bundesallee nach rechts ab."

1. KARSTEN: „Ich stehe vor dem Bahnhof. Gibt es eine Jugendherberge in der Nähe? Wie komme ich dahin?"

2. JENS: „Ich rufe Sie vom Zoologischen Garten an. Kann man irgendwo in der Nähe gemütlich Kaffee trinken?"

3. JUTTA: „Ich bin jetzt im Hotel Alt-Cölln. Ich möchte gern auf das Informationsamt. Wo sind Sie genau, und wie komme ich dahin?"

4. KLAUS: „Meine Freunde und ich sitzen gerade im Café Kranzler. Wir möchten die Gedächtniskirche sehen. Wie kommt man dahin?"

5. ANJA: „Ich rufe von der Jugendherberge an. Wie komme ich zum Zoo?"

6. LARS: „Ich bin auf dem Bahnhof Zoo. Wie komme ich zur Siegessäule?"

SCHRITT 2: Partnerarbeit. Wähle einen Punkt auf der Karte. Erzähle einem Partner / einer Partnerin, wo du stehst, aber nicht wohin du gehst. Beschreib dann den Weg dahin. Dein Partner / Deine Partnerin muss sich die Karte anschauen und deiner Beschreibung folgen.

B Deine Schule. Beantworte die Fragen. Wie kommst du vom Klassenzimmer

1. in die Bibliothek?
2. in die Cafeteria?
3. auf den Schulhof?
4. ins Büro des Schuldirektors / der Schuldirektorin?
5. in die Turnhalle[a]?

[a]gym

C Dein Stadtviertel. Beantworte die Fragen. Wie kommst du von zu Hause

1. in die Schule?
2. auf den Flohmarkt?
3. ins Museum?
4. ins Kino?
5. in den Supermarkt?
6. zum Sportplatz?

zu Fuß gehen

mit dem Rad fahren

mit dem Bus fahren

mit der Straßenbahn fahren

mit dem Auto fahren

mit der U-Bahn fahren

STRUKTUREN

THE SIMPLE PAST TENSE
NARRATING EVENTS IN THE PAST

As you have learned, speakers of German use the present perfect tense to talk about things that happened in the past, but they prefer the simple past tense (also called the narrative past) to narrate a string of events or to tell or write a story. Because such narrations normally involve the first (**ich**) or third person (**sie, er, es**), the second-person forms (**du, ihr, Sie**) occur infrequently in this tense.

You have already learned the simple past-tense forms of the modal verbs. Regular verbs form the simple past tense in the same way, by adding endings to the past-tense stem. Note that the first- and third-person singular forms are the same as the past-tense stem.

So GEHT'S!

The following verbs have the same stem changes in the simple past stem as in the past participle.

PRESENT	SIMPLE PAST
bringen	brachte
denken	dachte
kennen	kannte

PAST PARTICIPLE	
gebracht	*to bring*
gedacht	*to think*
gekannt	*to know*

INFINITIVE: **kaufen**			
PAST-TENSE STEM: **kaufte**			
SINGULAR		PLURAL	
ich kaufte	*I bought*	wir kauften	*we bought*
du kauftest	*you bought*	ihr kauftet	*you bought*
Sie kauften	*you bought*	Sie kauften	*you bought*
sie/er/es kaufte	*she/he/it bought*	sie kauften	*they bought*

Regular verbs with infinitive stems ending in **-d** or **-t,** add an **-e-** before the **-t-** of the past-tense stem.

Heiner **arbeitete** zu Hause.   *Heiner worked at home.*

Irregular verbs have different stems in the simple past. Also, the **ich-** and **sie/er/es-**forms have no endings. Because English has similar irregular forms in the simple past, you should have no trouble recognizing the following verbs.

So GEHT'S!

Recall that German speakers prefer to use the simple past rather than the present perfect tense with **haben (hatte), sein (war),** and **wissen (wusste),** as well as the modals **dürfen (durfte), können (konnte), müssen (musste), sollen (sollte),** and **wollen (wollte).**
These phrases also occur more frequently in the simple past: **es gab** and **sie/er brauchte, dachte, glaubte, stand.**

INFINITIVE: **singen**			
PAST-TENSE STEM: **sang**			
SINGULAR		PLURAL	
ich sang	*I sang*	wir sangen	*we sang*
du sangst	*you sang*	ihr sangt	*you sang*
Sie sangen	*you sang*	Sie sangen	*you sang*
sie/er/es sang	*she/he/it sang*	sie sangen	*they sang*

Übungen

A Frau Stumpf erzählt die Geschichte von dem wertvollen Gemälde. Such alle Verben im Imperfekt. Mach eine Liste von diesen Verben, und schreib auch die Infinitivform jedes Verbs und die englische Bedeutung.

Die neue Sofagarnitur ist angekommen.

Wir hatten ein altes Sofa im Wohnzimmer, aber ein neues Sofa wollten wir schon lange haben. Endlich kauften wir eines. Über dem neuen Sofa hing noch das alte Bild, das mein Großvater gemalt hat. Roswita meinte, das Bild passte nicht mehr ins Wohnzimmer. Mein Mann und ich gingen dann zu einer Galerie und suchten ein anderes Bild für das Wohnzimmer—nicht zu groß und nicht zu modern.

In der Galerie waren die Bilder unglaublich teuer. Roswita sagte uns: „Geht zum Flohmarkt!" Dort sahen wir ein Bild, das uns beiden gefiel. Wir bezahlten dafür nur 250 Mark, weil der Rahmen kaputt war. Der Verkäufer erzählte von einem Restaurator, der den Rahmen reparieren konnte. Wir brachten das Gemälde zu ihm. Als er sich das Gemälde ansah, glaubte er, wir hatten ein sehr wertvolles Gemälde— vielleicht war es ein Macke! Wir waren völlig überrascht, als wir die Nachricht hörten. Karl konnte kaum schlafen. Er träumte vom großen hohen Wert unseres Gemäldes. Am nächsten Tag erzählte uns der Restaurator, dass nur der Rahmen wertvoll war. Er wollte ihn uns abkaufen! Karl und ich dachten, es wäre besser, das Ganze zu behalten und selber zu genießen. Wir wollten es an unsere eigene Wand hängen.

B Auf dem Flohmarkt. Was war alles los? Schreib die Sätze im Imperfekt.

MODELL: Wir gehen auf den Flohmarkt. →
                Wir gingen auf den Flohmarkt.

1. Ein Mann verkauft alte Bücher.
2. Beim Imbiss essen wir Currywurst mit Pommes.
3. Es gibt überall Musik zu hören.
4. Hans sieht viele interessante Kunstwerke.
5. Ein netter Verkäufer zeigt den Kunden ein Gemälde.
6. Sie finden das Gemälde schön.
7. Sie kaufen das Gemälde.

C Kindheit. Interviewe zwei Klassenkameraden über ihre Kindheit. Berichte dann der Klasse darüber.

1. Was wolltest du werden?
2. Was musstest du tun? (früh aufstehen, baden, ?)
3. Was konntest du besonders gut machen? gar nicht machen?
4. Was durftest du tun? (lange fernsehen, mit Freunden ausgehen?)
5. Was solltest du tun? (die Großeltern besuchen, immer höflich sein?)

THE SUBORDINATING CONJUNCTIONS ALS, WENN, WANN
COMBINING SENTENCES

German has three equivalents to the English word *when*, depending on the meaning of the sentence: **als, wenn, wann.**

Als refers to a one-time action in the past. It often points to an action that happened at the same time as another action. Sentences with the conjunction **als** occur frequently in the simple past tense, in both speaking and writing.

> **Als** Roswitas Eltern auf dem Flohmarkt waren, sahen sie ein tolles Bild.
> *When Roswita's parents were at the flea market, they saw a nice picture.*

Als also refers to a certain time or age in one's life.

> **Als** ich Kind war, hatte ich viele Freunde.
> *When I was a child, I had a lot of friends.*

The word **wenn** has three different meanings.

1. In conditional sentences, **wenn** means *if.*

> **Wenn** das Bild zu teuer ist, kaufe ich es nicht.
> *If the picture is too expensive, I won't buy it.*

2. In a temporal sense, **wenn** means *whenever* and describes events that happen or happened more than once.

> **Wenn** das Baby zu Besuch kam, freuten sich die Großeltern.
> *Whenever the baby came to visit, the grandparents were happy.*

3. **Wenn** also refers to events that might happen in the future. In this sense, **wenn** means *when.*

> **Wenn** wir nach Berlin kommen, rufen wir an.
> *When we come to Berlin, we'll call.*

The word **wann** asks the question *at what time?*. It may begin either direct or indirect questions.

> **DIRECT QUESTION:** **Wann** ist das Bild fertig?
> *When is the picture ready?*

> **INDIRECT QUESTION:** Ich weiß nicht, **wann** das Bild fertig ist.
> *I don't know when the picture will be ready.*

Übungen

A Auf dem Flohmarkt. Was sagen Herr und Frau Stumpf? Ergänze **als, wenn** oder **wann**.

HERR S: _____[1] wollen wir essen?

FRAU S: _____[2] wir Hunger haben, natürlich!

FRAU S: Weißt du, _____[3] die Kinder vorbeikommen?

HERR S: Heute Nachmittag kommen sie, _____[4] sie Zeit haben.

FRAU S: Hast du die Kinder angerufen, _____[5] wir zu Hause waren?

HERR S: Nein, ich rufe sie an, _____[6] wir zurückkommen.

FRAU S: Diese schöne alte Lampe wäre toll für unsere Nichte Sabine. Weißt du, _____[7] sie Geburtstag hat?

HERR S: Nein, nicht genau. Aber ich weiß, wir waren in den USA, _____[8] sie letztes Jahr ihren Geburtstag feierte.

Herr und Frau Stumpf.

B Zum ersten Mal. Wie alt warst du?

MODELL: ins Ausland reisen →
Ich war dreizehn Jahre alt, als ich ins Ausland reiste.

oder: Ich bin noch nie ins Ausland gereist.

1. auf eine Party gehen
2. Abendessen kochen
3. den Führerschein machen
4. ein Haustier haben
5. ins Kino gehen
6. in die Schule kommen
7. ans Meer gehen

C **Wenn, wann** oder **als**? Sonja und Renate reden miteinander über alles Mögliche. Ergänze den Dialog.

SONJA: Weißt du, Renate, wie wir zusammen spielten, _____[1] wir Kinder waren?

RENATE: Ich bin immer froh, _____[2] ich an meine Kindheit denke. Damals hatte ich mehr Freizeit.

SONJA: Also, _____[3] machst du dieses Jahr Urlaub? Man kann nicht das ganze Jahr nur arbeiten.

RENATE: _____[4] wir letztes Jahr in Australien waren, hatte ich eine Idee! Wir sollten hier zu Hause Urlaub machen!

SONJA: Ich habe Angst, _____[5] du so etwas sagst. _____[6] kommen deine Eltern zu Besuch? Vielleicht könnt ihr zusammen einen schönen Urlaub in der Gegend machen. Ich reise lieber ins Ausland, _____[7] ich endlich mal Urlaub habe.

EINBLICKE

BRIEFWECHSEL

Liebe Evelyn,

schick doch ein Foto von der neuen Sofagarnitur! Und wie sieht das Bild aus? Welche Farben hat es? Ist es eher modern oder altmodisch? Habt ihr es in einer Galerie gefunden oder auf dem Flohmarkt?

Heinz hat was Tolles im Keller entdeckt. Er hat aufgeräumt- ich hab' dir ja die Geschichte von den Sonnenschirmen schon erzählt. Na ja, er hat ein kleines Bild mit einer Rheinlandschaft gefunden. Das Bild hat viel Grün und Blau und sieht ziemlich alt aus. Niemand im Haus weiß, wem es gehört. Vielleicht sollten wir zum Restaurator gehen und fragen ob es wertvoll ist. Jedenfalls fühlen wir uns langsam wohl in der neuen Wohnung und auch hier in Köln.

Gruß an alle!
Deine Vera

● Bilder. Lies auch Evelyns Brief an Vera. Was kann man über jedes Bild sagen?

	BILD VOM GROSSVATER	EVELYNS BILD	VERAS BILD
zeigt Personen	☐	☐	☐
zeigt eine Landschaft	☐	☐	☐
zeigt Tiere	☐	☐	☐
ist modern	☐	☐	☐
ist altmodisch	☐	☐	☐
gefällt Roswita nicht	☐	☐	☐
hat viel Orange/Rot	☐	☐	☐
hat viel Blau/Grün	☐	☐	☐

EINBLICK

Gabriele Münter—Gemälde von
Wassily Kandinsky.

Gabriele Münter—Das Leben einer Künstlerin

Gabriele Münter wurde am 19. Februar 1877 in Berlin geboren. Ihre
Eltern hatten lange in den Vereinigten Staaten gelebt. Der Vater, Carl
Friedrich Münter, emigrierte 1847 und erhielt ein Diplom als Zahnarzt
vom Dental College in Cincinnati. Ihre Mutter, Wilhelmine Scheuber,
5 emigrierte 1845 mit ihrer Familie nach Tennessee. Die beiden heirateten
1857 in Tennessee, kamen aber wegen des Bürgerkrieges 1864 zurück
nach Deutschland, wo der Vater in Berlin eine Praxis als „Amerikanischer
Zahnarzt" eröffnete.

Gabriele Münters Leidenschaften als Teenager waren Malen und
10 Fahrrad fahren. Mit zwanzig war sie finanziell gesichert und studierte an
der Düsseldorfer Akademie. Als ihr Bruder Carl 1898 die amerikanische
Sängerin Mary Quint heiratete, reisten die Schwestern, Gabriele und
Emmy, für zwei Jahre in die Vereinigten Staaten, um Verwandte zu
besuchen. In St. Louis blieben sie bei ihrer Tante, Albertine Happel, und
15 sie besuchten eine weitere Tante, und mehrere Cousins, die in Marshall
und Plainview, Texas, lebten.

Im Jahre 1901 zog Gabriele nach München, wo sie im Künstlerviertel
Schwabing lebte. Ab 1909 wurde München zur ersten Adresse für die
neue Kunst: Münter, zusammen mit Kandinsky, Adolf Erbslöh, Alexei
20 Jawlensky, Marianne von Werefkin und anderen, gründete die Neue
Künstlervereinigung München. In Münchner Kreisen lernte sie bald
auch Franz Marc kennen. In der Künstlervereinigung kam es allerdings
1911 zu einem Streit, was dazu führte, dass Münter, Marc, Kandinsky
und Alfred Kubin austraten, um eine neue Gruppe zu bilden: Der Blaue
25 Reiter.

Zwischen 1921 und 1928 lebte sie abwechselnd in München, Murnau,
Köln und Berlin, und ihre Werke wurden in einflussreichen Ausstellungen
gezeigt. Durch das bittere Ende der Beziehungen mit Kandinsky begann
sie, ihr Leben aufzuschreiben und ihre Karriere zu analysieren. Viel hatte
30 sie für ihn aufgegeben, viel hatte sie für sich selbst gefunden.

Gabriele Münter starb am 19. Mai 1962 in ihrem Haus in Murnau.

● **Städte, Staaten und Länder.** Verfolge in einem Atlas die Stationen von
Gabriele Münters Leben. Wohin ist sie gereist, wo hat sie gelebt, was
hat sie gesehen? Schreib über einen dieser Orte (Berlin, München,
Texas). Wie, denkst du, war das Leben dort am Anfang des
zwanzigsten Jahrhunderts?

WORTSCHATZ ZUM LESEN

der Bürgerkrieg	civil war
die Leidenschaft	passion
schmieden	to forge
der Streit	argument
austreten	to leave
abwechselnd	off and on

FOKUS INTERNET

For more information, visit the
Auf Deutsch! Web Site at
www.mcdougallittell.com.

PERSPEKTIVEN

WORTSCHATZ ZUM HÖRTEXT

stolz	proudly
die Isar	river that flows through Munich
die Kuppeln	cupolas
das Dächermeer	sea of rooftops
die Dampfmaschine	steam engine
die Abteilung	department
der Knopfdruck	push of a button
steuerbar	controllable
die Nachbildung	replica
begreiflich	comprehensible
der Original-schauplatz	original scene
unschätzbar	inestimable
das Exponat	exhibit
der Pkw (Personen-kraftwagen)	car

HÖR MAL ZU!

Du hörst einige Informationen zum berühmten Deutschen Museum in München.

● Was stimmt? Was stimmt nicht?

1. Das Museum wurde 1913 gegründet.
2. Das Museum liegt auf einer Insel in der Mitte der Isar.
3. Das Museum hat nur Exponate aus der Automobilindustrie.
4. Das Museum ist auch interessant für Menschen, die nicht viel von Technik verstehen.
5. Das Museum wurde von König Ludwig gegründet.

LIES MAL!

Zum Thema

● Das Hundertwasserhaus. Sieh dir das Foto an, und beantworte die Fragen.

1. Wie kann man dieses Haus beschreiben? Was ist anders als bei anderen Wohnhäusern?
2. Würdest du gern in einem solchen Haus wohnen? Warum (nicht)?

Kunst als Teil unseres Lebens: Friedensreich Hundertwasser über Kunst und Gesellschaft

Friedensreich Hundertwasser, geboren am 15. Dezember 1928, gilt aus vielen Gründen als einer der herausragendsten Künstler des zwanzigsten

Das Hundertwasserhaus in Wien.

Jahrhunderts. Sein vielseitiges Talent als Maler und Skulpteur wird in den bekannten bunten Wohnhäusern vereint, die man in vielen Städten der
5 Welt sehen kann. In einem Interview über die Entstehung des Hauses in Wien erklärt Hundertwasser:

„Heutzutage ist es die Aufgabe der Künstler, weil die Architekten als Berufsstand versagt haben. [. . .] Sie bauten Häuser, die die Menschen krank machen, seelisch und auch sonst, und daher muss die Revolution
10 von außen kommen; ich glaube, sie kommt von den Künstlern. Weil ich kein Architekt bin, stellte die Stadt mir einen Architekten zur Seite, der meine Vorstellungen in Pläne umsetzen und durchführbar machen sollte, aber er machte alles rechteckig, brachte alles in rechte Winkel. Die unregelmäßigen Fenster machte er rechtwinklig, die Zwiebeltürme
15 machte er zu Würfeln, und er gab den Zeitungen üble Interviews, in denen er erzählte, wie gut er sei und wie schlecht ich sei und dass das, was ich mache, völlig unmöglich sei. Er sei der ernsthafte Architekt und könne diese Verrücktheit, die der Öffentlichkeit abträglich sei, nicht zulassen.
20 Was er sagte, entsprach nicht der Wahrheit, aber er sagte es, und die Zeitungen druckten es. Es gab etwa zwanzig Interviews. Alle Zeitungen stellten sich auf die Seite des Architekten, und alle griffen mich und die Politiker an, die den Auftrag erteilt hatten.

Aber die Arbeit an meinem Haus ist ebenso schnell gegangen wie
25 ein normaler, gerader Bau. Der Grund ist merkwürdig, aber es ist ein sehr menschlicher Grund. Die Arbeiter, die an einem solchen Bau arbeiten, arbeiten gerne dort. Sie mögen abwechslungsreiche Arbeit. Sie mischen gerne verschiedene Farben, sie bauen gerne geschwungene Formen, arbeiten gerne an Fenstern, die nicht alle gleich sind; das
30 bezieht sie in den Bau ein. Sie haben nicht das Gefühl, sie seien nur Maschinen, die vorgefertigte Teile zusammensetzen. Weil sie interessiert und mit Freude bei der Arbeit sind, identifizieren sie sich mit der Arbeit und arbeiten schneller."

Zum Text

A Was würde Hundertwasser dazu sagen? Du hast ein Originalzitat von Hundertwasser gelesen. Wie würde er die folgenden Sätze vollenden? Vergleich deine Sätze mit denen deiner Mitschüler.

1. In unserer Welt sind Künstler sehr wichtig, weil . . .
2. In Interviews bezeichnete man meine Kreativität als . . .
3. Ich denke, Bauarbeiter mögen . . .
4. Es ist wichtig, dass Menschen mit Freude bei der Arbeit sind, weil . . .
5. Das Haus in Wien war ein großer Erfolg, denn . . .

WORTSCHATZ ZUM LESEN

herausragend	outstanding
die Entstehung	creation
die Aufgabe	task
versagen	to fail
seelisch	spiritually
durchführbar	implementable
rechteckig	right-angled
der Winkel	angle
der Zwiebelturm	onion dome
der Würfel	cube
die Verrücktheit	madness
abträglich	detrimental
entsprechen	to correspond
die Wahrheit	truth
einbeziehen	to incorporate
vorgefertigt	prefabricated

TIPP ZUM LESEN

In this interview, Hundertwasser does not directly quote other people but reports the gist of what they say or feel. To do this, he uses these special subjunctive forms: **er/ich sei, er könne, sie (pl.) seien.** Look for these forms in the reading in this order of occurrence. In indirect speech, these forms replace the subjunctive forms you already know: **er/ich wäre, er könnte, sie wären.**

Friedensreich Hundertwasser.

B Und du? Was denkst du über Kunst und Architektur? Stimmst du mit Hundertwasser überein? Warum (nicht)? Gib Beispiele aus deinen eigenen Erfahrungen.

INTERAKTION

● Ein Projekt. Künstler wie Hundertwasser wollen uns zeigen, wie wichtig Farben und Formen für das menschliche Leben sein können. Arbeite in einer Kleingruppe, und wähle ein Gebäude in deiner Stadt, das jetzt „ungesund" ist, zum Beispiel einen Supermarkt, das Rathaus oder sogar dein eigenes Haus. Wie könntest du das Gebäude ändern, um es „gesund" zu machen. Beschreib zuerst das Gebäude, wie es jetzt ist und beschreib dann das neue „gesunde" Gebäude, wie es sein könnte.

SCHREIB MAL!

Eine Tour

● Schreib das Skript für eine Tour durch deine Stadt, dein Dorf oder deine Gegend.

Purpose:	To describe one's town, city, or region
Audience:	Visitors
Subject:	Your town, city, or region
Structure:	A script for a guided tour

Schreibmodell

> *Wien ist eine weltberühmte, historische Stadt! Wir fangen unseren Spaziergang hier auf dem Karl-Lueger-Ring an. Wir bummeln dann die Ringstrasse entlang zum schönen Stadtpark, wo Sie das Denkmal des Walzerkönigs Johann Strauß sehen.*

TIPP ZUM SCHREIBEN

As preparation for writing your script, think about places you've visited and how you got to know them. Did you read brochures or tour books, look them up on the World Wide Web, or talk with people who knew the places? Think too about tours at historical sites or in museums that you may have taken. What information did you receive? What was the tone of the tour guide?

Since the tour is designed for people of all ages, the guide plays it safe and uses the formal **Sie**-form.

Note that the guide provides historical and factual information about each site and mentions things the visitors might like to see in more depth.

Wenn in this sentence means *if.*

Renovierte is the third person singular, simple past tense form of the verb **renovieren.**

In Viennese dialect **-erl** is often added to the end of words much like the **-chen** ending in High German. **Stückerl** means *a little bit.*

Here **wenn** means *whenever* and describes something that happens more than once.

The guide is describing his/ her last visit to the restaurant so uses **als** and the simple past tense.

(1) Auf der rechten Seite sehen Sie das Neue Rathaus. Es wurde 1872–83 von Friedrich Schmidt gebaut. Schmidt war auch Baumeister des Stephansdoms. Der Hauptturm in der Mitte des Rathauses ist 98 Meter hoch. Auf der Spitze des Turms steht der Rathausmann, eines der Symbole der Stadt Wien. Wenn Sie möchten, können Sie den Arkadenhof besichtigen, wo im Sommer auch Konzerte stattfinden. Der Rathauskeller ist ein sehr gutes Restaurant. Wenn ich Appetit auf Wienerschnitzel mit Pommes frites habe, gehe ich immer in den Rathauskeller. Als ich das letzte Mal dort war, aß ich hervorragende Salzburger Nockerl. Das Restaurant ist aber leider nicht billig.

(2) Auf dieser Seite steht das Burgtheater, das 1888 eröffnet wurde. Im Jahr 1897 renovierte man den Zuschauerraum, damit alle Sitzplätze einen Blick auf die Bühne hatten. Im Zweiten Weltkrieg wurde das Theater schwer beschädigt. Am 15. Oktober 1955 wurde es aber wiedereröffnet. Auf den Decken des Nord- und Südflügels existieren noch die Originalgemälde von Gustav und Ernst Klimt und Franz Matsch.

(3) Wenn wir jetzt ein Stückerl weitergehen, sind wir im schönen Volksgarten. . . .

Schreibstrategien

Vor dem Schreiben

- To help you decide what you will write about, answer the following questions about your city or town. Make notes in German as you do so.

1. Welche Attraktionen gibt es in deiner Stadt für Besucher?
2. Gibt es berühmte oder historische Gebäude, die Fremde interessant finden würden?
3. Was sollten Touristen in deiner Stadt unbedingt sehen oder machen?
4. Welche Informationen sollten die Besucher während der Tour hören?

KULTURSPIEGEL

Johann Strauss, the Younger (1825–1899) composed 400 waltzes, among them **An der schönen blauen Donau,** which has become the unofficial anthem of Vienna. He also composed operettas. His most famous operetta—**Die Fledermaus** (*The Bat*)—is performed every New Year's Eve in Vienna.

Wienerschnitzel is a Viennese specialty. It is veal cutlet that is pounded thin, then dipped in egg, flour, and breadcrumbs, and fried to a light golden brown. **Salzburger Nockerl** is a very light, fluffy baked dessert made from eggs, flour, and sugar.

- Next think about your audience. Many guidebooks target specific groups, such as younger travelers or people on a budget. Jot down a brief description in German of your visitors.

- Organize your tour to take up approximately three hours including travel time, stops for taking photos, and so forth.

- Do you want to offer a walking tour, a bus tour, a boat tour, or perhaps a helicopter tour? Choose a starting point and then plan your route so that the stops and activities follow a logical sequence.

Beim Schreiben

- Write the script that a travel guide should deliver during this tour. Depending on your target audience, decide whether you will use the familiar plural (**ihr**) or the formal plural (**Sie**) form of *you*. Offer interesting information about the sites your travelers will see or visit.

- Include a sample map and key the sites to the script, so that the guide knows what to say, when, and where.

- Conclude your tour with suggestions of other places in your city, town, or area that travelers might like to visit. If you mention restaurants, include the type of food and general price range.

Nach dem Schreiben

- Exchange first draft scripts with a partner. Review your classmate's script. How do you think visitors will respond to the tour? What additional bits of information can you add?

- Discuss with your partner ways to make your tour more interesting, exciting, or logical.

Stimmt alles?

- Revise your script, adding any additional information your partner provided and making corrections in the language.

- Be sure to correct the map if necessary.

Cambridge ist eine Universitätsstadt und liegt direkt bei Boston. Wir stehen am Harvard Square, ~~das~~ dem Zentrum von Cambridge.

Dieses gelbe Gebäude wurde 1726 gebaut. Es heißt Wadsworth Hall. Hier wohnen die Universitätspräsidenten bis 1849. ~~Wenn~~ Als George Washington einige Nächte in Cambridge ~~verbrachte, schlief~~ er in Wadsworth Hall.

Wenn man vor dieser Statue steht, hört man oft: „Ah, das ist John Harvard, der Gründer der Universität." Das stimmt aber nicht. Der Mann, den wir sehen, war ein Student an Harvard im Jahr 1884, ~~wenn~~ als der Bildhauer die Statue machte. Auf dem Schild steht, dass John Harvard der Gründer von Harvard College ist. Das stimmt auch nicht. Er war der erste Wohltäter der Universität. Es steht da auch, dass Harvard 1638 gegründet wurde. Und das stimmt auch nicht. Harvard wurde 1636 gegründet. Man nennt die Statue deshalb „die Statue der drei Lügen."

WORTSCHATZ

Substantive / Nouns

In der Innenstadt / *Downtown*

die **Boutique, -n**	boutique
die **Galerie, -n**	gallery
die **Tierhandlung, -en**	pet store
der **Edelstein, -e**	gem
der **Flohmarkt,** *pl.* **Flohmärkte**	flea market
der **Schmuck**	jewelry
das **Juweliergeschäft, -e**	jewelry store
das **Reformhaus,** *pl.* **Reformhäuser**	health food store
das **Schreibwarengeschäft, -e**	stationery store
die **Waren** (*pl.*)	goods

Nach dem Weg fragen / *Asking for directions*

die **Ecke, -n**	corner
die **Kreuzung, -en**	crossing, intersection
die **Mitte, -n**	middle, center
die **S-Bahn, -en**	urban train
die **Schwimmhalle, -n**	indoor swimming pool
die **Straßenbahn, -en**	streetcar
die **Tankstelle, -n**	gas station
die **U-Bahn, -en**	subway
der **Weg, -e**	way, path
das **Museum,** *pl.* **Museen**	museum
das **Postamt, ̈er**	post office

Sonstige Substantive / *Other nouns*

die **Nachricht, -en**	news
die **Überstunde, -n**	overtime hour
der **Restaurator, -en** / die **Restauratorin, -nen**	restorer
das **Gemälde, -**	painting
das **Haustier**	pet

Verben / Verbs

ab•biegen, bog ab, abgebogen	to turn
sich beschweren über (+ *acc.*)	to complain about
ein•biegen, bog ein, eingebogen	to turn (drive) in
entlang•fahren, fuhr entlang, entlanggefahren	to drive along next to
entlang•gehen, ging entlang, ist entlanggegangen	to go (walk) along next to
vor•schlagen (schlägt vor), schlug vor, vorgeschlagen	to suggest

Adjektive und Adverbien / Adjectives and adverbs

antiquarisch	antique
beschädigt	damaged
geeignet	suited
geradeaus	straight ahead
originell	original(ly); genuine
sofort	immediately
ungefähr	approximately
verschieden	different
wertvoll	valuable

Sonstiges / Other

an _____ vorbei	past _____
gegenüber von _____	opposite _____
_____ entlang	along _____
in der Nähe (von)	in the vicinity (of); near (by) _____

DER HAUSMANN

In this chapter, you will

- watch Heiner Sander, a stay-at-home dad, go about his day taking care of Kai and the household duties.

- see how the Sanders try to resolve the problems that face working couples.

You will learn

- about modern views on marriage and parental roles in Germany.

- to talk more about sports and fitness.

- how to use the present and past subjunctive to express unreal situations.

- about the views of a famous German poet, Friedrich Schiller, regarding family roles in his time.

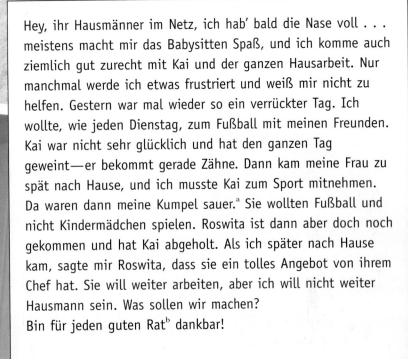

Hey, ihr Hausmänner im Netz, ich hab' bald die Nase voll . . . meistens macht mir das Babysitten Spaß, und ich komme auch ziemlich gut zurecht mit Kai und der ganzen Hausarbeit. Nur manchmal werde ich etwas frustriert und weiß mir nicht zu helfen. Gestern war mal wieder so ein verrückter Tag. Ich wollte, wie jeden Dienstag, zum Fußball mit meinen Freunden. Kai war nicht sehr glücklich und hat den ganzen Tag geweint—er bekommt gerade Zähne. Dann kam meine Frau zu spät nach Hause, und ich musste Kai zum Sport mitnehmen. Da waren dann meine Kumpel sauer.[a] Sie wollten Fußball und nicht Kindermädchen spielen. Roswita ist dann aber doch noch gekommen und hat Kai abgeholt. Als ich später nach Hause kam, sagte mir Roswita, dass sie ein tolles Angebot von ihrem Chef hat. Sie will weiter arbeiten, aber ich will nicht weiter Hausmann sein. Was sollen wir machen?
Bin für jeden guten Rat[b] dankbar!

Heiner

[a]angry [b]advice

Ein Bild aus dem Alltag eines modernen Mannes.

VIDEOTHEK

„Jetzt mehr nach rechts!"

In der letzten Folge . . .

kauft Familie Stumpf ein neues Sofa. Herr und Frau Stumpf suchen auch ein neues Gemälde.

● Weißt du noch?

1. Warum mussten die Stumpfs ein neues Bild kaufen?
2. Wo haben sie das neue Bild gekauft?
3. Was ist passiert, als sie beim Restaurator waren?
4. Haben sie das Bild wieder verkauft?

In dieser Folge . . .

Der Hausmann hat viel zu tun!

sehen wir Heiner und Roswita zu Hause. Sie haben einen Sohn, und Heiner ist Hausmann geworden. Er hat zwei Monate Erziehungsurlaub und passt auf ihren Sohn Kai auf. Heiner wartet auf Roswita, denn er will mit seinen Freunden Fußball spielen.

● Was denkst du? Ja oder nein?

1. Roswita kommt pünktlich nach Hause.
2. Roswita kommt spät nach Hause, und Heiner kann nicht Fußball spielen.
3. Roswita kommt spät nach Hause. Heiner bringt Kai zum Fußball mit.
4. Heiners Freunde sind sehr froh, dass er seinen Sohn mitgebracht hat.
5. Roswita ist sauer, dass Heiner Kai zum Fußball mitgenommen hat.

WORTSCHATZ ZUM VIDEO

Windeln wechseln	*to change diapers*
Bis nachher!	*See you later!*
Dann bist du dran.	*Then it's your turn.*
das Kindermädchen	*nanny*
verwickelt	*complicated*

SCHAU MAL ZU!

Ⓐ Heiner hat Stress. Was passiert Heiner am Anfang der Folge? Ja oder nein?

1. Das Telefon klingelt.
2. Heiners Mutter kommt plötzlich zu Besuch.
3. Die Milch kocht auf dem Herd über.

4. Heiner hat einen Anruf bekommen, kann aber nicht am Telefon sprechen.
5. Heiner versucht, einen Brief zu schreiben.
6. Kai schreit.

B Im Park. Frau Stumpf spricht mit einer anderen Frau, als sie auf Heiner wartet. Frau Stumpf sagt der Frau, dass Heiner auf das Kind aufpasst.

Großmutter Stumpf trifft sich mit Heiner und ihrem Enkel.

Mutter und Vater zusammen.

1. Was denkt die Frau?
   a. Heiner ist im Urlaub.
   b. Heiner ist arbeitslos.
   c. Frau Stumpf ärgert sich über Heiner.
2. Warum kann Heiner zu Hause bleiben und auf Kai aufpassen?
   a. Seine Eltern unterstützen die Familie finanziell.
   b. Heiner arbeitet nur am Wochenende.
   c. Heiner hat Erziehungsurlaub.
3. Wie reagiert die Frau als sie erfährt, warum Heiner zu Hause bleibt.
   a. Sie sagt: „Die Mutter sollte zu Hause bleiben."
   b. Sie sagt: „Das finde ich ja gut!"
   c. Sie lacht sehr laut. Sie findet die ganze Situation sehr komisch.

C Der Kompromiss. Roswita ist spät nach Hause gekommen, denn sie musste mit ihrem Chef sprechen. Roswita will weiter arbeiten, und Heiner sollte seinen Erziehungsurlaub verlängern. Heiner will aber in zwei Monaten wieder arbeiten. Welchen Kompromiss schließen sie?

1. Roswita wird ihre Stelle aufgeben.
2. Heiner wird noch einige Monate zu Hause bleiben.
3. Sie wollen ein Aupairmädchen anstellen.

D Auf Erziehungsurlaub. Was denkst du?

1. Frau Stumpf sagt: „Ist ja auch schwer für einen Mann allein mit einem Kind." Stimmt das, oder stimmt das nicht? Was meinst du?
2. Die Frau im Park sagt: „Das finde ich ja gut!" als sie erfährt, dass Heiner Erziehungsurlaub hat. Was denkst du? Ist das gut oder nicht?

KULTURSPIEGEL

Heiner is taking **Erziehungsurlaub** to care for his son Kai. In Germany, either the mother or the father is legally entitled to unpaid parental leave until their child turns three years old, though in a recent survey only 1.1 percent of fathers took this leave. In addition, most parents can also receive an **Erziehungsgeld** of 600 marks a month until the child is 24 months old. In the United States, the Family and Medical Leave Act, passed in 1993, entitles a parent to twelve weeks of unpaid leave to take care of a child.

VOKABELN

GLEICHBERECHTIGUNG IN DER FAMILIE

So lautet Artikel 3 des deutschen Grundgesetzes.

Immer mehr Frauen sind berufstätig.

Wer verdient das Geld? Wer sorgt für das Kind?

Sie hat ein tolles Angebot von ihrer Firma, und er bekommt Erziehungsurlaub.

Und noch dazu

die Ehe	*marriage*
die Freiheit	*freedom*
die Scheidung	*divorce*
die Stunde	*hour*
der Haushalt	*household*
den Haushalt machen	*take care of the household*
der Hausmann	*house husband*
der Moment	*moment; factor*
ab•holen	*to pick up*
an•fangen	*to begin*
auf•passen	*to keep an eye on; to watch over*
auf•räumen	*to straighten up*

auf•wachen	*to wake up*
bügeln	*to iron*
klingeln	*to ring*
mit•nehmen	*to take along*
sauber•machen	*to clean*
sorgen für	*to take care of*
streiten	*to argue*
sich verheiraten	*to get married*
vor•haben	*to plan, intend*
anstrengend	*strenuous, demanding*
einzig	*only, sole*
perfekt	*perfect(ly)*

Aktivitäten

A Was passt? Was macht Heiner als Hausmann?

a.

b.

c.

d.

e.

f.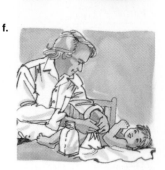

1. Er muss Kais Windeln wechseln.
2. Er kocht Kai Milch.
3. Er wacht sehr früh auf.
4. Er räumt die Wohnung auf.
5. Er wäscht die Wäsche.
6. Er bügelt.

das Geschirr spülen
den Rasen mähen
das Zimmer aufräumen
die Kleidung bügeln
die Wäsche waschen
die Küche saubermachen
den Abfall 'raustragen

B Welche Hausarbeiten machst du? Welche machen andere Leute in deinem Haushalt? Mach eine Liste. Wer macht die meiste Arbeit im Haushalt? Vergleich deine Liste mit denen deiner Mitschüler / Mitschülerinnen.

MODELL: Ich trage den Abfall 'raus. Mein Bruder muss den Rasen mähen.

C Interview. Beantworte die Fragen. Stell sie dann einem Partner / einer Partnerin.

1. Möchtest du heiraten? Warum (nicht)?
2. Welche Eigenschaften soll dein Partner / deine Partnerin haben? Mach eine Rangliste.
3. Was macht ein idealer Partner / eine ideale Partnerin? (nie streiten, Probleme lösen, im Haushalt helfen, . . .)
4. Möchtest du Kinder haben? Warum (nicht)?
5. Möchtest du Hausmann oder Hausfrau sein? Warum (nicht)?
6. Was hältst du von Männern, die Hausmänner sind? von Frauen, die Hausfrauen sind?
7. Welche Frauen in deiner Familie haben einen Beruf? Welche Berufe üben sie aus?

D Die Rollen ändern sich: Was meinst du? Welche Eigenschaften und/oder Aktivitäten gehören zu den folgenden Familienrollen? Wie sollte jede Person sein? Wer sollte was machen? Frag dann eine ältere Person oder eine Person aus einer anderen Kultur, und vergleich die Antworten.

1. Mutter   2. Vater   3. Sohn   4. Tochter

SPORT

Rollschuh laufen oder bladen—was macht dir mehr Spaß?

Pferde reiten ist immer noch eine beliebte Sportart.

Auf der Schlittschuhbahn kann man auch im Sommer Schlittschuh laufen!

Schi laufen ist besonders spannend, aber auch manchmal gefährlich.

Wer die Natur genießt und sich fit halten will, sollte rudern.

Und noch dazu

die Mannschaft	*team*
die Meisterschaft	*championship*
die Sportart	*kind of sport*
der Sportler / die Sportlerin	*athlete*
der Zuschauer	*spectator*
das Rennen	*race*
das Team	*team*
das Tor	*goal*
das Turnier	*tournament*
besteigen	*to climb*
gewinnen	*to win*
Sport treiben	*to play sports*
zusammenhalten	*to keep together*
einzig	*only, sole*
öffentlich	*public(ly); open(ly)*
perfekt	*perfect(ly)*
spannend	*exciting; tense*
wichtig *(sich)*	*important*

auf regen (handwritten)

Aktivitäten

A Wer macht was? Welche Sportart treiben diese Leute?

1. Klara und Markus
2. Rüdiger
3. Heiner
4. Herr Schäfer
5. Michael

   a. joggen
   b. Fußball spielen
   c. segeln
   d. Motorrad fahren
   e. wandern

B Für welche Sportarten sind die folgenden Leute berühmt? Wer macht oder spielt was?

1. Andre Agassi
2. Kristi Yamaguchi
3. Michael Jordan
4. Bobby Orr
5. Jörg Rosskopf
6. Tiger Woods

   a. Schlittschuh laufen
   b. Tennis
   c. Golf
   d. Eishockey
   e. Tischtennis
   f. Basketball

C Was kann man in deiner Stadt tun?

SCHRITT 1: Welche Sportart kann man in deiner Stadt treiben, wo und wann? Welche kann man nicht treiben? Mach eine Liste.

SPORTART	ORT	TAG, MONAT ODER JAHRESZEIT

SCHRITT 2: Dieses Wochenende. Plan zusammen mit einem Partner / einer Partnerin Aktivitäten fürs kommende Wochenende in deiner Stadt. Wie sollte das Wetter sein? Welche Sportarten könnte man draußen/drinnen machen? Was könnte man allein machen? zusammen mit Freunden?

STRUKTUREN

THE SUBJUNCTIVE EXPRESSING UNREAL SITUATIONS AND WISHES

In **Kapitel 20,** you learned to use subjunctive forms to express polite requests. You can also use the subjunctive to express wishes, hypothetical situations, and conditions contrary to fact. Remember, the subjunctive stem of regular verbs is the same as the simple past stem.

INFINITIVE	PAST-TENSE STEM	SUBJUNCTIVE STEM
wünschen	wünschte	wünschte
arbeiten	arbeitete	arbeitete

To form the subjunctive stem of verbs with irregular past-tense stems, just add an **-e** and an umlaut to **a, o,** or **u.**

INFINITIVE	PAST-TENSE STEM	SUBJUNCTIVE STEM
fahren	fuhr	führe
bleiben	blieb	bliebe
gehen	ging	ginge
kommen	kam	käme

INFINITIVE: **kommen**	
SUBJUNCTIVE STEM: **käme**	
SINGULAR	**PLURAL**
ich käme	wir kämen
du käme**st**	ihr käme**t**
Sie käme**n**	Sie käme**n**
sie/er/es käme	sie käme**n**

You can use different types of sentences to express wishes in German. Notice the use of **wenn** plus subjunctive.

> **Wenn** ich doch nur **wüsste,** wo Roswita bleibt.
> *If only I knew where Roswita is.*

> **Wenn** ich doch auch Erziehungsurlaub **nehmen könnte.**
> *If only I could take parental leave.*

The subjunctive forms **wünschte** or **wollte** frequently introduce wishes, which include verbs in the subjunctive or **würde** plus infinitive.

> Ich **wollte,** ich **hätte** mehr Zeit für mein Kind.
> *I wish I had more time for my child.*

> Heiner **wünschte,** er **könnte** wieder arbeiten.
> *Heiner wishes he could go back to work.*

Sentences that express contrary-to-fact conditions also require the subjunctive. Compare the two situations below.

FACT: INDICATIVE

> Wenn Roswita zu spät nach Hause **kommt, muss** Heiner das Kind zum Training **mitnehmen.**
> *If Roswita comes home late, Heiner has to take the child with him to practice.*

CONTRARY-TO-FACT CONDITION: SUBJUNCTIVE

> Wenn Roswita pünktlich **wäre, könnte** Heiner allein zum Training **gehen.**
> *If Roswita were on time, Heiner could go to practice by himself.*

The first example states a fact: what actually happens. The second example states a condition contrary to fact: what would happen if something else were to take place, but doesn't. Both German and English use the subjunctive to express this situation.

SO GEHT'S!

The expression **an (deiner) Stelle** (*if I were you*) requires a verb in the subjunctive.

> An deiner Stelle würde ich ein Au Pair einstellen.
> *In your place I would hire an au pair.*

> An Heiners Stelle würde ich zu Hause bleiben.
> *In Heiner's place I would stay at home.*

Übungen

A Heiners Leben

SCHRITT 1: Was wünscht Heiner? Drück seine Wünsche anders aus.

MODELL: Ich wünschte, ich hätte mehr Energie. →
          Wenn ich doch nur mehr Energie hätte!

Ich wünschte,
1. Roswita bliebe nicht den ganzen Tag weg.
2. wir müssten nicht so lange auf sie warten.
3. meine Freunde kämen zu Besuch.
4. Kai wollte nicht immer schreien.
5. ich hätte mehr Zeit.
6. die Hausarbeit wäre nicht so schwer.
7. ich bekäme nicht so oft Kopfschmerzen.
8. ich wüsste mehr.

SCHRITT 2: Was ist Heiners Realität? Bilde die Sätze im Indikativ.

MODELL: Ich wünschte, ich hätte mehr Energie. →
          Heiner hat keine Energie.

B Probleme

SCHRITT 1: Wenn, . . . Verbinde die Aussagen.

1. Wenn es warm wäre,
2. Wenn Kai die Zähne schon hätte,
3. Wenn wir mehr Zeit hätten,
4. Wenn Heiner nicht so viel Stress hätte,
5. Wenn deine Mutter mehr Zeit hätte,
6. Wenn du nicht mehr arbeiten wolltest,
7. Wenn die Wohnung in Ordnung wäre,

a. könnte sie öfter auf Kai aufpassen.
b. gingen wir ins Kino.
c. könntest du immer Hausmann sein.
d. weinte er nicht so viel.
e. kämen meine Freunde vorbei.
f. könnte Kai draußen spielen.
g. wären Heiner und Kai schon hier im Park.

SCHRITT 2: Wer drückt welche Sätze wahrscheinlich aus? Roswita, Heiner oder Roswitas Mutter, Evelyn?

C Was würdest du tun? Ergänze die Sätze, wie du willst. Benutze den Konjunktiv oder **würde** mit Infinitiv.

1. Wenn ich viel Geld hätte,
2. Wenn ich mehr Zeit hätte,
3. Wenn ich weniger Probleme hätte,
4. Wenn ich weniger Hausaufgabe hätte,

D Hilfe! Deine Freunde erklären dir ihre Probleme. Gib ihnen deinen Rat.

MODELL: KARSTEN: Ich habe kein Geld. →
An deiner Stelle würde ich einen Job suchen.

1.   HAIKE: Meine Lehrerin ist zu streng.
2.   BEN: Mein Fahrrad ist immer kaputt.
3.   JENS: Ich muss bessere Noten bekommen.
4.   BRIGITTE: Ich will nicht allein in die Bibliothek gehen.
5.   WERNER: Keiner will mit mir Fußball spielen.

neue Menschen kennen lernen

lange schlafen

viele Bücher lesen

ein neues Auto/Haus kaufen

mehr Fernsehen   ?

jeden Tag die Zeitung lesen

mehr Fremdsprachen lernen

eine Weltreise machen

PAST SUBJUNCTIVE
EXPRESSING WHAT MIGHT HAVE BEEN

The subjunctive has only two tenses: the present and the past. The subjunctive past tense has the same construction as the present perfect tense, but it uses the subjunctive forms of the auxiliary verbs **haben (hätte)** and **sein (wäre)** with the past participle.

INFINITIVE	PRESENT PERFECT	PAST SUBJUNCTIVE
kaufen	hat gekauft	hätte gekauft
nehmen	hat genommen	hätte genommen
sein	ist gewesen	wäre gewesen

Wenn Heiner keine Medizin **gekauft hätte, hätte** Kai die ganze Nacht **geschrien.**
If Heiner had not bought medicine, Kai would have cried all night.

Wenn Sanders ein Kindermädchen **genommen hätten,** könnten sie beide arbeiten.
If Sander's had hired a babysitter, they could both work.

Es **wäre** besser **gewesen,** wenn Roswita pünktlich **gekommen wäre.**
It would have been better if Roswita had been punctual.

SO GEHT'S!

The past subjunctive refers to events in the past that did not happen. The conjunction **wenn** often introduces a past subjunctive clause. If **wenn** is omitted, the auxiliary **wäre/hätte** begins the clause.

Wäre ich langsamer gefahren, so hätte ich keinen Unfall gehabt.
Had I driven more slowly, I would not have had an accident.

Übungen

A Immer Ausreden! Die Schüler und Schülerinnen im Deutschunterricht haben die Hausaufgabe für heute nicht gemacht. Schreib ihre Ausreden mit Hilfe des Konjunktivs der Vergangenheit.

MODELL: Ich habe meine Bücher nicht zu Hause gehabt! →
Ich hätte die Hausaufgaben gemacht, wenn ich meine Bücher zu Hause gehabt hätte.

1. Sabine hat mich nicht darüber informiert!
2. Ich bin sehr krank gewesen!
3. Mein Hund ist sehr krank gewesen!
4. Mein Hund hat mein Heft gefressen!
5. Meine Tante aus Bulgarien ist zu Besuch gekommen!
6. Der Bundeskanzler hat mich angerufen.
7. Das Baby von nebenan hat den ganzen Abend geschrien.

B Zu spät! Alle wünschten, sie hätten das früher gemacht oder nicht gemacht. Ändere die Sätze in den Konjunktiv der Vergangenheit.

MODELL: Ich habe das nicht gemacht. →
Wenn ich das gemacht hätte!

1. Ich habe das Buch nicht gelesen.
2. Er hat das nicht gewusst.
3. Ursula hat den anderen Fahrer nicht gesehen.
4. Roswita ist nicht pünktlich nach Hause gekommen.
5. Das neue Gemälde ist nicht wertvoll gewesen.
6. Michael ist nicht zu Hause geblieben.
7. Die Schäfers haben das Essen versalzen.
8. Thomas hat die falschen Klamotten gekauft.
9. Laura ist allein ins Roxy gegangen.

EINBLICKE

BRIEFWECHSEL

Hallo Heiner,

also du, mach dir mal keinen Stress. Alle kleinen Kinder sind nicht leicht zu ertragen, wenn sie Zähne bekommen. Ich hab' dir doch letzte Woche schon geschrieben, dass du diese tolle Salbe auf die Gaumen reiben sollst. Bei meinen beiden Kleinen hat das wie ein Wunder gewirkt. Du weißt, ich bin jetzt schon über zwei Jahre zu Hause. Manchmal wollte ich alles ganz einfach hinschmeißen und wieder ins Büro. Jetzt sind die Kinder etwas älter, und alles ist nicht mehr so stressig. Wenn du aber wirklich wieder arbeiten willst, und auch deine Frau, dann gibt's vielleicht auch da eine Lösung. Neulich hat ein Kumpel ein Au Pair angestellt, eine junge Frau aus dem Ausland, die Deutsch lernen will. Sie versorgt die Kinder und bekommt dafür ein Zimmer, ihr Essen, etwas Taschengeld und hat einen freien Tag pro Woche. Wenn du willst, schicke ich dir die Adresse von einer Web-Seite, wo du mehr über Au Pairs erfahren kannst.

Mach's gut!
Dein Freund im Netz

Lies noch einmal die E-Mails von Heiner und seinem Freund. Beantworte die Fragen.

1. Warum hat Kai den ganzen Tag geweint?
2. Warum musste Heiner Kai zum Sport mitnehmen?
3. Warum will Roswita weiter arbeiten?
4. Welches Medikament hat Heiners Freund ihn empfohlen?
5. Wie lange ist Heiners Freund Hausmann gewesen?
6. Welche Lösung hat Heiners Freund angeboten?
7. Wo kann Heiner mehrere Informationen über diese Lösung finden?

EINBLICK

Hausmann sein—das kann (fast) jeder

In vielen Familien sind zwei berufstätige Eltern heute die Norm.
Diese Tatsache erfordert von den Familien ein ausgeklügeltes
Organisationssystem im Alltag: Wer macht Frühstück, wer kauft ein, wer
holt die Kinder ab, wer räumt auf, wer bekommt einen Abend frei?
5 Entweder Hektik oder Chaos ist oft das Resultat, denn wer ist schon 24
Stunden lang organisiert? Dank der Technik ist es aber heute einfacher,
den Beruf mit dem Familienleben zu vereinbaren. Bei Familie Stein sieht
das so aus: Zuerst mussten Florian, acht, und Julika, sechs, ihr
Spielzimmer aufräumen. Wenig später stand dort ein neuer Schreibtisch
10 mit Computer, Telefon und Fax. Ihr Vater, Stefan Stein, ein
Verkaufsingenieur bei einer Autofirma, holt sich seither seine Arbeit vom
Zentralrechner der Firma auf den Rechner zu Hause. Jetzt kann er
wichtige E-Mails, Dokumente und Verkaufsunterlagen auch zu Hause
bearbeiten. Bis jetzt ist die Firma mit seiner Arbeit mehr als zufrieden.
15 Aber was meint die Familie dazu?

FLORIAN UND JULIKA: Wir finden es ganz toll, dass Papa den ganzen Tag zu
Hause ist. Wenn wir aus der Schule kommen, hat er
immer was Leckeres zu essen auf dem Tisch, und ab
und zu spielt er mit uns draußen Basketball. Dazu
20 hatten wir sonst nur am Wochenende Zeit. Und mit
den Hausaufgaben hilft er uns jetzt auch öfter . . .

STEFAN STEIN: Mir gefällt vor allem, dass ich nicht mehr ewig im
Stau stecke, sondern mir morgens einen Kaffee
machen kann und einfach von der Küche in mein
25 Arbeitszimmer schlurfen kann. Da ich nicht ständig
unterbrochen werde, arbeite ich konzentrierter und
kann mir eine effektivere Zeiteinteilung leisten. Und
der Haushalt? Na, manchmal helfen mir Flori und
Julika, und es ist etwas chaotisch, macht aber
30 ungeheuer viel Spaß. Aber das braucht die Mama ja
nicht zu wissen . . .

 Hausmann/Hausfrau. Interviewe einen Partner / eine Partnerin.
Welche Jobs haben seine/ihre Eltern oder andere Mitglieder im
Haushalt? Könnten sie diese Arbeit auch zu Hause erledigen? Warum
(nicht)? Was wäre, wenn sie zu Hause blieben? Wie würde sich der
Familienalltag verändern? Was wären die Vor- und Nachteile?

FOKUS INTERNET

For more information, visit the
Auf Deutsch! Web Site at
www.mcdougallittell.com.

PERSPEKTIVEN

HÖR MAL ZU!

Herr Meyer ruft bei einer Au Pair-Vermittlungsagentur an, um nähere Informationen über Au Pairs zu bekommen.

● Was ist eigentlich ein Au Pair? Hör gut zu und ergänze die fehlenden Wörter.

1. Ein Au Pair kommt aus _____.
2. Ein Au Pair möchte in Deutschland _____, _____ _____ kennen lernen.
3. Au Pairs wohnen bei _____.
4. Au Pairs helfen bei _____ und betreuen _____.
5. Au Pairs bekommen zwischen _____ und _____ monatlich.
6. Herr Meyer muss einen _____ ausfüllen.
7. Herr Meyer muss auch _____ schicken.
8. Die Agentur hat ein Au Pair aus _____.

WORTSCHATZ ZUM HÖRTEXT

verwirrt	confused
anstellen	to employ
der Schutz	protection
die Geborgenheit	security
betreuen	to take care of
Kost und Logis	room and board
die Autoversicherung	car insurance
der Fragebogen	questionnaire

LIES MAL!

Du liest einen Auszug aus einem Gedicht eines sehr bekannten Dichters der deutschen Klassik. In diesem Auszug spricht er über die Rolle von Mann und Frau.

Zum Thema

● Wer soll in einer Familie das Geld verdienen? Der Mann? Wer soll zu Hause bleiben und sich um die Kinder kümmern? Die Frau? Wenn die Rolle und Aufgaben von Mann und Frau diskutiert werden, geht es oft um Vorurteile.[a] Welche Vorurteile hast du von Eltern, Freunden, Verwandten gehört? Wie erklären diese Personen ihre Vorurteile? Mach Listen und vergleich deine Ergebnisse mit denen deiner Mitschüler/Mitschülerinnen.

VORURTEILE ÜBER FRAUEN	GRÜNDE
Die Frau soll die Kinder erziehen.	Frauen sind bessere Lehrerinnen als Männer.

[a]*biases*

VORURTEILE ÜBER MÄNNER

Der Mann soll das Geld verdienen.

GRÜNDE

Männer verdienen mehr als Frauen.

Lied von der Glocke

Der Mann muß hinaus
Ins feindliche Leben,
Muß wirken und schaffen,
Erlisten, erraffen,
5 Muß wetten und wagen
Das Glück zu erjagen.
Da strömet herbei die unendliche Gabe,
Es füllt sich der Speicher mit köstlicher Habe,
Die Räume wachsen, es dehnt sich das Haus.
10 Und drinnen waltet
Die züchtige Hausfrau,
Die Mutter der Kinder,
Und herrschet weise
Im häuslichen Kreise,
15 Und lehret die Mädchen,
Und wehret den Knaben,
Und reget ohn Ende
Die fleißigen Hände,
Und mehrt den Gewinn
20 Mit ordnendem Sinn.
Und füllet mit Schätzen die duftenden Laden,
Und dreht um die schnurrende Spindel den Faden,
Und sammelt im reinlich geglätteten Schrein
Die schimmernde Wolle, den schneeigen Lein,
25 Und füget zum Guten den Glanz und den Schimmer,
Und ruhet nimmer.

Friedrich von Schiller (1759–1805)

WORTSCHATZ ZUM LESEN

erlisten	to obtain through intelligence
erraffen	to gather
wetten	to bet
wagen	to venture
die Gabe	gift
der Speicher	storeroom
die Habe	belongings
sich dehnen	to expand
walten	to rule; to administer
züchtig	modest
wehren	to prepare
regen	to move
mehren	to increase
der Schatz	treasure
duftend	fragrant
die Spindel	spindle
der Faden	thread
der Schrein	chest
die Wolle	wool
der Lein	linen
fügen	to ordain; to dispose
der Glanz	luster

Zum Text

A Wie könnte man das Gedicht illustrieren?

SCHRITT 1: Die Illustration. Arbeitet mit einem Partner / einer Partnerin. Wählt eins der folgenden Sprachbilder vom Gedicht und macht eine einfache Illustration davon mit Bleistift oder Kuli.

SPRACHBILDER

1. Zeile 1–2
2. Zeile 5–6
3. Zeile 8–9
4. Zeile 10–12
5. Zeile 15–16

6. Zeile 17–18
7. Zeile 19–20
8. Zeile 22
9. Zeile 23–24
10. Zeile 25–26

SCHRITT 2: Die Illustrationen ordnen. Du und dein Partner / deine Partnerin arbeiten jetzt mit den anderen Schülern und Schülerinnen zusammen. Stellt eure Illustrationen in die Reihenfolge des Gedichts.

SCHRITT 3: Eine Diskussion. Diskutiert, wie die Illustrationen zu dem Gedicht passen.

B Mit anderen Worten. Die deutsche Sprache des achtzehnten und neunzehnten Jahrhunderts ist natürlich ein bisschen anders als das heutige Deutsch. Such die modernen Ausdrücke, mit denen du die alte Sprache des Gedichts interpretieren kannst. Welche passen zusammen?

DAS ORIGINAL

Der Mann:

1. muss wirken und schaffen
2. erlisten, erraffen
3. muss wetten und wagen
4. Es füllt sich der Speicher mit köstlicher Habe

DIE INTERPRETATION

a. muss intelligent sein bei der Arbeit
b. der Ehemann bringt schöne und teure Sachen mit nach Hause zurück
c. muss schwer arbeiten
d. muss Glück haben

Die Frau:

1. die züchtige Hausfrau
2. Und herrschet weise, / im häuslichen Kreise
3. Und mehrt den Gewinn, / mit ordnendem Sinn
4. Und dreht um die schnurrende Spindel den Faden
5. Und füget zum Guten den Glanz und den Schimmer
6. Und ruhet nimmer

a. sie spinnt Wolle und fertigt Kleider an
b. sie trifft Entscheidungen, die das Haus betreffen
c. sie arbeitet ohne Pause
d. eine Hausfrau und Mutter, die sich so verhält, wie es die Gesellschaft von ihr erwartet
e. durch Ordnung trägt sie zur Funktion des Haushalts bei
f. sie erzeugt eine besondere, sichtbare Atmosphäre im Hause

INTERAKTION

● Erwartungen. Lies den Auszug aus Friedrich von Schillers Gedicht noch einmal. Schiller zeigt uns in diesem Gedicht die Familie des achtzehnten Jahrhunderts durch seine Augen. Er zeigt uns auch, was Männer damals von sich selbst und von ihren Frauen erwarteten. Arbeite mit einem Partner / einer Partnerin. Mach zwei Listen in deinen eigenen Worten: Erwartungen von Männern, Erwartungen von Frauen.

SCHREIB MAL!

Ein Dialog

● Mit einem Partner / einer Partnerin schreib einen Dialog, in dem ihr ein paar Erwartungen und Aufgaben in Familie und Haushalt diskutiert.

Purpose:	To express expectations, wishes, and desires
Audience:	Your classmates
Subject:	Expectations and duties in the household
Structure:	A dialogue

TIPP ZUM SCHREIBEN

Think about conversations you've heard on TV shows, in plays or movies, or in person in which people are negotiating the various household and family responsibilities. What were they talking about? Take a moment to review the vocabulary at the end of the chapter. Maybe some of the words there fit with the conversations you recall.

Schreibmodell

Notice the time that Monika is calling and her daughter's reaction.

The ellipsis indicates that Claudia's speech is interrupted.

How has Claudia's mood changed from the beginning of the scene?

Monika arbeitet spät im Büro. Sie ruft ihre Tochter Claudia zu Hause an.

Monika: Grüß dich.

Claudia: Hallo, Mutti!

Monika: Na, wie geht's? Wie war die Matheprüfung?

Claudia: Es geht. Die Prüfung war nicht zu schwer. Wann kommst du nach Hause? Ich muss dir von der Eva erzählen. Sie hat die Mathestunde verpasst. Sie ist überhaupt nicht zur Schule gekommen...

Monika: Du, entschuldige, Claudia, ich habe leider nicht so viel Zeit im Moment. Ich wollte dich nur kurz anrufen. Ist dein Bruder auch zu Hause?

Claudia: Ja. Er spielt am Computer. Willst du mit ihm reden?

Monika: Nein, nein. Ich wollte nur wissen, ob ihr zu Hause seid. Ich komme erst in ein paar Stunden nach Hause.

Claudia: So spät?

Monika: Ja, es geht leider nicht anders. Deshalb rufe ich dich an. Kannst du das Abendessen vorbereiten? Alles, was du brauchst, ist da. Nudeln, Spaghettisoße, Salat.

Claudia: Ja, gut. Mache ich.

Monika: Kannst du auch die Wäsche machen? Ich glaube, dein Bruder braucht seine Sportsachen für Morgen.

Claudia: (sie ist jetzt sauer) Ja, ja. Mache ich. Also, tschüss.

Monika: *Tut mir Leid, Claudia. Wenn ich nur nicht so spät arbeiten müsste!*
Claudia: *Mmmm. Bis bald.*
Monika: *Bis später, Claudia, und danke!*
(Beide legen auf.)
Claudia: *(zu sich) Also, Claudia. Du musst echt alles machen—Wäsche waschen, Essen vorbereiten. . . . Alles für das Bruderherz. . . . Es wäre besser gewesen, wenn ich als Junge auf die Welt gekommen wäre.*

Monika uses the subjunctive to express her wish that she didn't have to work.

Here ellipses indicate that the speaker is making a pause.

Claudia uses the past subjunctive to express what might have been.

Peter und Stefan sind Brüder. Beide Eltern arbeiten. Die Brüder müssen die Arbeit im Haushalt machen.

Peter: *Du, ich habe heute keine Zeit, das Geschirr zu spülen. Ich muss noch viel lernen. Das machst du für mich, ja?*
Stefan: *Ja, schon. Aber dann musst du am Samstag das Altpapier und die Flaschen zum Recycling bringen.*
Peter: *Na, gut. Wenn Vater und Mutter arbeiteten nur nicht so viel!*

Schreibstrategien

Vor dem Schreiben

You and your partner are going to write a scene between two people who live in the same household and are in a conflict situation.

- Think about the following topics. What conflicts arise in people's lives involving these topics: **Ausbildung, Karriere, Kindererziehung, Hausarbeit, Hobbys, Zeit für Freunde?**

- Come up with some background for your characters. Deciding on these details will help you provide your characters with a point of view on the subject of career and family.

- Think about where the dialogue is taking place. How will the location of the scene affect the characters tone and mood?

Beim Schreiben

- Have one of your characters introduce one of the topics and then try to write as much as you can without editing yourselves. You and your partner might want to divide up the characters so that each of you is responsible for one of the characters.

- Try to use natural-sounding language. Think about the more free-flowing style in the chapter letters you have read and the conversations you have heard on the video.

Nach dem Schreiben

- With your partner, read your scene aloud to another pair of writers. Is each character's point of view clear? As a group, discuss how you can make your characters seem more real.

Stimmt alles?

- Revise your scene, correcting errors in word form and word order. Act out your scene or record it and play it for the class.

WORTSCHATZ

Substantive	**Nouns**
Gleichberechtigung in der Familie	*Family equality*
die **Ehe, -n**	marriage
die **Freiheit**	freedom
die **Gleichberechtigung**	equality
die **Scheidung, -en**	divorce
die **Stunde, -n**	hour
der **Erziehungsurlaub, -e**	family leave
der **Haushalt, -e**	household
den **Haushalt machen**	take care of the household
der **Hausmann, ̈er**	house husband
der **Moment, -e**	moment; factor
das **Angebot, -e**	offer
das **Dilemma, -s**	dilemma
das **Training**	training; exercise
Sport	*Sports*
die **Mannschaft, -en**	team
die **Meisterschaft, -en**	championship
die **Sportart, -en**	kind of sport
der **Sportler, - / die Sportlerin, -nen**	athlete
der **Zuschauer, -**	spectator
das **Pferd, -e**	horse
das **Rennen, -**	race
das **Rollschuhlaufen, -**	roller skating
das **Schlittschuhlaufen, -**	ice skating
die **Schlittschuhbahn, -en**	ice skating rink
das **Team, -s**	team
das **Tor, -e**	goal; gate
das **Turnier, -e**	tournament; competition
Verben	**Verbs**
ab•holen	to pick up
an•fangen (fängt an), fing an, angefangen	to begin
auf•passen (auf jemanden)	to keep an eye (on someone)
auf•räumen	to straighten up
auf•wachen, ist aufgewacht	to wake up
besteigen, bestieg, bestiegen	to climb
bladen	to rollerblade
bügeln	to iron
gewinnen, gewann, gewonnen	to win
sich fit halten (hält), hielt, gehalten	to keep fit
klingeln	to ring
mit•nehmen (nimmt mit), nahm mit, mitgenommen	to take along
rudern	to row
sauber machen	to clean
sorgen für	to take care of
streiten, stritt, gestritten	to argue
treiben, trieb, getrieben: Sport treiben	to play sports
sich verheiraten mit	to get married to
vor•haben (hat vor), hatte vor, vorgehabt	to plan, intend
zusammen•halten (hält zusammen), hielt zusammen, zusammengehalten	to keep together
Adjektive und Adverbien	**Adjectives and adverbs**
anstrengend	strenuous, demanding
berufstätig	employed
einzig	only, sole
öffentlich	publicly; openly
perfekt	perfect(ly)
sauer	sour; angry
spannend	exciting; tense
wichtig	important

KAPITEL 24

DAS AU PAIR

In this chapter, you will
- get to know Inéz, the Sanders' new au pair from Mexico.
- experience how Inéz deals with the new culture around her.

You will learn
- how to talk more about travel and different kinds of transportation.
- discuss ways in which life in Germany differs from life in some other countries.
- how to use the past perfect to talk about a sequence of events in the past.
- how to use infinitive clauses with **zu.**
- what several Turkish high school students think about life in Germany.

Liebes Tagebuch!

Gestern bin ich nach Berlin gekommen. Die Familie Lander war am Flughafen und hat mich abgeholt. Leider hatte mein Flug Verspätung,[a] und die beiden mussten zwei Stunden auf mich warten. Die Begrüßung mit Frau Landers war etwas komisch, wir wussten nicht, ob wir uns die Hand geben oder uns umarmen[b] sollten. Ich glaube, wir waren alle etwas nervös.

Heute bin ich mit Kai zum Park gegangen und habe da gleich einige nette Frauen kennen gelernt. Kurz vor vier wollte ich zum Laden gehen und einkaufen. Als ich zum Laden kam, wurde aber gerade geschlossen.[c] Ich musste mit Kai zum Bahnhof fahren, denn nur da gibt es einen Supermarkt, der länger auf hat.

Als wir nach Hause kamen, waren Heiner und Roswita ziemlich aufgeregt. Sie hatten sich Sorgen gemacht, weil wir so spät gekommen sind, und hätten beinahe die Polizei alarmiert. Nach dieser Aufregung bin ich wieder gleich ins Bett gegangen. Ich hoffe, die nächsten Tage werden nicht so stressig.

Inéz

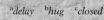
[a]delay [b]hug [c]closed

Ein Au Pair arbeitet bei einer Familie und lernt eine neue Kultur kennen.

VIDEOTHEK

"Na endlich!"

In der letzten Folge . . .

ist Heiner Hausmann, denn er hat Erziehungsurlaub. Roswita arbeitet immer noch und will weiter arbeiten, denn es gibt neue Möglichkeiten für sie in der Firma. Heiner will aber auch wieder arbeiten und nicht mehr Hausmann sein.

● Weißt du noch?

1. Was muss Heiner als Hausmann alles machen?
2. Ist er gern Hausmann?
3. Wann und wo trifft er seine Freunde?
4. Welches Problem gibt es mit den Freunden?
5. Was müssen Heiner und Roswita besprechen?

In dieser Folge . . .

kommt Inéz aus Mexiko Stadt. Sie ist das neue Au Pair. Heiner und Roswita fahren zum Flughafen, um sie abzuholen. Inéz muss sich an das deutsche Leben gewöhnen.

● Was denkst du? Ja oder nein?

1. Inéz ist unglücklich und kehrt sofort nach Mexiko zurück.
2. Die Arbeit als Au Pair gefällt Inéz.
3. Inéz geht einkaufen und kommt zu spät nach Hause.
4. Inéz trifft einen Deutschen, und sie heiraten.

"Herzlich willkommen!"

SCHAU MAL ZU!

A Am Flughafen. Beantworte die Fragen. Mehr als eine Antwort kann richtig sein.

1. Welches Problem gibt es am Flughafen?
   a. Inéz hat das Flugzeug in Mexiko verpasst.
   b. Heiner und Roswita können Inéz nicht finden.
   c. Die Maschine aus Mexiko hat Verspätung.
2. Als Inéz ankommt, begrüßt sie Heiner und Roswita. Wie begrüßen sie sich?
   a. Roswita gibt Inéz die Hand, aber Inéz will sie umarmen.
   b. Roswita, Heiner und Inéz umarmen sich.
   c. Inéz und Heiner geben sich die Hand.

WORTSCHATZ ZUM VIDEO

die Maschine	*plane*
Schade!	*Too bad!*
ganz plötzlich	*all of a sudden*

3. Wie erkennen Roswita und Heiner Inéz?
   a. Inéz hat sich selbst in einem Brief beschrieben.
   b. Sie warten einfach auf eine unsichere, mexikanische Frau.
   c. Sie haben schon ein Foto von Inéz.

B Inéz in Deutschland

SCHRITT 1: Bring die Bilder in die richtige Reihenfolge.

a.

b.

c.

d.

e.

f.

g.

h.

SCHRITT 2: Die ersten Tage. Welcher Satz passt zu welchem Bild?

1. Zum Schluss wird auf mexikanische Art gefeiert.
2. Roswita und Heiner machen sich große Sorgen.
3. Um sechzehn Uhr Samstagnachmittag haben die Läden fast alle schon zu.
4. Roswita, Heiner und Inéz begrüßen sich am Flughafen.
5. Am Bahnhof findet Inéz einen Supermarkt, der noch geöffnet hat.
6. Inéz und ihre neuen Freundinnen planen ein Fest.
7. Inéz gewöhnt sich an das deutsche Frühstück.
8. Die Maschine aus Mexiko hat zwei Stunden Verspätung.

C Welche Probleme hat Inéz in den ersten Tagen?

1. Sie kann kein Deutsch.
2. Sie ist sehr schüchtern.[a]
3. Sie weiß nicht, dass die Läden am Samstag um sechzehn Uhr schließen.[b]
4. Das Essen ist ihr fremd.[c]

[a]shy   [b]close   [c]strange

VOKABELN

REISEN

das Terminal

Ankunft			
Flug-Nummer	Aus	Erwartet	Bermerkungen
234	Mexico	16:00	verspätet
210	Paris	16:20	gelandet
755	Riga	16:45	
684	Amsterdam	17:05	

die Flugkarte

der Schalter

der Reisepass

der/die Reisende

der Warteraum

Und noch dazu

die Fahrt	*journey; trip*	einfach	*simple; simply; one-way*
die Rückfahrkarte	*return ticket*	hin und zurück	*round-trip*
ab•fliegen	*to take off; to depart (by plane)*	die Abfahrt	*departure*
		die Verspätung	*delay*
landen	*to land*	der Flughafen	*airport*
sich auf den Weg machen	*to get on one's way*	an•kommen	*to arrive*

Aktivitäten

A Auf dem Flughafen. Was macht man, wenn man eine Reise mit dem Flugzeug macht? Ergänze die Sätze.

1. Man geht ins Reisebüro und kauft eine _____.
2. Wenn man in den Flughafen kommt, sollte man direkt an den _____ gehen.
3. Wenn man ins Ausland reist, braucht man einen _____.
4. Alle _____ müssen warten, bis sie in das Flugzeug einsteigen können.
5. In einem kleinen Flughafen gibt es manchmal nur ein _____, aber in den größeren Flughäfen gibt es zwei oder noch mehr.
6. Am Anfang der Fahrt, bevor das Flugzeug _____, muss man den Sicherheitsgurt anlegen.
7. Wenn die Maschine nicht pünktlich ankommt, sagt man, dass das Flugzeug _____ hat.

Verspätung   Reisenden

abfliegt   Flugkarte

Reisepass

Schalter   Terminal

B Transportmittel. Wie kommst du dahin?

MODELL: von zu Hause zu der Schule →
          Ich fahre mit dem Fahrrad.

1. von zu Hause zu der Schule
2. von zu Hause zur Arbeit
3. von zu Hause in die Innenstadt
4. von deiner Stadt auf's Land oder vom Land in die Stadt
5. von deinem Staat in einen benachbarten Staat
6. von deiner Stadt nach Berlin

C Auf Reisen. Arbeite mit einem Partner / einer Partnerin, und stellt einander folgende Fragen.

1. Wie alt warst du, als du zum ersten Mal mit dem Flugzeug geflogen bist? Wohin bist du geflogen?
2. Bist du schon mal ins Ausland oder in einen anderen Staat gereist? Wann? Wie alt warst du?
3. Was hast du auf der Reise alles gesehen? Was hat dir am besten gefallen? Was hat dir nicht so gut gefallen?
4. Beschreibe eine persönliche Erfahrung mit einer anderen Kultur. Was war anders? Was war gleich?

---

mit dem Fahrrad

mit dem Flugzeug

mit dem Bus

mit dem Zug

mit dem Auto   zu Fuß

In Deutschland ist es anders

Das Händeschütteln ist die typische Begrüßung in Deutschland.

Eine Umarmung drückt oft warme Gefühle aus.

Am Samstag um sechzehn Uhr ist oft Ladenschluss.

An manchen Wochentagen kann man jetzt bis zwanzig Uhr einkaufen.

Und noch dazu

die Lockerheit	*informality, relaxed manner*
die Party	*party*
die Sorge	*worry*
das Vorurteil	*prejudice*
aus•halten	*to put up with*
begrüßen	*to greet*
sich gewöhnen an (+ *acc.*)	*to get used to*
stören	*to disturb*
umarmen	*to hug*
sich verabschieden	*to say goodbye*
aufgeregt	*excited*
fremd	*foreign; strange*
geschlossen	*closed*
merkwürdig	*peculiar, odd*
richtig	*correct, right*
Herzlich willkommen!	*Welcome!*

Aktivitäten

A Inéz und ihre neue Familie. Ergänze die Sätze mit den Wörtern im Kasten.

1. Inéz muss sich an ihr neues Leben _____.
2. Am Flughafen wollte sie die Sanders _____, aber es war etwas peinlich.
3. Für Inéz ist das deutsche Frühstück etwas _____.
4. Am Samstag um sechzehn Uhr sind die Läden schon _____.
5. Roswita machte sich _____, weil sie nicht wusste, wo Inéz und Kai waren.
6. Die Sanders waren sehr _____, und wollten die Polizei anrufen.
7. Am Ende haben die Sanders und Inéz eine große _____ gegeben.

aufgeregt   geschlossen
fremd   Party
Sorgen
gewöhnen
umarmen

B Anders als zu Hause

SCHRITT 1: Inéz kommt nach Berlin. Was findet Inéz anders in Deutschland als in Mexiko?

1. das Frühstück
2. die Begrüßung
3. die Kinder
4. die Ladenschlusszeiten
5. das Wetter
6. die Lockerheit

SCHRITT 2: Du erfährst das Leben in Berlin durchs Video. Was findest du anders als bei dir zu Hause? Schreib, was anders ist, und wie.

C Begrüßungen. Was ist für dich eine typische Begrüßung in den angegebenen Situationen?

1. Deine Eltern kommen nach einer langen Reise wieder zurück nach Hause.
2. Der Briefträger bringt die Post vorbei.
3. Deine Großeltern kommen zu Besuch.
4. Heute ist dein erster Tag auf der Arbeit, und du lernst deine neuen Kollegen und Kolleginnen kennen.
5. Du triffst einen Bekannten auf der Straße, aber du hast leider seinen Namen vergessen.

Hände schütteln

umarmen   küssen

?

bloß „Hallo" sagen

Inéz und die Sanders begrüßen sich am Flughafen.

D Andere Länder, andere Sitten. Ein Freund / eine Freundin fährt zum ersten Mal nach Deutschland. Auf welche Unterschiede willst du ihn/sie aufmerksam machen? Schreib fünf Beispiele auf.

MODELL: Die Ladenschlusszeiten sind anders. Die Läden schließen am Samstag um sechzehn Uhr.

STRUKTUREN

THE PAST PERFECT
TALKING ABOUT A SEQUENCE OF EVENTS IN THE PAST

The past perfect tense (**Plusquamperfekt**) describes events that precede other events in the past. To form the past perfect, combine the simple past of **haben (hatte)** or **sein (war)** and the past participle. Verbs that require **sein** as the auxiliary verb in the present perfect also require **sein** in the past perfect.

PRESENT PERFECT	PAST PERFECT
Herr und Frau Stumpf **sind** in die Galerie **gegangen.**	Herr und Frau Stumpf **waren** in die Galerie **gegangen.**
Mr. and Mrs. Stumpf went/have gone to the gallery.	*Mr. and Mrs. Stumpf had gone to the gallery.*
Sie **haben** ein Bild **gekauft.**	Sie **hatten** ein Bild **gekauft.**
They bought/have bought a picture.	*They had bought a picture.*

The conjunctions **bevor** and **nachdem** help clarify the sequence of events in sentences that combine a clause in the past perfect with a clause in the simple past.

> **Nachdem** die Stumpfs in die Galerie gegangen waren, gingen sie zum Flohmarkt.
> *After the Stumpfs had gone to the gallery, they went to the flea market.*

> **Bevor** sie das Bild auf dem Flohmarkt kauften, hatten sie mit dem Verkäufer gehandelt.
> *Before they bought the picture at the flea market, they had bargained with the seller.*

Note that with the conjunction **nachdem,** the subordinate clause is in the past perfect (**nachdem sie gegangen waren**) and the main clause is in the simple past (**gingen sie zum Flohmarkt**). With the conjunction **bevor,** the subordinate clause is in the simple past (**bevor sie das Bild kauften**) and the main clause is in the past perfect (**hatten sie mit dem Verkäufer gehandelt**). This is because the past perfect always points to the event that preceded another event in the simple past.

Übungen

A Inéz kam nach Deutschland. Was war früher passiert? Bilde neue Sätze im Plusquamperfekt. Fang jeden Satz so an: Bevor Inéz nach Deutschland kam, . . .

MODELL: Ihre Freundinnen luden sie zum Essen ein. →
Bevor Inéz nach Deutschland kam, hatten ihre Freundinnen sie zum Essen eingeladen.

1. Ihre Eltern weinten viel.
2. Ihre Schwester Maria kam nach Hause.
3. Inéz kaufte einen neuen Koffer.
4. Jose gab Inéz ein Foto.
5. Die Großmutter erzählte eine besondere Geschichte.
6. Inéz fuhr mit dem Taxi zum Flughafen.

Inéz erzählt ihren neuen Freundinnen von ihrer Familie in Mexiko.

B Was ist passiert? Schreib Sätze im Plusquamperfekt mit **nachdem.**

MODELL: 6.08 Uhr Kai hat geschrien.
6.09 Uhr Roswita und Heiner sind aufgestanden. →
Nachdem Kai geschrien hatte, sind Roswita und Heiner aufgestanden.

1. 7.05 Uhr Roswita hat Kaffee gemacht.
   7.10 Uhr Sie hat sich geduscht.
2. 7.30 Uhr Heiner hat die Zeitung gelesen.
   7.45 Uhr Das Telefon hat geklingelt.
3. 8.00 Uhr Roswita ist zur Arbeit gefahren.
   8.15 Uhr Heiner und Kai sind zum Park gegangen.
4. 11.00 Uhr Kai ist eingeschlafen.
   11.15 Uhr Heiner hat ein bisschen ferngesehen.

C Bevor Kai auf die Welt kam. Roswita und Heiner erinnern sich an das Leben, wie es früher war.

MODELL: mehr Energie haben →
Bevor Kai zu uns kam, hatten wir mehr Energie gehabt.

1. ins Ausland fahren
2. öfter mit Freunden ausgehen
3. später ins Bett gehen
4. bei der Firma arbeiten
5. mehr Geld haben

D Was hattest du schon gemacht, bevor du etwas anderes gemacht hast? Vervollständige die folgenden Sätze. Benutze das Plusquamperfekt.

1. Bevor ich in die Schule ging, . . .
2. Bevor ich aß, . . .
3. Nachdem ich . . . , ging ich ins Bett.
4. Nachdem ich . . . , las ich ein bisschen.

INFINITIVE CLAUSES WITH ZU
DESCRIBING ACTIONS, STATES, OR CONDITIONS

The word **zu** plus the infinitive of a verb carries the meaning *to* (*do something or be some way*). This combination follows a number of expressions and comes at the very end of a sentence or clause. With two-part verbs, **zu** comes between the adverb, preposition or other word and the infinitive to make one word.

Findest du Deutsch leicht **zu verstehen**?	*Do you find German easy to understand?*
Es ist schwer **zu arbeiten,** wenn das Wetter so schön ist.	*It's hard to work when the weather's so nice.*
Es ist Zeit **einzukaufen.**	*It's time to go shopping.*

Brauchen and **scheinen** frequently appear with the combination **zu** plus infinitive. **Brauchen** can replace **müssen** in a sentence with a negative meaning.

Die Stumpfs **müssen** *ein* neues Bild **kaufen.**	*The Stumpfs need to buy a new picture.*
but: Sie **brauchen** *keinen* neuen Tisch **zu kaufen.**	*They do not need to buy a new table.*
Nichts **scheint** zu dem neuen Sofa **zu passen.**	*Nothing seems to fit with the new sofa.*

Note that no comma precedes **zu** plus infinitive when it occurs as a phrase by itself. However, if it occurs in combination with another word or group of words, it becomes an infinitive clause and a comma generally precedes it.

Es ist Zeit, ein neues Bild **zu kaufen.**	*It's time to buy a new picture.*
Heiner hat keine Lust, Hausmann **zu bleiben.**	*Heiner has no desire to remain a house husband.*
Es macht Spaß, sich Antiquitäten **anzuschauen.**	*It's fun to look at antiques.*

An infinitive phrase or clause can complement most German verbs, with the exception of the modal verbs and just a few others. Infinitive phrases or clauses frequently appear with verbs such as **anfangen, aufhören, beginnen, sich entschließen, helfen, hoffen, vorhaben, vergessen, versprechen,** and **versuchen.**

Die Stumpfs haben sich entschlossen, ein neues Bild **zu kaufen.**	*The Stumpfs have decided to buy a new picture.*

Übungen

A Wie findet Inéz das Leben in Deutschland? Bilde Sätze.

MODELL: Es ist schön / in einem anderen Land wohnen →
Es ist schön, in einem anderen Land zu wohnen.

1. Es ist langweilig / abends zu Hause bleiben
2. Es ist schwer / neue Freunde kennen lernen
3. Es ist teuer / neue Bücher kaufen
4. Es ist interessant / die Stadt besichtigen
5. Es macht Spaß / Briefe schreiben
6. Es macht keinen Spaß / ohne Haustiere leben

B Inéz bespricht Pläne für die Party am Telefon mit einer neuen Bekannten. Schreib ihre Sätze zu Ende.

Ja, hallo, Veronika. Freitagabend ist unsere Party. Hast du Lust _____¹ (vorbeikommen)? Natürlich darfst du etwas mitbringen! Tanzmusik wäre toll! Es macht mir Spaß, _____² (interessante Musik hören). Vergiss nicht, deinen CD-Spieler _____³ (mitbringen). Heiner und Roswita sind sehr nett. Sie haben schon begonnen, _____⁴ (Freunde einladen und das Essen kochen). Es ist wirklich schön, _____⁵ (bei ihnen ein Au Pair sein). Wie bitte? Nein . . . leider habe ich keine Zeit, _____⁶ (ins Kino gehen). Ich muss auf Kai aufpassen! Es ist Zeit, _____⁷ (den Babybrei kochen). Bis Freitag dann! Tschüs!

Inéz und ihre neuen Freundinnen.

C Wie kann man das anders sagen? Inéz und andere Au Pairs drücken ihre Wünsche und Pläne aus.

MODELL: Sofia will viele Museen besuchen. (planen) →
Sofia plant, viele Museen zu besuchen.

1. Inéz möchte zur Universität gehen. (hoffen)
2. Silvia und Kezban möchten länger in Deutschland bleiben. (versuchen)
3. Tanja will Arbeit in einem Büro finden. (vorhaben)
4. Dora möchte ihre Schwester in der Schweiz besuchen. (hoffen)

D Ein neuer Anfang. Roswita und Heiner haben ein neues Leben mit Inéz als Au Pair angefangen. Was haben sie jetzt vor? Bilde Sätze.

1. Sie haben sich entschlossen,
2. Sie versprechen,
3. Sie werden nicht vergessen,
4. Sie hoffen,
5. Es ist ihnen wichtig,

öfter ins Theater gehen
jeden Tag Zeit füreinander finden
weniger Stress haben
verständnisvoll sein
einen Sommerurlaub machen
mehr Spaß am Leben haben
am Wochenende spazieren gehen
?

EINBLICKE

BRIEFWECHSEL

Liebes Tagebuch,

seit einigen Wochen mache ich beim Goethe-Institut einen Sprachkurs. In meinem Kurs sind Studenten aus aller Welt. Alle sind in Deutschland, um die Sprache zu lernen. Wir haben viel Spaß miteinander, und wir lernen auch sehr viel Deutsch. Letzte Woche hatten wir die Idee, etwas Mexikanisches zu kochen. Ich habe Heiner und Roswita gefragt, ob wir das in ihrer Wohnung machen können. Die haben sofort ja gesagt, und am Freitag kamen dann alle meine Freunde zu der Party. Ich habe gekocht, und es hat allen sehr gut geschmeckt. Nach dem Essen haben wir getanzt, und es wurde ein wenig laut. Ein Nachbar kam an die Tür und wollte sich beschweren. Meine Freundin hat ihm aber gar keine Gelegenheit dazu gegeben. Sie hat ihn einfach zur Party eingeladen. Ich glaube, es hat ihm dann auch sehr viel Spaß gemacht.

Inéz

For more information, visit the
Auf Deutsch! Web Site at
www.mcdougallittell.com.

● Was hat Inéz geschrieben? Verbinde die Satzteile.

1. Inéz macht
2. Nach dem Essen haben
3. Ein Nachbar wollte
4. Viele Freunde
5. Alle hatten
6. Die Party war

a. alle getanzt.
b. sind zur Party gekommen.
c. bei Heiner und Roswita.
d. sich beschweren.
e. einen Deutsch-Sprachkurs.
f. einen schönen Abend.

EINBLICK

Amerikanische Perspektiven

Wie ist das Bild von Deutschland heute? Was wissen
Amerikaner und Amerikanerinnen über das Land und die
Kultur? Fragen wir sie!

Jugendliche diskutieren miteinander.

DEBORAH: „Als ich klein war, war Deutschland für mich das
5 Land der Nazis. Als amerikanische Jüdin kannte
ich nur Bilder vom Holocaust. Meine Großeltern
flohen vor den Nazis nach New York, um sich ein
neues Leben aufzubauen. Aber dann war da auch
das Deutschland der Musik. Ich liebte diese Musik,
10 aber sie schien nicht deutsch zu sein, sondern
irgendwie universell. Auf jeden Fall konnte ich
diese beiden Dinge nicht miteinander verbinden."

EMILY: „Meine Mutter kommt aus Deutschland und hat mir und meiner
Schwester Judy immer Märchen und Geschichten auf Deutsch
15 vorgelesen. Als ich klein war, sprachen wir viel Deutsch, aber
als ich in die Schule kam, war das irgendwie komisch, denn
niemand sonst konnte diese Sprache. Ich hab' es dann einfach
vergessen. Zwischen neun und vierzehn war ich allerdings
dreimal in Deutschland, habe den Süden besucht, Berlin und
20 ein paar Verwandte.

Was mich jetzt hier in den USA immer aufregt, sind die
Stereotypen von dem „Deutschen": entweder ist es ein Typ in
Lederhosen oder ein Nazi. Und in den Nachrichten gibt es
ständig diese Verbindungen zur Nazizeit; neulich kam ein
25 Bericht im Fernsehen über ein Fußballländerspiel gegen
Deutschland, und sie haben über Hitler gesprochen. Was hat
das mit Fußball zu tun? Ich finde, man sollte mit mindestens
einer anderen Kultur aufwachsen, besonders in den USA, weil
man hier immer denkt, dass Sprachen nicht so wichtig sind. Das
30 ist einfach nicht wahr!"

● Bilder von Deutschland. Welche Vorstellungen und Erfahrungen haben
Deborah und Emily mit Deutschland gehabt? Mach zwei Listen.

MODELL:
DEBORAH	EMILY
kennt Deutschland von Bildern vom Holocaust.	hat als Kind deutsche Märchen gehört.

PERSPEKTIVEN

HÖR MAL ZU!

Junge Reporter bei einem Interview.

Die multikulturelle Gesellschaft—die Existenz verschiedener Kulturen nebeneinander—ist ein Traum vieler Menschen. Doch wo kann man sie finden? Im Münchener Stadtteil Haidhausen haben sich Mädchen und Jungen auf die Suche gemacht. Die Frage lautet: Wie gefällt es Ihnen in Haidhausen?

A Wie finden diese Leute die Situation für Ausländer in Haidhausen? Positiv oder negativ?

1. ein Passant
2. eine Italienerin
3. Ali Poyraz
4. ein Mädchen
5. ein Junge
6. ein Türke

B Wie ist das Leben in Haidhausen? Ergänze die Sätze.

1. Haidhausen
   a. ist ein Vorort von München.   **b.** liegt in der Innenstadt.
2. In Haidhausen
   a. wohnen nur Studenten.   **b.** gibt es viele Ausländer.
3. In Haidhausen fühlt man sich
   a. wie im Urlaub.   **b.** nicht wohl.
4. Die Ausländer im Jugendzentrum Metzgerstraße
   a. mögen Deutsche nicht.   **b.** sind freundlich.
5. Die Nachbarn treffen sich jeden Tag; so ist das Leben
   a. in Deutschland.   **b.** in der Türkei.

WORTSCHATZ ZUM HÖRTEXT

andererseits	on the other hand
die Bekanntschaft	acquaintance
reichen	to be sufficient
das Jugendfreizeitheim	youth activity center
bereit	ready; prepared
sich zurückziehen	to hold oneself back
der Treff	youth center (slang)
ängstlich	fearful
der Blick	glance

LIES MAL!

Zum Thema

● Wie würdest du deine Eltern beschreiben, streng oder nicht so streng?
Was durftest du zu Hause, was durftest du nicht? Mach zwei Listen
gemeinsam mit der Klasse.

Jugendliche in Deutschland: „Viel zu frei erzogen"?

Sie heißen Taper, Seyfi, Nezir, Füsun, Betul und Secil und sind zwischen
vierzehn und sechzehn Jahre alt. Sie kommen von einer privaten Schule
in Istanbul, aber zur Zeit sind in der Türkei Schulferien. Zusammen mit
neun anderen Mitschülern verbringen diese jungen Menschen zehn
5 Tage in Köln. Die Kurt-Tucholsky-Hauptschule in Köln-Ostheim hat diesen
Austausch organisiert. Die Istanbuler Lehrerin, Zeynep Ersözlü, macht die
Reise zum dritten Mal und spricht perfekt Deutsch.

Die Schüler und Schülerinnen haben aber Probleme mit der Sprache:
Ein paar Worte Deutsch, ein wenig Englisch, das Wörterbuch und vor
10 allem die Hände ermöglichen eine Unterhaltung. Man fragt sie zum
Beispiel: „Wie gefällt es euch in Deutschland?" Heftiges Kopfnicken,
erhobene Daumen und fröhliches Auftreten zeigen, dass sie sich wohl
fühlen.

Während des Aufenthalts in Deutschland wohnen die Schüler und
15 Schülerinnen bei Gastfamilien. Gefragt nach den Unterschieden zwischen
hier und zu Hause, sind es die fremden Gewohnheiten, die sie am
stärksten beeindrucken. Ihre Lehrerin übersetzt ihre Eindrücke ins
Deutsche.

Betul wundert sich, dass jeden Tag anderes Essen gekocht wird.
20 „Wir kochen einmal für mehrere Tage. Das ist praktischer."

Secil hat Probleme mit den Getränken. „Bei uns trinken wir kein
Mineralwasser. Ich kann das nicht trinken. Ich trinke dann lieber
Leitungswasser."

Aufgefallen ist den türkischen Schülern und Schülerinnen auch der
25 Umgang der deutschen Kinder mit Erwachsenen. „Wir haben viel mehr
Respekt vor älteren Menschen als die Jugendlichen hier", meint Betul.

Die Lehrerin sagt über ihre Schüler und Schülerinnen: „Sie kommen
mit einer Portion Angst, aber auch Neugier nach Deutschland. Für die
Mädchen ist der Austausch schwieriger, da sie nicht so frei wie die
30 deutschen Mädchen erzogen werden. Eines der Mädchen in unserer

der Austausch	exchange
ermöglichen	to make possible
die Unterhaltung	conversation
heftig	intense
erhoben	raised
Auftreten	manner
die Gewohnheit	habit
beeindrucken	to impress
übersetzen	to translate
das Leitungswasser	tap water
der Umgang	interaction
die Neugier	curiosity
erziehen	to bring up

Gruppe wurde zum Beispiel bei einer alleinerziehenden Mutter untergebracht, und diese Mutter hatte einen Freund. Das Mädchen, das sehr an strenge Tradition gebunden ist, konnte die familiäre Situation nicht akzeptieren. Meine Schülerinnen können nicht verstehen, wie junge
35 Deutsche so ‚frei' sein können. Gestern sagte eine Schülerin zu mir: ‚Ich habe das Gefühl, dass das deutsche Mädchen nicht auf die Mama hört. Das ist unmöglich, denn das Mädchen ist ja nicht mal achtzehn.'"

Zum Text

● Erfahrungen im Ausland. Beantworte die Fragen.

1. Wer hat den Austausch organisiert?
2. Wie oft hat die Lehrerin die Reise schon gemacht?
3. Wie wissen wir, dass es den Schülern in Deutschland gefällt?
4. Wo wohnen die Schüler und Schülerinnen aus der Türkei, als sie in Köln sind?
5. Welche Unterschiede bemerken die Schüler und Schülerinnen zwischen Deutschland und der Türkei?
6. Was ist der stärkste Eindruck für die Schüler und Schülerinnen aus der Türkei?
7. Warum ist der Austausch besonders schwer für die Schülerinnen?

 SCHREIB MAL!

Through the video segments you've seen and heard a lot about life in Germany. Think about the characters lives and your life. How are they similar? How are they different?

Eine Erfahrung beschreiben

● Schreib einen Aufsatz über eine Reise oder eine Erfahrung, in der du eine fremde Kultur kennen gelernt hast.

Purpose:	To write about your impressions of another culture
Audience:	Your classmates
Subject:	Your experience with and impressions of another culture
Structure:	An essay

Schreibmodell

Vor einem Jahr besuchte ich Verwandte in Deutschland. Bevor ich die Reise machte, hatte mir meine Mutter erklärt, dass das Leben dort anders ist. Sie hatte mir gesagt, dass die Läden nicht vierundzwanzig Stunden offen sind und dass in älteren Häusern die Toilette oft vom Bad getrennt ist. Sie hatte versucht, auch viele andere Dinge zu erklären.

Meine Verwandten holten mich vom Flughafen ab. Meine Tante umarmte mich und mein Onkel gab mir die Hand. Ich bin es nicht gewöhnt, jemandem die Hand zu geben. Als wir im Auto zu ihrem Haus fuhren, merkte ich, dass die Leute sehr schnell auf der Autobahn fuhren. Ich hatte sogar ein bisschen Angst.

Meine Verwandten wohnen in einem kleinen Dorf in Bayern. Alle Häuser haben Blumen vor den Fenstern und an einige Häuser sind schöne Bilder gemalt worden. Meine Mutter hatte mir erzählt, dass die Leute dort gerne Blumen vor dem Fenster haben. So viele Blumenkästen! Und Gemälde an Gebäuden hatte ich vorher nur in der Großstadt gesehen. Die Leute tun sehr viel, um ihr Dorf schön zu machen.

Meine Verwandten sind Bauern und ich war überrascht als ich sah, dass die Scheune[a] nicht getrennt vom Haus war. Man kann direkt vom Haus in die Scheune gehen. Man braucht nicht erst aus dem Haus hinaus zu gehen. Auf den meisten Bauernhöfen in unserer Gegend steht die Scheune getrennt vom Haus.

Aber diese Unterschiede sind nicht wichtig. Meine Verwandten und ich haben vieles gemeinsam und ich fühlte mich bei ihnen so wohl wie zu Hause.

Notice in the subordinate clause with **bevor** the verb is in the simple past (**machte**) and in the main clause the verb is in the past perfect (**hatte erklärt**).

Here's an example of **zu** + an infinitive with the verb **versuchen.**

A comma precedes the infinitive clause with **zu.**

The verb **brauchen** is used rather than **müssen** in this sentence with negative meaning.

[a]barn

Schreibstrategien

Vor dem Schreiben

- Think of an experience you once had that was outside of your culture. Perhaps you traveled to a foreign country. Or, perhaps you spoke with exchange students visiting your school, ate at a Greek restaurant, talked with your friend's grandmother who comes from another country, browsed through the Asian art section of a museum, saw a French film, or attended a Latin American street fair in your city.

- What were your expectations leading up to this cultural encounter?

  Was hast du von den Leuten (dem Essen, den Getränken, der Kleidung, den Rollen von Männern und Frauen, dem Alltag, der Landschaft, ?) erwartet?

- Compare your expectations with the reality of your experience.

  Was war ganz anders als bei dir zu Hause? Welche Eindrücke waren für dich am stärksten? Welche Sitten[a] fandest du besonders interessant? fremd? angenehm? Was hast du aus dieser Erfahrung gelernt?

[a]*customs*

Beim Schreiben

- Begin your essay with a couple of statements that lets the reader know where your experience took place and what your expectations were before the trip or event took place.

- Continue your essay by providing the essential information about the trip or event, in answer to all the w-questions that apply: **was? wann? wo? wer? wen? wem? warum? wie? wie viel(e)?**

- Focus on the most important aspect(s) of the experience. Write in detail about the event(s) or sight(s) that impressed you the most or about the individual(s) who most influenced your thinking.

- Conclude by explaining what you learned or how your thinking changed.

Nach dem Schreiben

- Exchange essays with a classmate. Suggest ways for improving or strengthening each other's essay.

Stimmt alles?

- As you rewrite, concentrate on clarifying information and sharpening your images.

- Include visuals to complement your essay: a photo, sketch, illustration, graphic, or perhaps even a souvenir. Tie each visual to the content of your essay with an appropriate caption.

Vorige Woche ging ich mit meinen Eltern in ein griechisches Restaurant. Meine Mutter hat[tt]e mir einige Tage davor von dem Lokal erzählt. Ich ha[tt]e keine Lust zumitgehen, weil ich nicht gern Lamm esse.

Das Restaurant ist sehr klein. Es hat nur zehn Tische. Als wir hereinkamen, begrüßte uns der Besitzer sehr freundlich und zeigte uns einen Tisch. Die Musik im Restaurant war sehr schön.

Das Essen war sehr lecker. Vor dem Hauptgericht bekamen wir eine Soße aus Yoghurt, Knoblauch und Gurken. Als Hauptgericht empfahl der Besitzer „Schischkebab". Das ist Fleisch, das am Spieß mit Tomaten und Zwiebeln gebraten wird. Es hat mir auch wunderbar geschmeckt. Erst nachdem ich es gegessen hat[tt]e, sagte mir meine Mutter, dass i[es]ch Lamm war! Ich war zuerst böse, aber musste dann zugeben, dass es mir geschmeckt ha[hatte]t.

Das Restaurant hat mir sehr gut gefallen. Ich war von der Freundlichkeit, der Musik und dem Essen sehr beeindruckt. Ich habe jetzt vor, (zu lernen) Griechisch neben Deutsch.

WORTSCHATZ

Substantive	Nouns
Reisen	*Traveling*
die **Abfahrt**, -en	departure
die **Ankunft**, ⁓e	arrival
die **Bemerkung**, -en	remark, comment
die **Fahrt**, -en	journey, trip
die **Flugkarte**, -n	airline ticket
die **Rückfahrkarte**, -n	return ticket
die **Verspätung**, -en	delay
der **Flughafen**, ⁓	airport
der/die **Reisende** (*decl. adj.*)	traveler
der **Reisepass**, ⁓e	passport
der **Schalter**, -	counter
der **Warteraum**, *pl.* **Warteräume**	waiting area
das **Terminal**, -s	airline terminal

In Deutschland ist es anders	*It's different in Germany*
die **Begrüßung**, -en	greeting
die **Lockerheit**	informality, relaxed manner
die **Party**, -s	party
die **Sorge**, -n	worry
die **Umarmung**, -en	hug
der **Ladenschluss**	store closing time
das **Händeschütteln**, -	handshake
das **Vorurteil**, -e	prejudice

Verben	Verbs
ab•**fliegen**, flog ab, ist abgeflogen	to take off, to depart by plane
an•**kommen**, kam an, ist angekommen	to arrive
aus•**halten** (hält aus), hielt aus, ausgehalten	to put up with
begrüßen	to greet
sich **gewöhnen an** (+ *acc.*)	to get used to
landen, ist gelandet	to land
stören	to disturb
umarmen	to hug
sich **verabschieden**	to take leave

Adjekive und Adverbien	Adjectives and adverbs
anders	different(ly)
aufgeregt	excited
einfach	simple, simply; one-way
fremd	foreign; strange
geschlossen	closed
merkwürdig	peculiar, odd
richtig	correct, right

Sonstiges	Other
Herzlich willkommen!	Welcome!
hin und zurück	round trip
sich **auf den Weg machen**	to get on one's way

WIEDERHOLUNG 8

VIDEOTHEK

A Stumpfs und Sanders. Bring die Bilder in die richtige Reihenfolge. Beschreib dann, was in jedem Bild passiert.

a.

b.

c.

d.

e.

f.

g.
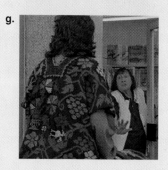

h.

i.
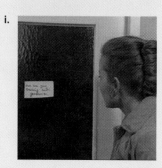

B Wer sagt das?

1. „Wir haben eine neue Couchgarnitur."
2. „Vielleicht ist was mit Kai passiert."
3. „So geht es nicht weiter."
4. „Kein Wunder nach dem langen Flug."
5. „Kai und ich waren einkaufen im Bahnhof."
6. „Ja, ich habe eine gute und eine schlechte Nachricht. Welche zuerst?"
7. „Es tut mir Leid, Heiner, es tut mir Leid. Ich bin aufgehalten worden. Ich musste zu meinem Chef und . . . "
8. „Er ist zu Hause und kümmert sich um das Kind."
9. „250. Nur weil Sie's sind."

Frau Stumpf

Heiner

der Verkäufer auf dem Flohmarkt

der Restaurator

Inéz

Roswita

VOKABELN

A Einkaufen. Wohin müssen diese Leute gehen, um die folgenden Sachen zu kaufen?

MODELL: Roswita sucht gesundes Essen, das frei von Pestiziden ist. →
Sie muss in ein Reformhaus gehen.

1. Vera braucht Briefmarken.
2. Max braucht Hundefutter.
3. Nina will ein besonderes Kleid für Samstagabend.
4. Klara sucht ein Geschenk für ihre Mutter, die gern Briefe schreibt.
5. Die Schäfers suchen ein Gemälde für das Wohnzimmer.
6. Markus sucht einen Diamantring.

B Was weißt du über Sport? Ergänze die Sätze.

1. Eine Person, die ernsthaft Sport treibt, nennt man einen _____ / eine _____.
2. _____ ist ein anderes Wort für das Team.
3. Während eines Fußballspiels wollen die Spieler viele _____ machen.
4. Alle Fußballspieler wollen eine _____ gewinnen.
5. Zum _____ braucht man Eis.
6. Zum _____ braucht man einen Berg und viel Schnee.

C Am Flughafen. Ergänze die Sätze.

1. Wann fliegt die Maschine nach Italien ab? Wann kommt die Maschine aus der Schweiz an? Für diese Informationen sucht man die Tafel mit den Worten _____ und _____.
2. In den größeren Flughäfen können _____ fast alles erledigen—einkaufen gehen, sich erholen und sogar Geschenke kaufen.
3. Im _____ wartet man, bis man in die Maschine einsteigen kann.
4. Normalerweise kosten _____ weniger, wenn man sie für hin und zurück bucht.
5. Wenn man ins Ausland reist, braucht man einen _____.

D Am Bahnhof. Ergänze die fehlenden Wörter.

PETER: Ich möchte mit dem nächsten Zug von Regensburg nach Rom fahren.
BEAMTER: Der nächste Zug _____ um 22.00 Uhr _____.[1]
PETER: Um wie viel Uhr _____ ich in Rom _____?[2]
BEAMTER: Morgen um 6.15 Uhr. Aber Sie müssen in Mailand umsteigen.
PETER: Eine _____[3] nach Rom, bitte.
BEAMTER: Eine einfache Fahrt oder _____?[4]
PETER: Einfach bitte.
BEAMTER: Dann brauchen Sie keine _____.[5]

> Fahrkarte
> hin und zurück
> abfahren
> ankommen
> Rückfahrkarte

STRUKTUREN

A Die Klassenarbeit ist gestohlen worden! Wer war es? Alle werden gefragt und haben ein Alibi. Benutze das Imperfekt.

MODELL: Karin / im Kino sein →
Karin war es nicht! Sie war im Kino!

1. Jana / ein Buch lesen
2. Fred / vor dem Fernseher sitzen
3. Herr Schneider / zu Hause sein
4. Frau Pieper / im Bett schlafen
5. Stefan / einen Brief schreiben
6. Sascha / am Telefon sprechen

B Ein schönes Wochenende. Schreib über ein aktives Wochenende, das du einmal erlebtest. Benutze mindestens zehn Verben im Imperfekt. Benutze auch das Plusquamperfekt, wenn du einen Satz mit **bevor** oder **nachdem** schreibst.

lesen   aufwachen   schwimmen
laufen   gehen   fahren
essen   wandern
schlafen
mitbringen   mitkommen
?   fernsehen

C Wie wäre dein Leben als . . . Denk an eine weltberühmte Figur (zum Beispiel einen Sportler / eine Sportlerin, einen Schauspieler / eine Schauspielerin, einen Politiker / eine Politikerin). Wie wäre dein Leben, wenn du diese Person wärst? Schreib fünf Sätze. Benutze den Konjunktiv.

MODELL: Mein Leben als Leonardo DiCaprio: Ich würde viele Fans haben. . . .

D Wie wäre die Welt besser? Schreib fünf Sätze.

MODELL: Niemand hat Hunger. →
Die Welt wäre besser, wenn niemand Hunger hätte.

1. Es gibt keine Umweltverschmutzung.
2. Menschen sind höflicher.
3. Alle können andere Sprachen.
4. Es gibt keine Obdachlosen.
5. Alle arbeiten.
6. Es gibt keine Kriege mehr.

E Was hättest du gemacht, wenn du in der Lotterie gewonnen hättest? Sag, was die folgenden Menschen mit dem vielen Geld gemacht hätten.

MODELL: er (Herr Stumpf) →
Wenn er in der Lotterie gewonnen hätte, wäre er nach Mexiko geflogen.
oder: ?

1. Sie (Frau Stumpf)
2. du (Inéz)
3. ich
4. wir
5. ihr (Heiner und Roswita)

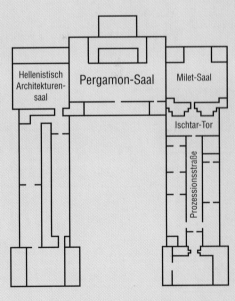

? Geschenke für alle kaufen

Studiengebühren bezahlen

Geld sparen

die Eltern in die Karibik schicken

F Sommerpläne. Schreib die Sätze um. Benutze **zu** mit Infinitiv.

MODELL: Ron möchte einen Sprachkurs in Deutschland machen. →
Ron plant, einen Sprachkurs in Deutschland zu machen.
oder: Ron hat vor, einen Sprachkurs in Deutschland zu machen.

1. Silvia möchte ihre Tante in Wien besuchen.
2. Jens und Mario wollen nach Österreich fahren.
3. Josef will ein neues Haus kaufen.
4. Melanie möchte neue Menschen in Regensburg kennen lernen.
5. Lars will jeden Morgen früh aufstehen.

G Hast du schon für den Sommer geplant? Frag drei Mitstudenten/Mitstudentinnen, und berichte dann der Klasse darüber.

EINBLICKE

David und Sandra sind Schüler der zwölften Klasse am Eichsfeld Gymnasium in Duderstadt. Ihr Leistungskurs Kunst macht eine Projektwoche in Berlin. David und Sandra gehören zur Arbeitsgruppe, die einen Bericht über das Pergamonmuseum schreiben soll. David und Sandra erforschen drei wichtige Kunstwerke: den Pergamonaltar, das Markttor zu Milet und die Prozessionsstraße.

Pergamonmuseum—das erste Ausstellungsgeschoss.

A Hör noch einmal zu. Was weißt du jetzt über die Kunstwerke im Pergamonmuseum?

1. Die Hauptattraktion im Museum ist _____.
2. Die Stadt Pergamon liegt in der heutigen _____.
3. Der Pergamonaltar war ein _____ an Zeus und Athene.
4. Das Milettor ist _____ hoch.
5. Das Milettor und der Pergamonaltar sind über _____ alt.
6. Die Prozessionsstraße aus Babylon hat man _____ vor Christus gebaut.

B Welches Bild zeigt welches Kunstwerk?

1.   2.   3.

PERSPEKTIVEN

● Liest du gern Detektivromane oder siehst du gern Fernsehkrimis? Welche Detektivromane für Kinder kennst du?

„Der Beschützer der Diebe" von Andreas Steinhöfel hat als Hauptcharaktere drei Jugendliche: Dags, Guddie und Olaf. Sie müssen ihre Sommerferien zu Hause in Berlin verbringen. Eines Tages treffen sich die drei am Zoo und verfolgen als „Spiel" andere Leute. Guddie gelangt ans Pergamonmuseum und sieht, wie ein Mann im hellgrauen Mantel entführt wird und einen Zettel auf den Boden fallen lässt. Auf dem Zettel war eine Zickzacklinie eingezeichnet:

Was könnte die Zickzacklinie darstellen? Die Kinder meinen, ein Kunstwerk wird aus dem Pergamonmuseum gestohlen und die Zeichnung führt sie zu diesem Kunstwerk. Auf welchem Kunstwerk könnte dieses Zickzackmuster sein?

aus: „Beschützer der Diebe"

„Wir sollten davon ausgehen, dass die Zickzacklinie alles mögliche darstellen kann", sagte Olaf leise. „Die Zacken einer Krone, die Form einer Kette um den Hals einer Statue, eine Verzierung . . . "

„Meinst du, der Mann im Anzug hat herausgefunden, dass etwas von
5 hier gestohlen werden soll?"

„Könnte sein. Aber dann muss es sich um etwas Kleines handeln, das leicht transportiert werden kann." Olaf deutete auf den Pergamonaltar. „Nicht so was wie das da!"

„Also müssen wir die beiden Seitenflügel absuchen", sagte Guddie.
10 Die Frau an der Kasse hatte ihnen erklärt, dass sich im linken Seitenflügel des Museums die Antikensammlung befand, während der rechte fast ausschließlich vorderasiatischer Kunst vorbehalten war. „Welchen willst du nehmen?"

Olaf entschied sich für den linken. Als Guddie den rechten
15 Seitenflügel betrat, stockte ihr unwillkürlich der Atem. In dem riesigen Raum befanden sich ausgesuchte Beispiele römischer Architektur— Säulen, die bis hoch unter die Decke ragten, ein friesverzierter Giebel, ein im Boden eingelassenes Mosaik. Aber all das verblasste gegen die Fassade eines Tores, das über eine Höhe von annähernd zwanzig und
20 eine Breite von knapp dreißig Metern eine komplette Wand des Saales einnahm. *Markttor von Milet*, informierte ein davor angebrachtes Schild. *Erbaut um 120 n. Chr.*

Die Fassade diente als Eingang in den angrenzenden Saal, wo sich ein weiteres Tor befand, eingerahmt und flankiert von blaugekachelten
25 Mauern, in die mosaikartig rotgoldene Löwen eingelassen waren—die Prozessionsstraße der Ischtar, einer babylonischen Göttin, wie Guddie auf einem weiteren Schild las. Obwohl das Tor von gigantischen Ausmaßen war, gefiel es ihr nicht halb so gut wie das Tor von Milet im ersten Saal.

A Welche Beschreibungen passen zu welchem Ausstellungsstück?

1. der Pergamonaltar
2. das Markttor von Milet
3. die Prozessionsstraße der Ischtar

B Im Pergamonmuseum. Beantworte die Fragen.

1. Welches Ausstellungsstück hat dem Museum seinen Namen gegeben?
2. Was befindet sich im linken Seitenflügel des Museums?
3. Wie kommt man in den Saal, wo sich die Prozessionsstraße der Ischtar befindet?
4. Welches Ausstellungsstück gefällt Guddie am besten?
5. Welches Ausstellungsstück würde dich am meisten interessieren?

WORTSCHATZ ZUM LESEN

darstellen	to represent
die Zacke	point; prong
die Krone	crown
die Verzierung	decoration
der Seitenflügel	wing (of a building)
vorderasiatisch	Middle Eastern
unwillkürlich	instinctively
die Säule	column
der Rundbogen	round arch
blaugekachelt	blue-tiled
der Löwe	lion
die Göttin	goddess
das Ausmaß	proportion

blaugekachelte Mauern

Höhe von 20 Metern

mosaikartig rotgoldene Löwen

Treppe aus Marmor

APPENDIX A

Grammar Tables

1. Personal Pronouns

	SINGULAR					PLURAL			
NOMINATIVE	ich	du / Sie	sie	er	es	wir	ihr / Sie		sie
ACCUSATIVE	mich	dich / Sie	sie	ihn	es	uns	euch / Sie		sie
DATIVE	mir	dir / Ihnen	ihr	ihm	ihm	uns	euch / Ihnen		ihnen

2. Definite Articles and *der*-Words

	SINGULAR			PLURAL
	FEMININE	MASCULINE	NEUTER	
NOMINATIVE	die	der	das	die
ACCUSATIVE	die	den	das	die
DATIVE	der	dem	dem	den
GENITIVE	der	des	des	der

Words declined like the definite article: **jeder, dieser, welcher**

3. Indefinite Articles and *ein*-Words

	SINGULAR			PLURAL
	FEMININE	MASCULINE	NEUTER	
NOMINATIVE	(k)eine	(k)ein	(k)ein	keine
ACCUSATIVE	(k)eine	(k)einen	(k)ein	keine
DATIVE	(k)einer	(k)einem	(k)einem	keinen
GENITIVE	(k)einer	(k)eines	(k)eines	keiner

Words declined like the indefinite article: all possessive adjectives (**mein, dein, sein, ihr, unser, euer, Ihr**).

4. Question Pronouns

	PEOPLE	THINGS AND CONCEPTS
NOMINATIVE	wer	was
ACCUSATIVE	wen	was
DATIVE	wem	
GENITIVE	wessen	

5. Attributive Adjectives without Articles

	SINGULAR			PLURAL
	FEMININE	MASCULINE	NEUTER	
NOMINATIVE	gute	guter	gutes	gute
ACCUSATIVE	gute	guten	gutes	gute
DATIVE	guter	gutem	gutem	guten
GENITIVE	guter	guten	guten	guter

6. Attributive Adjectives with *der*-Words

	SINGULAR			PLURAL
	FEMININE	MASCULINE	NEUTER	
NOMINATIVE	die gute	der gute	das gute	die guten
ACCUSATIVE	die gute	den guten	das gute	die guten
DATIVE	der guten	dem guten	dem guten	den guten
GENITIVE	der guten	des guten	des guten	der guten

7. Attributive Adjectives with *ein*-Words

	SINGULAR			PLURAL
	FEMININE	MASCULINE	NEUTER	
NOMINATIVE	eine gute	ein guter	ein gutes	keine guten
ACCUSATIVE	eine gute	einen guten	ein gutes	keine guten
DATIVE	einer guten	einem guten	einem guten	keinen guten
GENITIVE	einer guten	eines guten	eines guten	keiner guten

8. Prepositions

ACCUSATIVE	DATIVE	ACCUSATIVE/DATIVE	GENITIVE
durch	aus	an	außerhalb
für	außer	auf	innerhalb
gegen	bei	hinter	trotz
ohne	mit	in	während
um (. . . herum)	nach	neben	wegen
	seit	über	
	von	unter	
	zu	vor	
		zwischen	

9. Relative and Demonstrative Pronouns

	SINGULAR			PLURAL
	FEMININE	MASCULINE	NEUTER	
NOMINATIVE	die	der	das	die
ACCUSATIVE	die	den	das	die
DATIVE	der	dem	dem	denen
GENITIVE	deren	dessen	dessen	deren

10. Weak Masculine Nouns

These nouns add **-(e)n** in the accusative, dative, and genitive.
A. *International nouns ending in **-t** denoting male persons:* Komponist, Patient, Polizist, Präsident, Soldat, Student, Tourist
B. *Nouns ending in **-e** denoting male persons or animals:* Drache, Junge, Neffe, Riese
C. *The following nouns:* Elefant, Herr, Mensch, Nachbar, Name

	SINGULAR	PLURAL
NOMINATIVE	der Student der Junge	die Studenten die Jungen
ACCUSATIVE	den Studenten den Jungen	die Studenten die Jungen
DATIVE	dem Studenten dem Jungen	den Studenten den Jungen
GENITIVE	des Studenten des Jungen	der Studenten der Jungen

11. Principal Parts of Irregular Verbs

The following is a list of the most important irregular verbs that are used in this book. Included in this list are the modal auxiliaries. Since the principal parts of two-part verbs follow the forms of the base verb, two-part verbs are generally not included, except for a few high-frequency verbs whose base verb is not commonly used. Thus you will find **einladen** listed, but not **zurückkommen.**

INFINITIVE	(3RD PERS. SG. PRESENT)	SIMPLE PAST	PAST PARTICIPLE	MEANING
anbieten		bot an	angeboten	*to offer*
anfangen	(fängt an)	fing an	angefangen	*to begin*
backen	(bäckt)	backte	gebacken	*to bake*
beginnen		begann	begonnen	*to begin*
begreifen		begriff	begriffen	*to comprehend*
beißen		biss	gebissen	*to bite*
bitten		bat	gebeten	*to ask, beg*
bleiben		blieb	(ist) geblieben	*to stay*
bringen		brachte	gebracht	*to bring*
denken		dachte	gedacht	*to think*

INFINITIVE	(3RD PERS. SG. PRESENT)	SIMPLE PAST	PAST PARTICIPLE	MEANING
dürfen	(darf)	durfte	gedurft	*to be allowed*
einladen	(lädt ein)	lud ein	eingeladen	*to invite*
empfehlen	(empfiehlt)	empfahl	empfohlen	*to recommend*
entscheiden		entschied	entschieden	*to decide*
essen	(isst)	aß	gegessen	*to eat*
fahren	(fährt)	fuhr	(ist) gefahren	*to drive*
fallen	(fällt)	fiel	(ist) gefallen	*to fall*
finden		fand	gefunden	*to find*
fliegen		flog	(ist) geflogen	*to fly*
geben	(gibt)	gab	gegeben	*to give*
gefallen	(gefällt)	gefiel	gefallen	*to like; to please*
gehen		ging	(ist) gegangen	*to go*
genießen		genoss	genossen	*to enjoy*
geschehen	(geschieht)	geschah	ist geschehen	*to happen*
gewinnen		gewann	gewonnen	*to win*
haben	(hat)	hatte	gehabt	*to have*
halten	(hält)	hielt	gehalten	*to hold; to stop*
hängen		hing	gehangen	*to hang*
heißen		hieß	geheißen	*to be called*
helfen	(hilft)	half	geholfen	*to help*
kennen		kannte	gekannt	*to know*
kommen		kam	(ist) gekommen	*to come*
können	(kann)	konnte	gekonnt	*can; to be able*
lassen	(lässt)	ließ	gelassen	*to let; to allow*
laufen	(läuft)	lief	(ist) gelaufen	*to run*
leihen		lieh	geliehen	*to lend; to borrow*
lesen	(liest)	las	gelesen	*to read*
liegen		lag	gelegen	*to lie*
mögen	(mag)	mochte	gemocht	*to like*
müssen	(muss)	musste	gemusst	*must; to have to*
nehmen	(nimmt)	nahm	genommen	*to take*
nennen		nannte	genannt	*to name*
raten	(rät)	riet	geraten	*to advise*
reiten		ritt	(ist) geritten	*to ride*
scheinen		schien	geschienen	*to seem; to shine*
schlafen	(schläft)	schlief	geschlafen	*to sleep*
schließen		schloss	geschlossen	*to close*
schreiben		schrieb	geschrieben	*to write*
schwimmen		schwamm	(ist) geschwommen	*to swim*
sehen	(sieht)	sah	gesehen	*to see*
sein	(ist)	war	(ist) gewesen	*to be*
singen		sang	gesungen	*to sing*
sitzen		saß	gesessen	*to sit*

INFINITIVE	(3RD PERS. SG. PRESENT)	SIMPLE PAST	PAST PARTICIPLE	MEANING
sollen	(soll)	sollte	gesollt	*should, ought; to be supposed*
sprechen	(spricht)	sprach	gesprochen	*to speak*
stehen		stand	gestanden	*to stand*
steigen		stieg	ist gestiegen	*to rise; to climb*
sterben	(stirbt)	starb	(ist) gestorben	*to die*
tragen	(trägt)	trug	getragen	*to carry; to wear*
treffen	(trifft)	traf	getroffen	*to meet*
trinken		trank	getrunken	*to drink*
tun		tat	getan	*to do*
umsteigen		stieg um	(ist) umgestiegen	*to change; to transfer*
vergessen	(vergisst)	vergaß	vergessen	*to forget*
vergleichen		verglich	verglichen	*to compare*
verlieren		verlor	verloren	*to lose*
wachsen	(wächst)	wuchs	(ist) gewachsen	*to grow*
waschen	(wäscht)	wusch	gewaschen	*to wash*
werden	(wird)	wurde	(ist) geworden	*to become*
wissen	(weiß)	wusste	gewusst	*to know*
wollen	(will)	wollte	gewollt	*to want*
ziehen		zog	(ist/hat) gezogen	*to move; to pull*

12. Common Inseparable Prefixes of Verbs

be-	besichtigen, besuchen, bezahlen
er-	erleben, erlösen
ver-	vergessen, vermieten, versprechen

13. Conjugation of Verbs

In the charts that follow, the pronoun **Sie** (*you*) is listed with the third-person plural **sie** (*they*).

Present Tense

Auxiliary Verbs

	sein	haben	werden
ich	bin	habe	werde
du	bist	hast	wirst
Sie	sind	haben	werden
sie/er/es	ist	hat	wird
wir	sind	haben	werden
ihr	seid	habt	werdet
sie	sind	haben	werden
Sie	sind	haben	werden

Regular Verbs, Irregular Verbs, Mixed Verbs

	REGULAR		IRREGULAR		MIXED
	fragen	**finden**	**geben**	**fahren**	**wissen**
ich	frage	finde	gebe	fahre	weiß
du	fragst	findest	gibst	fährst	weißt
Sie	fragen	finden	geben	fahren	wissen
sie/er/es	fragt	findet	gibt	fährt	weiß
wir	fragen	finden	geben	fahren	wissen
ihr	fragt	findet	gebt	fahrt	wisst
sie	fragen	finden	geben	fahren	wissen
Sie	fragen	finden	geben	fahren	wissen

Simple Past Tense

Auxiliary Verbs

	sein	**haben**	**werden**
ich	war	hatte	wurde
du	warst	hattest	wurdest
Sie	waren	hatten	wurden
sie/er/es	war	hatte	wurde
wir	waren	hatten	wurden
ihr	wart	hattet	wurdet
sie	waren	hatten	wurden
Sie	waren	hatten	wurden

Regular Verbs, Irregular Verbs, Mixed Verbs

	REGULAR	IRREGULAR		MIXED
	fragen	**geben**	**fahren**	**wissen**
ich	fragte	gab	fuhr	wusste
du	fragtest	gabst	fuhrst	wusstest
Sie	fragten	gaben	fuhren	wussten
sie/er/es	fragte	gab	fuhr	wusste
wir	fragten	gaben	fuhren	wussten
ihr	fragtet	gabt	fuhrt	wusstet
sie	fragten	gaben	fuhren	wussten
Sie	fragten	gaben	fuhren	wussten

Wissen *and the Modal Verbs*

	MODAL VERBS						
	wissen	**dürfen**	**können**	**müssen**	**sollen**	**wollen**	**mögen**
ich	wusste	durfte	konnte	musste	sollte	wollte	mochte
du	wusstest	durftest	konntest	musstest	solltest	wolltest	mochtest
Sie	wussten	durften	konnten	mussten	sollten	wollten	mochten
sie/er/es	wusste	durfte	konnte	musste	sollte	wollte	mochte
wir	wussten	durften	konnten	mussten	sollten	wollten	mochten
ihr	wusstet	durftet	konntet	musstet	solltet	wolltet	mochtet
sie	wussten	durften	konnten	mussten	sollten	wollten	mochten
Sie	wussten	durften	konnten	mussten	sollten	wollten	mochten

Present Perfect Tense

	sein	**haben**	**geben**	**fahren**
ich	bin	habe	habe	bin
du	bist	hast	hast	bist
Sie	sind	haben	haben	sind
sie/er/es	ist	hat	hat	ist
wir	sind ⎫ gewesen	haben ⎫ gehabt	haben ⎫ gegeben	sind ⎫ gefahren
ihr	seid	habt	habt	seid
sie	sind	haben	haben	sind
Sie	sind ⎭	haben ⎭	haben ⎭	sind ⎭

Past Perfect Tense

	sein	**haben**	**geben**	**fahren**
ich	war	hatte	hatte	war
du	warst	hattest	hattest	warst
Sie	waren	hatten	hatten	waren
sie/er/es	war	hatte	hatte	war
wir	waren ⎫ gewesen	hatten ⎫ gehabt	hatten ⎫ gegeben	waren ⎫ gefahren
ihr	wart	hattet	hattet	wart
sie	waren	hatten	hatten	waren
Sie	waren ⎭	hatten ⎭	hatten ⎭	waren ⎭

Subjunctive

Present Tense: Subjunctive I (Indirect Discourse Subjunctive)

	sein	**haben**	**werden**	**fahren**	**wissen**
ich	sei	—	—	—	wisse
du	sei(e)st	habest	—	—	—
Sie	seien	—	—	—	—
sie/er/es	sei	habe	werde	fahre	wisse
wir	seien	—	—	—	—
ihr	sei(e)t	habet	—	—	—
sie	seien	—	—	—	—
Sie	seien	—	—	—	—

For the forms left blank, the subjunctive II forms are preferred in indirect discourse.

Present Tense: Subjunctive II

	fragen	**sein**	**haben**	**werden**	**fahren**	**wissen**
ich	fragte	wäre	hätte	würde	führe	wüsste
du	fragtest	wär(e)st	hättest	würdest	führ(e)st	wüsstest
Sie	fragten	wären	hätten	würden	führen	wüssten
sie/er/es	fragte	wäre	hätte	würde	führe	wüsste
wir	fragten	wären	hätten	würden	führen	wüssten
ihr	fragtet	wär(e)t	hättet	würdet	führ(e)t	wüsstet
sie	fragten	wären	hätten	würden	führen	wüssten
Sie	fragten	wären	hätten	würden	führen	wüssten

Past Tense: Subjunctive I (Indirect Discourse)

	fahren		**wissen**	
ich	sei		—	
du	sei(e)st		habest	
Sie	sei(e)n		—	
sie/er/es	sei	gefahren	habe	gewusst
wir	seien		—	
ihr	sei(e)t		habet	
sie	sei(e)n		—	
Sie	sei(e)n		—	

Past Tense: Subjunctive II

	sein	**geben**	**fahren**
ich	wäre	hätte	wäre
du	wär(e)st	hättest	wär(e)st
Sie	wären	hätten	wären
sie/er/es	wäre } gewesen	hätte } gegeben	wäre } gefahren
wir	wären	hätten	wären
ihr	wär(e)t	hättet	wär(e)t
sie	wären	hätten	wären
Sie	wären	hätten	wären

Passive Voice

	einladen		
	Present	*Simple Past*	*Present Perfect*
ich	werde	wurde	bin
du	wirst	wurdest	bist
Sie	werden	wurden	sind
sie/er/es	wird } eingeladen	wurde } eingeladen	ist } eingeladen worden
wir	werden	wurden	sind
ihr	werdet	wurdet	seid
sie	werden	wurden	sind
Sie	werden	wurden	sind

Imperative

	sein	**geben**	**fahren**	**arbeiten**
FAMILIAR SINGULAR	sei	gib	fahr	arbeite
FAMILIAR PLURAL	seid	gebt	fahrt	arbeitet
FORMAL	seien Sie	geben Sie	fahren Sie	arbeiten Sie

APPENDIX B

Alternate Spelling and Capitalization

With the German spelling reform, some words now have an alternate old spelling along with a new one. The vocabulary lists at the end of each chapter in this text present the new spelling. Listed here are some common words that are affected by the spelling reform, along with their traditional alternate spellings. This list is not a complete list of words affected by the spelling reform.

NEW	ALTERNATE
Abschluss (ᵕe)	Abschluß (Abschlüsse)
auf Deutsch	auf deutsch
dass	daß
ein bisschen	ein bißchen
Erdgeschoss (-e)	Erdgeschoß (Erdgeschosse)
essen (isst), aß, gegessen	essen (ißt), aß, gegessen
Esszimmer (-)	Eßzimmer (-)
Fitness	Fitneß
Fluss (ᵕe)	Fluß (Flüsse)
hässlich	häßlich
heute Abend / . . . Mittag / . . . Morgen / . . . Nachmittag / . . . Vormittag	heute abend / . . . mittag / . . . morgen / . . . nachmittag / . . . vormittag
lassen (lässt), ließ, gelassen Lass uns doch . . .	lassen (läßt), ließ, gelassen Laß uns doch . . .
morgen Abend / . . . Mittag / . . . Nachmittag / . . . Vormittag	morgen abend / . . . mittag / . . . nachmittag / vormittag
müssen (muss), musste, gemusst	müssen (muß), mußte, gemußt
passen (passt), gepasst	passen (paßt), gepaßt
Rad fahren (fährt Rad), fuhr Rad, ist Rad gefahren	radfahren (fährt Rad), fuhr Rad, ist radgefahren
Samstagabend / -mittag / -morgen / -nachmittag / -vormittag	Samstag abend / . . . mittag / . . . morgen / . . . nachmittag / . . . vormittag
Schloss (ᵕer)	Schloß (Schlösser)
spazieren gehen (geht spazieren), ging spazieren, ist spazieren gegangen	spazierengehen (geht spazieren), ging spazieren, ist spazierengegangen
Stress	Streß
vergessen (vergisst), vergaß, vergessen	vergessen (vergißt), vergaß, vergessen
wie viel	wieviel

VOCABULARY

GERMAN-ENGLISH

This cumulative vocabulary list contains nearly all the German words that appear in the textbooks for *Auf Deutsch 1 Eins* and *2 Zwei*. Exceptions include identical or very close cognates with English that are not part of the active vocabulary. Chapter numbers indicate active vocabulary items from the end-of-chapter **Wortschatz** lists.

Entries for strong and mixed verbs include all principal parts, including the third-person singular of the present tense if it is irregular: **fahren (fährt), fuhr, ist gefahren; trinken, trank, getrunken.** All two-part verbs also include the third-person singular of the present tense: **aufmachen (macht auf).**

The vocabulary list also includes the following abbreviations.

acc.	accusative
adj.	adjective
coll.	colloquial
coord. conj.	coordinating conjunction
dat.	dative
decl. adj.	declined adjective
fig.	figurative
form.	formal
gen.	genitive
indef. pron.	indefinite pronoun
inform.	informal
(-n *masc.***)/(-en** *masc.***)**	masculine noun ending in **-n** or **-en** in all cases except the nominative singular
pl.	plural
sg.	singular
subord. conj.	subordinating conjunction

A

ab (+ *dat.*) from; from . . . on; beginning; **Fahrverbindungen ab Kloster** connections from the monastery; **für die Kids ab zehn** for kids age ten and older; **ab 1850** from 1850 on; **ab und zu** every once in a while

der Abbau reduction; **Abbau der Aggression** stress reduction

abbauen (baut ab) to dismantle; to decompose; to reduce

abbiegen (biegt ab), bog ab, abgebogen to turn (22)

das Abc alphabet

der Abend (-e) evening; **am Abend** in the evening; **gestern Abend** last night; **guten Abend!** good evening; **heute Abend** this evening; **jeden Abend** every night; **morgen Abend** tomorrow evening

das Abendessen (-) dinner, supper; **nach dem Abendessen** after dinner; **zum Abendessen** for dinner (19)

das Abendkleid (-er) evening gown

abends (in the) evenings

das Abenteuer (-) adventure (9)

abenteuerlich adventurous

aber (*coord. conj.*) but, however

abfahren (fährt ab), fuhr ab, ist abgefahren to depart

die Abfahrt (-en) departure (24)

der Abfall (-̈e) garbage (20)

die Abfallberatung waste management

die Abfallmenge volume of waste

abfliegen (fliegt ab), flog ab, ist abgeflogen to take off, to depart by plane (24)

der Abflug (¨e) departure

abführen (führt ab) to remove

abgeben (gibt ab), gab ab, abgegeben to give up; to pass on; to drop off (19)

abgefahren (*adj.*) departed

abgelehnt (*adj.*) declined

abgeschlossen (*adj.*) completed, closed

abgeschnitten (*adj.*) cut

abgeschrieben (*adj.*) copied

abgezogen (*adj.*) skinned, peeled, blanched

abhängig dependent(ly) (13)

abhauen: hau ab! (*slang*) beat it!

abholen (holt ab) to pick up (23)

das Abi = Abitur

die Abifete (-n) Abitur graduation party

das Abitur (-e) *exam at the end of secondary school* (Gymnasium) (10)

der Abiturient (-en *masc.***) / die Abiturientin (-nen)** *person who has passed the Abitur*

abkaufen (kauft ab) to buy

abkriegen (kriegt ab): (*coll.*) to get, to be hurt

abladen (lädt ab), lud ab, abgeladen to unload

ablehnen (lehnt ab) to decline, reject

die Ablehnung (-en) rejection

abonnieren to subscribe to (21)

(sich) abreagieren (reagiert ab) to unwind, relax; **zum Abreagieren** for relaxation

abreisen (reist ab), ist abgereist to depart (8)

abreißen, riss ab, abgerissen to tear down (*a building*)

abrunden (rundet ab) to round up; to complete

die Absage (-n) rejection

der Absatz (¨e) heel (*of a shoe*) (21); paragraph, section (*in a text*)

abschaffen (schafft ab), schuf ab, abgeschaffen to get rid of (20)

der Abschied (-e) farewell

abschließen (schließt ab), schloss ab, abgeschlossen to finish, conclude

der Abschluss (¨e) completion of studies, degree

abschmecken (schmeckt ab) to taste

abschneiden (schneidet ab), schnitt ab, abgeschnitten to cut

der Abschnitt (¨e) section

abschreiben (schreibt ab), schrieb ab, abgeschrieben to copy (*in writing*)

absolut absolute(ly)

absolvieren to complete; **die Schule absolvieren** to complete school education

absprechen (spricht ab), sprach ab, abgesprochen to agree, to make arrangements

absuchen (sucht ab) to search

die Abteilung (-en) department

abträglich (+ *dat.*) detrimental

sich abwechseln (wechselt ab) to take turns, alternate

abwechselnd alternately

abwechslungsreich variable, changeable (14)

abziehen (zieht ab), zog ab, abgezogen to skin, peel

ach! oh!; **ach ja!** oh right!; **ach so!** I see!; **ach, was!** come on!, **ach wo!** not at all!

acht eight; **es ist acht Uhr** it's eight o'clock (E)

die Acht (-) attention; **Acht geben (gib Acht), gab Acht, Acht gegeben: auf den Lehrer Acht geben** to pay attention to the teacher

achten auf (+ *acc.*) to pay attention to

die Achterbahn (-en) roller coaster

achtzehn eighteen (E)

achtzehnte eighteenth; **der achtzehnte Januar** January eighteenth

achtzig eighty (E); **die achtziger Jahre** the eighties

der Ackerbau agriculture

der ADAC = Allgemeiner Deutscher Automobil Club

das Adjektiv (-e) adjective

der Adler (-) eagle

die Adresse (-n) address

adrett neat(ly)

das Adverb (*pl.*** Adverbien)** adverb

die Aerobikübung (-en) aerobic exercise, aerobics

der Affe (-n *masc.***)** ape, monkey

(das) Afrika Africa

der Afrikaner (-) / die Afrikanerin (-nen) African (*person*) (18)

der Agent (-en *masc.***) / die Agentin (-nen)** secret agent, spy

die Agentur (-en) agency

die Aggression (-en) aggression

(das) Ägypten Egypt

ägyptisch (*adj.*) Egyptian

aha! I see!

ähnlich similar(ly); **etwas Ähnliches** something similar

Ahnung: keine Ahnung! I have no idea!

ahoi! ahoy!

der Ahornsirup maple syrup

das Airbrushing airbrushing

die Akademie (-n) academy

akademisch academic(ally)

der Akkusativ accusative case

die Akkusativpräposition (-en) accusative preposition

das Akkusativpronomen (-) pronoun in the accusative case

aktiv active(ly)

das Aktiv active voice

die Aktivität (-en) activity

aktuell current, topical (21)

der Akzent (-e) accent

akzeptieren to accept

alarmieren to call

albern silly

das Alibi (-s) alibi

der Alkohol alcohol

all, all- all; **all das** all that; **all das Zeug** all that stuff; **all ihr jungen Leute** all you young people

alle zusammen! everybody!, all together! (E); **ein Drittel aller Schüler** a third of all the students; **vor allem, vor allen Dingen** above all

die Allee (-n) avenue

allein(e) alone (4)

aller-: am aller- (+ *superlative*) the very most; **am allerschönsten** the most beautiful of all

allerdings indeed; though; however; to be sure

die Allergie (-n) allergic reaction, allergy

das Allergiepotential (-e) potential for allergies

allergisch allergic

der Allergologe (-n *masc.*) / die Allergologin (-nen) allergy specialist

alles everything; **alles Gute!** all the best!; **alles klar!** everything ok!; **alles Liebe, deine Mutti** love, Mom (*closing in letters*); **das ist alles** that's all!

allgemein general(ly); **Allgemeiner Deutscher Automobil Club** *German automobile association*; **im Allgemeinen** in general, generally

alljährlich annual(ly), every year

die Allmacht omnipotence

der Allmächtige (*decl. adj.*) Almighty One

der Alltag everyday routine

alltäglich daily, ordinary, mundane

das Alltagsleben everyday life

allzu all too; **allzu wenig** all too few; **allzu menschlich** all too human

der Almanach almanac

die Alpen (*pl.*) the Alps (17)

der Alpengipfel (-) alpine peak

das Alphabet (-e) alphabet

der Alptraum (-träume) nightmare

als (*subord. conj.*) when; **als ich jung war** when I was young; than; **länger als** longer than; **als Gast** as a guest

also well; thus; therefore; so; **also Ruth, natürlich** well Ruth, of course; **na also!** there we go!;

also, bis dann! all right then, see you later (12)

alt (älter, ältest-) old (1)

der Altar (-̈e) altar

die Altbatterie (-n) empty battery

der Altbaubezirk (-e) historic district (*of a city*)

die Altbauwohnung (-en) pre-1945 building (4)

der/die Alte (*decl. adj.*) the old one

der Altenpfleger (-) / die Altenpflegerin (-nen) old people's nurse

das Alter (-) age

alternativ alternative

die Alternative (-n) alternative

das Altersheim (-e) home for the elderly

das Altglas recyclable glass

die Altkleidersammlung (-en) collection of old clothes

altmodisch old-fashioned

das Altpapier recyclable paper

die Altstadt (-̈e) old part of town

am = an dem: am achten Mai on May eighth; **am allerschönsten** the most beautiful; **am Montag** on Monday

der Amazonas Amazon river

(das) Amerika America

die Amerikafahrt (-en) trip to America

der Amerikafan (-s) America nut, *person who likes everything about America*

der Amerikaner (-) / die Amerikanerin (-nen) American (*person*) (18)

amerikanisch (*adj.*) American

das Amt (-̈er) bureau, agency

das Amtsgeschäft (-e) business matter, transaction

die Amtstätigkeit (-en) job responsibility

an (+ *acc./dat.*) at; near; up to; to; on (11); **am Internet surfen** to surf the internet (18); **an _____ vorbei** past _____ (22)

analysieren to analyze

die Ananas (-) pineapple

der Anbau cultivation, growing; **kontrolliert biologischer Anbau** organic cultivation / growing

anbei enclosed (*in letters*)

anbieten (bietet an), bot an, angeboten to offer

der Anbieter (-) / die Anbieterin (-nen) supplier

der Anblick (-e) sight

anbringen (bringt an), brachte an, angebracht to install; to put forward

ander- other; **alles andere** everything else; **eins nach dem anderen** one thing at a time; **etwas anderes** something else; **unter anderem** among other things

die/der/das andere (*decl. adj.*) other (one)

andererseits on the other hand

(sich) ändern to change (10)

anders different(ly) (24); **anders herum** the other way around

anderswohin in a different place

anderthalb one and a half

aneinander to each other

die Anekdote (-n) anecdote

die Anerkennung (-en) recognition

anfällig prone

der Anfang (-̈e) beginning, start; **am Anfang** in the beginning; **von Anfang an** from the beginning; **Anfang des zwanzigsten Jahrhunderts** at the beginning of the twentieth century

anfangen (fängt an), fing an, angefangen to begin (23)

anfangs in the beginning

der Anfangsbuchstabe (-n *masc.*) initial

das Anführungszeichen (-) quotation mark

die Angabe (-n) information

das Angebot (-e) offer (23)

angeboten (*adj.*) offered

angebracht (*adj.*) attached; suitable

angehen (geht an), ging an, angegangen to concern; **was die Frauen angeht** as far as the women are concerned

die Angelegenheit (-en) matter
angeln to fish (8)
angenehm pleasant(ly) (10)
angestellt employed (1)
der/die Angestellte (*decl. adj.*) employee
angestrebt desired, sought after
angetan: von jemandem angetan sein to be attracted to someone
angreifen (greift an), griff an, angegriffen to attack
der Angriff (-e) attack; **bereit zum Angriff** ready to attack
die Angst (¨e) fear (20); **Angst haben** to be afraid; **keine Angst!** don't be afraid!
ängstlich timid(ly); anxious(ly)
anhalten (hält an), hielt an, angehalten to stop (14)
anhören (hört an) to listen to
anklagen (klagt an) to accuse
ankommen (kommt an), kam an, ist angekommen to arrive (24)
ankreuzen (kreuzt an) to cross, check off
ankündigen (kündigt an) to announce
die Ankunft (¨e) arrival (24)
anlegen (legt an) dock (*a boat*)
anmachen (macht an) to turn on; **Licht anmachen** turn on a light
anmalen (malt an) to paint on; **ein Clowngesicht anmalen** to paint on a clown's face
das Anmeldeformular (-e) registration form
sich anmelden (meldet an) to register (19)
die Anmeldung (-en) registration
annähernd approximately
die Anonymität anonymity
der Anorak (-s) parka, winter jacket (7)
anorganisch inorganic
(sich) anpassen (passt an) (+ *dat.*) to adapt to
anprobieren (probiert an) to try on (*clothes*) (7)
anrechnen (rechnet an) to count; to take into account

die Anreise (-n) arrival
der Anruf (-e) phone call
anrufen (ruft an), rief an, angerufen to call on the phone (7)
der Anrufer (-) / die Anruferin (-nen) caller
ans = an das
anschauen (schaut an) to look at; to watch (21)
anschaulich vivid(ly), clear(ly)
sich anschnallen (schnallt an) to fasten (20)
das Anschreiben (-) letter
sich ansehen (sieht an), sah an, angesehen to look at; to watch (21)
das Ansehen reputation, recognition
ansonsten otherwise
ansprechen (spricht an), sprach an, angesprochen to address
der Ansprechpartner (-) / die Ansprechpartnerin (-nen) contact person
anstellen (stellt an) to hire
anstreben (strebt an) to strive for something
anstrengend strenuous, demanding (23)
der Anthropologe (-n *masc.***) / die Anthropologin (-nen)** anthropologist
die Antike antiquity
die Antikensammlung (-en) collection of classical antiquities
antiquarisch antique (22)
die Antiquität (-en) antique
antun: (jemandem etwas) antun (tut an), tat an, angetan to do (something to someone)
die Antwort (-en) answer
der Antwortbrief (-e) response letter
antworten to answer
der Anwalt (¨e) / die Anwältin (-nen) lawyer (13)
die Anweisung (-en) instruction
die Anzeige (-n) advertisement (14)
anzeigen (zeigt an) to sue

(sich) anziehen (zieht an), zog an, hat angezogen to put on (clothes), to get dressed (7)
der Anzug (¨e) dress suit (7)
anzünden (zündet an) to light (17)
apart distinctive(ly), unusual(ly)
der Apfel (¨) apple (16)
der Apfelsaft (¨e) apple juice
der Apfelstrudel (-) apple strudel (15)
der Apostel (-) apostle
die Apotheke (-n) drugstore (*for prescription drugs*) (16)
der Apotheker (-) / die Apothekerin (-nen) pharmacist
der Apparat (-e) apparatus, appliance, gadget; (*phone*) **am Apparat!** speaking!
der April April (5); **am dreizehnten April** on April thirteenth; **im April** in April
das Aquarium (*pl.* **Aquarien**) aquarium
die Arbeit (-en) work; exam; **an die Arbeit!** back to work!
arbeiten to work (2)
der Arbeiter (-) / die Arbeiterin (-nen) blue collar worker
die Arbeiterfamilie (-n) blue collar family
der Arbeitgeber (-) / die Arbeitgeberin (-nen) employer (14)
der Arbeitnehmer (-) / die Arbeitnehmerin (-nen) employee (14)
das Arbeitsamt (¨er) department of labor, employment office
die Arbeitsatmosphäre (-n) work atmosphere
die Arbeitserfahrung (-en) work experience (14)
die Arbeitsgemeinschaft (-en) association, agency, society
die Arbeitsgruppe (-n) team, workshop
die Arbeitslage (-n) employment situation (*in a society*)
arbeitslos unemployed (1)
der/die Arbeitslose (*decl. adj.*) unemployed person

das Arbeitslosengeld (-er) unemployment benefit

die Arbeitslosenzahl (-en) unemployment rate

die Arbeitslosigkeit unemployment (20)

die Arbeitsmoral work ethic

der Arbeitsplatz (¨e) workplace (13)

die Arbeitssituation (-en) employment situation

die Arbeitssuche job search; **auf Arbeitssuche sein** to be looking for a job

der Arbeitstag (-e) work day

Arbeits- und Studienaufenthalte in Afrika *organization for work and study exchange programs to Africa*

der Arbeitsvertrag (¨e) employment contract

die Arbeitswelt (-en) professional world, professional environment (13)

das Arbeitszimmer (-) (home) office, study

der Architekt (-en *masc.***) / die Architektin (-nen)** architect (13)

die Architektur (-en) architecture

(das) Argentinien Argentina

der Ärger anger; **aus Ärger** out of anger

ärgern to annoy, make angry (10); **sich ärgern (über)** (+ *acc.*) to be/get upset, annoyed/angry (about) (16)

das Argument (-e) argument, point

arm (ärmer, ärmst-) poor

der Arm (-e) arm (6)

die Armbanduhr (-en) wristwatch

der/die Arme (*decl. adj.*) poor person; **den Armen helfen** to help the poor

die Armee (-n) army

armenisch (*adj.*) Armenian

die Armenküche (-n) soup kitchen (*for the homeless*)

ärmlich poor, shabby, meager

die Armut poverty (20)

arrangieren to arrange

die Art (-en) kind of, type of

der Artikel (-) article (*in a newspaper*) (10)

der Arzt (¨e) / die Ärztin (-nen) doctor, physician (6); **zum Arzt gehen** to see a doctor

ASA = Arbeits- und Studienaufenthalte in Afrika

die Asche ash

(das) Aschenputtel Cinderella (12)

der Asiat (-en *masc.***) / die Asiatin (-nen)** Asian (*person*) (18)

(das) Asien Asia

der/die Asoziale (*decl. adj.*) social outcast

der Aspekt (-e) aspect

der Assistent (-en *masc.***) / die Assistentin (-nen)** assistant

die Assoziation (-en) association (*cognitive process*)

assoziieren to associate

der Ast (¨e) branch (*of a tree*)

die Ästhetik aesthetics

das Asthma asthma

der Atem breath

(das) Athen Athens (Greece)

der Athlet (-en *masc.***) / die Athletin (-nen)** athlete

athletisch athletic

der Atlantik Atlantic (Ocean)

der Atlas (*pl.* **Atlanten**) atlas

die Atmosphäre (-n) atmosphere

die Atomkraft nuclear power

der Atommüll nuclear waste

die Attraktion (-en) attraction

attraktiv attractive(ly)

das Attraktive (*decl. adj.*) attractive (thing)

auch also, as well, too

auf (+ *acc./dat.*) on, upon; onto, to; at; in, into; **auf bald** see you soon; **auf das Gewicht achten** to watch one's figure; **(sich) auf den Weg machen** to get underway, leave; **auf der Straße** in the street; **auf Deutsch** in German; **auf die Frage antworten** to answer the question; **auf die Reise gehen** to travel; **auf eine Idee kommen** to have an idea; **auf einmal** suddenly, at once (12); **auf etwas achten** to pay attention to something; **auf jemanden zukommen** to approach someone; **auf jeden Fall** in any case; **auf nach Köln!** on to Cologne!; **auf Rezept** by prescription; **auf Urlaub** on vacation; **auf Widerruf** without commitment; **auf Wiedersehen!** good-bye!

aufbauen (baut auf) to build

das Aufbauen the process of building

der Aufenthalt (-e) stay (7); layover

der Aufenthaltsraum (¨e) club room (10)

auffallen (fällt auf), fiel auf, ist aufgefallen to stand out; **mir ist aufgefallen** I have noticed

die Aufgabe (-n) task, job, responsibility, assignment (10)

aufgeben (gibt auf), gab auf, aufgegeben to give up (18)

aufgeregt (*adj.*) agitated, upset (24)

aufgrund (+ *gen.*) because of, due to

aufhalten (hält auf), hielt auf, aufgehalten to hold up; **ich bin aufgehalten worden** I was held up

aufhören (hört auf) to stop, to quit (7)

der Aufkleber (-) sticker

auflockern (lockert auf) loosen up

(sich) auflösen (löst auf) to dissolve; to disintegrate

aufmachen (macht auf) to open (6); **machen Sie die Bücher auf!** open your books! (E)

die Aufnahme (-n) exposure

aufnehmen (nimmt auf), nahm auf, aufgenommen to record (video) (21)

aufpassen auf (passt auf) to pay attention, be careful (9); **aufpassen (auf jemanden)** to keep an eye (on someone) (23)

aufräumen (räumt auf) to straighten up (23)

sich aufregen (regt auf) to be upset, to worry, to get worked up

aufregend exciting (21)

die Aufregung (-en) excitement

(sich) aufrichten (richtet auf) to straighten up; to restore

aufs = auf das

der Aufsatz (ˍe) essay, paper

aufscheuchen (scheucht auf) to startle

aufschließen (schließt auf), schloss auf, aufgeschlossen to unlock

der Aufschnitt (-e) cold cuts

aufschreiben (schreibt auf), schrieb auf, aufgeschrieben to write down

aufspringen (springt auf), sprang auf, ist aufgesprungen to jump up

aufstehen (steht auf), stand auf, ist aufgestanden to get up (7)

aufstellen (stellt auf) to put up (right side up/in a vertical position)

der Aufstieg (-e) advancement

die Aufstiegschance (-n) career opportunity

die Aufstiegsmöglichkeit (-en) opportunity for advancement

auftauen (taut auf) to thaw

der Auftrag (ˍe) order, instructions; **im Auftrag** on behalf of

das Auftreten appearance, manner

der Auftritt (-e) performance, appearance (*on stage*)

aufwachen (wacht auf) ist aufgewacht to wake up (12)

aufwachsen (wächst auf), wuchs auf, ist aufgewachsen grow up

aufzählen (zählt auf) to list, count

der Aufzug (ˍe) elevator (8)

das Auge (-n) eye (6)

der Augenarzt (ˍe) / die Augenärztin (-nen) optometrist

der Augenblick (-e) moment; **im Augenblick** at the moment

der August August (5)

der Augustinermönch (-e) Augustine monk

das Au Pair (-s) au pair

aus (+ *dat.*) out; out of; of; from (12); **aus Liebe** out of love; **von (Paris) aus** from (Paris) (*with a destination*); **aus vollem Herzen lachen** to laugh out loud; **es ist aus!** it's over; **die Kirche ist aus** church is out

ausbilden (bildet aus) to train

die Ausbildung (-en) education, training

der Ausbildungsgang (-gänge) educational background (14)

der Ausbildungsplatz (ˍe) position as trainee, apprenticeship

die Ausbildungsstelle (-n) training position (13)

ausbrechen (bricht aus), brach aus, ist ausgebrochen to break out

(sich) ausdenken (denkt aus), dachte aus, ausgedacht to think up, invent

der Ausdruck (ˍe) expression

ausdrücken (drückt aus) to express (21)

auseinander brechen (bricht auseinander), brach auseinander, ist auseinander gebrochen to break apart

ausfahren (fährt aus), fuhr aus, ist ausgefahren to go out (*in a boat*)

ausflippen (flippt aus) to flip out

der Ausflug (ˍe) trip (10)

ausführen (führt aus) to carry out, perform

ausfüllen (füllt aus) to fill out (8)

die Ausgabe (-n) edition

der Ausgangspunkt (-e) point of departure

ausgeben (gibt aus), gab aus, ausgegeben to spend (*money*)

ausgedacht (*adj.*) invented

ausgeflippt (*adj.*) flipped out, crazy

ausgehen (geht aus), ging aus, ist ausgegangen to go out; **wie ist die Geschichte ausgegangen?** how did the story end?

ausgeklügelt sophisticated, refined

ausgesprochen extremely

ausgestattet equipped; **mit Dusche und W.C. ausgestattet** equipped with shower and toilet

aushalten (hält aus), hielt aus, ausgehalten to put up with (24)

aushelfen (hilft aus), half aus, ausgeholfen to help out

die Aushilfe (-n) help, temp, substitute

(sich) auskennen (kennt aus), kannte aus, ausgekannt to know one's way around

ausklügeln to think up, design

(mit jemandem) auskommen (kommt aus), kam aus, ist ausgekommen to get along (with someone)

die Auskunft (ˍe) information (7)

auslachen (lacht aus) to ridicule, to laugh (*about someone*)

das Ausland foreign country; **im Ausland** abroad

der Ausländer (-) / die Ausländerin (-nen) foreigner (20)

die Ausländerfeindlichkeit xenophobia (20)

der Ausländerhass xenophobia

das Auslandspraktikum (-praktika) internship abroad

das Auslandsstudium (-studien) study abroad program

auslegen (legt aus) to lay out

ausleihen (leiht aus), lieh aus, ausgeliehen to lend; to borrow

ausmachen (macht aus) to turn off; **(mit jemandem) ausmachen** to make plans (with someone); (*visual*) to make out, to be able to see; **die Fischschwärme ausmachen** to locate the fish

das Ausmaß (-e) size, measure, degree

ausmisten (mistet aus) to clean (animal cages)

auspacken (packt aus) to unpack

die Ausrede (-n) excuse

ausreichen (reicht aus) to be enough, to suffice

ausreichend sufficient(ly), enough

sich ausruhen (ruht aus) to rest, to relax

die Aussage (-n) statement

ausschlafen (schläft aus), schlief aus, ausgeschlafen to sleep in

ausschließlich only, exclusive(ly)

aussehen (sieht aus), sah aus, ausgesehen to look, appear

der Außenseiter (-) outsider

außer (+ *dat.*) except (for), besides (12)

außerdem besides that, moreover, on top of that

außerhalb (+ *gen.*) outside of

(sich) äußern to express (oneself) (10)

sich aussetzen (setzt aus) (+ *dat.*) to expose oneself

die Aussicht (-en) view

der Aussiedler (-) / die Aussiedlerin (-nen) emigrant

sich ausspannen (spannt aus) to unwind, relax

die Aussprache (-n) pronunciation

aussprechen (spricht aus), sprach aus, ausgesprochen to pronounce; to express verbally

ausstatten (stattet aus) to equip with, to furnish

die Ausstattung (-en) equipment

aussteigen (steigt aus), stieg aus, ist ausgestiegen to get off/out (*a train, car, etc.*) (7)

die Ausstellung (-en) exhibition, fair, show

das Ausstellungsstück (-e) show piece

die Ausstrahlung aura, charisma

aussuchen (sucht aus) to pick out, select

sich etwas aussuchen (sucht aus) to choose something for oneself (21)

der Austausch exchange, interaction

das Austauschprogramm (-e) exchange program

der Austauschschüler (-) / die Austauschschülerin (-nen) exchange student

(das) Australien Australia

austreten (tritt aus), trat aus, ist ausgetreten to leave (*an organization or the like*)

ausüben (übt aus) to practice, exercise; **einen Beruf ausüben** to practice a profession (13)

die Auswahl selection, choice

der Auswanderer (-) / die Auswandererin (-nen) emigrant

sich ausweinen (weint aus) to cry (until one feels better)

ausziehen (zieht aus), zog aus, ist ausgezogen to move out

der/die Auszubildende (*decl. adj.*) trainee (13)

der Auszug (⸚e) excerpt

das Auto (-s) car (7); **Auto fahren** to drive a car

das Autoabgas (-e) car exhaust

die Autobahn (-en) freeway

die Autofahrt (-en) car trip

die Autofirma (-firmen) automobile shop/company

autofrei no cars allowed

der Automat (-en *masc.*) vending machine

automatisch automatic(ally)

der Automechaniker (-), die Automechanikerin (-nen) car mechanic

die Automobilindustrie (-n) automobile industry

die Autonummer (-n) license plate number

die Autopanne (-n) automobile breakdown

der Autor (-en *masc.*), die Autorin (-nen) author, writer (13)

der Autounfall (⸚e) car accident

die Autoversicherung (-en) car insurance

der/die Azubi = Auszubildende

der/die Auszubildende (*decl. adj.*) trainee, apprentice

B

das Baby (-s) baby

der Babybrei (-e) baby food

babylonisch (*adj.*) Babylonian

das Babysitten babysitting

der Bach (⸚e) creek

backen (bäckt), backte, gebacken to bake

der Bäcker (-) / die Bäckerin (-nen) baker

die Bäckerei (-en) bakery (16)

der Background (-s) background

das Backpulver (-) baking powder

die Backwaren (*pl.*) baked goods

das Bad (⸚er) bath; bathroom

der Badeanzug (⸚e) swimsuit, bathing suit (7)

das Badebecken (-) pool

die Badehose (-n) swim trunks (7)

baden to bathe; to swim (for recreation)

der Badespaß fun of bathing/swimming

das Badetuch (⸚er) bath towel

die Badewanne (-n) bathtub (3)

das Badezimmer (-) bathroom (3)

das BAföG = Bundesausbildungs-förderungsgesetz

die Bahn (-en) rail (7); **mit der Bahn** by train

der Bahnhof (⸚e) train station (7); **am Bahnhof** at the station

der Bahnsteig (-e) platform (7)

bald soon (12); **bis bald!** see you soon!

der Balken (-) beam

der Balkon (-e) balcony

der Ball (⸚e) ball (17)

die Banane (-n) banana (16)

das Band (⸚er) ribbon; assembly line

der Band (⸚e) volume (*of a book*)

die Band (-s) band, rock group

die Bank (-en) bank (*financial institution*); **auf die Bank** to the bank (4)

der Bankkaufmann (-leute) / die Bankkauffrau (-en) bank clerk

die Bar (-s) bar

die Baseballkappe (-n) baseball cap

die Basis basis

der Basketball (⸚e) basketball

das Basketballspiel (-e) basketball game

basteln to tinker, build things (*as a hobby*)

das Basteln crafts

das Batikkleid (-er) tie-dyed dress

die Batterie (-n) battery

der Bau building, process of building

der Bauarbeiter (-) / die Bauarbeiterin (-nen) construction worker

die Baubranche construction business

der Bauch (ꞓe) abdomen (6)

die Bauchschmerzen (*pl.*) stomachache

bauen to build, construct

das Bauernhaus (ꞓer) farmhouse (4)

der Bauernhof (ꞓe) farm

baufällig run-down, dilapidated

der Bauingenieur (-e) / die **Bauingenieurin** (-nen) civil engineer

das Bauland development area

der Baum (ꞓe) tree

die Baumwurzel (-n) tree root

die Bauzeichnerin (-nen) building-plan artist

(das) Bayern Bavaria (17)

der Beamte (-n *masc.*) / die **Beamtin** (-nen) civil servant, government employee

beantworten to answer

bearbeiten to work on

der Becher (-) mug

bedauern to regret (20)

bedeuten to mean, signify (17)

die Bedeutung (-en) meaning

bedienen to operate (*something*); to serve (*someone*)

die Bedienung (-en) service (15)

die Bedingung (-en) condition, requirement

sich beeilen to hurry, rush

beeindrucken to impress

beeinflussen to influence (21)

die Beere (-n) berry

der Befehl (-e) order, command

(sich) befinden, befand, befunden to be (located)

befragen to question, interrogate

die Befreiung (-en) liberation

begehren to desire

begeistern to amaze, excite

begeistert (*adj.*) amazed, excited

die Begeisterung (-en) amazement, excitement

der Beginn (-e) beginning

beginnen, begann, begonnen to begin, start

begreiflich comprehensible

begrenzt (*adj.*) limited

begründen to give reasons for, justify

der Begründer (-) / die **Begründerin** (-nen) founder

begrüßen to greet (24)

die Begrüßung (-en) greeting (24)

behalten (behält), behielt, behalten to keep, hold (16)

beharrlich persistent

behaupten to claim, make a statement

der/die Behörde (*decl. adj.*) government office (18)

behüten to protect

bei (+ *dat.*) at, at the place of; for; by; near; with; when (12)

das Beiboot (-e) small boat

beide, beides both; **die beiden** the two of them

beige beige, tan (2)

beigeben (gibt bei), gab bei, beigegeben to add

die Beilage (-n) side dish (15)

beim = bei dem

das Bein (-e) leg (6); **Hals- und Beinbruch!** good luck!

beinahe almost

der Beinbruch: Hals- und Beinbruch! good luck!, break a leg!

das Beispiel (-e) example; **zum Beispiel** for example, for instance

beispielsweise for example, for instance

beistehen (steht bei), stand bei, beigestanden (+ *dat.*) to help (*someone*)

beißen, biss, gebissen to bite

bekannt famous, popular, known

der/die Bekannte (*decl. adj.*) acquaintance

die Bekanntschaft (-en) acquaintance

sich beklagen to complain; **ich kann mich nicht beklagen** I can't complain

die Bekleidung clothing

bekommen, bekam, bekommen to get, receive (15)

bekümmert worried, sad

beladen (belädt), belud, beladen to load

belegen to sign up for, take (a course) (11)

belehren to instruct, advise, teach

beleidigen to offend (10)

(das) Belgien Belgium (9)

beliebt popular, famous

bellen to bark

bemerken to notice; to remark

die Bemerkung (-en) remark, comment (24)

benachbart neighboring

sich benehmen (benimmt), benahm, benommen to behave

benennen, benannte, benannt to name, call

benoten to grade

benötigen to need, require

benutzen to use

das Benzin gasoline, fuel

beobachten to watch, observe

bequem comfortable, convenient

der Berater (-) / die **Beraterin** (-nen) consultant

berechnen to calculate

der Bereich (-e) area, field

bereit ready

bereiten to prepare; **Probleme bereiten** to cause problems

die Bereitschaft readiness, willingness

bereitwillig eager(ly), willing(ly)

der Berg (-e) mountain (4); **in die Berge fahren** to go to the mountains

bergsteigen: bergsteigen gehen, ging, ist gegangen to go mountain climbing

das Bergsteigen hiking, climbing

der Bergwanderer (-) person who hikes in the mountains

der Bericht (-e) report, statement (21)

berichten to report (21)

der Berliner (-) / die **Berlinerin** (-nen) Berliner (*person*)

die Berliner Mauer Berlin Wall (18)

der Bernstein amber

der Beruf (-e) occupation, profession; **einen Beruf ausüben** to practice a profession (13)

beruflich occupational(ly); professional(ly) (18); **was machen Sie beruflich?** what do you do for a living?

der Berufsberater (-) / die Berufsberaterin (-nen) career counselor

die Berufsberatung (-en) career counseling

das Berufsbild (-er) job outline

die Berufserfahrung work experience

die Berufsfachschule (-n) trade school (11)

das Berufsleben professional life

die Berufspraxis practical job experience

die Berufsschule (-n) career school

berufstätig employed (23)

der Berufswechsel (-) career change

der Berufswunsch (-̈e) professional goal

das Berufsziel (-e) professional goal

(sich) beruhigen to calm down, comfort

beruhigend calming

berühmt famous, popular

berühren to touch

die Besatzung (-en) military occupation; crew (on a ship)

die Besatzungstruppe (-n) troop of the occupying army

beschädigt (adj.) damaged (22)

sich beschäftigen (mit) to be occupied with (13)

bescheiden modest(ly)

die Bescheidenheit modesty

beschließen, beschloss, beschlossen to decide, resolve

der Beschluss (-̈e) resolution, decision, order

beschränken to limit, restrict

beschreiben, beschrieb, beschrieben to describe

die Beschreibung (-en) description

sich beschweren (über + acc.**)** to complain (about) (22)

beseitigen to remove

die Beseitigung (-en) removal

besetzen to occupy

besetzt (adj.) occupied; **hier ist besetzt** this seat is taken (15)

besichtigen to visit (as a sightseer) (8)

die Besichtigung (-en) guided tour

besiegen to defeat

der Besitz ownership, possessions

besitzen, besaß, besessen to own

der Besitzer (-) / die Besitzerin (-nen) owner (14)

das Besondere (decl. adj.) what is special, special (thing)

besonders especially

besorgen to tend to, get done

besorgt (adj.) worried

die Besorgung (-en) errand

besprechen (bespricht), besprach, besprochen to discuss (18)

besser better

bessern to improve

Besserung: gute Besserung! get well soon!

best-: am besten best

das Besteck (-e) silverware (19)

bestehen, bestand, bestanden to pass (an exam) (10); **bestehen aus** to consist of

bestehend existing

besteigen, bestieg, bestiegen to climb (23)

bestellen to order (15)

bestens: es geht mir bestens I'm doing really well

bestimmt surely, certainly

Bestimmtes: etwas Bestimmtes something specific

die Bestnote (-n) highest possible grade

bestrafen to punish (10)

die Bestrafung (-en) punishment

bestreichen to spread

der Besuch (-e) visit; **zu Besuch kommen** to come for a visit

besuchen to visit (8); **die Schule besuchen** to attend school

der Besucher (-) / die Besucherin (-nen) visitor

beteiligt (adj.) involved

betrachten to look at; **Kunstwerke betrachten** to look at art objects (8)

betreffen (betrifft), betraf, betroffen to concern

betreffend relevant, in question

betreten (betritt), betrat, betreten to step into

betreuen to take care of, be in charge of

der Betreuer (-) / die Betreuerin (-nen) caretaker, person who takes care of someone

die Betreuung (-en) care

der Betrieb (-e) commercial enterprise, business, corporation

die Betriebswirtschaft business administration

betroffen (adj.) upset, dismayed

betrübt (adj.) distressed, sad

betrügen, betrog, betrogen to betray, deceive

das Bett (-en) bed (3)

betteln to beg

das Bettzeug bedding

beunruhigen to worry; to disturb

beurteilen to judge, assess

bevor (subord. conj.) before

bevorzugen to prefer

bewältigen to cope with, to manage, to get over

(sich) bewegen to move

die Bewegung (-en) movement

sich bewerben um (bewirbt), bewarb, beworben to apply for (14)

der Bewerber (-) / die Bewerberin (-nen) applicant (14)

die Bewerbung (-en) application (14)

der Bewerbungsbrief (-e) application cover letter

die Bewerbungsunterlagen (pl.) application material / portfolio

bewerten to evaluate

der Bewohner (-) / die Bewohnerin (-nen) inhabitant, resident

bewundern to marvel at

bewusst conscious, consciously

bezahlen to pay (4)

bezeichnen to mark; to indicate; to describe; **bezeichnen als** to call

sich beziehen auf, bezog, bezogen to relate (to); to refer (to)

die Beziehung (-en) relationship, relation

beziehungsweise or, respectively, or rather, that is to say

der Bezirk (-e) area, district

Bezug: in Bezug auf (+ *acc.*) in relation to; concerning, regarding, as to

bezweifeln to doubt

die Bibelübersetzung (-en) translation of the Bible

die Bibliothek (-en) library (10)

der Bibliothekar (-e) / die Bibliothekarin (-nen) librarian (13)

bieder conventional, conservative

die Biene (-n) bee

das Bier (-e) beer

der Biergarten (¨) beer garden

die Biersorte (-n) kind of beer

das Bierzelt (-e) beer tent

das Biest (-er) beast

bieten, bot, geboten to offer

das Bild (-er) picture

bilden to build, form

bildhaft pictorial, like an image

bildlich pictorial

der Bildschirm (-e) screen, display; **Bildschirmseiten im Internet** pages on the Internet

die Bildung (-en) education (11); formation, derivation; **die Allgemeinbildung** general education

das Billard billiards (8); **Billard spielen** to play billiards (8)

billig cheap, inexpensive (2)

Bio = Biologie

der Bioladen (¨) health food store

die Biologie biology (11)

der Biologieprofessor (-en) / die Biologieprofessorin (-nen) biology professor

die Biologievorlesung (-en) biology lecture

biologisch organic(ally)

der Biomarkt (¨e) organic market

das Bioprodukt (-e) organic product

die Biotonne (-n) container for biodegradable waste

die Birne (-n) pear

bis until, till, to; **bis bald** see you later; **bis dann** see you later; **bis jetzt** until now; **bis morgen** see you tomorrow

der Bischof (¨e) / die Bischöfin (-nen) bishop

bisher until now

bisschen: ein bisschen a little bit

das Bistum (¨er) diocese

bitte please; **bitte noch einmal!** once more, please! (E)

bitten um (+ *acc.*) to ask for

bitter bitter(ly)

bladen to rollerblade (23)

blasen (bläst), blies, geblasen to blow

das Blatt (¨er) leaf; **ein Blatt Papier** sheet of paper

blau blue (2)

der Blaue Reiter *group of Expressionist artists*

blaugekachelt tiled in blue

blauweiß bluish white

bleiben, blieb, ist geblieben to stay, remain; **zu Hause bleiben** to stay at home

der Bleistift (-e) pencil (E)

der Blick (-e) look, view, eye contact

blicken to look

der Blickpunkt (-e) viewpoint

blind blind

blinken to shine

der Blitz (-e) lightning; **es blitzt** it's lightning (5)

blitzschnell at lightning speed, fast as lightning

der Block (-s) block, unit

blockieren to block

blöd (*coll.*) dumb, stupid (2)

der Blödmann idiot

blond blond, fair

bloß only

blühen to bloom

die Blume (-n) flower (5)

das Blumengeschäft (-e) flower shop

der Blumenkohl cauliflower (19)

die Bluse (-n) blouse (7)

der Blutdruck blood pressure

die Blütezeit (-en) the golden age, heyday

der Bluthochdruck high blood pressure

der Bock (¨e) buck, ram

der Boden (¨) floor

der Bodensee Lake Constance

die Bodenvergiftung (-en) soil contamination

die Bohne (-n) bean (15)

bombardieren to bomb, bombard

das Bonbon (-s) candy, treat

(der) Bonifatius St. Boniface

Bonner: in seiner Bonner Villa in his villa in Bonn

das Boot (-e) boat

der Bootsrand (¨er) edge of the boat

Bord: an Bord on board; **von Bord** off board

böse naughty; evil; mean; angry (1)

die Boutique boutique (22)

brach fallow

das Brandenburger Tor Brandenburg Gate

(das) Brasilien Brazil

der Braten (-) roast

braten (brät), briet, gebraten to fry (19)

die Bratkartoffeln fried potatoes (15)

die Bratwurst (¨e) *type of sausage*

brauchen to need (2)

braun brown (2)

brav obedient, well behaved (1)

der Brei (-e) mush, porridge, baby food

breit wide

die Breite (-n) width

brennen, brannte, gebrannt to burn, be on fire

brennend burning

das Brett (-er) board (19); **das schwarze Brett** bulletin board

die Brezel (-n) pretzel (15)

der Brief (-e) letter (2); **Briefe schreiben** to write letters

der Brieffreund (-e) / die Brieffreundin (-nen) pen pal
die Briefmarke (-n) stamp
das Briefpapier stationery
der Briefwechsel (-) correspondence
die Brille (-n) pair of glasses
bringen, brachte, gebracht to bring (5)
der Brokkoli broccoli (19)
die Broschüre (-n) brochure
das Brot (-e) bread (16)
das Brötchen (-) roll (16)
der Brotkrümel (-) bread crumb
der Brotteller (-) bread plate
der Bruder (¨) brother (1)
das Brüderchen (-) little brother
das Bruderherz (-ens, -en) beloved brother
brummen to hum
der Brunnen (-) well
(das) Brüssel Brussels
der Bube (-n masc.) boy
das Buch (¨er) book (E)
buchen to book (7)
das Bücherregal (-e) bookshelf
die Buchhandlung (-en) bookstore (16)
der Buchstabe (-n masc.) letter (of the alphabet)
die Bucht (-en) bay (9)
die Bude (-n) (coll.) room, pad
das Buffet (-s) buffet
bügeln to iron
die Bühne (-n) stage
die Bulette (-n) meat patty
(das) Bulgarien Bulgaria
bummeln to stroll
der Bund federal government
der Bund = die Bundeswehr German army
die Bundesallee street name
das Bundesausbildungs-förderungsgesetz federal law in Germany that provides financial aid to students
die Bundeshauptstadt federal capital
der Bundeskanzler (-) federal chancellor
das Bundesland (¨er) federal state (17)

die Bundesliga national league (soccer)
der Bundesligafan (-s) soccer fan
das Bundesligaspiel (-e) national league soccer game
die Bundesrepublik Deutschland Federal Republic of Germany (17)
der Bundesstaat (-en) federal state
die Bundeswehr German army
das Bündnis (-se) confederation
der Bungalow (-s) bungalow
bunt colorful, multicolored
die Burg (-en) castle, fort; **Burgen besichtigen** to visit castles (8)
der Bürger (-) / die Bürgerin (-nen) citizen
der Bürgerkrieg (-e) civil war
der Bürgermeister (-) / die Bürgermeisterin (-nen) mayor
das Büro (-s) office, study (13)
die Büroparty (-s) office party
der Büroschreibtisch (-e) office desk
der Bus (-se) bus (7); **mit dem Bus** by bus
die Busfahrt (-en) bus ride
die Bushaltestelle (-n) bus stop
die Busverbindung (-en) bus connection
die Butter butter
bzw. = beziehungsweise respectively

C

ca. = circa approximately
das Café (-s) café, coffee shop (4)
die Cafeteria (Cafeterien) cafeteria (10)
der Campingplatz (¨e) campground
der Campus campus
die CD (-s) compact disc
die CD-Sammlung (-en) CD collection
der CD-Spieler (-) CD player
das Center (-) center
der Champignon (-s) mushroom (15)
die Chanukka Hanukkah (5)
chaotisch chaotic(ally)
der Charakter (-e) character, nature
chatten to chat (on the Internet)

der Chef (-s) / die Chefin (-nen) boss, supervisor (13)
der Chefkoch (¨e) / die Chefköchin (-nen) master chef
die Chemie chemistry (11)
der Chemielehrer (-) / die Chemielehrerin (-nen) chemistry teacher
der Chemikant (-en masc.) / die Chemikantin (-nen) chemical technician, lab assistant
der Chemiker (-) / die Chemikerin (-nen) chemist
chemisch chemical(ly)
der Chinese (-n masc.) / die Chinesin (-nen) Chinese person (18)
das Cholesterin cholesterol
der Cholesterinwert (-e) cholesterol level
Christi Himmelfahrt Ascension Day
der Christkindlmarkt (¨e) Christmas market
der Christmarkt (¨e) Christmas market
Christus: nach Christus A.D.; **vor Christus** B.C.
circa circa, about
der Clown (-s) / die Clownin (-nen) clown
das Clowngesicht (-er) clown face
der Club (-s) club
die Cola (-s) coke
die Colaflasche (-n) coke bottle
die Collage (-n) collage
die Comedyserie (-n) sitcom show
der Computer (-) computer
die Computerkenntnisse (pl.) computer literacy
der Computerkurs (-e) computer class
das Computerspiel (-e) computer game (2)
der Container (-) container, dumpster (20)
die Cordjacke (-n) cord jacket
die Couch (-s) couch
die Couchgarnitur (-en) living room furniture set

der Cousin (-s) / die Cousine (-n) cousin (1)

der Cowboyhut (¨e) cowboy hat

das Currypulver (-) curry powder

die Currywurst (¨e) *sausage prepared with curry and served with ketchup*

D

da there; **da drüben** over there

dabei by it, by that; with it, with that; **was meinen Sie dabei?** what do you mean by that?; **dabei haben** to have with; **dabei sein** to be a part of; **(gerade) dabei sein** to be in the process of

das Dach (¨er) roof

der Dachboden (¨) attic

das Dächermeer (-e) sea of roofs, roofs of a city

die Dachrinne (-n) gutter

dafür for it

dagegen against it

daher therefore, thus

dahin there, to it

dahinkommen (kommt dahin), kam dahin, ist dahingekommen to come there

dahinter behind it

damals at that time, earlier

die Dame (-n) lady

damit with it, with that; **damit** (*subord. conj.*) so that, in order that

der Dampf (¨e) steam

die Dampfmaschine (-n) steam engine

danach after it, afterwards, later; **danach fragen** to ask about it

daneben next to it, besides that

(das) Dänemark Denmark (9)

dänisch (*adj.*) Danish

der Dank gratitude, thanks; **vielen Dank!** thanks a lot!

dankbar grateful

die Dankbarkeit gratitude

danke! thanks!

danken to thank

dann then, afterwards, later (12); **also dann!** all right then!; **bis dann!** see you later!

dannen: von dannen (*obsolete*) (from) thence, away

daran on it, with it, about it; **denken Sie daran** think about it

darauf after it, after that; **darauf kommen** to think of (something); **darauf reagieren** to react to it; **es kommt darauf an** it depends

daraus out of it; out of that

darin in it, within

darstellen (stellt dar) to depict, portray, represent; **dramatisch darstellen** to act out

darüber about it, about that; **darüber hinaus** moreover, what's more

darüberlegen (legt darüber) to lay over

darübersieben (siebt darüber) to sift over

darum therefore, thus, for this reason

dass (*subord. conj.*) that

dasselbe the same

die Daten (*pl.*) data

die Datenbank (-en) data base

die Datenflut flood of data, masses of data

der Dativ dative case

die Dativpräposition (-en) dative preposition

das Dativpronomen (-) dative pronoun

das Datum (*pl.* **Daten**) date

dauerhaft permanent

dauern to last (7); **wie lange dauert die Fahrt?** how long is the drive?

dauernd constantly

der Daumen (-) thumb; **ich halte dir die Daumen** I'll keep my fingers crossed for you

davon from it, of it about it

davor in front of it, before it

dazu to it, with it, for it; **und noch dazu** and also, besides

dazugeben (gibt dazu), gab dazu, dazugegeben to add (to it)

die DDR = Deutsche Demokratische Republik

das Deck (-s) deck (*on a ship*)

die Decke (-n) ceiling

decken to cover; **den Tisch decken** to set the table

die Definition (-en) definition

deftig substantial(ly), solid(ly)

(sich) dehnen to expand, to widen

dein (*inform. sg.*) your; **dein Michael** yours, Michael (closing in letters) **deiner, deine, dein(e)s** (*inform. sg.*) yours (*closing in letters*)

dekorieren to decorate, ornate

die Delikatesse (-n) delicacy

demnächst soon

die Demo (-s) = Demonstration

die Demonstration (-en) demonstration (10)

demonstrieren to demonstrate (10)

denken, dachte, gedacht to think (6)

das Denkmal (¨er) monument, memorial

denn (*coord. conj.*) because, for

dennoch anyway, still

deponieren to deposit

depressiv depressing

deprimiert depressed

derartig of that kind; **der einzige derartige Fall** the only case of that kind

derselbe the same

deshalb (*subord. conj.*) therefore

der Designer (-) / die Designerin (-nen) designer

der Despot (-en *masc.*) tyrant

der Detektiv (-e) / die Detektivin (-nen) detective

der Detektivroman (-e) detective novel

deuten auf to point to

deutsch (*adj.*) German

das Deutsch German (*language*) (11)

das Deutschbuch (¨er) German textbook

der/die Deutsche (-n) (*decl. adj.*) German citizen (18)

die Deutsche Demokratische Republik German Democratic Republic

die Deutsche Mark German mark (*currency*)
der Deutschkurs (-e) German class
(das) Deutschland Germany (9)
die Deutschlandreise (-n) tour of Germany
das Deutschlehren teaching German
der Deutschlehrer (-) / die Deutschlehrerin (-nen) German teacher
deutschsprachig German-speaking
der Deutschstudent (-en *masc.***) / die Deutschstudentin (-nen)** German student, student of German
die Deutschstunde (-n) German class, German hour
der Deutschunterricht German instruction, German class
der Dezember December (5)
der Dialekt (-e) dialect
der Dialog (-e) dialogue
der Diamantring (-e) diamond ring
die Diät (-en) diet (to lose weight); **Diät halten** to be on a diet, to diet
dich you (*acc. inform. sg.*) (5); yourself (*refl. pron.*)
dicht tight(ly); dense(ly); heavy; heavily
dick fat, thick
der Dieb (-e) / die Diebin (-nen) thief (12)
der Diebstahl (¨e) theft
die Diele (-n) entryway, hall (3)
dienen to serve
der Dienst (-e) service, duty (14); **zu Diensten** (*archaic*) at your service
der Dienstag (-e) Tuesday (E)
dieser, diese, dies(es) this
der Diesel diesel fuel
dieselbe the same
die Diktatur (-en) dictatorship
das Dilemma (-s) dilemma (23)
das Ding (-e) thing; **vor allen Dingen** above all, most importantly
das Diplom (-e) diploma
die Diplomarbeit (-en) thesis

das Diplomzeugnis (-se) degree grade report
dir (*inform. sg.*) to you
direkt direct(ly)
der Direktor (-en) / die Direktorin (-nen) director
die Disko = Diskothek
die Diskoklamotten (*pl.*) disco outfit
die Diskothek (-en) club, disco
die Diskrepanz (-en) discrepancy
diskriminieren to discriminate
die Diskussion (-en) discussion
diskutieren to discuss, debate (10); **diskutieren über** (+ *acc.*) to discuss
DM = Deutsche Mark
doch (*coord. conj.*) but, however (*particle*) **nimm doch zwei Aspirin!** why don't you take two aspirin?; **das ist doch Quatsch!** that really is nonsense!; **doch** (*coord. conj.*) but, however; (*affirmative response to negative question*) **kommst du nicht?— doch!** aren't you coming?—yes, I am!
der Doktor (-en) / die Doktorin (-nen) doctor
der Dolmetscher (-) / die Dolmetscherin (-nen) interpreter (13)
der Dom (-e) cathedral
dominieren to dominate
das Dominospiel (-e) domino game
der Donner (-) thunder; **es donnert** it's thundering. (5)
der Donnerstag (-e) Thursday (E)
doof stupid, dumb
das Doppelhaus (¨er) duplex (4)
die Doppelhaushälfte (-n) part of a duplex
das Doppelzimmer (-) double room (8)
das Dorf (¨er) very small town, village (4)
das Dornröschen Sleeping Beauty
dort there; **dort drüben** over there
dorthin there
die Dose (-n) can (20)
dösen to doze, to nap (16)

dösend dozing
der Dozent (-en *masc.***) / die Dozentin (-nen)** instructor (*at a university*)
der Drache (-n *masc.***)** dragon (12)
das Drama (*pl.* **Dramen**) drama
dramatisch dramatic(ally)
der Dramaturg (-en *masc.***) / die Dramaturgin (-nen)** literary and artistic director
dran = daran; (gut) dran sein to be (well) off
sich drängen to push, to press, to urge
drauf = darauf; gut drauf sein to be in a good mood
draußen outside
das Drehrestaurant (-s) revolving restaurant
drei three (E)
dreieinhalb three and a half
die Dreierarbeit (-en) (group) work for three people
die Dreiergruppe (-n) group of three
dreijährig three-year-old
dreimal three times
das Dreimannzelt (-e) three-man tent
dreimonatig three-month-long
dreißig thirty (E)
dreiwöchig three-week-long
dreizehn thirteen (E)
drin = darin
drinnen within, in there, inside
dringend urgent(ly)
dritt- third; **zu dritt** in a group of three
das Drittel (-) third
die Drogerie (-n) drug store (16)
drohen to threaten
drüben: dort drüben, da drüben over there
drüber = darüber
drücken: die Daumen drücken to keep one's fingers crossed (*for good luck*)
du (*inform. sg.*) you (1)
sich ducken to duck
der Duft (¨e) scent

duftend aromatic
dumm stupid, dumb
die Düne (-n) dune
der Dünger (-) fertilizer
dunkel dark (2)
das Dunkel darkness; **im Dunkeln** in the dark
dünn thin(ly)
der Dunst mist, haze
durch (+ *acc.*) through, by (5); **quer durch** all through, all over
durchaus by any means, indeed; **durchaus nicht** by no means
der Durchbruch (¨e) breakthrough
durchfallen (fällt durch), fiel durch, ist durchgefallen to fail; **beim Examen durchfallen** to fail the exam (10)
durchführbar feasible
durchhalten (hält durch), hielt durch, durchgehalten to survive; to hold out till the end
durchkauen (kaut durch) to chew, to plough through
durchlesen (liest durch), las durch, durchgelesen to read through
durchmachen (macht durch) to experience, endure
durchproben (probt durch) to rehearse
durchschneiden, schnitt durch, durchgeschnitten to cut in two, cut in half
der Durchschnitt (-e) average; **im Durchschnitt** on average
die Durchschnittsnote (-n) average grade
durchsetzen (setzt durch) to carry through, to achieve
die Durchsetzung (-en) carrying through, achievement
dürfen (darf), durfte, gedurft to be allowed to; may; **was darf's sein?** what will you have? (15)
der Durst thirst
die Dusche (-n) shower (3)
duschen to shower
das Dutzend (-e) dozen
dynamisch dynamic(ally)
der Dynamo (-s) generator

E

eben (*particle*) **warum eben das?** why that of all things?; (*adj.*) flat, even; just (now)
ebenfalls as well, likewise
ebenso the same way
echt genuine(ly), real(ly); **echt gut** really good (2); **echt klasse!** really great (10)
die Ecke (-n) corner (22)
der Edelstein (-e) gem (22)
das Edelweiß (-e) edelweiss (*alpine flower*)
die EDV = elektronische Datenverarbeitung
effektiv effective(ly)
effizient efficient(ly)
egal the same, doesn't matter; **das ist mir egal** I don't care (18)
die Ehe (-n) marriage (23)
die Ehefrau (-en) wife
ehemalig former (18)
der Ehemann (¨er) husband
das Ehepaar (-e) married couple
eher rather
ehrgeizig ambitious(ly)
ehrlich honest(ly), sincere(ly)
die Ehrlichkeit (-en) honesty (14)
das Ei (-er) egg
die Eiernudel (-n) egg noodle
die Eifersucht jealousy
eifersüchtig jealous
der Eiffelturm Eiffel Tower
eifrig eager(ly), keen(ly)
eigen own (4)
die Eigeninitiative self-initiative (14)
die Eigenschaft (-en) quality, property, characteristic
eigentlich actual(ly), real(ly), after all (21)
die Eigentumswohnung (-en) condominium (4)
eilfertig zealous
der Eimer (-) bucket
einander each other, one another
einbauen (baut ein) to install
einbeziehen (in) (bezieht ein), bezog ein, einbezogen to include (in); to apply (to)
einbiegen (in) (biegt ein), bog ein, eingebogen to turn (drive) in (22)

der Einblick (-e) insight
einchecken (checkt ein) to check in
der Eindruck (¨e) impression
eineinhalb one and a half
einerseits . . . andererseits on the one hand . . . on the other hand
eines Tages one day
einfach simple, simply; just; easy, easily; one-way (24)
einfallen (fällt ein), fiel ein, ist eingefallen (+ *dat.*) to remember; to think of; **sich einfallen lassen** to think (*of something*), come up (*with something*)
das Einfamilienhaus (¨er) single-family house (4)
einflussreich influential
einführen (führt ein) to introduce
die Einführung (-en) introduction
der Eingang (¨e) entrance
eingeben (gibt ein), gab ein, eingegeben to put in
eingeschult werden to start school, be enrolled in first grade
einhalten (hält ein), hielt ein, eingehalten to keep, maintain
die Einheit (-en) unit; unity (18)
einige some
sich einigen to come to an agreement
einigermaßen relative(ly); reasonable, reasonably
einiges some, quite a bit
die Einigung (-en) agreement
der Einkauf (¨e) shopping; **Einkäufe machen** to go shopping
einkaufen (kauft ein) to shop, go shopping
der Einkäufer (-) / die Einkäuferin (-nen) shopper, buyer
der Einkaufsbummel (-) shopping trip; **einen Einkaufsbummel machen** to go shopping (leisurely)
die Einkaufsliste (-n) shopping list (16)
die Einkaufsstraße (-n) shopping street, street with lots of shops
die Einkaufstasche (-n) shopping bag

das Einkaufszentrum (-zentren) shopping center

einkleiden (kleidet ein) to dress up; to clothe

das Einkommen (-) income (13)

einladen (lädt ein), lud ein, eingeladen to invite

die Einladung (-en) invitation

einlassen (lässt ein), ließ ein, eingelassen to let in; to finish

sich einleben (lebt ein) to get accustomed to a place

einmal once; **auf einmal** suddenly, unexpectedly; **es war einmal . . .** once upon a time . . . (12); **noch einmal** once again, one more time

einmalig unique, wonderful

einnehmen (nimmt ein), nahm ein, eingenommen to take up

einnehmend likeable

einpacken (packt ein) to pack; to wrap (7)

einrahmen (rahmt ein) to frame

einrichten (richtet ein) to furnish, decorate (*an apartment or house*) (4)

eins one (E); **er will auch eins** he wants one, too; **es ist eins** it's one o'clock

einsam lonely

der Einsatz (¨e) use

einschätzen (schätzt ein) to estimate; to assess

einschlafen (schläft ein), schlief ein, ist eingeschlafen to fall asleep (3)

das Einschlafen: zum Einschlafen boring

einschließen (schließt ein), schloss ein, eingeschlossen to include

sich einschreiben (schreibt ein) to enroll, sign up, to register (19)

einschüchtern (schüchtert ein) to intimidate

einsetzen (setzt ein) to put in, insert; to use

einst(ens) once, one day, one time

einsteigen (steigt ein), stieg ein, ist eingestiegen to get in/on (*a train, car, etc.*) (7)

die Einstellung (-en) attitude, point of view (18)

einteilen (teilt ein) to divide

der Eintopf (¨e) stew

die Eintrittskarte (-n) ticket, admission

einverstanden sein to be in agreement (18)

der Einwohner (-) / die Einwohnerin (-nen) inhabitant, citizen (17)

das Einwohnermeldeamt (¨er) residents' registration office

einzeichnen (zeichnet ein) to draw in; to mark

das Einzelbad (¨er) single bath

einzeln single, individual

das Einzelzimmer (-) single room (8)

einziehen (zieht ein), zog ein, ist eingezogen to move in

einzig only, sole (23)

das Eis ice, ice cream (15)

der Eisbecher (-) ice cream sundae

das Eisbein (-e) pork knuckle

der Eisenstock (¨e) metal club

eisern (*adj.*) iron

das Eishockey ice hockey

das Eiswasser ice water

der Eiszapfen (-) icicle

das Eiweiß egg white; protein

eiweißhaltig containing protein

eklig disgusting, repulsive

elegant elegant(ly)

die Eleganz elegance

der Elektriker (-) / die Elektrikerin (-nen) electrician

der Elektroniker (-) / die Elektronikerin (-nen) electronic technician, electrical engineer

die elektronische Datenverarbeitung electronic data processing

das Element (-e) element

elf eleven (E)

die Eltern (*pl.*) parents (1)

das Elternhaus (¨er) parental house, house in which one grew up

das Elternschlafzimmer (-) parents' bedroom, master bedroom

die E-Mail (-s) e-mail

emanzipiert emancipated, liberated

emigrieren to emigrate

empfehlen (empfiehlt), empfahl, empfohlen to recommend

die Empfehlung (-en) recommendation

empfinden, empfand, empfunden to feel, experience (*emotionally*)

die Empfindung (-en) emotion

das Ende end; **am Ende** in the end; **ohne Ende** never ending; **zu Ende schreiben** to finish writing

enden to end, finish

endgültig final(ly)

endlich finally (10)

der Endsieg (-e) final victory

die Energie (-n) energy

eng narrow, small, tight

sich engagieren (für + acc.) to be involved (in), active (in)

engagiert (für + acc.) active(ly) interested (in)

der Engel (-) angel

(das) England England (9)

der Engländer (-) / die Engländerin (-nen) English person (18)

das Englisch English (*language*) (11); **auf Englisch** in English; **was heißt das auf Englisch?** what does that mean in English?

die Englischkenntnisse (*pl.*) knowledge of English

der Enkel (-) / die Enkelin (-nen) grandchild (1)

das Enkelkind (-er) grandchild (1)

entdecken to discover

die Ente (-n) duck

entfernen to remove

entfernt away (from); **der Bahnhof ist nur zehn Minuten entfernt** the station is only ten minutes from here

sich entfremden to alienate (oneself)

entführen to kidnap, abduct

entgegensetzen (setzt entgegen) to counteract; to set against

enthalten (enthält), enthielt, enthalten to contain

entlang: _____ **entlang** along _____ (22)

entlanggehen (geht entlang), ging entlang, ist entlanggegangen to go along (22)

entlarven to unmask; to find out about

entscheiden, entschied, entschieden to decide (14)

die Entscheidung (-en) decision

sich entschließen, entschloss, entschlossen to decide (19)

(sich) entschuldigen to excuse (oneself); **entschuldigen Sie!** excuse me!

entsetzt (*adj.*) shocked

entsorgen to remove

der Entsorger (-) person or authority who removes waste

sich entspannen to relax

die Entspannung (-en) relaxation

entsprechen (entspricht), entsprach, entsprochen (+ *dat.*) to correspond to something

entstehen, entstand, entstanden to develop, evolve

die Entstehung (-en) development, evolution

enttäuschen to disappoint

enttäuscht (*adj.*) disappointed

entweder . . . oder either . . . or

entwerfen (entwirft), entwarf, entworfen to design

entwickeln to develop (20)

die Entwicklung (-en) development

das Entwicklungsland (¨er) developing country

entzwei apart, into pieces

entzweireißen (reißt entzwei), riss entzwei, entzweigerissen to tear into pieces

die Enzyklopädie (-n) encyclopedia

die Epik epic poetry

er he

erbauen to build

der Erbprinz (-en *masc.*) prince, heir to the throne

die Erbse (-n) pea (15)

die Erbsensuppe (-n) pea soup

die Erbswurst *pea-based meal compressed into the shape of a sausage*

die Erde (-n) Earth

das Erdgeschoss (-e) ground floor (*in a building*) (8)

die Erdkunde geography (11)

die Erdnussbutter peanut butter

der Erdteil (-e) continent

der Erdton (¨e) earth tone

das Ereignis (-se) occurrence, incident, event

erfahren (erfährt), erfuhr, erfahren to learn, hear about

die Erfahrung (-en) experience

erfinden, erfand, erfunden to invent (21)

der Erfinder (-) / die Erfinderin (-nen) inventor

die Erfindung (-en) invention

der Erfolg (-e) success (13)

erfolgreich successful(ly)

die Erfolgskurve (-n) success rate

erforderlich necessary

erforschen to explore

erfreuen to please, delight

ergänzen to complete

das Ergebnis (-se) result, outcome

ergreifen, ergriff, ergriffen to seize; to grasp, grip

erhalten (erhält), erhielt, erhalten to receive

erheben, erhob, erhoben to raise, lift

erhellen to lighten up

erhellend lightening up, brightening

erhitzen to heat (19)

erhoben raised

erhöhen to raise, increase

sich erholen to recover, recuperate

die Erholung (-en) recreation, recovery

sich erinnern (an + *acc.*) to remember

die Erinnerung (-en) memory

erjagen to chase; to hunt

sich erkälten to catch a cold

erkältet sein to have a cold

die Erkältung (-en) cold (6)

erkennen, erkannte, erkannt to recognize

die Erkenntnis (-se) insight, understanding

erklären to explain (21)

die Erklärung (-en) explanation

sich erkundigen (über) to inquire, to ask (about)

erlauben to allow

erlaubt (*adj.*) allowed

erleben to experience (8)

das Erlebnis (-se) experience

die Erlebnisgastronomie eating as a culinary experience

erledigen to run an errand; to take care (of something)

erledigt (*adj.*) done, taken care of

erleichtern to relieve

erlernen to learn; to acquire

erlisten to list

erlösen to save (12)

ermöglichen to make possible, enable

ermüden to get tired

ermüdend tiring (21)

ermutigen to encourage

(sich) ernähren to feed, nourish (oneself)

die Ernährung (-en) diet

ernst serious(ly) (1); **ist das dein Ernst?** are you serious?

ernsthaft serious(ly)

die Ernte (-n) harvest

das Erntedankfest (-e) Thanksgiving (5)

eröffnen to open

erraffen to grab

erraten (errät), erriet, erraten to guess

errechnen to calculate

erregen to excite, arouse

die Erregung (-en) excitement, arousal

erreichen to reach, arrive at

erscheinen, erschien, ist erschienen to seem, appear

die Erscheinung (-en) appearance

ersetzen to replace, substitute

erst not until; only; first **erst einmal** first of all

erst- first; **am ersten Juni** on the first of June; **der erste beste Mann** first suitable man **der erste**

Stock the second floor (8); **zum ersten Mal** for the first time
erstellen to put together; to compile
erstens first (*in a list of points given*)
erstmals for the first time
der Erstsemestler (-) / die Erstsemestlerin (-nen) first-semester student at a university
ertappen to catch
erteilen to teach (20); **jemandem eine Lehre erteilen** to teach someone a lesson
ertragen (erträgt), ertrug, ertragen to bear, cope with
erträglich bearable
ertrinken, ertrank, ertrunken to drown
erübrigen: es erübrigt sich it becomes irrelevant, it is no longer an issue
erwachen (*poetic*) to wake up
der/die Erwachsene (*decl. adj.*) adult
erwählen to choose
erwähnen to mention
erwarten to expect (14)
die Erwartung (-en) expectation
(sich) erweisen to prove
erweitern to expand, widen
erweitert (*adj.*) expanded, widened
erwerben (erwirbt), erwarb, erworben to buy; to obtain
erwischen to catch; **erwischt werden** to get caught
das Erz (-e) ore
erzählen to tell, narrate
der Erzähler (-) / die Erzählerin (-nen) narrator
die Erzählung (-en) story, tale
der Erzbischof (ー̈e) archbishop
erziehen, erzog, erzogen to bring up, educate (20)
der Erzieher (-) / die Erzieherin (-nen) educator, teacher, child care person
die Erziehung (-en) upbringing
das Erziehungsgeld (-er) child benefit
der Erziehungsurlaub (-e) family leave (23)

es it (1); **es gibt** there is/are; **es war einmal . . .** once upon a time . . . (12)
der Esel (-) donkey
der Essay (-s) essay
essen (isst), aß, gegessen to eat (3)
die Essensabfälle (*pl.*) table scraps, garbage
die Essensreste (*pl.*) table scraps
die Essgewohnheiten (*pl.*) eating habits
der Esstisch (-e) dinner table (3)
das Esszimmer (-) dining room (3)
sich etablieren to establish oneself
etabliert (*adj.*) established
die Etage (-n) floor (*in a building*)
etwa about, roughly
etwas something; a little, some
euch (*acc./dat. inform. pl.*) you; **wie geht es euch?** how are you? (5)
euer (*inform. pl.*) your; **liebe Grüße, eu(e)re Marion** best wishes, yours, Marion (closing in letters)
die Euphorie (-n) euphoria
(das) Europa Europe
der Europäer (-) / die Europäerin (-nen) European (*person*) (18)
europäisch (*adj.*) European; **die Europäische Union** European Union
eventuell possibly
ewig eternal(ly), forever
die Ewigkeit eternity
das Examen (-) exam
das Examensergebnis (-se) exam results
das Exemplar (-e) specimen
die Existenz (-en) existence
existieren to exist
exotisch exotic(ally)
expandieren to expand
der Experte (-n *masc.*) / die Expertin (-nen) expert
explodieren to explode
das Exponat (-e) exhibit
exportieren to export
expressionistisch expressionist
exquisit exquisite(ly)
extra special(ly), additional(ly), extra

der Extremismus extremism
exzellent excellent(ly)

F

die Fabrik (-en) factory (4)
der Fabrikationsverkauf (ー̈e) factory outlet
das Fach (ー̈er) (school) subject (11)
der Fachbereich (-e) subject area
der Fachhändler (-) specialty store
fachlich technical, specialist, professional
der Fachmediziner (-) / die Fachmedizinerin (-nen) specialist
die Fachoberschule (-en) specialized high school (11)
die Fachrichtung (-en) subject area
das Fachwerkhaus (ー̈er) half-timbered house
die Fackel (-n) torch
die Fähigkeit (-en) qualification
die Fahne (-n) flag
fahren (fährt), fuhr, ist gefahren to ride, drive, go (3)
der Fahrer (-) / die Fahrerin (-nen) driver
der Fahrgast (ー̈e) passenger (7)
die Fahrkarte (-n) ticket
der Fahrkartenschalter (-) ticket counter (7)
der Fahrplan (ー̈e) schedule (7)
das Fahrrad (ー̈er) bicycle; **mit dem Fahrrad fahren** to go by bicycle (7)
die Fahrradpanne (-n) broken bicycle
die Fahrstunde (-n) driving lessons
die Fahrt (-en) trip, journey, ride, drive (24); **gute Fahrt!** have a good trip! (14)
der Fahrtweg (-e) driving time, distance
die Fahrverbindung (-en) connection
das Faktum (*pl.* **Fakten**) fact
der Fall (ー̈e) case; **auf jeden Fall** in any case; **auf keinen Fall** under no circumstance
fallen (fällt), fiel, ist gefallen to fall

falls in case
falsch false(ly), wrong(ly)
faltenfrei without wrinkles, wrinkle-free
familiär familial; familiar
die Familie (-n) family (1)
der Familienalltag daily family routine
das Familiendokument (-e) family document
das Familienerbstück (-e) family heirloom
das Familienfoto (-s) family photo
der Familienfragebogen (̈) family questionnaire
die Familiengeschichte (-n) family history
das Familienleben family life
das Familienmitglied (-er) member of the family
die Familienrolle (-n) family role, role in the family
der Familienstand marital status (14)
der Fan (-s) fan
der Fang (̈e) catch
fangen (fängt), fing, gefangen to catch
die Fantasie (-n) fantasy (14)
fantasielos unimaginative, uncreative
fantastisch fantastic(ally)
die Farbe (-n) color
färben to dye; to color
der Farbfilm (-e) roll of color film
der Farbstoff (-e) dye, stain
der Fasching Carnival, Mardi Gras (17)
die Fassade (-n) facade, front of a building
fassen to grasp; (*fig.*) to believe
fast almost, nearly
faszinierend fascinating
die Fata Morgana mirage
faul lazy (1)
faulenzen to laze about, be lazy
das Fax (-e) fax
das Faxgerät (-e) fax machine
die Faxmöglichkeit (-en) possibility to fax
FC = Fußballclub soccer club

der Februar February (5)
die Fee (-n) fairy (12)
fegen to sweep
fehlen (+ *dat.*) to lack; to be missing (21)
fehlend missing
der Fehler (-) error, mistake
feiern to celebrate (5)
der Feiertag (-e) holiday (5)
fein fine(ly)
feindlich hostile
feindselig hostile
die Feinkost delicacies
das Feld (-er) field (9)
das Fell (-e) fur
der Felsen (-) rock
feminin feminine
der Feminismus feminism
das Fenster (-) window (E)
die Ferien (*pl.*) holidays, vacation
das Feriencamp (-s) vacation camp
der Ferienplatz (̈e) vacation spot, holiday resort
die Ferienwohnung (-en) vacation apartment (8)
fern far, distant
das Fernglas (̈er) binoculars
fernsehen (sieht fern), sah fern, ferngesehen to watch television/TV (2)
das Fernsehen: im Fernsehen schauen to watch television/TV
der Fernseher (-) television/TV set (3)
der Fernsehkrimi (-s) detective show on television/TV
das Fernsehprogramm (-e) television/TV program, television/TV channel
die Fernsehsendung (-en) television/TV program
die Fernsehstation (-en) television/TV station
das Fernsehstudio (-s) television/TV production studio
die Fernsehumfrage (-n) television/TV survey
fertig ready, done, finished
fest certain(ly) (13)
das Fest (-e) festival; party (5); celebration; holiday

festlegen (legt fest) to determine, set
festlich festive(ly) (17)
der Festsaal (-säle) great hall, celebration hall
das Festspiel (-e) culture festival
feststellen (stellt fest) to ascertain, to establish
die Festwoche (-n) festival week
das Festzelt (-e) festival tent
die Fete (-n) (*coll.*) party
das Fett (-e) fat
fetthaltig containing fat, fatty
das Feuer (-) fire
die Feuerbrunst (̈e) heat of fire, lust
feuerfarben (*adj.*) the color of fire
das Feuerwerk (-e) fireworks (5)
das Feuerzeug (-e) lighter
das Fieber (-) fever (6)
die Figur (-en) figure, shape
der Film (-e) film
der Filzstift (-e) felt-tip pen, marker
finanziell financial(ly) (13)
finanzieren to finance; to sponsor
finden, fand, gefunden to find
der Finger (-) finger (6)
der Fingernagel (̈) finger nail
(das) Finnland Finland (9)
die Firma (*pl.* **Firmen**) firm, company (13)
der Firmenwagen (-) company car
der Firmenwechsel (-) change of company
der Fisch (-e) fish (19)
fischen to fish
der Fischer (-) / die Fischerin (-nen) fisherman
das Fischerboot (-e) fishing boat
die Fischerei fishing, fishing industry
die Fischermütze (-n) fisherman's hat
das Fischrestaurant (-s) seafood restaurant
der Fischschwarm (̈e) swarm of fish
die Fischspezialität (-en) seafood specialty

fit fit; **sich fit halten (hält), hielt, gehalten** to keep fit (23)
die Fitness fitness
das Fitnesscenter (-) gym, fitness center
flach flat, even
das Fladenbrot (-e) pita bread
das Flair flair
flankieren to flank; to accompany
die Flasche (-n) bottle (20)
das Fleisch meat (19)
fleißig industrious(ly) (1)
flexibel flexible (18)
die Fliege (-n) fly
fliegen, flog, ist geflogen to fly (7)
fliehen, floh, ist geflohen to flee, escape
fließen, floss, ist geflossen to flow (17)
flink quick(ly)
das Flinserlkostüm (-e) *Austrian Fasching (Karneval) costume*
die Flinserlmusik *Austrian Fasching (Karneval) music*
die Flintenpulverflasche (-n) gunpowder sack
der Flohmarkt (-märkte) flea market (22)
der Florist (-en *masc.***) / die Floristin (-nen)** florist
die Flöte (-n) flute
die Flucht (-en) flight, escape
der Flug (¨e) flight (*in an airplane*)
der Flugbegleiter (-) / die Flugbereiterin (-nen) flight attendant (13)
das Flugblatt (¨er) flyer
der Flughafen (¨) airport (24)
die Flugkarte (-n) airline ticket (24)
das Flugzeug (-e) airplane (7); **mit dem Flugzeug fliegen** to fly (by airplane)
der Flur (-e) corridor, hall
der Fluss (¨e) river (9)
flüstern to whisper
die Flut (-en) flood
föderalistisch federal
der Fokus focus
die Folge (-n) episode
folgen (+ *dat.*) to follow (14)

folgend following
die Foltermethode (-n) method of torture
fordern to demand; to ask; to require
die Forelle (-n) trout (15)
die Form (-en) form, shape
formal formal(ly)
förmlich formal(ly); literal(ly)
das Formular (-e) form (8)
forschen to research
die Forschung (-en) research
fortsetzen (setzt fort) to continue
das Foto (-s) photo
der Fotoapparat (-e) camera
der Fotograf (-en *masc.***) / die Fotografin (-nen)** photographer (13)
fotografieren to photograph (2)
das Fotografieren photography
fotokopieren to photocopy
das Fotokopiergerät (-e) photocopy machine
die Frage (-n) question
der Fragebogen (¨) questionnaire
fragen to ask (8); **fragen nach** to ask about
der Fragenkatalog (-e) battery of questions
das Fragewort (¨er) question word, interrogative pronoun
der Franken (-) franc (*currency in France and Switzerland*)
das Frankenreich Frankish Empire
das Fränkische Reich Frankish Empire
(das) Frankreich France (9)
der Franzose (-n *masc.***) / die Französin (-nen)** French person
das Französisch French (*language*) (11)
die Frau (-en) woman; wife (1)
die Frauenpower women's power (*feminist motto*)
der Frauensakko (-s) women's blazer (7)
die Frechheit (-en) offensive behavior; **das ist eine Frechheit!** what nerve! (10)
die Fregatte (-n) frigate, type of ship

frei free; **ist hier noch frei?** is this seat taken? (15); **wann sind Sie frei?** when do you have time?
das Freibad (¨er) outdoor pool
die Freibühne (-n) outdoor theater
die Freiheit (-en) freedom, liberty (23)
die Freiheitsstatue Statue of Liberty
das Freiheitssymbol (-e) symbol of freedom
der Freiherr (-en, -n *masc.***)** baron
die Freistunde (-n) free hour
der Freitag (-e) Friday (E)
der Freitagabend (-e) Friday evening
freiwillig voluntarily
die Freizeit free time (16)
die Freizeitaktivität (-en) pastime, hobby
der Freizeitbereich (-e) recreation industry
die Freizeitbeschäftigung (-en) pastime, hobby
das Freizeitzentrum (-zentren) recreation center
fremd foreign; strange (24)
der/die Fremde (*decl. adj.*) stranger
die Fremdsprache (-n) foreign language
die Fremdsprachenkenntnisse (*pl.*) foreign language skills
fressen (frisst), fraß, gefressen (*animals*) to eat
die Freude (-n) joy, happiness
freudig joyful(ly), happy (happily)
sich freuen auf (+ *acc.*) to look forward to (18); **sich freuen über** (+ *acc.*) to be happy about
der Freund (-e) / die Freundin (-nen) close friend; boyfriend/girlfriend (1)
der Freundeskreis (-e) circle of friends
freundlich friendly (1)
die Freundschaft (-en) friendship
der Frieden peace
die Friedensarbeit (-en) work for peace
friedlich peaceful(ly)

R-31

frieren to freeze, be cold
der Fries (-e) frieze
friesverziert (*adj.*) decorated with friezes
frisch fresh(ly) (5)
frischgefangen freshly caught
die Froschprinzessin (-en) frog princess
der Friseur (-e) / Friseurin (-nen), die Friseuse (-n) hairdresser
die Frisur (-en) hairstyle
froh glad, happy (1); **frohe Weihnachten!** merry Christmas!
fröhlich happy, in good spirits
die Front (-en) front, frontage
die Frontlänge (-n) length of the front
der Frosch (¨e) frog
das Fröschchen (-) little frog
der Froschkönig (-e) frog king (12)
die Froschprinzessin (-nen) frog princess
die Frucht (¨e) fruit
das Fruchtkonzentrat (-e) fruit concentrate
der Fruchtsaft (¨e) fruit juice
früh early (16)
der Früheinwohner (-) early inhabitant
früher earlier, before, in earlier times
das Frühjahr (-e) spring
der Frühling (-e) spring (5)
der Frühlingsmarkt (¨e) spring market
der Frühlingstag (-e) spring day
das Frühstück (-e) breakfast
frühstücken to have breakfast
der Frühstückstisch (-e) breakfast table
das Frühstückszimmer (-) breakfast room
die Frühzeit prehistory
die Frustphase (-n) phase of frustration
frustrieren to frustrate
frustriert (*adj.*) frustrated
fügen to put; to join
fühlen to feel; **sich wohl fühlen** to feel well; to be comfortable
führen to lead; to guide; to manage

führend leading
die Führerhörigkeit obedience to a leader
der Führerschein (-e) driver license
die Fülle (-n) abundance
fünf five (E)
fünfeinhalb five and a half
fünfte fifth
fünfzehn fifteen (E)
fünfzig fifty (E); **die fünfziger Jahre** the fifties
Funk: Funk und Fernsehen radio and television; **per Funk** by radio
die Funktion (-en) function
funktionieren to function
für (+ *acc.*) for (5)
furchtbar terrible, terribly; awful(ly)
sich fürchten vor (+ *dat.*) to be afraid (of) (19)
fürs = für das
der Fuß (¨e) foot (6); **zu Fuß gehen** to walk (4)
der Fußball (¨e) soccer ball
der Fußball soccer; **Fußball spielen** to play soccer (2)
der Fußballfanatiker (-) / die Fußballfanatikerin (-nen) soccer fanatic, soccer nut
das Fußballländerspiel (-e) European championship soccer game
das Fußballspiel (-e) soccer game (16)
die Fußgängerzone (-n) pedestrian zone (20)
füttern (*animals*) to feed
das Futur future tense

G

die Gabe (-n) gift, present
die Gabel (-n) fork (19)
gähnen to yawn
die Galerie (-n) gallery (22)
der Gallier (-) / die Gallierin (-nen) Gaul
ganz whole, complete(ly), very; really; **ganz Deutschland** all of Germany; **ganz am Ende** at the very end; **ganz und gar (nicht)**

absolutely (not); **ganz schön schwierig** pretty difficult; **nicht ganz** not quite, not really
gar nicht absolutely not, not at all; **gar nichts** absolutely nothing, nothing at all
die Garage (-n) garage
garantieren to guarantee
die Gardine (-n) curtain
garnieren to garnish
garstig nasty
der Garten (¨) garden (4)
die Gartenarbeit (-en) garden work
die Gartenmauer (-n) garden wall
die Gasse (-n) alley
der Gast (¨e) guest (8)
das Gäste-WC guest bathroom
die Gastfamilie (-n) host family
der Gastgeber (-) / die Gastgeberin (-nen) host/hostess
das Gasthaus (¨er) restaurant, inn (15)
der Gasthof (¨e) hotel; restaurant (15)
das Gastland (¨er) host country
die Gastmutter (¨) host mother
der Gastronom (-en *masc.***) / die Gastronomin (-nen)** restaurant owner, restauranteur
die Gaststätte (-n) restaurant (15)
die Gaststube (-n) lounge
der Gastvater (¨) host father
der Gastwirt (-e) restaurant owner
der Gaumen (-) gums, palate
das Gebäude (-) building
geben (gibt), gab, gegeben to give (3); **es gibt** there is/are
das Gebirge mountains, alpine region (9)
die Gebirgshose (-n) pants for the mountains
die Gebirgskette (-n) mountain range
geblümt (*adj.*) flowered (21)
geboren born; **wann sind Sie geboren?** when were you born? (14)
die Geborgenheit security
gebrauchen to use
gebrochen (*adj.*) broken
die Gebrüder Grimm Brothers Grimm

die Gebühr (-en) fee
gebunden sein an (+ *acc.*) to be tied to, bound by
das Geburtsdatum (-daten) date of birth
das Geburtshaus (¨er) birth house
das Geburtsjahr (-e) year of birth
der Geburtsort (-e) place of birth (14)
der Geburtstag (-e) birthday (5)
das Geburtstagsessen (-) birthday meal
die Geburtstagsfeier (-n) birthday party
die Gedächtniskirche *war memorial church in Berlin*
der Gedanke (-n *masc.***)** thought
die Gedankenwiedergabe (-n) representation of thought, expression of thought
das Gedicht (-e) poem
die Gedichtsammlung (-en) poetry collection, anthology
die Geduld patience
geeignet suitable, appropriate (22)
die Gefahr (-en) danger
gefährlich dangerous (7)
gefallen (gefällt), gefiel, gefallen (+ *dat.*) to please, to be pleasing to, to like; **die Blumen gefallen mir** I like the flowers
der Gefallen (-) favor
gefangen (*adj.*) caught, captured
gefärbt (*adj.*) tinted, colored (21)
das Geflügel poultry
das Gefühl (-e) feeling
gegen (+ *acc.*) against (5)
die Gegend (-en) vicinity, neighborhood
gegeneinander against each other
der Gegensatz (¨e) opposite, contradiction
die Gegenschwimmanlage jet stream pool
der Gegenstand (¨e) thing, inanimate object
das Gegenteil (-e) opposite
gegenüber opposite; **gegenüber von _____** opposite _____ (22); **jemandem gegenüber** toward someone

gegenübertreten (tritt gegenüber), trat gegenüber, ist gegenübergetreten to face; to step in front of
gegründet (*adj.*) founded
das Gehalt (¨er) salary (13)
der Gehaltsvorschlag (¨e) proposed salary
das Geheimnis (-se) secret
geheimnisvoll strange, secretive
gehen, ging, gegangen to go (2); **wie geht's?** how are you?; **mir geht's auch gut** I am well, too; **das geht zu weit!** that's too much!, that pushes it over the top! (10)
gehören (+ *dat.*) to belong (to) (21)
der Geist (-er) spirit; mind
geistig spiritual, mental
der/die Gejagte (*decl. adj.*) hunted person
gelb yellow (2)
das Geld (-er) money
der Geldschein (-e) bill, banknote
die Gelegenheit (-en) opportunity (13)
gelten (gilt), galt, gegolten to be regarded
gelingen, gelang, gelungen (+ *dat.*) to succeed; **gut gelungen** came out well
das Gemälde (-) painting (22)
gemein mean, malicious
die Gemeinde (-n) community, town
gemeinsam together, common
gemischt (*adj.*) mixed
das Gemüse (-) vegetable (5)
die Gemüsesorte (-n) (kind of) vegetable
gemustert (*adj.*) patterned, printed (21)
das Gemüt (-er) mood, soul, mind
gemütlich comfortable, cozy (16)
die Gemütlichkeit informal atmosphere, cozy atmosphere
genau exact(ly), precise(ly)
genehmigen to authorize; to approve
der General (¨e) general
die Generation (-en) generation

(das) Genf Geneva
genial ingenious(ly), brilliant(ly)
das Genie (-s) genius
genießen, genoss, genossen to enjoy
der Genitiv genitive case
genmanipuliert genetically manipulated
die Gentechnologie genetic engineering
genug enough
genügen to suffice
genügend sufficient(ly)
geöffnet (*adj.*) open
die Geographie geography
geographisch geographical(ly)
geologisch geological(ly)
das Gepäck baggage (7)
die Gepäckaufbewahrung (-en) baggage check (7)
gepflegt (*adj.*) cultured; neat; well-kept
geplant (*adj.*) planned
gepunktet polka-dotted (21)
gerade just, at the moment; straight, even; **gerade noch** just barely; **nicht gerade** not really
geradeaus straight ahead (22)
geraspelt (*adj.*) grated, shredded
das Gerät (-e) appliance, gadget, machine
das Geräusch (-e) sound, noise
gerecht fair (10)
das Gericht (-e) dish, recipe
gering small, insignificant
geringschätzig contemptuous, disparaging
germanisch Germanic
gern (lieber, am liebst-) gladly; willingly; with pleasure; **ich hätte gern . . .** I'd like . . . (15); **ich schwimme gern** I like swimming; **ja, gern!** yes, please! my pleasure! **was machen Sie gern?** what do you like to do?
gesammelt (*adj.*) collected
die Gesamtschule (-n) general education high school (11)
das Geschäft (-e) store; business
die Geschäftsfrau (-en) businesswoman

der Geschäftsmann (-leute) businessman (13)

geschändet (*adj.*) blemished

geschehen (geschieht), geschah, ist geschehen to happen

das Geschehen (-) event, happening

gescheit intelligent, sensible (21)

das Geschenk (-e) gift (5)

die Geschichte (-n) story; history (11)

der Geschichtslehrer (-) / die Geschichtslehrerin (-nen) history teacher

das Geschirr (*sg.*) dishes; **Geschirr spülen** to wash dishes

die Geschirrspülmaschine (-n) dishwasher (3)

das Geschlecht (-er) gender, sex

geschlossen (*adj.*) closed (24)

der Geschmack (⁻e) taste

geschockt (*adj.*) shocked

geschwind(e) quickly

die Geschwister (*pl.*) siblings (1)

geschwungen (*adj.*) curved

der Geselle (-n *masc.*) journeyman; guy

die Gesellschaft (-en) company, society, association; **Gesellschaft mit begrenzter Haftung** company with limited liability

das Gesetz (-e) law

gesetzlich legal(ly)

gesichert (*adj.*) secured, safe

das Gesicht (-er) face (6)

der Gesichtsausdruck (⁻e) facial expression

gespannt (*adj.*) **(auf)** excited (about)

gesperrt closed

das Gespräch (-e) conversation

gestalten to design; to create

die Gestapo gestapo

gestern yesterday (8)

gestört (*adj.*) interrupted

gestresst (*adj.*) under stress, stressed out

gesucht (*adj.*) wanted, sought after

die/der/das Gesuchte (*decl. adj.*) person/thing wanted

gesund healthy (1)

die Gesundheit health (6)

das Gesundheitskonzept (-e) health concept

das Getränk (-e) drink, beverage

das Getreide grain, cereals

gestreift (*adj.*) striped (21)

getrennt (*adj.*) separate, separated

das Getue to-do, fuss

die Gewähr für etwas leisten to ensure, guarantee something

die Gewalttätigkeit (-en) act of violence (20)

das Gewerbe (-) trade

das Gewicht (-e) weight

der Gewinn (-e) gain, profit

gewinnen, gewann, gewonnen to win (23)

gewiss certain

das Gewissen conscience

gewissenhaft conscientious(ly)

das Gewitter (-) thunderstorm

sich gewöhnen an (+ *acc.*) to get used to (24)

die Gewohnheit (-en) habit

gewöhnlich usual(ly), normal(ly)

das Gewürz (-e) spice, seasoning

gewürzt (*adj.*) seasoned

gezwungen (*adj.*) obliged, forced

der Giebel (-) gable, pediment

gießen, goss, gegossen to pour (19)

gigantisch gigantic

der Gipfel (-) summit (17)

die Gitarre (-n) guitar

der Glanz (⁻e) gleam, shine, glitter, sparkle

glänzen to shine

das Glas (⁻er) glass (19)

gläsern glass(y)

die Glasflasche (-n) glass bottle

glatt smooth

glauben to believe (14)

gleich immediately; equal, same

gleichaltrig of the same age

gleichberechtigt with equal eights

die Gleichberechtigung equality (23)

die/der/das Gleiche (*decl. adj.*) same (one/person/thing)

gleichzeitig simultaneous(ly) (21)

das Gleis (-e) track (7); **auf Gleis 3** on track 3

gleiten, glitt, ist geglitten to glide, slide

gleitende Arbeitszeit flextime

der Gletscher (-) glacier (17)

die Gliederung (-en) outline, structure

der Globus globe

die Glocke (-n) bell

das Glück happiness, luck; **viel Glück!** good luck! (5); **zum Glück** luckily

glücken (+ *dat.*) to be a success, be successful

glücklich happy (1)

der Glücksbringer (-) lucky charm

der Glücksstern (-e) lucky star

Glückwunsch: herzlichen Glückwunsch! congratulations!

die Glückszahl (-en) lucky number

GmbH = Gesellschaft mit begrenzter Haftung company with limited liability

die Gnade (-n) mercy, grace

gnadenlos merciless

gnädig merciful(ly), gracious(ly); **gnädige Frau** *polite form of address; antiquated, but still used in Austria*

das Goethehaus Goethe's birth house

das Gold gold

golden gold(en)

der Goldschmied (-e) goldsmith

das Golf golf; **Golf spielen** to play Golf (8)

gönnen: jemandem etwas gönnen to grant someone something; **ich gönne ihm seinen Erfolg** I'm delighted that he's successful, I don't begrude him his success

der Gott (⁻er) God, god; **grüß Gott!** (*in southern Germany, Austria, and Switzerland*) hello!

gottlob thank God

grad/grade = gerade

das Grafengeschlecht (-er) aristocratic lineage

grafisch graphic(ally), schematic(ally)

die Grammatik (-en) grammar

graphisch graphic(ally), schematic(ally)

das Gras (⁻er) grass

grässlich hideous, horrible

gratulieren to congratulate (17); **gratuliere!** congratulations! (5)

grau grey (2)

grausam cruel

greifen, griff, gegriffen to grab; to grasp

die Grenze (-n) border, limit (17)

grenzen an (+ *acc.*) to border on (17)

der Grenzübergang (¨e) border crossing (18)

der Grieche (-n *masc.*) / die Griechin (-nen) Greek person (18)

(das) Griechenland Greece (9)

griechisch (*adj.*) Greek

das Griechisch Greek (*language*)

grillen to barbecue

das Grillfest (-e) barbecue

die Grippe (-n) cold, flu (6)

(das) Grönland Greenland

groß (größer, größt-) big; large; tall (1)

großartig magnificent(ly)

(das) Großbritannien Great Britain (9)

die Größe (-n) size (21)

die Großeltern (*pl.*) grandparents (1)

der Größenwahnsinn megalomania

größenwahnsinnig megalomaniac(al)

der Großherzog (¨e) / die Großherzogin (-nen) grand duke / grand duchess

das Großherzogtum (¨er) grand duchy

die Großmutter (¨) grandmother (1)

die Großstadt (¨e) big city, metropolis (4)

die Großtante (-n) great aunt

die Großtat (-en) great achievement

die/der/das Größte (*decl. adj.*) biggest, tallest, largest (one)

der Großvater (¨) grandfather (1)

großzügig generous(ly)

grün green (2)

der Grund (¨e) reason (18)

gründen to found

das Grundgesetz Basic Law

die Grundschule (-n) elementary school (11)

grunzen to grunt

die Gruppe (-n) group

die Gruppenarbeit (-en) group work

die Gruppierung (-en) grouping

der Gruß (¨e) greeting; **herzliche Grüße! liebe Grüße! schöne Grüße! viele Grüße!** best wishes!

grüßen to greet; **grüß Gott!** (*in southern Germany, Austria, and Switzerland*) hello!

gucken (*coll.*) to watch; to look (14); **guck mal!** watch!, look!

der Gummibär (-en *masc.*) gummi bear

günstig inexpensive, cheap

die Gurke (-n) cucumber (19)

der Gürtel (-) belt (7)

gut (besser, best-) good; **gute Besserung!** get well soon!; **gute Fahrt!** have a nice trip! (14); **guten Abend!** good evening!; **guten Morgen!** good morning! (E); **guten Rutsch ins neue Jahr!** happy New Year!; **guten Tag!** hello! (E); **gute Reise!** have a nice trip! (5)

das Gute goodness, the good; **etwas Gutes** something good

gutmütig good-natured(ly)

der Gymnasiallehrer (-) / die Gymnasiallehrerin (-nen) teacher in Gymnasium

der Gymnasiast (-en *masc.*) / die Gymnasiastin (-nen) student in Gymnasium

das Gymnasium (Gymnasien) college prep school; secondary school (10)

die Gymnastik gymnastics

H

ha! ha!

das Haar (-e) hair (6)

haben (hat), hatte, gehabt to have (2); **ich hätte gern . . .** I'd like . . . (15)

hacken to chop, to mince; to grind

das Hackfleisch ground meat

der Hafen (¨) harbor

die Hafenstadt (¨e) port, harbor city

der Hahn (¨e) rooster

halb half; **eine halbe Stunde** half an hour; **es ist halb sechs** it's five-thirty

die Halbinsel (-n) peninsula (9)

die Halbkugel (-n) hemisphere

der Hals (¨e) neck; throat (6)

die Halsschmerzen (*pl.*) sore throat (6)

der Halsbruch: Hals- und Beinbruch! break a leg! good luck!

das Halsweh sore throat

halt (*particle*): **dann müsst ihr halt mit dem Bus fahren** in that case you'll have to take the bus

halten (hält), hielt, gehalten to hold; **halten für** to consider, to regard (20); **halten von** to have an opinion; **was halten Sie davon?** what do you think about it?, what's your opinion?; **jemand auf dem laufenden halten** to keep someone informed

die Haltung (-en) opinion, attitude, view

der Hamburger (-) / die Hamburgerin (-nen) person from Hamburg

der Hamburger Dom festival in Hamburg

die Hand (¨e) hand (6)

die Handarbeit (-en) handicraft

der Handball handball

das Handbuch (¨er) handbook, reference work

der Handel trade, commerce

handeln to act

handeln von to deal with, be about (21)

die Handelsfirma (-firmen) trading company

das Händeschütteln handshake (24)

der Händler (-) / die Händlerin (-nen) trader, retailer, wholesaler

die Handschmerzen (*pl.*) pain in the hand

die Handschrift (-en) handwriting; manuscript
der Handschuh (-e) glove (21)
die Handtasche (-n) handbag, pocketbook, purse
das Handtuch (⁻er) towel
der Hang inclination, interest
hängen to hang (up)
hängen, hing, gehangen to hang, be in a hanging position
hängen, hängte, gehängt to hang up
(das) Hannover Hanover
die Hanse Hanseatic League
die Hansekogge (-n) Hanseatic cog (*type of ship*)
das Hanseschiff (-e) Hanseatic ship
die Hansestadt (⁻e) Hanseatic city
hassen to hate
hässlich ugly (1)
hasten to hurry, hasten
häufig frequent(ly)
die Hauptattraktion (-en) main attraction
der Hauptbahnhof (⁻e) main train station
das Hauptfach (⁻er) major subject (11)
das Hauptgebäude (-) main building
das Hauptgericht (-e) entree (15)
die Hauptsache (-n) the main thing, mainly
hauptsächlich mainly, primarily
die Hauptschule (-n) general education high school (11)
der Hauptsitz (-e) head quarters
die Hauptstadt (⁻e) capital (17)
das Hauptthema (-themen) main topic
der Haupttyp (-en) the main kind, type
das Haus (⁻er) house (4); **nach Haus(e) gehen** to go home; **zu Haus(e)** at home
die Hausarbeit (-en) housework, household chore
die Hausaufgabe (-n) homework (10)
der Hausbewohner (-) / die Hausbewohnerin (-nen) resident
das Häuschen (-) little house

die Hausfrau (-en) housewife
der Haushalt (-e) household; **den Haushalt machen** to take care of the household (23)
das Haushaltsgerät (-e) household appliance (20)
der Haushaltshelfer (-) / die Haushaltshelferin (-nen) household help
häuslich domestic
der Hausmann (⁻er) househusband (23)
das Hausmärchen (-) folk tale
der Hausmeister (-) / die Hausmeisterin (-nen) maintenance person, janitor
die Hausmeisterstelle (-n) position as building maintenance person
der Hausmüll household waste
die Hausnummer (-n) house number
das Haustier (-e) pet
die Haut skin
die Hautfarbe (-n) color of skin
heben, hob, gehoben to lift
das Heft (-e) notebook (E)
heftig hard, intense, strong(ly)
die Heide (-n) heath (9)
die Heidelandschaft (-en) heath landscape
heil whole, healed, in order
heilig holy; **heilig sprechen (spricht), sprach, gesprochen** to canonize
das Heim (-e) home; **trautes Heim** home sweet home
die Heimat (-en) home, sense of belonging
das Heimatgefühl (-e) sense of home
das Heimatland (⁻er) home country
heimatlich familiar
das Heimatmuseum (-museen) local history museum
die Heimatstadt (⁻e) hometown
heimlich secret(ly)
das Heimweh homesickness
die Heirat (-en) marriage
heiraten to get married (12)
der Heiratsantrag (⁻e) marriage proposal

heiß hot (5)
heißen, hieß, geheißen to be called (1)
heiter clear (weather) (5)
die Hektik hectic, rush
der Held (-en *masc.*) / die Heldin (-nen) hero, heroine
die Heldentat (-en) heroic deed, feat
helfen (hilft), half, geholfen to help (13)
hell light, bright (2)
hellblau light blue
hellhörig werden to prick up one's ears, pay close attention
das Hemd (-en) shirt (7)
die Hemisphäre (-n) hemisphere
herausfinden, fand heraus, herausgefunden to find out
die Herausforderung (-en) challenge
herausgeben (gibt heraus), gab heraus, herausgegeben to publish
der Herausgeber (-) / die Herausgeberin (-nen) publisher
herausragend outstanding
herbei hither, here
der Herbst fall, autumn (5); **im Herbst** in the fall
der Herd (-e) stove (3)
die Herde (-n) herd, flock
herein! come in!
hereinrollen (rollt herein) to roll in
herkommen (kommt her), kam her, ist hergekommen to come here
die Herkunft (⁻e) origin, background
der Herr (-en, -n *masc.*) gentleman; Mr.
herrlich wonderful, divine
herrschen to rule, govern
herstellen (stellt her) to manufacture; to produce
herum around; **anders herum** the other way around; **um (Köln) herum** around (Cologne)
hervor forth
das Herz (-en, -en) heart; **am Herzen liegen** to be very dear

herzaubern (zaubert her) to conjure forth

der Herzinfarkt (-e) heart attack

herzlich warm, kind; **herzliche Grüße!** best wishes!; **herzlichen Glückwunsch!** congratulations!; **herzlichen Glückwunsch zum Geburtstag!** happy birthday! (5); **herzlich Willkommen** welcome (5)

(das) Hessen Hesse (17)

der Heurige (-n _masc._) wine restaurant

heute today (5)

heutig today's

heutzutage these days, nowadays

die Hexe (-n) witch (12)

hier here; **ist hier noch frei?** is this seat taken?

die Hilfe help, assistance; **mit Hilfe** (+ _gen._) with the help of

hilfsbereit willing to help, helpful

das Hilfsverb (-en) auxiliary verb

der Himmel sky, heaven (9)

die Hin- und Rückfahrt (-en) round-trip

hin und zurück (_adv._) round trip (24)

hinaus out, outside (_away from the speaker_)

hinauslaufen (läuft hinaus), lief hinaus, ist hinausgelaufen to run out(side) (away from the speaker)

hineinsehen (sieht hinein), sah hinein, hineingesehen to look in(side) (_away from the speaker_)

hinfahren (fährt hin), fuhr hin, ist hingefahren to go there, drive there

hinkommen, kam hin, ist hingekommen to ge there

hinlegen (legt hin) to put down; **sich hinlegen** to lie down (16)

hinrichten (richtet hin) to execute

hinschmeißen (schmeißt hin), schmiss hin, hingeschmissen to fling down; to quit

sich hinsetzen (setzt hin) to take a seat, sit down

hinstellen (stellt hin) to put

hinter (+ _acc./dat._) behind

der Hintergrund (ːe) background

das Hinterhaus _living quarters at the back of or behind a house and accessible only through a courtyard_

hinterlassen (hinterlässt), hinterließ, hinterlassen to leave (_something_) behind

historisch historical(ly)

die Hitparade hit parade

die Hitze (-n) heat

das Hobby (-s) hobby, pastime

der Hobbykoch (ːe) hobby chef

hoch (höher, höchst-) high; **Kopf hoch!** keep your chin up!

das Hochdeutsch standard German

hochgehen (geht hoch), ging hoch, ist hochgegangen to go up

das Hochhaus (ːer) skyscraper (4)

der Hochschulabschluss (ːe) university degree

die Hochschule (-n) institution of higher education (11)

die Hochschulreife (-n) exam for admission to higher education institutions

das Hochschulstudium (-studien) program at an institution of higher education

das Hochschulwissen university knowledge

die/der/das Höchste (_decl. adj._) highest (one)

hochtreiben (treibt hoch), trieb hoch, hochgetrieben to drive up, raise

der Hof (ːe) court; farm

hoffen to hope

hoffentlich hopefully

die Hoffnung (-en) hope

höfisch courtly

höflich polite(ly), courteous(ly)

die Höflichkeit (-en) courtesy

hoh- high; **hohe Cholesterinwerte** high cholesterol level; **bis ins hohe Alter** into old age

hohl hollow

höhlen to hollow out

holen to get, fetch

der Holocaust holocaust

das Holz (ːer) wood

die Homöopathie homeopathic medicine

hören to hear; to listen (2)

der Hörer (-) / die Hörerin (-nen) listener

der Horizont (-e) horizon

der Hörsaal (-säle) auditorium, lecture hall (19)

der Hörtext (-e) listening comprehension text

die Hose (-n) pants, trousers (7)

das Hotel (-s) hotel (8)

die Hotelbar (-s) hotel bar

der Hotelfachmann (ːer) / die Hotelfachfrau (-en) hotel manager

das Hotelzimmer (-) hotel room

Hrsg. = Herausgeber

hübsch pretty, good-looking

der Hubschrauber (-) helicopter

der Huf (-e) hoof

der Hügel (-) hill (9)

die Hügellandschaft (-en) hills, hilly landscape

der Hummer (-) lobster (15)

der Hund (-e) dog

das Hundefutter dog food

hundemüde dead tired

hundert one hundred (E)

hundertprozentig one hundred percent

der Hunger hunger (20); **hast du Hunger?** are you hungry?

die Hungersnot (ːe) famine

husten to cough (6)

der Husten (-) cough

der Hut (ːe) hat (7)

das Hütchen (-) little hat

die Hütte (-n) cabin

die Hymne (-n) hymn

I

ICE = Intercityexpresszug high speed train

ich I (1)

ideal ideal(ly)

das Ideal (-e) ideal

die Idee (-n) idea (10)

(sich) identifizieren mit to identify with

idyllisch idyllic, picturesque
ihm (*dat.*) to him
ihn (*acc.*) him
Ihnen (*dat.*) you, to you (*form.*)
Ihr (*nom./gen. pl.*) you, your
ihr you; (*gen.*) their; **ihr** (*gen./dat.*) her, to her
ihrerseits on her part, herself; on their part, themselves
die Illustration (-en) illustration
der Imbiss (-e) snack, fast food
der Imbissstand (¨e) snack stand (15)
die Imbissstube (-n) hot dog stand
der Imperativ (-e) imperative
das Imperfekt imperfect
imposant impressive
die Impression (-en) impression
in (+ *acc./dat*) in, into; **in der Nähe** in the vicinity (17)
indem by (+ *gerund*)
der Inder (-) / die Inderin (-nen) person from India (18)
indirekt indirect(ly)
individuell individual(ly)
die Industrie (-n) industry
die Industrieanlage industrial facilities
das Industrielabor (-s) industrial lab
ineinander in/with each other
die Infektion (-en) infection
der Infinitiv (-e) infinitive
die Info (-s) (= Information)
die Informatik computer science (11)
der Informatiker (-) / die Informatikerin (-nen) computer programmer (13)
die Information (-en) information
das Informationsamt (¨er) information office (22)
der Informationsbroker (-) information broker
informieren to inform; **sich informieren** to get information
die Infrastruktur (-en) infrastructure
der Ingenieur (-e) / die Ingenieurin (-nen) engineer (13)
die Ingenieurswissenschaften
mechanical engineering (*as a subject*)
der Inhalt (-e) content
die Initiative (-n) initiative
inklusive including, included
innen within, inside
der Innenarchitekt (-en *masc.***) / die Innenarchitektin (-nen)** interior designer
die Inneneinrichtung (-en) interior decoration
die Innenstadt (¨e) inner city, downtown area
die Innentür (-en) interior door
das Innere (*decl. adj.*) interior, inside
innerhalb (+ *gen.*) within, inside
innovativ innovative
insbesondere in particular
die Insel (-n) island (9)
insgesamt altogether
das Institut (-e) institute
das Instrument (-e) instrument, device
die Integration (-en) integration
integrieren to integrate
intelligent intelligent(ly)
die Intelligenz intelligence
intensiv intensive(ly)
die Interaktion (-en) interaction
der Intercity (*also:* **InterCity**) *train between major cities*
der Intercityexpresszug *high-speed train between major cities*
interessant interesting (1)
das Interesse (-n) interest (14); **Interesse haben an** (+ *dat.*) to be interested in, to have interest in
interessieren to interest, **sich interessieren für** to be interested in (13)
das Internat (-e) boarding school
international international(ly)
das Internet Internet
die Interpretation (-en) interpretation
interpretieren to interpret
das Interview (-s) interview
interviewen to interview
investieren to invest
die Investition (-en) investment

inzwischen in the meantime, meanwhile
irgendein some, any
irgendetwas something, anything
irgendwas = irgendetwas
irgendwie somehow, some way
irgendwo somewhere, anywhere
(das) Irland Ireland (9)
die Ironie irony
ironisch ironic; ironically
ironisieren to treat ironically
(das) Island Iceland (9)
(das) Italien Italy (9)
der Italiener (-) / die Italienerin (-nen) Italian (*person*) (18)
italienisch (*adj.*) Italian

J

ja yes; **ja, gern!** yes, please!; **ja** (*particle*) **ist ja echt super** that's really great; **wir wissen ja, wie schwer du arbeitest** we do know, after all, how hard you work
die Jacke (-n) jacket (7)
das Jackett (-s) jacket (7)
die Jagd (-en) hunt
der Jagdhund (-e) hunting dog
der Jäger (-) / die Jägerin (-nen) hunter
das Jahr (-e) year; **im kommenden Jahr** next year, **im Jahr(e) 1750** in 1750; **jedes Jahr** every year; **mit sechs Jahren** when (s)he was six years old; **vor einem Jahr** a year ago
die Jahreszeit (-en) season (5)
das Jahrhundert (-e) century; **im achtzehnten Jahrhundert** in the eighteenth century
-jährig: ein 16-jähriger Schüler a sixteen-year old student (11)
jährlich annual(ly)
der Jahrmarkt (¨e) fair
(das) Jamaika Jamaica
der Januar January (5)
die Jazzmusik jazz
je = jemals ever
die Jeans (-) jeans (7)
die Jeanshose (-n) jeans
jeder, jede, jedes each, every, any; **auf jeden Fall** in any case

jedenfalls in any case
jedoch however
jemals ever
jemand someone, anyone
jetzt now; **erst jetzt** not until now
jeweilig the respective
jeweils (for) each
der Job (-s) job
jobben to have a temporary job
das Jobinterview (-s) job interview
joggen to jog (8)
der Jogginganzug (¨e) jogging suit (7)
der Joghurt (-s) yogurt
der Journalismus journalism
der Journalist (-en *masc.***) /
    die Journalistin (-nen)**
    journalist (13)
der Jude (-n *masc.***) / die Jüdin
    (-nen)** Jew
die Jugend (-en) youth
das Jugendfreizeitheim (-e) youth
    retreat house
**der Jugendfreund (-e) / die
    Jugendfreundin (-nen)** childhood
    friend
die Jugendgruppe (-n) youth group
die Jugendherberge (-n) youth
    hostel (8)
jugendlich youthful
der/die Jugendliche (*decl. adj.*)
    young adult
das Jugendmagazin (-e) youth
    magazine
das Jugendmuseum (-museen)
    youth museum
**der Jugendreiseveranstalter (-) /
    die Jugendreiseveranstalterin
    (-nen)** youth travel organizer
das Jugendzentrum (-zentren)
    youth social organization
der Juli July (5)
jung, jünger, jüngst- young (1)
der Junge (-n *masc.***)** boy
die Jungfrau Virgo
der Jüngling (*antiquated*) young
    man
der Juni June (5)
der Junker (-) squire
Jura law (studies)
der Juwelier (-e) jeweler

das Juweliergeschäft (-e) jewelry
store (22)

K

das Kabel (-) cable, wire, cord
das Kabelfernsehen cable
    television/TV
die Kachel (-n) tile
der Kachelofen (¨) tiled stove
der Kaffee (-s) coffee (16); **Kaffee
    trinken** to drink coffee (2)
die Kaffeemaschine (-n)
    coffeemaker
der Kaffeetopf (¨e) coffeepot
das Kaffeetrinken coffee drinking
der Kaiser (-) / die Kaiserin (-nen)
    emperor/empress
das Kajak (-s) kayak
der Kakao cocoa
das Kalbfleisch veal
der Kalender (-) calendar
(das) Kalifornien California
die Kalkulation (-en) calculation
kalt cold (5)
die Kamera (-s) camera
der Kamerad (-en *masc.***)** fellow
    soldier, comrade
der Kamillentee (-s) chamomile tea
sich kämmen to comb
der Kampf (¨e) fight, struggle,
    combat
kämpfen (um) to fight (for)
(das) Kanada Canada
**der Kanadier (-) / die Kanadierin
    (-nen)** Canadian (*person*) (18)
kanadisch Canadian
die Kanalisation sewer system
der Kandidat (-en *masc.***) / die
    Kandidatin (-nen)** candidate
das Kaninchen (-) rabbit
der Kanton (-e) canton
der Kapitän (-e) captain (14)
das Kapitel (-) chapter
kaputt broken, out of order
die Kardinalzahl (-en) cardinal
    number
der Karfreitag Good Friday
die Karibik Caribbean
kariert checkered (21)
der Karneval carnival (5), Mardi
    Gras (5)

das Karnevalsfest (-e) traditional
    festival (related to Mardi Gras)
die Karotte (-n) carrot (19)
die Karriere (-n) career (13)
die Karrierechance (-n) career
    opportunity
die Karte (-n) card; ticket; menu;
    map; **Karten spielen** to play
    cards (2)
der Kartendienst (-e) map service
das Kartenhaus (¨er) house made
    out of cards
die Kartoffel (-n) potato (15)
die Kartoffelsuppe (-n) potato
    soup
der Käse cheese (16)
der Käsekuchen (-) cheesecake
    (15)
die Kasse (-n) cashier, cash register
der Kasus (-) case
die Kategorie (-n) category
katholisch (*adj.*) Catholic
die Katze (-n) cat
das Katzenfutter cat food
kauen to chew
kaufen to buy, purchase
das Kaufhaus (¨er) department
    store (16)
**der Kaufmann (-leute) / die
    Kauffrau (-en)** salesperson,
    businessperson, manager (13)
kaum hardly; barely
keeken (*dialect*) to look
die Kegelbahn (-en) bowling alley
**der Kegler (-) / die Keglerin
    (-nen)** bowler
kein no, not a, not any (3)
kein(e)s none
keineswegs! by no means!
der Keller (-) cellar, basement
**der Kellner (-) / die Kellnerin
    (-nen)** waitperson (15)
kennen, kannte, gekannt to know,
    be acquainted with (8)
kennen lernen to get to know; to
    meet
die Kenntnisse (*pl.*) knowledge (14)
die Kerze (-n) candle (17)
die Kette (-n) chain
die Kettenreaktion (-en) chain
    reaction

kicken to kick
die Kids (*pl.*) kids
die Kieler Woche sailing event in Kiel
der Kilometer (-) kilometer
das Kind (-er) child (1); **als Kind** as a child
der Kinderbetreuer (-) / **die Kinderbetreuerin** (-nen) child-care worker
die Kindererziehung child care, upbringing
der Kindergarten (¨) kindergarten (11)
das Kindergeld child benefit
die Kindersachen (*pl.*) children's clothes and toys
das Kinder(schlaf)zimmer (-) child's room (3)
die Kindheit (-en) childhood
das Kinn (-e) chin (6)
das Kino (-s) movie theater (4); **ins Kino gehen** to go see a movie (2)
der Kinofilm (-e) movie
die Kirche (-n) church (5)
die Kirsche (-n) cherry
die Kirschtorte (-n) cherry cake
das Kirschwasser (-) cherry liquor
der Kitsch junk
die Klammern (*pl.*) parentheses
die Klamotten (*pl.*) (*slang*) clothes (21)
klappen to work out
klar clear; **alles klar?** everything clear?
die Klarinette (-n) clarinet
klasse! great!; **echt klasse!** really great! (10)
die Klasse (-n) class, grade (10)
der Klassenkamerad (-en *masc.*) / **die Klassenkameradin** (-nen) classmate
das Klassenprofil (-e) class profile
die Klassenumfrage (-n) class survey
das Klassenzimmer (-) classroom (10)
die Klassik classicism
die Klausur (-en) exam (10)
das Klavier (-e) piano (3)

die Kleckergefahr (*silly*) danger of spilling
kleckern to spill
der Klee clover
das Kleeblatt (¨er) clover leaf
das Kleid (-er) dress (7)
der Kleiderschrank (¨e) closet, dresser
der Kleiderstil (-e) dress style
die Kleidung clothes (21)
das Kleidungsstück (-e) piece of clothing (7)
klein small; short; little (1)
die Kleinanzeige (-n) classified ad (*in a paper*) (21)
die Kleingruppe (-n) small group
die Kleinigkeit (-en) small thing, trivial matter
die Kleinstadt (¨e) small town (4)
klettern to climb (8)
die Kletterwand (¨e) climbing wall
klicken to klick
das Klima (-s) climate
der Klimawechsel (-) change of climate
klingeln to ring (23)
die Klinik (Kliniken) clinic, infirmary, hospital
das Klinikum clinical internship
klopfen to knock, rap (19); to pat
der Klub (-s) club
km = Kilometer
der Knabe (-n *masc.*) boy
knapp short, tight; barely, shy of
die Kneipe (-n) pub (15)
das Knie (-) knee
der Knoblauch garlic (15)
der Knochen (-) bone
der Knödel (-) dumpling
Knopfdruck: per Knopfdruck by pushing a button
der Koch (¨e) / **die Köchin** (-nen) chef, cook
kochen to cook (2)
die Kochkunst (¨e) art of cooking, cooking skills
der Kochtopf (¨e) pot
der Koffer (-) suitcase
das Kofferpacken packing suitcases
der Kofferraum (¨e) trunk of a car

die Kogge (-n) cog (*type of ship*)
die Kohle (-n) coal
der Kollege (-n *masc.*) / **die Kollegin** (-nen) colleague (13)
(das) Köln Cologne; **der Kölner Dom** cathedral in Cologne
(das) Kolumbien Colombia
die Kombination (-en) combination
kombinieren to combine
komisch funny, comical, strange (10)
kommen, kam, ist gekommen to come (2)
kommend coming, next; **im kommenden Jahr** in the coming year, next year
der Kommentar (-e) comment; **kein Kommentar!** no comment!
der Kommilitone (-n *masc.*) / **die Kommilitonin** (-nen) fellow student
die Kommode (-n) dresser, chest of drawers (3)
die Kommunikation communication
die Kommunikationswissen-schaften (*pl.*) mass communication (*as a subject*)
kommunikativ communicative
kommunizieren to communicate
komplett complete, whole
das Kompliment (-e) compliment
kompliziert (*adj.*) complicated
komponieren to compose
der Komponist (-en *masc.*) / **die Komponistin** (-nen) composer
die Komposition (-en) composition
kompostieren to compost (20)
der Kompromiss (-e) compromise
die Konditorei (-en) pastry shop (16)
die Konfitüre (-n) preserves
der Konflikt (-e) conflict
konfrontieren to confront
der König (-e) / **die Königin** (-nen) king/queen (12)
das Königspaar (-e) the royal couple
der Königssohn (¨e) prince
die Königstochter (¨) princess

konjugieren to conjugate
der Konjunktiv subjunctive
konkret concrete
die Konkurrenz competition
können (kann), konnte, gekonnt to be able to
die Konsequenz (-en) consequence (10)
konservativ conservative(ly)
konsultieren to consult
der Konsum consumption
das Konsumgut (¨er) consumer item
konsumieren to consume
der Kontakt (-e) contact
kontaktieren to contact
der Kontext (-e) context
der Kontrast (-e) contrast
kontrollieren to control
die Konversation (-en) conversation
das Konzentrationslager (-) concentration camp
konzentriert (*adj.*) concentrated
das Konzert (-e) concert; **ins Konzert gehen** to go to a concert (2)
die Kooperative (-n) cooperative
der Kopf (¨e) head (6)
der Kopfhörer (-) headphones
das Kopfkissen (-) pillow (3)
das Kopfnicken nodding
der Kopfsalat (-e) lettuce
die Kopfschmerzen (*pl.*) headache
kopfschüttelnd shaking one's head; **der Fremde setzte sich kopfschüttelnd** the foreigner sat down shaking his head
die Kopie (-n) copy
kopieren to copy
das Kopiergerät (-e) copy machine
der Korb (¨e) basket
die Kordhose (-n) corduroy pants
der Körper (-) body (6)
körperlich physical(ly)
der Körperteil (-e) body part (6)
korrekt correct(ly)
die Korrespondenz (-en) correspondence
korrespondieren to correspond
korrigieren to correct

kosmopolit cosmopolitan
der Kosmos cosmos
die Kost diet, board
kosten to cost
köstlich delicious
das Kostüm (-e) costume (5); woman's suit (7)
kotzen (*vulgar*) to vomit
die Krabbe (-n) shrimp
der Krabbencocktail (-s) shrimp cocktail (15)
der Krach noise, racket; **mit Ach und Krach** (*formulaic*) barely
die Kraft (¨e) power, strength
krähen to cry (*of a crow or rooster*)
krank sick, ill (1)
der Krankenbesuch (-e) visit with a sick person
das Krankenhaus (¨er) hospital, infirmary (6)
der Krankenpfleger (-) / die Krankenpflegerin (-nen) nurse (6)
die Krankenschwester (-n) nurse (*female*)
der Krankenwagen (-) ambulance (6)
die Krankheit (-en) illness (20)
das Krankheitssymptom (-e) symptom of a disease
das Kraut (¨er) herb
der Kräutertee (-s) herbal tea
die Krawatte (-n) tie (7)
kreativ creative(ly)
die Kreativität creativity
die Kreide (-n) chalk (E)
die Kreidefelsen (*pl.*) chalk cliffs
der Kreis (-e) circle
der Kreislauf circulation
die Kreuzfahrt (-en) cruise
das Kreuzfahrtschiff (-e) cruise ship
die Kreuzung (-en) intersection (22)
der Krieg (-e) war (20)
kriegen (*coll.*) to get (20)
der Krimi (-s) detective novel or film
der/die Kriminelle (*decl. adj.*) criminal
dir Krimiserie (-n) detective story (on television)

kringelig crinkly, frizzy; **sich kringelig lachen** to laugh oneself silly
die Kritik (-en) criticism
kritisch critical(ly)
kritisieren to criticize
die Krone (-n) crown
krumm crooked, bent
(das) Kuba Cuba
die Küche (-n) kitchen (3); cuisine
der Kuchen (-) cake (16)
die Küchenerfindung (-en) kitchen invention
der Küchenschrank (¨e) kitchen cabinet
kucken (*coll.*) to look
die Kugel (-n) ball
der Kugelschreiber (-) ballpoint pen (E)
kühl cool (5)
das Kühlhaus (¨er) walk-in refrigerator
der Kühlschrank (¨e) refrigerator (3)
kulinarisch culinary
die Kultur (-en) culture
der Kulturbesitz (-e) cultural property
der Kulturbeutel (-) toilet bag
kulturell cultural(ly)
die Kulturgeschichte (-n) cultural history
die Kulturhauptstadt (¨e) cultural capital
der Kulturspiegel (-) culture mirror
sich kümmern um to take care of
die Kümmernis (-se) trouble, worry
der Kumpel (-) (*coll.*) buddy, friend
der Kunde (-n *masc.*) / die Kundin (-nen) customer
der Kundendienst (-e) customer service
künftig future
die Kunst (¨e) art (11)
die Kunstausstellung (-en) art exhibit, art show
das Kunstbild (-er) painting
der Kunsthistoriker (-) / die Kunsthistorikerin (-nen) art historian

die Kunsthochschule (-n) art academy

der Künstler (-) / die Künstlerin (-nen) artist (13)

die Künstlervereinigung (-en) art association

das Künstlerviertel (-) artists' quarter (*in a city*)

künstlich artificial(ly)

der Kunstmarkt (¨e) art exhibition, auction

das Kunstobjekt (-e) art object

der Kunstsalon (-s) art studio, gallery

das Kunstwerk (-e) work of art; **ein Kunstwerk betrachten** to look at a work of art (8)

die Kuppel (-n) dome, cupola

die Kur (-en) health cure, treatment (*at a spa*) **eine Kur machen** to go to a spa (8)

der Kurort (-e) health spa, resort

der Kurpark (-s) park at a health resort

der Kurs (-e) course (11)

kurz short (1)

kurzerhand on the spot, without further ado

die Kurzgeschichte (-n) short story

das Kurzinterview (-s) short interview

die Kusine (-n) (*female*) cousin

der Kuss (¨e) kiss

küssen to kiss

die Küste (-n) coast (9)

die Kutsche (-n) carriage

der Kutter (-) cutter, boat

L

das Label (-s) label

das Labor (-s) laboratory (10)

lächeln to smile

lachen to laugh

lächerlich ridiculous(ly)

der Lachs (-e) salmon (15)

die Lackhose (-n) patent leather pants

lackieren to varnish; to paint

laden (lädt), lud, geladen to load

der Laden (¨) store (16)

der Ladenschluss store closing time (24)

die Ladenschlusszeit store hours

die Lage (-n) situation; location (18)

das Lagerfeuer (-) campfire

die Lakritze licorice

die Lakritzfabrik (-en) licorice factory

das Lakritzprodukt (-e) licorice product

die Lakritzschnecke (-n) licorice (shaped like a spiral)

das Lamm (¨er) lamb (3)

der Lammrücken (-) rack of lamb

die Lampe (-n) lamp

das Land (¨er) country, countryside (4); **auf dem Land** in the country (4)

landen, ist gelandet to land (24)

länderspezifisch (*adj.*) specific to a country

das Landesamt state office

die Landesgrenze (-n) national border

die Landeshauptstadt (¨e) capital

die Landessprache (-n) national language

die Landfläche (-n) land, space, area

der Landgraf (-en *masc.*) / die Landgräfin (-nen) count/countess

die Landkarte (-n) map

das Landleben life in the country

die Landschaft (-en) countryside, landscape

lang (länger, längst-) long; tall (1); **lange schlafen** to sleep in; **seit langem** for a long time

langsam slow(ly)

langweilen to bore; **sich langweilen** to be/get bored

langweilig boring (1)

der Lärm noise (20)

lassen (lässt), ließ, gelassen to let; to have (*something done*)

(das) Latein Latin (*language*)

(das) Lateinamerika Latin America

die Lateinstunde (-n) Latin class

das Laub foliage, leaves

laufen (läuft), lief, ist gelaufen to run; to walk (3); **Schi laufen** to ski; **Schlittschuh laufen** to ice skate; **um die Wette laufen** to race; **wie läuft es?** how is it going?

die Laune (-n) mood

laut loud(ly) (1)

der Laut (-e) sound

lauten to sound; **wie lautet die Frage?** what's the question?

läuten to ring (10)

lauter pure, nothing but

leben to live (12)

das Leben (-) life

lebend(ig) living, alive

die Lebensart (-en) way of life

die Lebensgröße life-size, actual size

das Lebensjahr (-e) year of one's life

der Lebenslauf (¨e) résumé, curriculum vitae (CV) (14)

die Lebensmittel (*pl.*) groceries (19)

das Lebensmittelgeschäft (-e) grocery store

die Lebenszeit lifetime

die Leber liver

der Leberkäs(e) Bavarian meat loaf (15)

der Lebkuchen (-) gingerbread (17)

lecker (*coll.*) delicious, tasty (19)

das Leder leather (21)

der Lederball (¨e) leather ball

der Lederhandschuh (-e) leather glove

die Lederhose (-n) leather shorts, lederhosen

ledig single, unmarried

lediglich only

leer empty

legen to lay, to put

die Legende (-n) legend

das Lehrangebot (-e) course offerings (*in a school or university*)

der Lehrassistent (-en *masc.*) / die Lehrassistentin (-nen) teaching assistant

der Lehrberuf (-e) profession, craft

das Lehrbuch (¨er) textbook

die Lehre (-n) traineeship, apprenticeship; **eine Lehre erteilen** to teach a lesson

lehren to teach (11)
der Lehrer (-) / die Lehrerin (-nen) teacher (E)
das Lehrerpult (-e) teacher's desk
das Lehrerzimmer (-) teacher's office, staff room
der Lehrling (-e) apprentice (13)
die Lehrlingsstelle (-n) apprenticeship, position as an apprentice
der Lehrmeister (-) / die Lehrmeisterin (-nen) master
die Lehrstelle (-n) apprenticeship
die Lehrveranstaltung (-en) class, lecture
die Lehrzeit (-en) (period of) apprenticeship
leicht light, easy (2)
das Leid (-en) sorrow, grief; **es tut mir Leid** I'm sorry
leiden, litt, gelitten to suffer; **sie konnten ihn nicht leiden** they couldn't stand him
die Leidenschaft (-en) passion
leider unfortunately
leihen, lieh, geliehen (+ *dat.*) to borrow, to lend; **kannst du mir ein bisschen Geld leihen?** can you lend me some money?
der Lein flax
das Leinen linen
leise soft(ly), quiet(ly)
das Leistungsfach (̈-er) main subject
der Leistungskurs (-e) main subject class
die Leistungsübersicht grade report, transcript
der Leitartikel (-) lead article
leiten to guide
der Leiter (-) / die Leiterin (-nen) supervisor; leader; head
die Leitung administration
das Leitungswasser tap water
die Lektion (-en) lesson
lenken to steer, guide
lernen to learn (8); to study (10)
die Lernsoftware instructional software
das Lernziel (-e) learning goal
lesen (liest), las, gelesen to read (3)

der Leser (-) / die Leserin (-nen) reader
die Leseratte (-n) bookworm
der Leserbrief (-e) letter to the editor (21)
die Leserschaft (-en) readers, audience
letzt- last; **in der letzten Folge . . .** in the last episode . . .
leuchten to shine
die Leute (*pl.*) people
das Licht (-er) light
das Lichtbild (-er) photograph
die Lichterkette (-n) chain of lights (*line of people carrying candles*)
lieb lovely, nice; **liebe Daniela!** dear Daniela!; **lieber Lars!** dear Lars (*salutation in letters*)
lieben to love
das Liebesdrama (-dramen) romantic drama
das Liebesdreieck (-e) love triangle
das Liebesgedicht (-e) love poem
die Liebesgeschichte (-n) love story
das Liebespaar (-e) couple
der Liebesroman (-e) romantic novel
Lieblings- favorite
(das) Liechtenstein Liechtenstein (9)
liebst: am liebsten best of all; **was machst du am liebsten?** what is your favorite thing to do?
das Lied (-er) song (17)
liegen, lag, gelegen to lie, be situated (2); **in der Sonne liegen** to sunbathe (8)
die Liegewiese (-n) lawn for sunbathing
lila purple (2)
die Limo = Limonade
die Limonade (-n) carbonated soft drink (15)
die Linguistik linguistics (11)
die Linie (-n) line
links to the left (8)
der Lippenstift (-e) lipstick
(das) Lissabon Lisbon
die Liste (-n) list
der Liter (-) liter

die Literatur (-en) literature (11)
die Literaturgeschichte (-n) literary history
die Literaturvorlesung (-en) lecture on literature
loben to praise
die Lockerheit (-en) informality, relaxed manner (24)
der Löffel (-) spoon (19)
logisch logic(ally)
die Logistik logistics
der Logistiker (-) / die Logistikerin (-nen) logistics expert
das Logo (-s) logo
sich lohnen to be worthwhile; to pay off
das Lokal (-e) restaurant
die Lokalnachrichten (*pl.*) local news (21)
die Lorelei *a legendary maiden who lived on a cliff above the Rhine* (17)
los: was ist los? what's up?, what's wrong?; **ich muss los** I have to get going
lose loose
lösen to solve
losfahren (fährt los), fuhr los, ist losgefahren to depart (14)
losgehen, ging los, ist losgegangen to leave
die Lösung (-en) solution
der Lotse (-n *masc.*) pilot, navigator, guide
die Lotterie (-n) lottery
der Löwe (-n *masc.*) lion
die Lücke (-n) gap, blank
die Luft air (4)
die Luftkrankheit (-en) air sickness
der Luftverkehr air traffic
die Luftverschmutzung air pollution
die Lüge (-n) lie (10)
lügen to lie, tell an untruth
die Lust (̈-e) pleasure; **Lust haben** to feel like
lustig fun(ny), cheerful(ly) (17)
das Lustschloss (̈-er) pleasure castle
der Lutscher (-) lollipop
(das) Luxemburg Luxemburg (9)

die Luxuskreuzfahrt (-en) luxury cruise
die Luxusreise (-n) luxury vacation

M

machen to do, make (2)
mächtig strong, mighty
der Machtinstinkt (-e) power instinct
das Mädchen (-) girl
die Made (-n) maggot
der Magen (∹) stomach; **mit leerem Magen** on an empty stomach
mähen to mow
die Mahlzeit (-en) meal
des Make-up makeup
der Mai May (5)
der Maifeiertag (-e) May Day
(das) Mailand Milan
die Makrele (-n) mackerel
mal = einmal (*softening particle*); **schreib mal wieder!** come on, write again!; (*adverb*) ever
das Mal (-e) time, instance; **zum ersten Mal** for the first time
malen to paint
der Maler (-) / die Malerin (-nen) painter
die Malerei (-en) painting
die Mama (-s) (*coll.*) mother
mancher, manche, manches some, a few
manchmal sometimes
die Mandel (-n) almond
mangeln an (+ *dat.*) to lack
mangelnd lacking
der Mann (∹er) man; husband (1)
die Männerwelt man's world
die Mannschaft (-en) team (23)
der Mantel (∹) coat (7)
das Märchen (-) fairy tale (12)
die Märchenfigur (-en) fairy tale figure (12)
die Mark mark (*German currency*)
das Marketing marketing
der Marketingspezialist (-en *masc.***) / die Marketingspezialistin (-nen)** marketing expert
markieren to mark
der Markt (∹e) market

die Marktkaufleute (*pl.*) market vendors
der Marktplatz (∹e) marketplace
das Markttor (-e) market gate
das Markttreiben having a market
die Marktwirtschaft (-en) market economy (18)
die Marmelade (-n) jam (16)
der Marmor marble
(das) Marokko Morocco
die Marschmusik march music
der März March (5)
die Maschine (-n) machine
der Maschinenbau mechanical engineering (11)
der Maschinenraum (∹e) engine room
die Maske (-n) mask
der Massageraum (∹e) massage room
mäßig moderate(ly)
das Material (Materialien) material
der Materialfluss flow of materials
die Mathe(matik) math(ematics) (11)
die Mathe(matik)arbeit (-en) math(ematics) test
die Matrone (-n) matron
die Mauer (-n) wall (18); **die Berliner Mauer** the Berlin Wall
der Mauerstein (-e) brick of a wall
die Maus (∹e) mouse
der Mechaniker (-) / die Mechanikerin (-nen) mechanic (13)
(das) Mecklenburg-Vorpommern Mecklenburg-Western Pomerania (17)
die Medien (*pl.*) media (21)
das Medikament (-e) medication (6)
die Medizin medicine
medizinisch medical, medicinal
das Meer (-e) ocean, sea (9)
die Meeresatmosphäre (-n) atmosphere of the ocean
die Meeresverschmutzung pollution of the ocean
die Meerschaumpfeife (-n) meerschaum pipe

das Mehl flour
mehr more; **nicht mehr** not anymore
mehren to augment; to increase
mehrere several, various
die Mehrwegflasche (-n) reusable bottle
die Meile (-n) mile
der Meilenstein (-e) mile stone
mein my
meinen to mean; to think
die Meinung (-en) opinion (10)
die Meinungsforschung public opinion research
die Meinungsfreiheit freedom of speech (18)
meist most(ly)
meistens most of the time, most often
der Meister (-) / die Meisterin (-nen) master craftsman
die Meisterschaft (-en) championship (23)
das Meisterwerk (-e) masterpiece
die Menge (-n) amount, quantity; **eine Menge** a lot
die Mensa (Mensen) university cafeteria (19)
der Mensch (-en *masc.***)** person; human being (4)
die Menschenhand human hand
menschlich human; **Menschliches** that which is human
merken to notice (20)
das Merkmal (-e) characteristic
merkwürdig peculiar, odd (24)
messbar measurable
das Messer (-) knife (19)
das Messezentrum (-zentren) convention center
das Metall (-e) metal
der Meteorologe (-n *masc.***) / die Meteorologin (-nen)** meteorologist
der/das Meter (-) meter
die Metropole (-n) metropolis
die Metzgerei (-en) butcher's shop (16)
der Mexikaner (-) / die Mexikanerin (-nen) Mexican (person) (18)

mexikanisch (*adj.*) Mexican
(das) Mexiko Mexico
miauen to meow
mich (*acc.*) me (5)
die Mickymaus Mickey Mouse
die Miene (-n) expression, face
die Miete (-n) rent (4)
mieten to rent (4)
das Mietshaus (¨er) apartment
building (4)
die Mikrowelle (-n) microwave
(3)
die Milch milk
mild mild(ly)
das Militär military
die Milliarde (-n) billion
die Million (-en) million
mindestens at least
das Mineralwasser mineral
water (15)
das Miniatur-Modell miniature
model
der Minidialog (-e) mini-dialogue
das Minidrama mini-drama
das Minimum minimum
der Minnesänger (-) minnesinger
die Minute (-n) minute
mir (*dat.*) (to) me
mischen to mix
miserabel bad, terrible
missmutig depressed, in low
spirits
**missverstehen, missverstand,
missverstanden** to misunderstand
(21)
der Mist: so ein Mist! (*vulgar*)
what a nuisance!
mit (+ *dat.*) with; along; by (12);
mit der Bahn fahren to go by
train; **mit dem Schiff** by ship;
mit dem Auto by car (7)
mitarbeiten (arbeitet mit) to work
together with
**der Mitarbeiter (-) / die
Mitarbeiterin (-nen)**
co-worker (13)
**der Mitbewohner (-) / die
Mitbewohnerin (-nen)** roommate
**mitbringen (bringt mit), brachte
mit, mitgebracht** (+ *dat.*) to
bring along, take along

miteinander with each other,
together
**mitfahren (fährt mit), fuhr mit,
ist mitgefahren** to ride with, ride
together
das Mitglied (-er) member
**mithelfen (hilft mit), half mit,
mitgeholfen** to help out
**mitkommen (kommt mit), kam
mit, ist mitgekommen** to come
along (7)
das Mitleid pity, compassion,
sympathy
mitmachen (macht mit) to
participate
**mitnehmen (nimmt mit), nahm
mit, mitgenommen** to take
along (23)
der/die Mitreisende (*decl. adj.*)
travel companion
**der Mitschüler (-) / die
Mitschülerin (-nen)** fellow
student (10)
der Mitstudent (-en *masc.***) / die
Mitstudentin (-nen)** fellow
student (*at a university*)
der Mittag (-e) noon; **zu Mittag
essen** to have lunch
das Mittagessen (-) lunch
die Mitte (-) middle, center (22)
mitteilen (teilt mit) to tell, inform,
communicate
das Mittel (-) means; **ohne
künstliche Mittel** without
artificial ingredients
das Mittelalter Middle Ages
mittendrin in the middle
mitten in right in the middle of
die Mitternacht (¨e) midnight
der Mittwoch Wednesday (E)
die Möbel furniture (3)
das Möbelstück (-e) piece of
furniture
die Mobilität mobility (18)
möblieren to furnish; **möbliert**
furnished (4)
möchten: ich möchte I would like
das Modalverb (-en) modal verb
die Mode (-n) fashion
der Modeexperte (-n *masc.***)**
fashion expert

das Modell (-e) model
modellieren to sculpt
das Modellschiff (-e) model ship
**der Moderator (-en) / die
Moderatorin (-nen)** host of a
television or radio show
modern modern
der Modetrend (-s) fashion trend
modisch stylish(ly) (21)
mogeln to cheat
das Mogeln cheating
mögen (mag), mochte, gemocht to
like
möglich possible (10)
die Möglichkeit (-en) possibility
möglichst viele as many as
possible
moin! (*dialect*) hello!
die Molkerei (-en) dairy
das Molkereiprodukt (-e) dairy
product
der Moment (-e) moment; factor
(23); **im Moment** at the moment
momentan at the moment
der Monat (-e) month (5)
monatlich monthly (4)
der Mönch (-e) monk
das Mönchsgut (¨er) monastic
estate
der Mond (-e) moon
das Monstrum monstrosity,
monstrous thing
der Montag (-e) Monday (E)
das Moor (-e) bog, moor
das Moped (-s) moped
morgen tomorrow; **bis morgen**
until tomorrow
der Morgen morning; **am Morgen**
in the morning; **guten Morgen**
good morning; **jeden Morgen**
every morning; **heute Morgen**
this morning
morgens in the morning(s)
das Mosaik (-e) mosaic
mosaikartig like a mosaic
motivieren to motivate
das Motorrad (¨er) motorcycle (7)
der Motorradstiefel (-) motorcycle
boot
der Motorradunfall (¨e) motorcycle
accident

der Motorwagen (-) automobile
das Motto motto
die Mozartkugel (-n) *marzipan- and nougat-filled chocolate ball*
müde tired; **todmüde** (*coll.*) dead tired
die Mühe (-n) effort
die Mühle (-n) mill
der Müll garbage, waste (20)
die Mülldeponie (-n) landfill
der Mülleimer (-) garbage can
die Müllgebühr (-en) garbage collection fee
die Mülltonne (-n) garbage can
die Mülltrennung garbage sorting
Multi-Kulti multicultural
multikulturell multicultural
(das) München Munich
der Mund (¨er) mouth (6)
mündlich oral(ly)
mundtot machen to silence (*somebody*)
munter lively, bright
die Münze (-n) coin
das Museum (*pl.* Museen) museum
der Museumsbesucher (-) visitor to a museum
die Musik music (5); **Musik hören** to listen to music (2)
musikalisch musical(ly)
der Musikant (-en *masc.*) / die Musikantin (-nen) musician
der Musiker (-) / die Musikerin (-nen) professional musician
die Musikhochschule (-n) conservatory
müssen (muss), musste, gemusst to have to, must
der Mut courage
mutig courageous(ly) (20)
die Mutter (¨) mother
der Mutterkomplex (-e) mother complex
die Muttersprache (-n) native language
der Muttertag (-e) Mother's Day (5)
die Mutti (-s) mommy, mom
die Mütze (-n) cap, hat (7)
der Mythos (Mythen) myth

N

nach (+ *dat.*) after; according to; to (*place*) (12); **nach Hause** (*going*) home; **von . . . nach . . .** from . . . to . . .
der Nachbar (-n *masc.*) / die Nachbarin (-nen) neighbor (4)
das Nachbarbundesland (¨er) neighboring state
die Nachbildung (-en) replica
nachdem (*subord. conj.*) after
nachdenken (denkt nach), dachte nach, nachgedacht to reflect, contemplate
nachdenklich pensive(ly), contemplative(ly)
der Nachdruck stress, emphasis
nacheinander after each other
nachfragen (fragt nach) to inquire, ask
nachher afterwards, later
der Nachkriegsroman (-e) postwar novel
die Nachkriegszeit (-en) postwar era
der Nachmittag (-e) afternoon; **am Nachmittag** in the afternoon
nachmittags in the afternoon(s)
die Nachricht (-en) news (22)
die Nachrichtensendung (-en) news show
die Nachspeise (-n) dessert (15)
nächst- next; **am nächsten Tag** the next day
die Nacht (¨e) night
der Nachteil (-e) disadvantage
der Nachtisch (-e) dessert
der Nachtmusikant (-en *masc.*) / die Nachtmusikantin (-nen) night musician
nachts at night
der Nachttisch (-e) nightstand (3)
die Nachtwanderung (-en) night walk
nachweisbar provable
nachweisen (weist nach), wies nach, nachgewiesen to prove
nachwürzen (würzt nach) to season to taste, to season again
der Nagelschuh (-e) hobnailed boot

nagen to gnaw
nah(e) (näher, nächst-) near, close (7)
die Nähe vicinity, closeness; **in der Nähe von** in the vicinity of; near(by) (17)
sich nähern to approach, draw near
die Nahrung nourishment (20)
das Nahrungsmittel (-) food
der Nährwert (-e) nutritional value
na ja! well!
der Name (-n *masc.*) name
der Namenszug (¨e) signature
nämlich namely
NASA-mäßig NASA-type (*person*)
die Nase (-n) nose (6)
nass wet
die Nation (-en) nation
national national(ly)
die Nationalität (-en) nationality
der Nationalpark (-s) national park
der Nationalsozialismus National Socialism
die Nationalspeise (-n) national dish
die Natur nature (9)
die Naturfaser (-n) natural fiber
natürlich natural(ly)
das Naturprodukt (-e) organic product
die Naturwissenschaft (-en) natural science
der Neandertaler (-) Neanderthal Man
der Nebel (-) fog (5)
der Nebelmantel (¨) blanket of fog
neben (+ *acc./dat.*) next to
nebenan next door
nebenbei on the side
nebeneinander next to each other
das Nebenfach (¨er) minor subject (11)
die Nebenkosten (*pl.*) additional expenses (*such as for utilities*)
neblig foggy (5)
nee! (*coll.*) no!
der Neffe (-n *masc.*) nephew (1)
negativ negative(ly)
das Negativ negative
negieren to negate

nehmen (nimmt), nahm, genommen to take (3); **Rücksicht nehmen auf** to be considerate of
der Neid envy
nein no
(sich) nennen, nannte, genannt to name, call, mention
der Nerv (-en) nerve
nerven to get on (someone's) nerves
die Nervensäge (-n) (*person who is a*) pain in the neck
nervös nervous(ly)
die Nervosität nervousness, tension
nett nice(ly) (1)
das Netz (-e) net
neu new (2)
die Neubauwohnung (-en) post-1945 building (4)
neuerdings recently, as of late
neugekauft (*adj.*) newly purchased
die Neugier(de) curiosity
neugierig curious(ly) (1)
das Neujahr New Year's Day (5)
neulich recently, the other day
neun nine (E)
neunzehn nineteen (E)
neunzig ninety (E); **die neunziger Jahre** the nineties
(das) Neuseeland New Zealand
nicht not (3)
die Nichte (-n) niece (1)
nichts nothing
nicken to nod
nie never
nieder low; down
die Niederlande the Netherlands (9)
der Niederländer (-) / die Niederländerin (-nen) Dutch (*person*) (18)
die Niederlassung (-en) branch, subsidiary
(das) Niedersachsen Lower Saxony (17)
niedrig low
niemals never
niemand nobody, no one
die Niere (-n) kidney
niesen to sneeze (6)
das Niesen sneezing (6)
der Nikolaus Saint Nicolas (17)

das Nikotin nicotine
der Nil Nile River
nimmer (*coll.*) no more, never again
nimmermehr never again
nirgends nowhere
der Nobelpreis (-e) Nobel prize
das Nobelquartier (-e) extravagant accommodations
noch still; **immer noch** still; **ist hier noch frei?** is this seat taken?; **noch dazu** in addition to that; **noch einmal** one more time, once again; **noch nicht** not yet; **noch nie** never; **was noch?** what else? **weder . . . noch** neither . . . nor
noch mal once again
der Nomade (-n *masc.*) nomad
der Nominativ nominative case
nominieren to nominate
der Nonkonformismus nonconformism
(das) Nordafrika North Africa
(das) Nordamerika North America
norddeutsch (*adj.*) northern German
der Norden north; **im Norden** in the north
nördlich (von) north (of)
der Nordosten northeast
nordöstlich (von) northeast (of)
der Nordpol North Pole
(das) Nordrhein-Westfalen North Rhine-Westphalia (17)
die Nordsee North Sea
die Nordwestküste (-n) northwest coast
die Norm (-en) norm
normal normal
normalerweise normally
(das) Norwegen Norway (9)
die Note (-n) grade (10)
das Notenheft (-e) sheet music
der Notfall (¨e) emergency (6)
notieren to note, write down
nötig necessary
das Nötigste most essential (thing)
die Notiz (-en) note (10)
der November November (5)
die Nudel (-n) noodle (19)
null zero (E)
die Nummer (-n) number

das Nummernschild (-er) license plate (20)
nun now
(das) Nürnberg Nuremberg; **die Nürnberger Brawurst (¨e)** pork sausage
die Nuss (¨e) nut
nutzen to use
nützlich helpful, practical

O

ob (*subord. conj.*) whether, if
obdachlos homeless
der/die Obdachlose (*decl. adj.*) homeless person (20)
die Obdachlosigkeit homelessness (20)
oben above; upstairs
die Oberfläche (-n) surface
oberflächlich superficial(ly) (21)
das Objekt (-e) object
das Objektpronomen (-) object pronoun
das Obst fruit (5)
obwohl (*subord. conj.*) even though, although
der Ochse (-n *masc.*) bull, ox
oder (*coord. conj.*) or
der Ofen (¨) stove, furnace
offen open (16)
öffentlich public(ly); open(ly) (23)
die Öffentlichkeit public
offiziell official(ly)
der Offizier (-e) officer (14)
öffnen to open
die Öffnungszeiten (*pl.*) business hours
oft (öfter, öftest-) often (4)
ohne (+ *acc.*) without (5)
das Ohr (-en) ear (6)
die Ohrenschmerzen (*pl.*) earache
der Ökonom (-en *masc.*) economist
ökonomisch economic(al)
der Oktober October (5)
das Oktoberfest *autumn festival in Munich* (17)
die Olive (-n) olive
der Ölteppich (-e) oil spill
die Oma (-s) (*coll.*) grandma
der Onkel (-) uncle (1)
die Oper (-n) opera

R-47

operieren to operate on; perform surgery (6)

der Opernsänger (-) / die Opernsängerin (-nen) opera singer

opfern to sacrifice

optimal optimal(ly)

optimistisch optimistic(ally)

die Option (-en) option

orange orange (2)

die Orange (-n) orange

der Orangensaft orange juice

das Orchester (-) orchestra

der Orden (-) (*religious*) order

ordentlich neat, orderly

ordnen to order

die Ordnung (-en) order

das Organ (-e) organ

das Organisationstalent (-e) organizational skills

der Organisator (-en) / die Organisatorin (-nen) organizer

organisch organic(ally) (20)

organisieren to organize

die Orgel (-n) (*music*) organ

das Orgelspiel organ playing

sich orientieren an (+ *dat.*) to orientate oneself; to inform oneself; to adapt to

die Orientierung (-en) orientation

die Orientierungswoche (-n) orientation week

das Original (-e) original

der Originalschauplatz (ˉe) original location

das Originalzitat (-e) direct quote

originell original(ly) (22)

der Ort (-e) place, town (4)

der Ortseingang (ˉe) town entrance

die Ostalgie (*sarcastic*) nostalgia for the former GDR

ostdeutsch eastern German

(das) Ostdeutschland eastern part of Germany

der Osten east; **im Osten** in the east

die Osterblume (-n) Easter lily

das Osterei (-er) Easter egg

die Osterferien (*pl.*) Easter holidays

der Ostermontag Easter Monday

das Ostern Easter

(das) Österreich Austria (9)

der Österreicher (-) / die Österreicherin (-nen) Austrian (person) (18)

österreichisch (*adj.*) Austrian

(das) Osteuropa eastern Europe

osteuropäisch eastern European

ostfriesisch East Frisian

(das) Ostfriesland East Frisia

östlich (von) east (of)

die Ostsee Baltic Sea

die Ostseeküste Baltic coast

der Overheadprojektor (-en) overhead projector (E)

der Ozean (-e) ocean, sea

das Ozon ozone

das Ozonloch hole in the ozone layer

der Ozonwert (-e) ozone level

P

paar: ein paar some, a few, a couple

das Paar (-e) couple

das Päckchen (-) package

die Packung (-en) pack, packaging, box, bag

das Paddelboot (-e) paddle boat

paddeln to paddle

das Paket (-e) package

der Palast (ˉe) palace

die Palme (-n) palm tree

die Panik panic

das Panorama (Panoramen) panorama

der Panoramablick (-e) panoramic view

der Papa (-s) daddy

das Papier (-e) paper (E); **Papiere** (*pl.*) documents

die Pappe cardboard

die Paprika bell pepper

der Paprika paprika

die Parade (-n) parade

das Paradies (-e) paradise

der Paragraf (-en *masc.*) paragraph, section

das Parfum (-s) fragrance

der Park (-s) park

der Parkplatz (ˉe) parking space, parking lot

die Parole (-n) motto, slogan, password

die Partei (-en) political party

die Partikel (-n) particle

das Partizip (-ien) participle

der Partner (-) / die Partnerin (-nen) partner

die Partnerarbeit (-en) partner work

das Partnergespräch (-e) partner conversation

die Partnerschaft (-en) partnership

die Party (-s) party (24)

die Partyvorbereitung (-en) party preparation

der Pass (ˉe) passport

der Passagier (-e) / die Passagierin (-nen) passenger

der Passant (-en *masc.*) **/ die Passantin (-nen)** passerby, bystander

passen (+ *dat.*) to fit (21); **die Hose passt mir nicht** the pants don't fit me

passend matching, fitting, appropriate, proper

passieren, ist passiert to happen (9); **was ist passiert?** what happened?

das Passiv passive voice

patentieren to patent

der Patient (-en *masc.*) **/ die Patientin (-nen)** patient (6)

pauken to cram, study hard (10)

die Pauschalreise (-n) package holiday/tour

die Pause (-n) break (10)

das Pausenbrot (-e) snack, sandwich (10)

der Pazifik Pacific (Ocean)

der Pazifische Ozean Pacific Ocean

das Pech bad luck

der Peiniger (-) / die Peinigerin (-nen) torturer, tormentor

peinlich embarrassing

die Pension (-en) bed-and-breakfast inn (8)

der Pensionsinhaber (-) / die Pensionsinhaberin (-nen) innkeeper, owner of a bed and breakfast inn

die **Peperoni** (*pl.*) chilis
perfekt perfect(ly)
das **Perfekt** present perfect tense
die **Peripherie** (-n) periphery
die **Person** (-en) person
der **Personalchef** (-s) personnel
  manager
die **Personenbeschreibung** (-en)
  description of a person
der **Personenkraftwagen** (-)
  private car
persönlich personal(ly) (14)
die **Persönlichkeit** (-en) personality
die **Perspektive** (-n) perspective
pessimistisch pessimistic(ally)
das **Pestizid** (-e) pesticide
der **Pfad** (-e) path
der **Pfadfinder** (-) / die
  Pfadfinderin (-nen) boy/girl
  scout; pathfinder
die **Pfalz** Palatinate; **das pfälzische**
  Essen traditional food of the
  Palatinate
die **Pfandflasche** (-n) deposit bottle
die **Pfanne** (-n) pan (19)
der **Pfarrer** (-) priest, minister
der **Pfeffer** pepper (15)
die **Pfefferminze** peppermint
die **Pfeife** (-n) pipe
pfeifen, pfiff, gepfiffen to
  whistle (20)
der **Pfeifenkopf** (ʺe) pipe bowl
der **Pfennig** (-e) pfennig (*German
  currency*)
das **Pferd** (-e) horse (23)
das **Pferdefuhrwerk** (-e) horse-
  drawn carriage
die **Pferdekutsche** (-n) horse-
  drawn carriage
das **Pfingsten** Pentecost
der **Pfingstmontag** day after
  Pentecost
die **Pflanze** (-n) plant
die **Pflege** (-n) care, attention
pflegen to maintain, take care of;
  Konversation pflegen to make
  conversation
die **Pflicht** (-en) duty (14)
die **Pfote** (-n) paw
das **Pfund** (-e) pound (= 500g)
das **Phänomen** (-e) phenomenon

die **Phantasie** (-n) imagination,
  creativity
phantasiebegabt imaginative
phantastisch fantastic(ally)
die **Pharmaindustrie** (-n)
  pharmaceutical industry
der **Philosoph** (-en *masc.*) /
  die **Philosophin** (-nen)
  philosopher (13)
die **Philosophie** (-n) philosophy
das **Photo** (-s) photo
der **Photoamateur** (-e) / die
  Photoamateurin (-nen) hobby
  photographer
der **Photograph** (-en *masc.*) / die
  Photographin (-nen)
  photographer
die **Physik** physics (11)
der **Physiker** (-) / die **Physikerin**
  (-nen) physicist (13)
das **Physiklehrbuch** (ʺer) physics
  textbook
der **Physiklehrer** (-) / die
  Physiklehrerin (-nen) physics
  teacher
das **Physikstudium** university
  program in physics
die **Physikvorlesung** (-en) physics
  lecture
physisch physical(ly)
der **Pianist** (-en *masc.*) / die
  Pianistin (-nen) pianist
das **Picknick** (-s) picnic (9)
der **Pilz** (-e) mushroom (9)
der **Pionier** (-e) / die **Pionierin**
  (-nen) pioneer
der **Pirat** (-en *masc.*) / die **Piratin**
  (-nen) pirate
das **Piratengesicht** (-er) pirate face
die **Pizza** (-s) pizza
das **Pizzabacken** pizza baking
die **Pizzeria** (-s) pizza restaurant
der **PKW = Personenkraftwagen**
die **Plage** (-n) plague
das **Plakat** (-e) poster
der **Plan** (ʺe) plan (16)
planen to plan
der **Planet** (-en *masc.*) planet
die **Planung** (-en) planning
die **Planwirtschaft** planned
  economy (18)

das **Plastik** plastic
der **Plastiksack** (ʺe) plastic bag
die **Plastiktüte** (-n) plastic bag (20)
der **Plateauschuh** (-e) platform shoe
der **Platz** (ʺe) place, space, seat
das **Plätzchen** (-) cookie (16)
platzieren to place
plaudern to chat (10)
plötzlich suddenly (12)
plündern to plunder
das **Plusquamperfekt** past perfect
der **Pole** (-n *masc.*) / die **Polin**
  (-nen) Polish person (18)
(das) Polen Poland
die **Politik** politics (21)
der **Politiker** (-) / die **Politikerin**
  (-nen) politician (13)
politisch political(ly)
die **Polizei** police (20)
polnisch (*adj.*) Polish
die **Pommes frites** (*pl.*) french
  fries (15)
populär popular
das **Portemonnaie** wallet
die **Portion** (-en) portion
das **Porträt** (-s) portrait
der **Porträtmaler** (-) / die
  Porträtmalerin (-nen) portrait
  artist
(das) Portugal Portugal (9)
das **Porzellan** china, porcelain
positiv positive(ly)
die **Posse** (-n) trick, joke
die **Post** post office; mail (4)
das **Postamt** (ʺer) post office
das **Poster** (-) poster
das **Postfach** (ʺer) post office box
die **Postkarte** (-n) postcard
(das) Prag Prague
prägen to mint; to impress
pragmatisch pragmatic(ally)
prahlen to boast
das **Praktikum** (*pl.* **Praktika**)
  internship (19)
der **Praktikumsplatz** (ʺe) intern
  position
die **Praktikumsstelle** (-n) intern
  position
praktisch practical(ly)
prall blazing
die **Präposition** (-en) preposition

das Präsens present tense
die Präsentation (-en) presentation
präsentieren to present
das Präteritum preterit, past tense
die Praxis practice
der Preis (-e) price
die Preiselbeere (-n) cranberry
die Preiselbeermarmelade (-n) cranberry preserves
preiswert economical; inexpensive (7)
die Pressefreiheit freedom of the press
pressen to press; to squeeze; to cast
das Prestige prestige (14)
(das) Preußen Prussia
preußisch (*adj.*) Prussian
primitiv primitive(ly)
der Prinz (-en *masc.***)** prince (12)
die Prinzessin (-nen) princess
das Prinzip (-ien) principle
privat private(ly)
der Privatdetektiv (-e) / die Privatdetektivin (-nen) private detective
die Privatisierung (-en) privatization
pro per; every
probieren to try, sample (15)
das Problem (-e) problem (20)
problematisch problematic(ally)
problemlos without problem
die Produktionsmenge (-n) output
produktiv productive(ly)
produzieren to produce
der Professor (-en) / die Professorin (-nen) professor
das Programm (-e) program, station, channel (21)
progressiv progressive(ly)
das Projekt (-e) project
der Projektleiter (-) / die Projektleiterin (-nen) project manager
die Projektwoche (-n) project week
die Promenade (-n) promenade
prominent popular, famous
prompt prompt(ly)
das Pronomen (-) pronoun
das Proseminar (-e) seminar
die Protestaktion (-en) protest

protestantisch (*adj.*) Protestant
protestieren to protest (10)
das Protokoll (-e) transcript, record, minutes
der Protokollführer (-) / die Protokollführerin (-nen) secretary, clerk
die Provinz (-en) province
die Prozession (-en) procession
die Prüfung (-en) exam (10)
der Psychiater (-) / die Psychiaterin (-nen) psychiatrist
der Psychologe (-n *masc.***) / die Psychologin (-nen)** psychologist (13)
die Psychologie psychology (11)
die Psychotherapie psychotherapy
das Publikum audience, public
der Puck (-s) puck
der Pulli = Pullover
der Pullover (-) sweater (7)
das Pulver (-) powder, gunpowder
der Pulverblitz (-e) gunpowder explosion
der Punkt (-e) point
pünktlich punctual(ly) (14)
die Pute (-n) turkey
putzen to clean; **die Nase putzen** to blow one's nose (6)
das Puzzle (-s) puzzle
die Pyramide (-n) pyramid

Q

der Quadratfuß (-) square foot
der Quadratkilometer (-) square kilometer
quaken to quack
die Qualifikation (-en) qualification (14)
die Qualität (-en) quality
das Quartal (-e) quarter (11)
quasi- quasi-
quasseln to babble
der Quatsch nonsense
das Quecksilber mercury
die Quizsendung (-en) quiz show

R

sich rächen to avenge, seek revenge
das Rad (¨er) wheel, bicycle; **mit dem Rad fahren** to go by bike;

Rad fahren (fährt), fuhr, ist gefahren to bicycle (4)
radeln to bicycle
der Radfahrer (-) / die Radfahrerin (-nen) bicyclist
das Radio (-s) radio
das Radioprogramm (-e) radio show
die Radtour (-en) bike ride
ragen to rise, tower, loom
der Rahmen (-) frame, context (18)
die Rakete (-n) rocket
der Rand (¨er) edge, top rim, brim
die Rangliste (-n) ranking, list
der Rasen (-) lawn; **den Rasen mähen** to mow the lawn (16)
rasend fast, swift
der Rasierapparat (-e) electric shaver
der Rasierpinsel shaving brush
der Rassismus racism
der Rat advice
raten (rät), riet, geraten (+ *dat.*) to advise; to guess (13)
das Ratespiel (-e) guessing game
der Ratgeber (-) / Ratgeberin (-nen) adviser; counsellor; advice column; columnist (21)
das Rathaus (¨er) city hall
die Ratte (-n) rat
der Rattenfänger von Hameln Pied Piper of Hameln
der Rauch smoke
rauchen to smoke
die Raucherecke (-n) smoking area
die Räucherei (-en) smokehouse
räuchern to smoke (*something*)
der Raum (¨e) room, space, area
das Raumschiff (-e) spaceship
rausfinden (findet raus), fand raus, rausgefunden to find out
reagieren to react
die Realität (-en) reality
die Realschule (-n) general education high school (11)
recherchieren to research, investigate
der Rechner (-) computer, calculator
die Rechnung (-en) bill (15)

recht rather, quite, pretty; **recht sein** (+ *dat.*) to agree; to approve

das Recht (-e) right; law; **Recht haben** to be right (10)

rechteckig square, rectangular

rechts to the right, on the right (8); **nach rechts** to the right

rechtwinklig right-angled

sich recken to stretch

recyceln to recycle (16)

das Recyclingprogramm (-e) recycling program

der Redakteur (-e) / die Redakteurin (-nen) editor

die Redaktion (-en) editorial board

die Rede (-n) speech

die Redefreiheit freedom of speech

reden to talk; **reden über** (+ *acc.*) to talk about; **reden von** to talk about/of (10)

reduzieren to reduce

das Referat (-e) seminar paper; **ein Referat halten** to present a paper (orally)

das Reflexiv (-e) reflexive (pronoun)

der Reformator (-en) (*hist.*) Reformer

das Reformhaus (¨er) health food store (22)

reformieren to reform

das Regal (-e) shelf (3)

regelmäßig regular

(sich) regen to move, stir

der Regen rain (5)

der Regenbogen (¨) rainbow

(sich) regenerieren to regenerate, revitalize

der Regenmantel (¨) raincoat (7)

der Regenschirm (-e) umbrella

der Regentropfen (-) raindrop

das Regenwetter rainy weather

die Regierung (-en) government

regional regional(ly)

der Regionalzug (¨e) *short distance train with frequent stops*

der Regisseur (-e) / die Regisseurin (-nen) director (*of a film or play*)

regnen to rain; **es regnet** it's raining (5)

regnerisch rainy

regulär regular(ly)

die Regung (-en) movement, motion

reiben to rub

reich rich(ly)

das Reich (-e) empire

reichen to suffice, be enough

der Reichstag Parliament

reif ripe, mature

der Reifen (-) tire

die Reihe (-n) row, line

die Reihenfolge (-n) order, sequence

das Reihenhaus (¨er) row house (4)

rein pure(ly)

die Reinigungskraft (¨e) cleaning power

reinkommen (kommt rein), kam rein, ist reingekommen to get in, to come in

reinlassen (lässt rein), ließ rein, reingelassen to let in

reinlich clean(ly), neat(ly), tidy

der Reis rice (15)

die Reise (-n) trip, journey

der Reisebericht (-e) travel report

die Reisefreiheit freedom to travel (18)

der Reiseführer (-) / die Reiseführerin (-nen) travel guide; (*masc.*) guidebook

reisen to travel (9)

der/die Reisende (-n) (*decl. adj.*) traveler (24)

der Reisepass (¨e) passport (24)

der Reisetipp (-s) travel tip

die Reisevorbereitung (-en) travel preparation

das Reiseziel (-e) destination

reißen, riss, gerissen to tear, rip

reiten, ritt, ist geritten to ride (*an animal*) (8)

der Reitstall (¨e) horse stables

die Reklame (-n) advertisement (21)

relativ relative(ly)

das Relativpronomen (-) relative pronoun

der Relativsatz (¨e) relative clause

relaxen (*coll.*) to relax

die Religion (-en) religion (11)

rennen, rannte, ist gerannt to run

das Rennen (-) race (23)

renovieren to renovate, remodel (*a building*)

der Rentner (-) / die Rentnerin (-nen) retired person

reparieren to repair

der Reporter (-) / die Reporterin (-nen) reporter (media)

repräsentieren to represent

die Republik (-en) republic

reservieren to reserve

die Reservierung (-en) reservation (8)

die Residenz (-en) residence; (royal) capital

der Respekt respect

respektabel respectable

respektieren to respect

die Ressource (-n) resource

der Rest (-e) rest, remnant

das Restaurant (-s) restaurant (4)

der Restaurantbesitzer (-) / die Restaurantbesitzerin (-nen) owner of a restaurant

der Restaurator (-en) / die Restauratorin (-nen) restorer (22)

restaurieren to restore (*historic preservation*)

restlich remaining

das Resultat (-e) result

retten to save, rescue

die Rettung (-en) rescue, salvation

das Rezept (-e) prescription (6); **auf Rezept** by prescription

die Rezeption (-en) reception desk (*in a hotel or office*) (8)

der Rezeptionist (-en *masc.*) / **die Rezeptionistin (-nen)** receptionist

die Rezession recession

der Rhein Rhine River

(das) Rheinland-Pfalz Rhineland Palatinate (17)

die Rheinlandschaft (-en) Rhine landscape

das Rheuma rheumatism

der Richter (-) / die Richterin (-nen) judge

richtig correct, right (24)
die Richtung (-en) direction
der Riese (-n *masc.***) / die Riesin (-nen)** giant
das Riesenrad (¨er) ferris wheel
riesig (*adj.*) giant
das Rind (-er) cow
das Rinderfett beef fat
das Rinderhackfleisch ground beef
der Ring (-e) ring
die Ringeltaube (-n) pigeon
rings um(her) all around
der Ritter (-) knight
der Rittersaal (-säle) knights' hall (in a medieval castle)
der Rock (¨e) skirt (7)
der Rock rock 'n' roll
der Rockfan (-s) rock fan
das Rocklied (-er) rock song
roh raw (19)
die Rolle (-n) role
das Rollenspiel (-e) role play
der Rollschuh (-e) roller skate; **Rollschuh laufen (läuft), lief, ist gelaufen** to roller skate
das Rollschuhlaufen roller skating (23)
(das) Rom Rome
der Roman (-e) novel
die Romantik Romantic period (*in German art and literature*)
romantisch romantic (1)
das Romantsch Rhaetian, Rhaeto-Romanic
der Römer (-) / die Römerin (-nen) Roman (*person*)
römisch (*adj.*) Roman
rosa pink (2)
der Rosinenbomber *plane during Berlin airlift in 1948*
rot red (2)
rotgolden red gold
das Rotkäppchen Little Red Riding Hood
der Rotwein (-e) red wine
rüber over here, over there (*destination*); **ich gehe mal zu den Nachbarn rüber** I'm going over to the neighbors
der Rücken (-) back (6)

die Rückfahrkarte (-n) return ticket (24)
die Rückfahrt (-en) return trip
der Rucksack (¨e) backpack (7)
die Rücksicht consideration; **Rücksicht auf andere Menschen nehmen** to be considerate of other people
der Rückweg (-e) return trip, way back
rudern to row (*a boat*) (23)
der Ruf (-e) call; reputation
rufen, rief, gerufen to call, shout
die Ruhe peace, silence, stillness; **Ruhe jetzt!** quiet now! (4)
ruhen to rest, be still
der Ruhetag (-e) *day when restaurant is closed* (15)
ruhig calm, peaceful, still (1)
rühren to stir
rührend touching
die Ruine (-n) ruin
das Rumpelstilzchen Rumpelstiltskin (12)
rund round; around
der Rundbogen (¨) arch
runter down here, downward; **wir sind runter zum Strand gelaufen** we went down to the beach
runterfallen (fällt runter), fiel runter, ist runtergefallen to fall down
der Russe (-n *masc.***) / die Russin (-nen)** Russian (person) (18)
russisch (*adj.*) Russian
das Russisch Russian (*language*)
Rutsch: guten Rutsch (ins neue Jahr)! happy New Year!

S

der Saal (Säle) hall
die Sache (-n) thing, object
(das) Sachsen Saxony (17)
(das) Sachsen-Anhalt Saxony-Anhalt (17)
sächsisch (*adj.*) Saxon
der Sack (¨e) sack, bag
der Saft (¨e) juice (16)
saftig juicy
sagen to say

sagenhaft legendary, fabulous
die Sahne cream (15)
das Sakko (-s) man's jacket, coat
die Salami (-s) salami
der Salat (-e) salad; head of lettuce (15)
die Salatgurke (-n) cucumber
die Salbe (-n) ointment
der Salon (-s) sitting room
das Salz salt (15)
salzig salty (19)
sammeln to collect, gather
die Sammelstelle (-n) collecting station (20)
der Sammler (-) collector; gatherer
die Sammlung (-en) collection
der Samstag (-e) Saturday (E)
der Samstagabend (-e) Saturday evening
samstags on Saturdays
die Sandale (-n) sandal (7)
die Sandburg (-en) sand castle
der Sandstrand (¨e) sandy beach
sanft soft(ly)
der Sänger (-) / die Sängerin (-nen) singer (13)
der Sängerkrieg (-e) competition of Minnesingers
der Satz (¨e) sentence
der Satzanfang (¨e) beginning of a sentence
das Satzelement (-e) sentence element
der Satzteil (-e) part of a sentence
sauber clean (4)
sauber machen (macht sauber) to clean (23)
sauer sour, angry (22)
der Sauerbraten (-) braised beef (*marinaded in vinegar*), sauerbraten
die Sauerei (-en) mess, scandal, filth
das Sauerkraut sauerkraut (15)
sauertöpfisch sour, sour-faced
die Säule (-n) pillar, column
die Sauna (-s) sauna; **in die Sauna gehen** to go in a sauna (8)
sauwohl (*coll.*) really good
die S-Bahn (-en) urban train (22)
die Schachtel (-n) (cardboard) box

schade! wie schade! too bad!

schaden (+ *dat.*) to damage, harm

das Schaf (-e) sheep

schaffen, schaffte, geschafft to manage

schaffen, schuf, geschaffen to create

der Schal (-s) scarf (21)

die Schallplatte (-n) record

der Schalter (-) counter

scharf (schärfer, schärfst-) spicy, hot (19); sharp(ly)

schärfen to sharpen

schattig shady

der Schatz (¨e) treasure; **mein Schatz** honey, darling

schauen to look, watch (2)

der Schauspieler (-) / die Schauspielerin (-nen) actor (13)

der Schausteller (-) / die Schaustellerin (-nen) fairground showman

die Scheibe (-n) (window)pane

die Scheibe (-n) slice

sich scheiden lassen (lässt), ließ, gelassen to divorce

die Scheidung (-en) divorce (23)

scheinen, schien, geschienen to shine; to appear; seem; **die Sonne scheint** the sun is shining (5); **Marion scheint beschäftigt zu sein** Marion seems to be busy

scheitern to fail

schenken to give (*as a gift*) (5)

die Schere (-n) scissors, shears

der Scherz (-e) joke

scheu timid, shy (1)

scheußlich horrible, awful (1)

der Schi (-er) ski; **Schi laufen (läuft), lief, ist gelaufen** to ski (8)

schick chic, elegant

schicken to send

schief crooked; **der Schiefe Turm von Pisa** the Leaning Tower of Pisa; **schief gehen** to go wrong; **schief und krumm** crooked; **sich schief lachen** to laugh oneself silly

das Schiff (-e) ship (7)

die Schifffahrt shipping, navigation

das Schifffahrtsmuseum (-museen) naval museum

der Schiffskoch (¨e) cook on a ship

der Schiffstyp (-en) type of ship

das Schild (-er) shield, sign (16)

der Schimmer glimmer, gleam

schimmernd shimmering, glimmering

schimpfen to grumble, moan; **jemanden schimpfen** to tell somebody off, scold someone

der Schinken (-) ham

das Schinkenbrot (-e) ham sandwich

der Schiunfall (¨e) skiing accident

der Schiurlaub (-e) skiing trip, vacation

der Schlafanzug (¨e) pajamas (21)

die Schlafdauer duration of sleep

schlafen (schläft), schlief, geschlafen to sleep (3)

schläfrig sleepy

der Schlafsack (¨e) sleeping bag

das Schlafzimmer (-) bedroom (3)

der Schlag (¨e) blow

schlagen (schlägt), schlug, geschlagen to hit, beat (19)

der Schlager (-) hit (song)

die Schlägerei (-en) fist fight

die Schlaghose (-n) bell-bottom pants

die Schlagsahne whipped cream

die Schlagzeile (-n) headline (21)

die Schlange (-n) snake; **Schlange stehen** to stand in line (16)

schlapp worn-out, tired

das Schlaraffenland Cockaigne (*legendary land of plenty*)

schlecht bad(ly) (1)

schleichen, schlich, ist geschlichen to sneak

schlendern to stroll

der Schlepper (-) tugboat

schließen, schloss, geschlossen to close, shut, lock

schließlich finally, eventually (10)

schlimm grave, severe, bad

der Schlips (-e) tie

der Schlittschuh (-e) ice skate; **Schlittschuh laufen (läuft), lief, ist gelaufen** to ice skate

die Schlittschuhbahn (-en) ice skating rink

das Schlittschuhlaufen ice skating (23)

das Schloss (¨er) castle (12)

das Schlossrestaurant (-s) restaurant in a castle

der Schlumpf (¨e) smurf

schlurfen to shuffle

der Schluss (¨e) end, conclusion; **am Schluss** in the end, finally

der Schlüssel (-) key (8)

schmal narrow

schmecken (+ *dat.*) to taste; **das schmeckt (mir) gut** that tastes good (to me) (15)

der Schmerz (-en) pain (6)

schmieden to forge

sich schminken to put on makeup

der Schmuck jewelry (22)

schmücken to decorate (17)

schmutzig dirty, soiled (4)

schnattern to chatter, quack

der Schnee snow (5)

schneeweiß snow-white

das Schneewittchen Snow White (12)

schneiden, schnitt, geschnitten to cut, slice (19)

schneidern to be a tailor/dressmaker

schneien to snow; **es schneit** it's snowing (5)

schnell quick(ly), fast

der Schnellimbiss (-e) hot dog stand, fast food joint

das Schnellrestaurant (-s) fast-food restaurant

der Schnitt (-e) cut

das Schnitzel (-) cutlet, schnitzel

der Schnupfen (-) (head) cold

schnuppern to sniff

schnurren to purr

der Schock (-s) shock

die Schokolade (-n) chocolate

schön beautiful(ly); nice(ly) (1)

schräg crooked

der Schrank (¨e) cupboard; closet; wardrobe (3)

schrecklich terrible, horrible

schreiben, schrieb, geschrieben to write (2)

der Schreiber (-) / die Schreiberin (-nen) writer

die Schreibhilfe (-n) writing aid
der Schreibtisch (-e) desk
das Schreibwarengeschäft (-e) stationery store (22)
schreien, schrie, geschrien to scream, shout
die Schrift (-en) (hand) writing; script
schriftlich written, in writing
der Schriftsteller (-) / die Schriftstellerin (-nen) writer, author
der Schritt (-e) step (13)
der Schubkarchler (-) (*dialect*) small tent
schüchtern shy
der Schuh (-e) shoe (7)
der Schulabschluss degree
der Schulalltag everyday school routine
der Schulbus (-se) school bus (10)
der Schulchor (-̈e) school choir
das Schuldgefühl (-e) guilty feeling, bad conscience
der Schuldirektor (-en) / die Schuldirektorin (-nen) school principal, headmaster
die Schule (-n) school (10)
der Schüler (-) / die Schülerin (-nen) student (*not in university*) (E)
die Schülerinitiative (-n) student association
die Schülerzeitung (-en) student newspaper (10)
das Schulfach (-̈er) school subject
die Schulferien (*pl.*) school holidays, vacation
das Schulfest (-e) school festival
der Schulfreund (-e) / die Schulfreundin (-nen) schoolmate, friend
der Schulgang (-̈e) professional training program
der Schulhof (-̈e) courtyard (10)
das Schuljahr (-e) school year
der Schulkamerad (-en masc.) / die Schulkameradin (-nen) fellow student, school friend
der Schulkiosk school concessions
das Schulsystem (-e) school system

der Schultag (-e) school day
die Schulter (-n) shoulder (6)
das Schulwesen school system, education system
die Schulzeit time at school
die Schulzeitung (-en) school newspaper
der Schutz protection
schützen to protect (20)
der Schutzpatron (-e) / die Schutzpatronin (-nen) saint
die Schwäbische Alb Swabian Mountains
schwach (schwächer, schwächst-) weak
der Schwamm (-̈e) blackboard eraser; sponge (E)
der Schwan (-̈e) swan
schwärmen to swarm
schwarz black (2); **das schwarze Brett (-er)** bulletin board (19)
der Schwarzwald Black Forest
schwatzen to chat, gossip
(das) Schweden Sweden (9)
das Schwein (-e) pig
der Schweinebraten (-) pork roast (15)
das Schweinefleisch pork
die Schweiz Switzerland (9)
der Schweizer (-) / die Schweizerin (-nen) Swiss (*person*) (18)
schwellend swelling, bulging
schwer heavy; difficult (2); hard (2)
die Schwerkraft gravity
die Schwester (-n) sister (1)
das Schwesterchen (-) little sister
schwierig difficult
die Schwierigkeit (-en) difficulty, problem
schwimmen, schwamm, ist geschwommen to swim (2)
die Schwimmhalle (-n) indoor swimming pool
der Schwindel swindle
schwindelig (+ *dat.*) dizzy; **mir ist schwindelig** I'm dizzy
sechs six (E)
sechste sixth
sechzehn sixteen (E)
sechzig sixty (E); **die sechziger Jahre** the sixties

der See (-n) lake (9)
die See ocean, sea (9)
die Seebrücke (-n) bridge over a lake
seegängig seaworthy
seegehend seafaring
die Seele (-n) soul
die Seeluft sea air
das Seemannslied (-er) sailor's song
der Seeräuber (-) pirate
das Segel (-) sail
das Segelboot (-e) sailboat
segeln to sail (2)
das Segeln sailing
die Segelreise (-n) sailing vacation
sehen (sieht), sah, gesehen to see (3)
die Sehenswürdigkeit (-en) sight (*for sightseeing*)
die Sehne (-n) ligament
sich sehnen nach to long for; yearn for
die Seife soap
die Seifenoper (-n) soap opera
sein (ist), war, ist gewesen to be (1); **was darf's sein?** what will you have? (15)
sein his
seit (+ *dat.*) since, for (12); **seit zehn Jahren** for ten years, **seit dem Abitur** since the Abitur
seitdem since then
die Seite (-n) page; side; **zur Seite stehen** to stand by (someone)
der Seitenflügel (-) side wing (*of a building*)
seither since then
der Sekretär (-e) / die Sekretärin (-nen) secretary
das Sekretariat (-e) secretarial office
der Sekt champagne (15)
der Sekundarbereich (-e) secondary school level
die Sekundarschule (-n) secondary school
selber self
(sich) selbst itself, himself, herself
selbstständig self-employed (13)
der/die Selbstständige (*decl. adj.*) self-employed person (14)

das Selbstbewusstsein self-confidence

das Selbstporträt (-s) self-portrait

selbstverständlich natural, self-evident, goes without saying

selektieren to select

der Sellerie celery

selten seldom, rare(ly) (4)

das Selters(wasser) (-) seltzer water

das Semester (-) semester (11)

die Semesterarbeit (-en) term paper

die Semesterferien (*pl.*) school recess

senden, sandte, gesandt to send

die Sendung (-en) broadcast, show (21)

der Senf mustard (15)

der Senior (-en) / die Seniorin (-nen) senior citizen

sensibel sensitive

der September September (5)

die Serie (-n) television series, serial

der Servicetechniker (-) / die Servicetechnikerin (-nen) service technician

servieren to serve (food)

die Serviette (-n) napkin

der Sessel (-) recliner, armchair (3)

sesshaft settled, resident

die Sesshaftigkeit settled way of life

setzen to put; **sich setzen** to sit down, take a seat

shoppen to go shopping

die Shorts (-) shorts (7)

die Show (-s) show

sich (one)self

sicher secure(ly), safe(ly), sure(ly), certain(ly) (13)

die Sicherheit (-en) security

der Sicherheitsgurt (-e) seat belt (20)

die Sicht visibility, sight; **aus der Sicht** (+ *gen.*) from the point of view of

sichtbar visible

sieben seven (E)

siebenfach sevenfold

siebte seventh

siebzehn seventeen (E)

siebzig seventy (E)

siegen to win, defeat

siehe oben see above

signalisieren to signal

das Silvester New Year's Eve (5)

singen, sang, gesungen to sing (5)

der Singular singular

der Sinn (-e) sense

sinnlos senseless, pointless

sinnvoll meaningful, sensible

die Sitte (-n) custom, practice

sitzen, saß, gesessen to sit (2)

(das) Sizilien Sicily

(das) Skandinavien Scandinavia

das Skateboard (-s) skateboard

der Skaterschuh (-e) skating shoe

skeptisch skeptical(ly)

der Ski (-er) ski

das Skifahren skiing (23)

die Skizze (-n) sketch, drawing

der Smoking (-s) tuxedo

so so; as; thus

sobald as soon as

die Socke (-n) sock (7)

das Sofa (-s) sofa (3)

die Sofagarnitur (-en) living room furniture

der Sofatisch (-e) coffee table (3)

sofort immediately (22)

sogar even

sogenannt so-called

sogleich immediately

der Sohn ("e) son (1)

solange as long as

die Solarberghütte (-n) solar mountain cabin

das Solarium (*pl.*** Solarien)** tanning bed

solche, solcher, solches such

der Soldat (-en *masc.*) / die Soldatin (-nen) soldier

der Solidaritätszuschlag extra charge for solidarity

sollen (soll), sollte, gesollt to be supposed to (*do something*); should

der Sommer (-) summer (5); **im Sommer** in the summer

die Sommerferien (*pl.*) summer vacation

der Sommerurlaub (-e) summer vacation

das Sonderangebot (-e) special offer (16)

der Sondermüll hazardous waste

sondern (*coord. conj.*) but (rather); **nicht nur . . . sondern auch . . .** not only . . . but also . . .

die Sonne (-n) sun (5)

(sich) sonnen to sun, lie in the sun

die Sonnenbrille (-n) sunglasses

das Sonnenlicht sunlight

der Sonnenschirm (-e) sunshade; (beach) umbrella

der Sonnenuntergang ("e) sunset

sonnig sunny

der Sonntag (-e) Sunday (E)

sonst else, besides that, apart from that; **was brauchen wir sonst noch?** what else do we need?

sonstig miscellaneous, other

die Sorge (-n) worry, sorrow (24); **sich Sorgen machen (um)** to worry (about)

sorgen für to take care of (23)

die Sorte (-n) kind, type

sortieren to sort, organize

soviel so much

soweit as far as; thus far

sowie as well as

sowieso anyway, in any case

sowohl . . . als auch . . . as well as

sozial social(ly)

die Sozialhilfe social welfare

die Sozialkunde social studies (11)

sozusagen so to speak

die Spaghetti (*pl.*) spaghetti

spalten to split

die Spaltung (-en) splitting, separation

(das) Spanien Spain (9)

das Spanisch Spanish (*language*) (11)

spannend exciting; tense (23)

sparen to save

der Spaß fun; **Spaß machen** (+ *dat.*) to be fun; **das macht mir Spaß** that is fun (5); **viel Spaß!** have fun! (5)

spät late (16) **wie spät ist es?** what time is it?

spätestens at the latest
spazieren gehen, ging spazieren, ist spazieren gegangen to go for a walk (2)
der Spaziergang (¨e) walk; **einen Spaziergang machen** to take a walk
der Speck bacon (15)
die Spedition (-en) shipping company, trucking line
die Speditionsabteilung (-en) shipping department
die Speditionsfirma (-firmen) shipping company
der Speditionskaufmann (-leute) / die Speditionskauffrau (-en) shipping agent
der Speicher (-) storage
die Speise (-n) dish
die Speisekarte (-n) menu (15)
spekulieren to speculate
der Sperrmüll bulky garbage (*for special collection*)
der Spezialist (-en *masc.*) / die Spezialistin (-nen) specialist
die Spezialität (-en) specialty (15)
speziell special(ly); specific(ally)
spezifisch specific(ally)
der Spickzettel (-) cheat sheet
der Spiegel (-) mirror (3)
das Spiel (-e) game
spielen to play (8); **Streiche spielen** (+ *dat.*) to play tricks
der Spieler (-) / die Spielerin (-nen) player
der Spielfilm (-e) movie (on television)
das Spielzeug (-e) toy (17)
das Spielzimmer (-) playroom
der Spießer (-) bourgeois, narrow-minded person
spießig (*adj.*) bourgeois
der Spinat spinach
die Spindel (-n) spindle
die Spinne (-n) spider
spinnen to spin; (*fig.*) to be crazy; **der spinnt doch!** he's crazy! (10)
der Spinner (-) crazy person
der Spitzbube (-n *masc.*) imp, little boy
die Spitze (-n) top, highest point

der Spitzname (-n *masc.*) nickname
spontan spontaneous(ly)
der Sport sports, exercise (11); **Sport treiben, trieb, getrieben** to do sports (23)
die Sportart (-en) kind of sport (23)
die Sporthalle (-n) sport center (16)
die Sporthochschule (-n) sports academy
der Sportlehrer (-) / die Sportlehrerin (-nen) physical education teacher
der Sportler (-) / die Sportlerin (-nen) athlete (23)
sportlich athletic
der Sportplatz (¨e) sports field (10)
der Sportschuh (-e) sneaker (7)
der Sprachatlas (-atlanten) language atlas
sprachbegabt linguistically talented, good at languages
die Sprache (-n) language; **die Sprache verschlagen** (+ *dat.*) to leave speechless
die Sprachkenntnisse (*pl.*) foreign language skills, language proficiency
der Sprachkurs (-e) language course
das Sprachlabor (-s) language lab (10)
der Sprachspiegel (-) language mirror
die Sprachwissenschaft linguistics
die Spraydose (-n) spray can
sprechen (spricht), sprach, gesprochen to speak (3)
sprechend speaking; **sprechende Tiere** speaking animals
der Sprecher (-) / die Sprecherin (-nen) speaker, spokesperson, representative
die Sprechstunde (-n) office hours
die Sprechstundenhilfe (-n) assistant in a doctor's office
springen, sprang, ist gesprungen to jump
die Springform (-en) springform (pan)

die Spritze (-n) vaccine, shot (6)
spröd(e) rough; recalcitrant; aloof; austere
der Spruch (¨e) saying
das Sprudelwasser carbonated water
das Sprungbrett (-er) springboard
die Spur (-en) trace
der Staat (-en) state
staatlich (*adj.*) governmental; by the state
die Staatsgrenze (-n) state border
stabil stable
das Stadion (Stadien) stadium
die Stadt (¨e) city (4)
das Stadtbad (¨er) municipal pool, public swimming pool
der Städtebund confederation of cities
die Städteerkundung (-en) exploration of a city
das Stadtgebiet (-e) city area
städtisch municipal
das Stadtleben city life
die Stadtmitte (-n) downtown area, town center
der Stadtmusikant (-en *masc.*) / die Stadtmusikantin (-nen) musician
der Stadtpark (-s) public park
der Stadtplan (¨e) city map
der Stadtteil (-e) part of town, neighborhood
das Stadtviertel (-) quarter, neighborhood (4)
der Stahl steel
der Stahlarbeiter (-) / die Stahlarbeiterin (-nen) steelworker
das Stahlwerk (-e) steel mill
der Stammbaum (¨e) family tree
das Stammlokal (-e) favorite restaurant
der Stammtisch (-e) table for regulars (*at a restaurant or bar*)
ständig permanent(ly), constant(ly)
der Standpunkt (-e) viewpoint
die Standuhr (-en) grandfather clock (3)
der Star (-s) star
stark (stärker, stärkst-) strong(ly)

die **Station** (-en) station
die **Statistik** (-en) statistics
statt (+ *gen.*) instead of
stattfinden (**findet statt**), **fand statt, stattgefunden** to take place (17)
die **Statue** (-n) statue
der **Stau** (-s) traffic jam
der **Staub** dust; **Staub saugen** to vacuum
staunen to be astonished, amazed
staunend amazing(ly)
der/die **Staunende** (*decl. adj.*) amazed person
stechen (**sticht**), **stach, gestochen** to stab, pierce, sting
stecken to stick, to be located; **wo steckt der Schlüssel?** where is the key?
der **Stefansdom** St. Stephen's Cathedral (*in Vienna*)
stehen, stand, gestanden to stand (16); (+ *dat.*) to suit (21)
stehlen (**stiehlt**), **stahl, gestohlen** to steal
die **Steiermark** Styria
steif stiff(ly)
steigen, stieg, ist gestiegen to climb
steigend increasing
die **Steilküste** (-n) steep coast (*with rocks and cliffs*)
der **Stein** (-e) stone, rock
die **Steinzeit** Stone Age
die **Stelle** (-n) position (13)
stellen to put, place (*upright*)
das **Stellenangebot** (-e) job offer (14)
die **Stellensuche** (-n) job search (14)
stemmen to lift (*weights*)
sterben (**stirbt**), **starb, ist gestorben** to die (12)
die **Stereoanlage** (-n) stereo system (3)
stereotyp stereotyped, stock
der **Stern** (-e) star
das **Sternzeichen** (-) sign of the zodiac
stet constant, steady
steuerbar controllable, controlled

das **Steuerbord** starboard
steuern to steer; to direct
der **Stiefel** (-) boot (7)
die **Stiefmutter** (⁻) stepmother (12)
der **Stiefsohn** (⁻e) stepson (12)
die **Stieftochter** (⁻) stepdaughter (12)
der **Stiefvater** (⁻) stepfather (12)
der **Stier** (-e) bull
der **Stift** (-e) pen
der **Stil** (-e) style
still quiet, silent, still
die **Stille** silence
die **Stimme** (-n) voice
stimmen to be correct, to be true; **das stimmt** that's correct
die **Stimmung** (-en) mood, atmosphere (17)
stinken, stank, gestunken to stink
stinkig stinky
stinklangweilig deadly boring
stinksauer very angry
der **Stock** (-werke) floor, story (*in a building*) (8); **im dritten Stock** on the fourth floor
stocken to falter; to hesitate
das **Stockwerk** (-e) floor, level (*in a building*)
der **Stoff** (-e) substance, stuff, fabric
der **Stoffwechsel** metabolism
stöhnen to groan
stolz proud(ly)
stopfen to stuff
das **Stoppelfeld** (-er) wheatfield after harvest
stören to disturb (24)
(der) **Störtebeker** *legendary sailor*
die **Story** (-s) story
stoßen (**stößt**), **stieß, gestoßen** to push, shove
die **Strafe** (-n) punishment
der **Strahl** (-en) ray, beam
der **Strand** (⁻e) beach (4)
der **Strandkorb** (⁻e) covered beach chair
strapaziös stressful, exhausting
die **Straße** (-n) street; **sie wohnt in der Schiller-Straße** she lives on Schiller Street
die **Straßenbahn** (-en) streetcar (22)

das **Straßenfest** (-e) street festival
der **Straßenkünstler** (-) / die **Straßenkünstlerin** (-nen) street artist
das **Straßenschild** (-er) street sign
die **Strategie** (-n) strategy
strategisch strategic, strategical(ly)
die **Strecke** (-n) stretch, distance; **auf der Strecke bleiben** to be left behind, get lost
der **Streich** (-e) prank (14)
streichen, strich, gestrichen to paint; to strike, cross out
der **Streik** (-s) strike
streiken to go on strike
der **Streit** argument, confrontation
streiten, stritt, gestritten to argue (23)
streng strict(ly) (20)
der **Stress** stress
stressig stressful
der **Strom** electricity
die **Strophe** (-n) verse, line
der **Strudel** (-) strudel
die **Struktur** (-en) structure
die **Strumpfhose** (-n) tights (21)
die **Stube** (-n) room
das **Stück** (-e) piece
das **Stückchen** (-) little piece
der **Student** (-en *masc.*) / die **Studentin** (-nen) (university) student (E)
der **Studentenalltag** everyday life of a student
der **Studentenball** (⁻e) dance, ball for students
das **Studentenleben** student life
das **Studentenwerk** student administration
das **Studentenwohnheim** (-e) student dormitory (19)
das **Studentenzimmer** (-) student room
der **Studienaufenthalt** (-e) study abroad program
die **Studienberatung** student advising
die **Studiendauer** length of a university studies program
die **Studiengebühren** (*pl.*) tuition, study fees (19)

der Studienplatz (¨e) place in a university program

die Studientour (-en) field trip

studieren to study (8); to be a student at a university (11)

das Studio (-s) studio

das Studium (Studien) university course of studies (19)

der Stuhl (¨e) chair (E)

der Stummfilm (-e) silent movie

der Stummfilmstar (-s) star in a silent movie

die Stunde (-n) hour (23)

der Stundenplan (¨e) schedule (10)

stur stubborn(ly)

die Sturheit stubbornness

der Sturm (¨e) storm

der Stützpunkt (-e) military outpost

das Subjekt (-e) subject

das Substantiv (-e) noun

die Suche (-n) search

suchen to search, seek (9)

die Sucht addiction

die Suchterscheinung (-en) symptom of addiction

(das) Südafrika South Africa

(das) Südamerika South America

(das) Südbaden province in South West Germany

der Süden south; **im Süden** in the south

der Südflügel (-) south wing

südlich (von) south (of)

der Südosten southeast

südöstlich (von) southeast (of)

der Südwesten southwest

südwestlich (von) southwest (of)

sühnen to atone

summen to hum

super (*coll.*) great; **das ist super!** that's great!

superlang(e) (*coll.*) super long, extremely long

der Superlativ superlative

die Superlativform (-en) superlative forms

der Supermarkt (¨e) supermarket (4)

superschlacksig (*coll.*) uncoordinated, unorthodox in movement

die Suppe (-n) soup (15)

surfen to surf; **im Web surfen** to surf the web

süß sweet (19); **etwas Süßes** something sweet

die Süßigkeiten (*pl.*) candy

das Sweatshirt (-s) sweatshirt

das Symbol (-e) symbol (16)

die Sympathie (-n) fondness; sympathy

sympathisch nice, congenial (1)

das Symptom (-e) symptom

das System (-e) system (19)

die Szene (-n) scene

T

der Tabak (-e) tobacco

die Tabaksdose (-n) tobacco box

die Tabelle (-n) table

die Tablette (-n) pill

die Tafel (-n) blackboard (E)

der Tag (-e) day (E); **der Tag der Deutschen Einheit** Day of German Unity (5); **eines Tages . . .** one day . . .

das Tagebuch (¨er) diary

der Tagebucheintrag (¨e) diary entry

tagelang for days

der Tagesablauf (¨e) course of the day, daily routine

die Tagesetappe (-n) leg of a journey

das Tageslicht daylight

die Tagesschau *German public television news show*

täglich daily (21)

tagsüber in the course of the day, during the day

das Tal (¨er) valley (9)

das Talent (-e) talent

talentiert talented

der Taler (-) thaler (*old unit of currency*)

tanken to pump gas

die Tankstelle (-n) gas station

die Tante (-n) aunt (1)

der Tanz (¨e) dance

tanzen to dance (2)

die Tanzmusik dance music

der Tanzsaal (-säle) dancing hall

der Tanzschuh (-e) dancing shoe

die Tasche (-n) bag, pocket (7)

das Taschengeld pocket money

die Tasse (-n) cup

die Tat (-en) deed, crime; **auf frischer Tat ertappt** caught in the act

der Täter (-) / die Täterin (-nen) culprit, criminal

tätig sein to work

die Tätigkeit (-en) activity (13)

die Tätowierung (-en) tattoo

die Tatsache (-n) fact

tatsächlich really, indeed, as a matter of fact

taub deaf

die Taube (-n) pigeon

der Taubenzuchtverein (-e) pigeon breeders' club

tauschen to exchange, switch

tausend thousand (E)

das Taxi taxicab

der Taxifahrer (-) / die Taxifahrerin (-nen) cabdriver

das Team (-s) team (23)

der Teamwerker (-) team worker

die Technik (-en) technology (11)

der Techniker (-) / die Technikerin (-nen) technician

technisch technical(ly)

die Technologie (-n) technology

technologisch technological(ly)

der Teddybär (-en *masc.***)** teddy bear

der Tee (-s) tea (2)

der Teig dough, batter

der Teil (-e) part; **zum Teil** partly, in part

teilen to share, split, separate

teilnehmen (nimmt teil), nahm teil, teilgenommen to participate (20)

die Teilung (-en) division, separation

das Telefon (-e) telephone (3)

das Telefonbuch (¨er) phone book

telefonieren (mit) to be on the phone (with), call

die Telefonnummer (-n) phone number

der Teller (-) plate (19)

die Tendenz (-en) tendency
das Tennis tennis; **Tennis spielen**
to play tennis (2)
der Tennisplatz (¨e) tennis court
der Tennisschläger (-) tennis
racket
der Teppich (-e) rug, carpet (3)
der Termin (-e) appointment, date
das Terminal (-s) airline
terminal (24)
die Terrasse (-n) terrace, patio (16)
der Test (-s) test
teuer (teurer, teuerst-)
expensive (2)
der Text (-e) text
die Texttafel (-n) text table
thailändisch (*adj.*) Thai
das Theater (-) theater; **ins
Theater gehen** to go to the
theater (2)
die Theaterdekoration (-en) props,
stage set, stage background
das Theaterstück (-e) theater play
die Theaterwissenschaften (*pl.*)
drama (*as a subject*)
das Thema (Themen) topic; **zum
Thema** on the topic (of)
die Theologie theology
theoretisch theoretical(ly)
das Thermometer (-)
thermometer (6)
die These (-n) hypothesis, thesis
der Thunfisch (-e) tuna (15)
(das) Thüringen Thuringia (17)
thüringisch (*adj.*) Thuringian
tief deep(ly)
tiefblau deep blue
die Tiefkühlpizza (-s) frozen pizza
das Tier (-e) animal
**der Tierarzt (¨e) / die Tierärztin
(-nen)** veterinarian
die Tierhandlung (-en) pet
store (22)
die Tierpraxis (-praxen)
veterinarian's practice
der Tiger tiger
die Tinte (-n) ink
das Tintenfass (¨er) ink bottle
der Tipp (-s) hint, tip
der Tisch (-e) table
das Tischtennis table tennis (8)

der Titel (-) title
tja well, . . .
der Toast (-s) toast
die Tochter (¨) daughter (1)
die Tochterfirma (-firmen)
subsidiary
der Tod (-e) death
die Todeszahlen (*pl.*) death
statistics
tödlich deadly, fatal
die Toilette (-n); toilet bowl;
bathroom (3)
tolerant tolerant
die Toleranz (-en) tolerance
toll (*coll.*) great (2)
die Tomate (-n) tomato (16)
die Tomatensoße (-n) tomato
sauce, marinara sauce (19)
der Ton (¨e) sound
die Tonne (-n) container, bin; ton
der Topf (¨e) pot (19)
topfit fit
das Tor (-e) goal; gate (23)
die Torte (-n) cake
die Tortenplatte (-n) cake platter
die Tortur (-en) ordeal
tot dead
total total(ly)
töten to kill (12)
die Tour (-en) tour
der Tourenverlauf (¨e) course of a
trip, route
der Tourismus tourism
der Tourist (-en *masc.***) / die
Touristin (-nen)** tourist
**der Touristenbetreuer (-) / die
Touristenbetreuerin (-nen)**
tourist attendant, guide
das Touristikcamp (-s) tourist
camp, resort
touristisch touristic(ally)
die Tradition (-en) tradition
traditionell traditional(ly)
tragen (trägt), trug, getragen to
carry; to wear (5)
tragisch tragic(ally)
**der Trainer (-) / die Trainerin
(-nen)** coach
trainieren to train, exercise (16)
das Training training; exercise (23)
der Transporter (-) van

transportieren to transport
das Transportmittel (-) means of
transportation
das Transportschiff (-e) freight ship
die Traube (-n) grape
der Traubensaft grape juice (15)
die Trauer mourning, grief
der Traum (¨e) dream
träumen to dream
das Traumhaus (¨er) dream house
die Traumkarriere (-n) dream
career, job (14)
traurig sad (1)
traut beloved, familiar; **trautes
Heim** home sweet home
der Treff (-s) joint, bar, disco
treffen (trifft), traf, getroffen to
meet
der Treffpunkt (-e) meeting place
**treiben, trieb, getrieben: Sport
treiben** to exercise
der Trenchcoat (-s) trenchcoat (7)
der Trend (-s) trend
trendig trendy
trennen to separate, divide (17)
die Treppe (-n) staircase (8)
das Treppenhaus (¨er) staircase
treten (tritt), trat, ist getreten to
kick, step
der Trick (-s) trick (14)
der Trickfilm (-e) animated film
der Trimm-dich-Pfad exercise trail
trinken, trank, getrunken to
drink (2)
das Trinkgeld (-er) tip
**die Trinkkur: eine Trinkkur
machen** *to drink mineral waters
for healing purposes*
trocken dry
die Trockenkonserve (-n) dried
food
trocknen (+ *acc.*) to dry
der Trommler (-) drummer
der Tropfen (-) drop
trostlos desolate
trotz (+ *gen.*) in spite of
trotzdem anyway, in spite of that
(das) Tschechien Czech Republic
tschechisch (*adj.*) Czech
tschüss! (*inform.*) bye!
das T-Shirt (-s) T-shirt (7)

tun (tut), tat, getan to do
die Tür (-en) door (E)
der Türke (-n *masc.***) / die Türkin (-nen)** Turk (18)
die Türkei Turkey
türkisch (*adj.*) Turkish
der Turm (¨e) tower
das Turnier (-e) tournament; competition
der Türsteher (-) bouncer
die Tüte (-n) bag
der Typ (-en *masc.***)** (*coll.*) guy, dude
typisch(erweise) typical(ly)

U

die U-Bahn (-en) subway (22)
übel bad; **übel dran sein** to have it bad, be in a bad situation
üben to practice
über (+ *acc./dat.*) above; about; over
überall everywhere
der Überblick (-e) overview
überbrücken to bridge
überdurchschnittlich above average
übereinstimmen mit (stimmt überein) to agree with
überfliegen, überflog, überflogen to skim (21)
überfüllt (*adj.*) crowded
überhaupt (nicht) (not) at all
überlassen (überlässt), überließ, überlassen to leave to; **sich selbst über lassen sein** to be left to one's own devices
überlastet (*adj.*) overwhelmed
überleben to survive
(sich) überlegen to consider, think about
der Übermensch (-en *masc.***)** superman
übermorgen the day after tomorrow
übernachten to spend the night
die Übernachtung (-en) overnight stay (8)
übernehmen (übernimmt), übernahm, übernommen to take over
überraschen to surprise (17)
überrascht (*adj.*) surprised (14)

die Überraschung (-en) surprise (14)
überreden to persuade, convince
übers = über das
die Überschrift (-en) heading
übersetzen to translate
die Übersetzungsarbeit (-en) translation work
übersichtlich clear, clearly laid out
überstehen, überstand, überstanden to overcome
die Überstunde (-n) overtime hour (22)
übertreiben, übertrieb, übertrieben to exaggerate
übertrieben (*adj.*) exaggerated (20)
überwältigen to overwhelm, overpower
überweisen, überwies, überwiesen to transfer, refer
überzeugen to convince
überzeugt sein (von) to be convinced (of)
übrig left over
übrigens by the way (22)
die Übung (-en) exercise
das Ufo (-s) UFO
die Uhr (-en) clock; watch; **um acht Uhr** at eight o'clock; **wie viel Uhr ist es?** what time is it? (E)
die Uhrzeit (-en) time
um (+ *acc.*) around (5); **um . . . herum** around; **um Köln herum** around Cologne (5); **um wieviel Uhr** at what time; **um (. . .) zu . . .** in order to
umarmen to embrace, hug (24)
die Umarmung (-en) hug (24)
umfallen (fällt um), fiel um, ist umgefallen to fall over, collapse
umfassend comprehensive, thorough
die Umfrage (-n) survey, opinion poll
der Umgang interaction
umgeben von surrounded by
die Umgebung (-en) surroundings, vicinity (4)
der Umkreis area
der Umlaut (-e) umlaut
ums = um das
der Umsatz (¨e) turnover

die Umsatzdaten turnover data
umschreiben (schreibt um), schrieb um, umgeschrieben to rewrite
umsonst for nothing, free
umsteigen (steigt um), stieg um, ist umgestiegen to change (*trains*) (7)
die Umwelt environment (20)
das Umweltamt (¨er) environmental agency
umweltbedingt conditioned by the environment
die Umweltbelastung (-en) damage to the environment
die Umweltforschung environmental research
umweltfreundlich environmentally friendly (20)
die Umweltpolitik environmental politics
das Umweltproblem (-e) environmental problem
das Umweltprojekt (-e) environmental project
der Umweltschutz protection of the environment
der Umweltsünder (-) polluter, litterbug (20)
der Umweltverschmutzer (-) polluter
die Umweltverschmutzung environmental pollution
umziehen (zieht um), zog um, ist umgezogen to move (4)
der Umzug (¨e) move; parade (17)
die Umzugsfirma (-firmen) moving company
unabhängig independent(ly)
die Unabhängigkeit independence
unangebracht inappropriate(ly)
unangenehm unpleasant(ly)
unabhängig independent(ly)
unbedeutend insignificant(ly)
umbedingt in any case, no matter what, absolutely, necessarily (11)
unbefangen outgoing, uninhibited (1)
unbekannt unknown
unbequem uncomfortable

und (*coord. conj.*) and; **und so weiter** and so forth, et cetera
undankbar ungrateful
unecht fake
unendlich never-ending
unfair unfair
der Unfall (ˀe) accident
unfreundlich unfriendly (1)
ungarisch (*adj.*) Hungarian
(das) Ungarn Hungary
ungeduldig impatient(ly)
ungefähr roughly, approximately (11)
ungeheuer extreme(ly); **es war ungeheuer kalt** it was extremely cold
ungenießbar inedible, undrinkable
ungerecht unfair(ly) (10)
ungewöhnlich unusual(ly) (14)
unglaublich unbelievable, unbelievably
unglücklich unhappy, unhappily (1)
unheilvoll fateful(ly), ominous(ly), disastrous(ly)
unheimlich scary, spooky, eerie, eerily; uncanny, uncannily
unhöflich impolite(ly)
die Uni (-s) = Universität
der Uniabschluss (ˀe) university degree
die Uniform (-en) uniform
das Unileben student life, life as a student
uninteressant uninteresting
uninteressiert uninterested
universell universal(ly)
die Universität (-en) university (11)
die Universitätsstadt (ˀe) university town
unklar unclear
unmenschlich inhuman(ly)
unmöglich impossible; impossibly
die UNO UN (United Nations)
unordentlich untidy; untidily
die Unordnung (-en) mess
Unrecht haben to be wrong
unregelmäßig irregular(ly), uneven(ly)
unromantisch unromantic(ally) (1)
unruhig restless(ly), fidgety
unschätzbar inestimable; inestimably

uns (*acc./dat.*) us, to us
unser our
unsicher insecure(ly), uncertain(ly)
der Unsinn nonsense
unsympathisch not nice, uncongenial(ly) (1)
unten below, down there
unter (+ *acc./dat.*) under(neath)
unterbrechen (unterbricht), unterbrach, unterbrochen to interrupt
unterbringen (bringt unter), brachte unter, untergebracht to accommodate
unterdrücken to oppress, suppress, hold back, restrain
der Untergang decline, demise, downfall, sinking
sich unterhalten (unterhält), unterhielt, unterhalten to converse, talk
unterhaltsam entertaining (21)
die Unterhaltung (-en) conversation, entertainment
das Unterhemd (-en) undershirt (21)
unterkriegen: lass dich nicht unterkriegen! keep your chin up!
die Unterkunft (ˀe) accommodation
unternehmen (unternimmt), unternahm, unternommen to do, undertake (9)
das Unternehmen (-) commercial enterprise
die Unternehmung (-en) activity
der Unterricht instruction; class (10)
unterrichten to teach, give lessons (11)
die Unterrichtsstunde (-n) lesson
unterrühren (*cooking*) to fold in
unterscheiden to distinguish
der Unterschied (-e) difference
der Unterschlupf (-e) cover, shelter, hiding place
unterschreiben, unterschrieb, unterschrieben to sign
die Unterschrift (-en) signature, autograph
unterstützen to support

untersuchen to examine (6)
die Untersuchung (-en) examination, survey
der Untertitel (-) subtitle
die Unterwäsche underwear (7)
unterwegs underway, on the road
untrennbar inseparable; inseparably
untypisch atypical(ly)
unverdrossen undeterred(ly)
unvergesslich unforgettable; unforgettably
unvergleichbar incomparable, incomparably
unvernünftig unreasonable; unreasonably
unverschämt shameless(ly), unconscionable; unconscionably (10)
die Unverschämtheit (-en) impudence; **das ist eine Unverschämtheit!** that's outrageous! (10)
unverträglich intolerable; intolerably
die Unverträglichkeit (-en) intolerance, allergy
unvollständig incomplete(ly)
unwichtig unimportant(ly)
unwillkürlich spontaneous(ly), instinctive(ly)
unzählig countless
unzufrieden discontented(ly), unhappy; unhappily
der Urlaub (-e) vacation (17); **Urlaub machen** to go on vacation; **in Urlaub fahren** to go on vacation
der Urlauber (-) / die Urlauberin (-nen) tourist
die Urlaubsatmosphäre holiday atmosphere
die Urlaubsfreude (-n) holiday mood
der Urlaubsort (-e) vacation spot
die Ursache (-n) cause; **keine Ursache!** don't mention it!
der Ursprung (ˀe) origin
die USA USA
usw. = und so weiter and so on

V

der **Valentinstag** Valentine's Day (5)
der **Vanillinzucker** vanilla sugar
die **Vase (-n)** vase
der **Vater (⁻)** father (1)
der **Vatertag** Father's Day
der **Vati (-s)** daddy, dad
der **Vegetarier (-) / die Vegetarierin (-nen)** vegetarian (*person*)
vegetarisch (*adj.*) vegetarian
(das) Venedig Venice (Italy)
sich **verabschieden** to take leave (24)
verändern to change, alter
die **Verantwortung (-en)** responsibility (14)
verärgert upset, angry
das **Verb (-en)** verb
verbannen to banish, to exile
verbessern to improve
die **Verbform (-en)** verb form
verbieten, verbot, verboten to prohibit (20)
verbinden, verband, verbunden to connect, bind
die **Verbindung (-en)** connection
verblassen to fade, pale
verboten (*adj.*) forbidden, not allowed; **Rauchen verboten!** no smoking!
verbrauchen to use (20); to consume
der **Verbrecher (-) / die Verbrecherin (-nen)** criminal
die **Verbrecherjagd (-en)** chase after criminals
verbreiten to distribute (20)
verbrennen, verbrannte, verbrannt to burn
verbringen to spend (*time*) (5)
verbunden (*adj.*) allied (18)
verderben (verdirbt), verdarb, verdorben to spoil, ruin
verdienen to earn (13)
verehren to admire
der **Verehrer (-) / die Verehrerin (-nen)** admirer
vereinbaren to agree; to arrange
vereinigen to unite, combine
vereinigt (*adj.*) united; **die Vereinigten Staaten von Amerika** United States of America
die **Vereinigung (-en)** uniting, organization, union
der **Vereinsraum (⁻e)** club room
das **Verfahren (-)** trial, process, method
verfassen to write, compose
verfolgen to follow; to persecute
die **Vergangenheit (-en)** past
die **Vergangenheitsform (-en)** past-tense form
vergeben (vergibt), vergab, vergeben to give, assign
vergessen (vergisst), vergaß, vergessen to forget (9)
vergiften to poison (12)
vergiftet (*adj.*) poisoned
der **Vergleich (-e)** comparison; **im Vergleich mit** in comparison with
vergleichen, verglich, verglichen to compare
das **Vergnügen** pleasure; **mit Vergnügen** with pleasure
der **Vergnügungspark (-s)** amusement park
sich **verhalten (verhält), verhielt, verhalten** to act, behave
das **Verhältnis (-se)** relationship
sich **verheiraten mit** to get married to (23)
verhüllen to veil, to mask, to disguise
verjüngen rejuvenate
verjüngt (*adj.*) rejuvenated
verkaufen to sell
der **Verkäufer (-) / die Verkäuferin (-nen)** vendor, salesperson
der **Verkaufsingenieur (-e) / die Verkaufsingenieurin (-nen)** sales engineer
die **Verkaufsunterlagen** (*pl.*) sales documents
der **Verkehr** traffic
der **Verkehrsingenieur (-e) / die Verkehrsingenieurin (-nen)** traffic engineer
das **Verkehrsmittel (-)** means of transportation
die **Verkleidungsparty (-s)** costume party
verkürzen to shorten
verkürzt (*adj.*) shortened
der **Verlag (-e)** publisher
verlangen to demand (14)
verlängern to extend, lengthen; to renew
die **Verlängerung (-en)** extention, lengthening
verlassen (verlässt), verließ, verlassen to leave (14)
verlegen sheepish(ly)
verleihen, verlieh, verliehen to lend
(sich) verletzen to hurt (oneself), to injure (19)
sich **verlieben (in)** to fall in love (with)
verliebt (*adj.*) in love
verlieren, verlor, verloren to lose
die **Verlosung (-en)** raffle
verlustig: etwas (+ *gen.*) **verlustig gehen** to forfeit, to lose
sich **vermählen** (*antiquated*) to marry, wed
vermehren to expand
die **Vermehrung** increase, reproduction, breeding
vermeiden, vermied, vermieden to avoid
vermieten to rent out (4)
der **Vermieter (-) / die Vermieterin (-nen)** landlord, landlady
vermindern to reduce (20)
vermischen to mix (19)
vermissen to miss
vermittelst (*antiquated*) by means of, with
die **Vermittlungsagentur (-en)** agency; **Au-Pair-Vermittlungsagentur** au pair agency
vernünftig reasonable, reasonably (10)
verpacken to wrap, to package
die **Verpackung (-en)** packaging (20)
das **Verpackungsmaterial (-ien)** packaging material

der Verpackungsmüll packaging waste
verpassen to miss
die Verpflegung food
die Verpflichtung (-en) responsibility
verraten (verrät), verriet, verraten to reveal, tell (a secret)
verregnet (*adj.*) rainy
verrückt crazy, mad (17)
die Verrücktheit (-en) madness, craziness
versagen to fail
versalzen to put too much salt in
versalzen (*adj.*) too salty
(sich) versammeln to assemble, gather together
verschenken to give away
verschieden different (22)
verschlucken to swallow
verschmutzen to soil; to pollute, contaminate
verschollen lost, missing
verschreiben, verschrieb, verschrieben to prescribe (*medication*)
verschwenden to waste
die Verschwendung (-en) waste, wastefulness
verschwinden, verschwand, verschwunden to disappear (20)
versetzen to transfer (16)
die Versetzung (-en) transfer
versichern to assure
versiert (*adj.*) experienced, practiced
die Version (-en) version
versorgen to provide for, support
die Versorgung care, supply
verspätet belated, late
die Verspätung (-en) delay (24)
versprechen (verspricht), versprach, versprochen to promise
der Verstand reason; (common) sense
verständnisvoll understanding(ly)
verstecken to hide
verstehen, verstand, verstanden to understand; **verstanden?** understood?

verstreut (*adj.*) scattered
der Versuch (-e) attempt, experiment, try
versuchen to try
verteilen to distribute
vertieft in depth
der Vertrag ("e) contract
sich vertragen (verträgt), vertrug, vertragen to get along
verträumt dreamy, dreamily
vertraut sein mit to be aquainted with
vertreten (vertritt), vertrat, vertreten to represent, substitute, step in
der Vertreter (-) / die Vertreterin (-nen) salesperson, representative
die Vertreterfirma (-firmen) distributor, wholesaler
verursachen to cause (18)
verurteilen to condemn, convict, sentence
verwandeln in (+ *acc.*) to turn (into) (12)
verwandelt (*adj.*) transformed (12)
der/die Verwandte (*decl. adj.*) relative, relation
die Verwandtschaft (-en) relatives, relations
verwenden to use (20)
verwickelt (*adj.*) entangled
verwirklichen to realize, put into effect
verwirren to confuse
verwirrt (*adj.*) confused
(sich) verwöhnen to pamper
verwunden to injure, wound
verwundet (*adj.*) injured
verwünschen to cast a negative spell on (12)
verwünscht (*adj.*) enchanted (12)
verzaubern to cast a spell, do magic
verzeihen, vezieh, verziehen to forgive; **wird Silke ihm verzeihen?** will Silke forgive him?
verzichten (auf + *acc.***)** to do without (21)
verzweifeln to despair
die Verzweiflung (-en) desperation
der Vetter (-n) (*male*) cousin

das Video (-s) video
der Videotext videotext
die Videothek (-en) video store
viel (mehr, meist-) a lot, much
viele many
vielfältig diverse
vielfarbig multicolored
vielleicht perhaps, maybe (11)
vielmehr . . . rather . . .
vielseitig versatile, diversified, multifaceted
vier four (E)
die Vierergruppe (-n) group of four
die Viererkabine (-n) cabin for four (*on a ship*)
viermal four times
viert: zu viert the four of us
das Viertel (-) quarter
vierzehn fourteen (E)
vierzig forty (E)
die Villa (Villen) villa
violett violet
das Vitamin (-e) vitamin
der Vogel (") bird
die Vokabel (-n) vocabulary item
die Vokabelliste (-n) vocabulary list
der Vokabeltest (-s) vocabulary test
das Volk ("er) people
das Volksfest (-e) fair
voll full(y) (15); **aus vollem Herzen** wholeheartedly
vollenden to complete
voller full of; **voller Hoffnung** full of hope
der Volleyball volleyball
völlig total(ly)
vollkommen total(ly)
vollständig complete(ly)
die Vollverpflegung food
vom = von dem
von (+ *dat.*) from; of; by (12)
vor (+ *acc./dat*) before; in front of; ago; **vor allem** above all, most importantly; **vor allen Dingen** above all, most importantly; **vor drei Jahren** three years ago
Voraus: im Voraus in advance
voraussetzen (setzt voraus) to presuppose; to require

vorbehalten (behält vor), behielt vor, vorbehalten to reserve
vorbei over
vorbeikommen (kommt vorbei), kam vorbei, ist vorbeigekommen to drop by (7)
vorbereiten to prepare
die Vorbereitung (-en) preparation
vorderasiatisch Near Eastern
(das) Vorderasien Near East
das Vordiplom (-e) exam, first diploma
vorgefertigt (*adj.*) prefabricated
vorhaben (hat vor), hatte vor, vorgehabt to plan, intend (23)
vorher before, beforehand
vorherig preceding, prior
vorhin earlier; before; **es tut mir Leid wegen vorhin** I'm sorry about what happened earlier
vorkommen (kommt vor), kam vor, ist vorgekommen to occur, happen
vorläufig temporary; temporarily
vorlesen (liest vor), las vor, vorgelesen to read (aloud)
die Vorlesung (-en) lecture (19); **Vorlesung halten** to give a lecture
der Vorlesungssaal (-säle) lecture hall
die Vorliebe (-n) liking
der Vorname (-n *masc.*) first name
vorne: von vorne from the beginning
der Vorort (-e) suburb (4)
der Vorsatz (̈e) resolution
der Vorschlag (̈e) suggestion (14)
vorschlagen (schlägt vor), schlug vor, vorgeschlagen to suggest (22)
vorsortieren (sortiert vor) to presort, preorganize
die Vorspeise (-n) starter, first course (15)
vorspielen (spielt vor) to act out, perform
sich (*dat.*) **etwas vorstellen** (+ *dat.*) to imagine something; **ich kann es mir nicht vorstellen** I can't

imagine it; **sich** (*acc.*) **vorstellen** to interview for a job; to introduce oneself (13)
die Vorstellung (-en) performance, show; attitude, view
das Vorstellungsgespräch (-e) interview (13)
der Vorteil (-e) advantage
der Vortrag (̈e) lecture, talk; **einen Vortrag halten** to give a lecture (19)
das Vorurteil (-e) prejudice (24)
vorwiegend primarily, predominantly
der Vorwurf (̈e) reproach, accusation
vorziehen (zieht vor), zog vor, vorgezogen to prefer (20)
der Vorzug (̈e) advantage

W

wachen to wake; to guard
wachsen to grow
die Wade (-n) calf (*lower leg*)
der Wagen (-) car
die Wahl (-en) election (18)
wählen to elect, choose
wahnsinnig crazy; like crazy
wahr true
wahren to look after, protect
während (+ *gen.*) during
während (*adj.*) lasting
die Wahrheit (-en) truth
wahrscheinlich probable, probably
die Währung (-en) currency (18); **die Währungsreform (-en)** monetary reform, currency reform
die Währungsunion monetary union (18)
der Wal (-e) whale
der Wald (̈er) forest (9)
die Waldlandschaft (-en) forest landscape
das Waldsterben dying of the forest
der Waldweg (-e) forest path (20)
wallen to surge, seethe
das Wallis Valais
walten to prevail, reign, rule
die Walze (-n) roller
die Wand (̈e) wall (E)
wandern to hike (2)

der Wanderschuh (-e) hiking boot
die Wandersmann (-leute) traveler, wayfarer
der Wanderstock (̈e) walking stick
die Wanderung (-en) hike
die Wange (-n) cheek (6)
wann when
die Waren (*pl.*) goods (22)
das Warenhaus (̈er) department store (16)
warm (wärmer, wärmst-) warm (5)
die Warnung (-en) warning
(das) Warschau Warsaw
warten (auf) (+ *acc.*) to wait (for)
der Warteraum (-räume) waiting area (24)
der Wartesaal (-säle) waiting room
was what; **was darf's sein?** what will you have? (15)
das Waschbecken (-) sink (3)
die Wäsche laundry
waschen (wäscht), wusch, gewaschen to wash (16); **sich waschen** to wash oneself (19)
die Waschküche (-n) laundry room
die Waschmaschine (-n) washing machine
der Waschtag (-e) laundry day
das Wasser (-) water (16)
das Wasserglas (̈er) water glass
die Wasserratte (-n) water rat (*person who likes to swim*)
die Wasserwaage (-n) level
die Watte (-n) wadding, cotton-swab
das WC (-s) restroom, toilet
die Web-Seite (-n) web page
wechseln to exchange
wecken to wake (16)
der Wecker (-) alarm clock
weder . . . noch . . . neither . . . nor . . .
weg away
der Weg (-e) way, path (22); **sich auf den Weg machen** to get on one's way (24)
wegbleiben (bleibt weg), blieb weg, ist weggeblieben to stay away
wegbrausen (braust weg) (*coll.*) to zoom away

wegen (+ *gen.*) because of

wegfahren (fährt weg), fuhr weg, ist weggefahren to drive off, leave

weggehen (geht weg), ging weg, ist weggegangen to go away

wegkommen (kommt weg), kam weg, ist weggekommen to get away

weglaufen (läuft weg), lief weg, ist weggelaufen to run away

wegschicken (schickt weg) to send away

wegschmeißen (schmeißt weg), schmiss weg, weggeschmissen (*coll.*) to throw away

wegwerfen (wirft weg), warf weg, weggeworfen to throw away

die Wegwerfflasche (-n) disposable bottle (20)

wegziehen (zieht weg), zog weg, ist weggezogen to move away (4)

wehen to blow

wehren (+ *dat.*) to fight; **wehret den Anfängen!** nip it in the bud!

wehtun (+ *dat.*) to hurt; **das tut mir weh** it hurts me (6)

weich soft(ly)

sich weigern to resist; to refuse

das Weihnachten (-) Christmas (5)

der Weihnachtsbaum (¨e) Christmas tree

der Weihnachtsmann Santa Claus

der Weihnachtsmarkt (¨e) Christmas fair

der Weihnachtstag: zweiter Weihnachtstag Boxing Day (*legal holiday in Canada for giving boxed gifts to service workers*)

weil (*subord. conj.*) because

die Weile (-n) while; **eine Weile** a while (16)

der Wein (-e) wine; **eine Flasche Wein** a bottle of wine

weinen to cry, weep

die Weisheit (-en) wisdom

weiß white (2)

weit far (7); **das geht zu weit!** that's too much!, that pushes it over the top!

weiter farther, further

die Weiterentwicklung (-en) further development, advancement

weitergeben (gibt weiter), gab weiter, weitergegeben to pass on

weiterhin furthermore

weitgehend mostly, for the most part

welche, welcher, welches which

die Welle (-n) wave

der Wellenkamm (¨e) crest of a wave

die Welt (-en) world; **die Neue Welt** the New World

weltbekannt known all over the world

weltberühmt world-famous

die Weltkarte (-n) world map

der Weltkonzern (-e) international corporation

der Weltkrieg (-e) world war

die Weltreise (-n) world tour

die Weltstadt (¨e) cosmopolitan city

weltweit worldwide

wem (*dat.*) to whom

wen (*acc.*) who, whom

die Wende the change (*in reference to the reunification of Germany in 1989*) (18)

(ein) wenig (a) little

wenige few

wenigstens at least

wenn (*subord. conj.*) whenever, when, if

wer who

die Werbesendung (-en) commercial (21)

der Werbespot (-s) television commercial

der Werbespruch (¨e) slogan

die Werbung (-en) advertising (21)

werden (wird), wurde, ist geworden to become (9)

werfen (wirft), warf, geworfen to throw

das Werk (-e) manufacturing plant (16); work (*in literature, art, music*)

die Werkstatt (¨e) workshop

der Werktag (-e) weekday

das Werkzeug (-e) tool

der Wert (-e) value

wert sein to be worth

wertvoll valuable (22)

das Wesen (-) being; creature; essence; nature

die Wespe (-n) wasp

(das) Westdeutschland West Germany

der Westen west; **im Westen** in the west

die Westküste west coast

westlich (von) west (of)

der Westteil (-e) western part

die Wette (-n) bet

wetten to bet

das Wetter (-) weather (5)

die Wetterlage (-n) weather situation

der Wettkampf (¨e) competition

der Wettstreit competition

WG = Wohngemeinschaft

wichtig important (23)

der Widerruf (-e) revocation, withdrawal, cancellation

der Widerstand resistance

die Widerstandsbewegung (-en) resistance movement

wie how; **wie schade!** too bad!); **wie viel** how much; **um wie viel Uhr?** at what time?; **wie viele?** how many?

wieder again; **immer wieder** again and again

der Wiederaufbau reconstruction, rebuilding

die Wiederentdeckung (-en) rediscovery

wiederholen to repeat

die Wiederholung (-en) repetition

das Wiederhören: auf Wiederhören! (*phone*) good-bye!

das Wiedersehen: auf Wiedersehen! good-bye!

die Wiedervereinigung reunification (18)

(das) Wien Vienna; **die Wiener Festwochen** (*pl.*) arts festival in Vienna; **das Wiener Schnitzel** veal cutlet (15)

die Wiese (-n) meadow (9)

R-65

wieso why
der Wildreis wild rice
willkommen welcome
die Willkür arbitrariness, capriciousness, despotism
die Willkürherrschaft (-en) tyranny
willkürlich arbitrary; arbitrarily; random(ly)
der Wind (-e) wind (5)
die Windel (-n) diaper; **Windeln wechseln** to change diapers
windig windy (5)
die Windstille (-n) calm, absence of wind
der Winkel (-) angle
der Winter (-) winter (5)
der Wintermantel (¨) winter coat
wir we
wirken to work, have an effect, act
wirklich really (10)
die Wirklichkeit (-en) reality (14)
die Wirtschaft (-en) economics (11); economy
der Wirtschaftsingenieur (-e) / die Wirtschaftsingenieurin (-nen) person holding a university degree in engineering and business administration
die Wirtschaftskraft economic power
die Wirtschaftswissenschaften (*pl.*) economics
das Wirtshaus (¨er) inn, restaurant (15)
wissen (weiß) wusste, gewusst to know (*a fact*) (8)
die Wissenschaft (-en) science, scholarship
der Wissenschaftler (-) / die Wissenschaftlerin (-nen) scientist, scholar
der Witz (-e) joke
witzig funny, witty
wo where
woanders somewhere else
die Woche (-n) week (E); **nächste Woche** next week, **seit Wochen** for weeks
die Wochenbelastung (-en) weekly stress

die Wochenendaktivität (-en) weekend activity
das Wochenende (-n) weekend; **am Wochenende** on the weekend
die Wochenendehe (-n) weekend marriage
der Wochentag (-e) weekday (E)
wöchentlich weekly
wofür for what
woher where from
wohin to where; **wohin?** where to?; **wo wollen Sie denn hin?** where do you want to go to?
wohl probably
sich wohl fühlen (fühlt wohl) to feel well (6); be comfortable
wohnen to live (*in a place*) (8)
die Wohngemeinschaft (-en) shared housing, commune
das Wohnhaus (¨er) residential building
das Wohnheim (-e) dormitory
der Wohnheimplatz (¨e) room in a dormitory
die Wohnkosten (*pl.*) housing costs
der Wohnort (-e) place where one lives
der Wohnraum (¨e) living space
die Wohnung (-en) apartment, dwelling (3)
die Wohnungssuche (-n) housing search
das Wohnzimmer (-) living room (3)
sich wölben to bulge, swell, vault
die Wolke (-n) cloud (5)
der Wolkenkratzer (-) skyscraper
wolkig cloudy (5)
die Wolle wool
wollen (will), wollte, gewollt to want
der Wollmantel (¨) wool coat
womit with what
woran on what; of what
worauf on what
woraus from what; out of what
das Wort (¨er) word
das Wörterbuch (¨er) dictionary
der Wortsalat (-e) word search (puzzle)
der Wortschatz vocabulary
wortschlau clever with words

worüber about what; above what
worum around what; about what
wovor before what; of what
das Wrack (-s) wreck
die Wunde (-n) wound, injury (6)
das Wunder (-) miracle
wunderbar wonderful(ly)
sich wundern to be surprised
wunderschön very beautiful
der Wunsch (¨e) wish
wünschen (+ *dat.*) to wish; **ich wünsche Ihnen einen schönen Urlaub** I wish you a nice vacation; **sich wünschen** to desire; **ich wünsche mir einen Hut zum Geburtstag** I would like a hat for my birthday
der Würfel (-) die, cube
die Wurst (¨e) sausage (15)
wurstförmig shaped like a sausage
der Wurstmarkt sausage festival
der Wurstsalat (-e) sausage salad
die Wurstwaren (*pl.*) sausage products
die Wurzel (-n) root
würzen to season
wuschelig fuzzy
die Wüste (-n) desert
wütend angry; angrily

Y

der Yuppie (-s) yuppie

Z

die Zacke (-n) point, prong, tooth
zäh tough (19)
die Zahl (-en) number
zahlen to pay for (15)
zählen to count
zahlreich numerous
zahm tame
zähmen to tame
der Zahn (¨e) tooth (6)
der Zahnarzt (¨e) / die Zahnärztin (-nen) dentist (13)
die Zauberkraft (¨e) magic power
das Zaubermeer (-e) magic ocean
zehn ten (E)
das Zeichen (-) sign
die Zeichensprache sign language
die Zeichentrickserie (-n) cartoon

zeichnen to draw (13)
die Zeichnung (-en) drawing
der Zeigefinger (-) index finger
zeigen to show (6)
die Zeile (-n) (*written*) line
die Zeit time
das Zeitalter (-) era
die Zeiteinteilung (-en) time management
zeitlich timewise, temporal(ly)
der Zeitpunkt (-e) moment, point in time
die Zeitschrift (-en) magazine, periodical (21)
die Zeitung (-en) newspaper; **in der Zeitung** in the newspaper
der Zeitungsartikel (-n) newspaper article
das Zeitungspapier (old) newspaper; newsprint
das Zelt (-e) tent (8)
zelten to camp (9)
der Zement cement
die Zensur (-en) grade
der Zentimeter (-) centimeter
der Zentner (-) (*metric system*) hundredweight (100 kg)
zentral central(ly) (4)
der Zentralrechner (-) main computer in a network
das Zentrum (*pl.* **Zentren**) center
zerreißen, zerriss, zerrissen to tear
zerschmettern to shatter; to crush
zerstören to destroy
zerstückeln to cut into pieces
der Zettel (-) piece of paper, note
das Zeug gear, junk, stuff
das Zeugnis (-se) report card (10)
die Zeugniskopie (-n) grade report, transcript
die Zickzacklinie (-n) zigzag line
die Ziege (-n) goat
ziehen, zog, gezogen to pull (4)
das Ziel (-e) goal, target
die Zielgruppe (-n) target group
ziemlich rather, quite (2)
die Zigarette (-n) cigarette
die Zigarettenschachtel (-n) pack of cigarettes
die Zigarre (-n) cigar

das Zimmer (-) room (3)
die Zimmerpflanze (-n) indoor plant (3)
zischen to hiss
das Zitat (-e) quotation
zitieren to quote
der Zivi (-s) = **Zivildienstleistender**
die Zivilbevölkerung (-en) civilian population
der Zivildienst (-e) social service (*as an alternative to military service*)
der/die Zivildienstleistende (*decl. adj.*) *person who chooses to do social service as an alternative to military service*
der Zivilist (-en *masc.***) / die Zivilistin (-nen)** civilian
der Zoff (*coll.*) argument, conflict (*between people*)
die Zone (-n) zone
der Zoo (-s) zoo
zoologisch zoological(ly)
zu (*adj.*) closed (16); (*prep. + dat.*) to (12); (*adv.*) too; **zu Hause** (at) home; **zu Fuß** on foot (4)
züchtig modest, chaste
der Zucker sugar
zueinander with each other, with one another
zuerst first
die Zuflucht (ⁿe) refuge, last resort
zufrieden content, satisfied (19)
die Zufriedenheit (-en) contentedness
der Zug (ⁿe) train (7)
zugeben (gibt zu), gab zu, zugegeben to admit
zugleich at the same time
die Zugspitze *highest mountain in Germany*
zuhören (hört zu) to listen
die Zukunft (ⁿe) future
zukünftig future
zukunftsorientiert future-oriented
die Zukunftsstrategie (-n) strategy for the future
zulassen (lässt zu), ließ zu, zugelassen to allow

zuletzt finally, in the end
die Zulieferfirma (-firmen) supplier
zum = zu dem
zumachen (macht zu) to close (6)
zunehmen (nimmt zu), nahm zu, zugenommen to increase; to put on (*weight*)
zur = zu der
zurecht: du hast dir zurecht Sorgen gemacht your worries were well-founded
zurechtkommen (kommt zurecht), kam zurecht, ist zurechtgekommen to get by, to get along
sich zurechtmachen (macht zurecht) to prepare, get ready (*by dressing and grooming oneself*)
(das) Zürich Zurich
zurück back; **hin und zurück** round trip (24)
zurückbleiben (bleibt zurück), blieb zurück, ist zurückgeblieben to stay behind
zurückbringen (bringt zurück), brachte zurück, zurückgebracht to take back
zurückkehren (kehrt zurück), kehrte zurück, ist zurückgekehrt to return
zurückkommen (kommt zurück), kam zurück, ist zurückgekommen to come back (7)
(sich) zurückziehen (zieht zurück), zog zurück, zurückgezogen to withdraw, move back
die Zusage (-n) acceptance, positive response to a request
zusammen together (4)
die Zusammenarbeit (-en) cooperation
zusammenfassen (fasst zusammen) to put together, summarize
die Zusammenfassung (-en) summary
sich zusammenfinden (findet zusammen), fand zusammen,

R-67

zusammengefunden to gather, assemble

zusammenhalten (hält zusammen), hielt zusammen, zusammengehalten to keep together (23)

zusammenpassen (passt zusammen) to go together

zusammensetzen (setzt zusammen) to put together, assemble

die Zusammensetzung (-en) composition

zuschauen (schaut zu) to watch

der Zuschauer (-) viewer, spectator (23)

zuschicken (schickt zu) to send

zuschließen (schließt zu), schloss zu, zugeschlossen to close, shut, lock

zuständig responsible, in charge

zustechen (sticht zu), stach zu, zugestochen to stab, pierce

die Zutat (-en) ingredient

zuverlässig reliable; reliably (14)

die Zuverlässigkeit reliability (14)

zwanzig twenty (E)

zwar (*emphatic*) **er braucht zwar Kraft, aber auch Intelligenz** he does need strength, but he also needs intelligence; **zwar sitzt man viel im Stau, aber das Auto hat Vorteile** in spite of the traffic jams, the car has advantages; **und zwar . . .** namely . . .

zwei two (E)

das Zweierkajak (-s) kayak for two

zweimal twice

zweit: zu zweit by twos, in pairs

zweit-: der zweite Stock the third floor (8)

zweitrangig secondary

der Zwerg (-e) dwarf (12)

die Zwiebel (-n) onion (15)

die Zwiebelsuppe (-n) onion soup

der Zwiebelturm (¨e) onion dome

der Zwilling (-e) twin (1)

zwischen (+ *acc./dat.*) between

der Zwischenhändler (-) / die Zwischenhändlerin (-nen) middleman

die Zwischenprüfung (-en) mid-diploma exam (19)

zwitschern to chirp

zwölf twelve (E)

der Zynismus cynicism

ENGLISH-GERMAN

This vocabulary list contains all the words from the end-of-chapter **Wortschatz** lists.

A

absolutely unbedingt (20)
activity die Tätigkeit (-en) (13)
act of violence die Gewalttätigkeit (-en) (20)
actor der Schauspieler (-) / die Schauspielerin (-nen) (13)
actually eigentlich (21)
adventure das Abenteuer (-) (9)
advertisement die Anzeige (-n) (14)
advertising die Reklame, die Werbung (21)
advice columnist der Ratgeber (-) / die Ratgeberin (-nen) (21)
to advise raten (rät), riet, geraten (13)
African (*person*) der Afrikaner (-) / die Afrikanerin (-nen) (18)
against gegen (+ *acc.*) (5)
agreement: to be in agreement einverstanden sein (18)
air die Luft (4)
airline terminal das Terminal (-s) (24)
airline ticket der Flugschein (-e) (24)
airplane das Flugzeug (-e) (7)
airport der Flughafen (⸚) (24)
all together alle zusammen! (E)
allied verbunden (18)
alone allein (4)
along _____ entlang (22)
the Alps die Alpen (*pl.*) (17)
ambulance der Krankenwagen (-) (6)
American (*person*) der Amerikaner (-) / die Amerikanerin (-nen) (18)
angry böse (1); sauer (22)
to annoy ärgern (10)
antique antiquarisch (22)
apartment die Wohnung (-en) (3)
apartment building das Mietshaus (⸚er) (4)
to appear, look aussehen (sieht aus), sah aus, ausgesehen (7)
appetizer die Vorspeise (-n) (15)

apple der Apfel (⸚) (16)
apple strudel der Apfelstrudel (-) (15)
applicant der Bewerber (-) / die Berwerberin (-nen) (14)
application die Bewerbung (-en) (14)
to apply for sich bewerben um (bewirbt), bewarb, beworben (13)
apprentice der Lehrling (-e) (13)
approximately ungefähr (22)
April der April (5)
architect der Architekt (-en *masc.*) / die Architektin (-nen) (13)
to argue streiten, stritt, gestritten (23)
arm der Arm (-e) (6)
around um . . . herum (+ *acc.*) (5)
arrival die Ankunft (⸚e) (24)
to arrive ankommen (kommt an), kam an, ist angekommen (24)
art die Kunst (⸚e) (11)
article der Artikel (-) (10)
artist der Künstler (-) / die Künstlerin (-nen) (13)
Asian (*person*) der Asiat (-en *masc.*) / die Asiatin (-nen) (18)
to ask fragen (8)
assignment die Aufgabe (-n)
at once auf einmal (12)
athlete der Sportler (-) / die Sportlerin (-nen) (23)
attorney der Anwalt (⸚e) / die Anwältin (-nen) (13)
August der August (5)
aunt die Tante (-n) (1)
Austria (das) Österreich (9)
Austrian (*person*) der Österreicher (-) / die Österreicherin (-nen) (18)
author der Autor (-en) / die Autorin (-nen) (13)
awful scheußlich (1)

B

back der Rücken (-) (6)
backpack der Rucksack (⸚e) (7)
bacon der Speck (15)

bad schlecht (1)
bag die Tasche (-n) (7)
baggage das Gepäck (7)
baggage check die Gepäckaufbewahrung (7)
bakery die Bäckerei (-en) (16)
ball der Ball (⸚e) (17)
ballpoint pen der Kugelschreiber (-) (E)
banana die Banane (-n) (16)
bank die Bank (-en) (4)
bathroom das Badezimmer (-) (3)
bathtub die Badewanne (-n) (3)
Bavaria (das) Bayern (17)
Bavarian meatloaf der Leberkäs (15)
bay Bucht (-en) (9)
to be about handeln von (21)
to be sein (1); **to be called** heißen (hieß) (1); **to be crazy** spinnen (der spinnt doch!) (10); **to be right/wrong** Recht/ Unrecht haben (10)
to be afraid of sich fürchten vor (+ *dat.*) (19)
to be annoyed sich ärgern (16)
to be interested in sich interessieren für (13)
to be missing fehlen (+ *dat.*) (21)
to be occupied with sich beschäftigen mit (13)
beach der Strand (⸚e) (4)
bean die Bohne (-n) (15)
to beat schlagen (schlägt), schlug, geschlagen (19)
beautiful schön (1)
to become werden (wird), wurde, ist geworden (9)
bed das Bett (-en) (3)
bed and breakfast inn die Pension (-en) (8)
bedroom das Schlafzimmer (-n) (3)
to begin anfangen (fängt an), fing an, angefangen (23)
Belgium (das) Belgien (9)

to believe glauben (14)

to belong to gehören (+ *dat.*) (21)

belt der Gürtel (-) (7)

Berlin Wall die Berliner Mauer (18)

bicycle das Fahrrad (¨er) (7); **go by bicycle** mit dem Fahrrad fahren (7)

big groß (1)

bill die Rechnung (-en) (15)

biology die Biologie (11)

birthday der Geburtstag (-e) (5)

black schwarz (2)

blackboard die Tafel (-n) (E); **blackboard eraser** der Schwamm (¨e) (E)

blouse die Bluse (-n) (7)

to blow one's nose sich die Nase putzen (6)

blue blau (2)

board das Brett (-er) (19)

body part der Körperteil (-e) (6)

body der Körper (-) (6)

to book buchen (7)

book das Buch (¨er) (E)

bookstore die Buchhandlung (-en) (16)

boot der Stiefel (-) (7)

border die Grenze (-n) (17)

border crossing der Grenzübergang (18)

to border on grenzen an (+ *acc.*) (17)

boring langweilig (2)

born: when were you born? geboren: wann sind Sie geboren? (14)

boss der Chef (-s) / die Chefin (-nen) (13)

bottle die Flasche (-n) (20)

boutique die Boutique (-n) (22)

bread das Brot (-e) (16)

break die Pause (-n) (10)

bright hell (2)

to bring bringen, brachte, gebracht (5)

to bring up erziehen, erzog, erzogen (20)

broadcast die Sendung (-en) (21)

broccoli der Brokkoli (19)

brother der Bruder (¨) (1)

brown braun (2)

building: post-1945 building die Neubauwohnung (-en); **pre-1945 building** die Altbauwohnung (-en) (4)

bulletin board das schwarze Brett (19)

bus der Bus (-se) (7)

businessman / businesswoman der Geschäftsmann (-leute) / die Geschäftsfrau (-en) (13)

butcher's store die Metzgerei (-en) (16)

to buy kaufen (E)

by the way übrigens (23)

C

café das Café (-s) (4)

cafeteria die Cafeteria (-s) (10)

cake der Kuchen (-) (16)

call on the phone anrufen (ruft an), rief an, angerufen (7)

camp zelten (9)

Canadian (*person*) der Kanadier (-) / die Kanadierin (-nen) (18)

candle die Kerze (-n) (17)

cap die Mütze (-n) (7)

capital city die Hauptstadt (¨e) (17)

captain der Kapitän (-e) (14)

car das Auto (-s) (7)

carbonated soft drink die Limonade (-n) (15)

career die Karriere (-n) (13); **career school** die Berufsschule (-n) (13)

Carnival der Fasching (17)

carrot die Karotte (-n) (19)

to cast a spell on verwünschen (12)

castle die Burg (-en) (8); das Schloss (¨er) (12)

cauliflower der Blumenkohl (19)

to cause verursachen (18)

to celebrate feiern (5)

center die Mitte (-n) (22)

central zentral (4)

certain(ly) fest (13)

chair der Stuhl (¨e) (E)

chalk die Kreide (E)

championship die Meisterschaft (-en) (23)

to change (trains) umsteigen (steigt um), stieg um, ist umgestiegen (7)

to change ändern (10)

channel das Programm (-e) (21)

to chat plaudern (10)

cheap billig (2)

checkered kariert (21)

cheek die Wange (-n) (6)

cheerful lustig (17)

cheese der Käse (16)

cheesecake der Käsekuchen (-) (15)

chemistry die Chemie (11)

child das Kind (-er) (1)

child's room das Kinderzimmer (-) (3)

chin das Kinn (-e) (6)

Chinese (*person*) der Chinese (-n *masc.*) / die Chinesin (-nen) (18)

to choose something for oneself sich etwas aussuchen (21)

Christmas das Weihnachten (-) (5)

Cinderella das Aschenputtel (12)

city die Stadt (¨e) (4)

class die Klasse (-n) (10)

classified ad die Kleinanzeige (-n) (21)

classroom das Klassenzimmer (-) (10)

clean sauber (4)

to clean sauber machen (23)

clear (*weather*) heiter (5)

to climb klettern (8); besteigen, bestieg, bestiegen (23)

clock die Uhr (-en) (E)

to close zumachen (macht zu) (6); **close your books!** machen Sie die Bücher zu! (E)

close by nah (7)

closed zu, geschlossen (16)

closet der Schrank (¨e) (3)

clothes (*slang*) die Klamotten (*pl.*) (21)

clothing die Kleidung (21)

cloud die Wolke (-n) (5)

cloudy wolkig (5)

club room der Vereinsraum (¨e) (10)

coast die Küste (-n) (9)

coat der Mantel (¨) (7)

coffee der Kaffee (2)

coffee table der Sofatisch (-e) (3)

cold die Erkältung (-en) (6)

cold kalt (5)

collection station die Sammelstelle (-n) (20)

colleague der Kollege (-en) / die Kollegin (-nen) (13)

college die Hochschule (-n)

college prep school das Gymnasium (Gymnasien)

colored gefärbt (21)

colorful bunt (E)

to come kommen, kam, ist gekommen (2); **to come along** mitkommen (kommt mit), kam mit, ist mitgekommen (7); **to come back** zurückkommen (kommt zurück), kam zurück, ist zurückgekommen (7)

comfortable gemütlich (16)

comment die Bemerkung (-en) (24)

commercial die Werbesendung (-en) (21)

company die Firma (Firmen) (13)

to complain about sich beschweren über (+ *acc.*) (22)

to compost kompostieren (20)

computer game das Computerspiel (-e) (2)

computer programmer der Informatiker (-) / die Informatikerin (-nen) (13)

computer science die Informatik (11)

concert das Konzert (-e) (2)

condominium die Eigentumswohnung (-en) (4)

congenial sympathisch (1)

to congratulate gratulieren (17)

to consider halten für (hält), hielt, gehalten (20)

container der Container (-) (20)

context der Rahmen (-) (18)

to cook kochen (2)

cookie das Plätzchen (-) (16)

cool kühl (5)

corner die Ecke (-n) (22)

correct richtig (24)

cough der Husten (6)

counter der Schalter (-) (24)

country das Land (¨er) (4)

courageous(ly) mutig (20)

course der Kurs (-e) (11)

courtyard der Schulhof (¨e) (10)

cousin (*male*) der Cousin (-s) (1); (*female*) die Kusine (-n) (1)

coworker der Mitarbeiter (-) / die Mitarbeiterin (-nen) (13)

to cram pauken (10)

crazy verrückt (17)

cream die Sahne (15)

crossing die Kreuzung (-en) (22)

cucumber die Gurke (-n) (19)

cuisine die Küche (-n) (15)

curious neugierig (1)

currency union die Währungsunion (18)

currency die Währung (-en) (18)

current aktuell (21)

curriculum vitae (CV) der Lebenslauf (¨e) (14)

to cut schneiden, schnitt, geschnitten (19)

D

daily täglich (21)

damaged beschädigt (22)

to dance tanzen (2)

dangerous gefährlich (7)

dark dunkel (2)

date of birth das Geburtsdatum, *pl.* Geburtsdaten (14)

daughter die Tochter (¨) (1)

day der Tag (-e) (E)

to deal with handeln von (21)

December der Dezember (5)

to decide entscheiden, entschied, entschieden (14); sich entschließen, entschloss, entschlossen (19)

to decorate schmücken (17)

delay die Verspätung (-en) (24)

delicious lecker (19)

to demand verlangen (14)

demanding anstrengend (23)

to demonstrate demonstrieren (10)

demonstration die Demonstration (-en) (10)

Denmark (das) Dänemark (9)

dentist der Zahnarzt (¨e) / die Zahnärztin (-nen) (13)

to depart abreisen (reist ab), ist abgereist (8); losfahren (fährt los), fuhr los, ist losgefahren (14); **to depart by plane** abfliegen (fliegen ab), flog ab, ist abgeflogen

department store das Kaufhaus (¨er) (16)

departure die Abfahrt (-en), der Abflug (¨e) (24)

dependent(ly) abhängig (13)

desk der Schreibtisch (-e) (E)

dessert die Nachspeise (-n) (15)

to develop entwickeln (20)

to die sterben (stirbt), starb (ist gestorben) (12)

different verschieden (22)

different(ly) anders (24)

difficult schwer (2)

dilemma das Dilemma (-s) (23)

dining room das Esszimmer (-) (3)

dinner table der Esstisch (-e) (3)

dinner das Abendessen (-) (19)

dirty schmutzig (4)

to disappear verschwinden, verschwand, verschwunden (20)

to discuss diskutieren (10); besprechen (bespricht), besprach, besprochen (18); diskutieren über (+ *acc.*) (20)

dishwasher die Geschirrspülmaschine (-n) (3)

disposable bottle die Wegwerfflasche (-n) (20)

to distribute verbreiten (20)

to disturb stören (24)

to divide trennen (17)

divorce die Scheidung (-en) (23)

to do machen (2); unternehmen (unternimmt, unternommen) (9)

to do without verzichten (auf + *acc.*) (21)

door die Tür (-en) (E)

dormitory das Studentenwohnheim (-e) (19)

double room das Doppelzimmer (-) (8)

to doze dösen (16)

dragon der Drache (-n *masc.*) (12)

to draw zeichnen (13)

dream career, job die Traumkarriere (-n) (14)

dress das Kleid (-er) (7)

dresser die Kommode (-n) (3)
to drive fahren (fährt), fuhr, ist gefahren (3)
to drop by vorbeikommen (kommt vorbei), kam vorbei, ist vorbeigekommen (7)
drugstore (*for prescription drugs*) die Apotheke (-n); (*for over-the-counter drugs and sundries*) die Drogerie (-n) (16)
dumb blöd (2)
duplex das Doppelhaus (̈er) (4)
Dutch (*person*) der Niederländer (-) / die Niederländerin (-nen) (18)
dwarf der Zwerg (-e) (12)

E

ear das Ohr (-en) (6)
early früh (16)
to earn verdienen (13)
easy leicht (2)
to eat essen (isst), aß, gegessen (3)
economy die Wirtschaft (11)
to educate erziehen, erzog, erzogen (20)
education die Bildung (11)
educational background der Ausbildungsgang (̈e) (14)
eight acht (E)
eighteen achtzehn (E)
eighty achtzig (E)
election die Wahl (-en) (18)
elementary school die Grundschule (-n) (11)
elevator der Aufzug (̈e) (8)
emergency der Notfall (̈e) (6)
employed angestellt (1); berufstätig (23)
employee der Arbeitnehmer (-) / die Arbeitnehmerin (-nen) (14)
employer der Arbeitgeber (-) / die Arbeitgeberin (-nen) (14)
enchanted verwünscht (12)
engineer der Ingenieur (-e) / die Ingenieurin (-nen) (13)
England (das) England (9)
English (*language*) das Englisch (11)
English (*person*) der Engländer (-) / die Engländerin (-nen) (18)

to enroll einschreiben (schrieb ein), eingeschrieben (19)
entertaining unterhaltsam (21)
entree das Hauptgericht (-e) (15)
environment die Umwelt (20)
environmentally friendly umweltfreundlich (20)
equality die Gleichberechtigung (23)
European (*person*) der Europäer (-) / die Europäerin (-nen) (18)
evil böse (1)
exaggerated übertrieben (20)
exam after secondary school das Abitur (10)
exam die Klausur (-en); die Prüfung (-en) (10)
to examine untersuchen (6)
excited aufgeregt (24)
exciting aufregend (21)
exercise das Training (23)
to exercise trainieren (16)
to expect erwarten (14)
to experience erleben (8)
to explain erklären (21)
to express ausdrücken (drückt aus) (21)
eye das Auge (-n) (6)

F

face das Gesicht (-er) (6)
factor das Moment (-e) (23)
factory die Fabrik (-en) (4)
to fail (*an exam*) durchfallen (fällt durch), fiel durch, ist durchgefallen (10)
fairy die Fee (-n) (12)
fairy tale das Märchen (-) (12)
fairy tale figure die Märchenfigur (-en) (12)
Fall der Herbst (5)
to fall asleep einschlafen (schläft ein), schlief ein, ist eingeschlafen (16)
family die Familie (1)
family home das Einfamilienhaus (̈er) (4)
family leave der Erziehungsurlaub (-e) (23)
fantasy die Fantasie (-n) (14)

far weit (7)
farmhouse Bauernhaus (̈er) (4)
to fasten anschnallen (schnallt an) (20)
father der Vater (̈) (1)
fear die Angst (̈e) (20)
February der Februar (5)
Federal Republic of Germany die Bundesrepublik Deutschland (17)
to feel well sich wohl fühlen (6)
fellow student der Mitschüler (-) / die Mitschülerin (-nen) (10)
festival das Fest (-e) (5)
festive festlich (17)
fever das Fieber (-) (6)
field das Feld (-er) (9)
fifteen fünfzehn (E)
fifty fünfzig (E)
to fill out ausfüllen (füllt aus) (8)
finally endlich (10); schließlich (10)
financial(ly) finanziell (13)
to find finden, fand, gefunden (2)
finger der Finger (-) (6)
Finland (das) Finnland (9)
fireworks das Feuerwerk (-e) (5)
firm die Firma (Firmen) (13)
first floor der zweite Stock (8)
to fish angeln (8)
fish der Fisch (-e) (19)
to fit passen (+ *dat.*) (21)
five fünf (E)
flea market der Flohmarkt (̈e) (22)
flexible flexibel (18)
flight attendant der Flugbegleiter (-) / die Flugbegleiterin (-nen) (13)
floor der Stock (Stockwerke) (8)
to flow fließen, floss, geflossen (17)
flower die Blume (-n) (5)
flowered geblümt (21)
flu die Grippe (6)
to fly fliegen, flog, ist geflogen (7)
fog der Nebel (5)
foggy neblig (5)
to follow folgen (+ *dat.*) (14)
food die Lebensmittel (*pl.*) (19)
foot der Fuß (̈e) (6)
for für (+ *acc.*) (5)
foreign fremd (24)
foreigner der Ausländer (-) / die Ausländerin (-nen) (20)

forest der Wald (-̈er) (9)
forest path der Waldweg (-e)
to forget vergessen (vergisst), vergaß, vergessen (9)
fork die Gabel (-n) (19)
form das Formular (-e) (8)
former ehemalig (18)
forty vierzig (E)
four vier (E)
fourteen vierzehn (E)
France (das) Frankreich (9)
free time die Freizeit (-en) (16)
freedom die Freiheit (-en) (23)
freedom of opinion die Meinungsfreiheit (18)
freedom of the press die Pressefreiheit (18)
freedom of travel die Reisefreiheit (18)
French fries die Pommes frites (*pl.*) (15)
French (*language*) das Französisch (11)
fresh frisch (5)
Friday der Freitag (E)
fried potato die Bratkartoffel (-n) (15)
friend der Freund (-e) / die Freundin (-nen) (1)
friendly freundlich (1)
frog king der Froschkönig (12)
fruit das Obst (5)
to fry braten (brät), briet, gebraten (19)
full voll; satt (15)
fun lustig (17)
to furnish möblieren (4)
furniture die Möbel (*pl.*) (3)

G

gallery die Galerie (-n) (22)
garbage der Abfall (-̈e), der Müll (20)
garden der Garten (-̈) (4)
garlic der Knoblauch (15)
gate das Tor (-e) (23)
general education high school die Gesamtschule (-n); die Hauptschule (-n); die Realschule (-n) (11)
geography die Erdkunde (11)
German (*language*) das Deutsch (11)

German (*person*) der/die Deutsche (*decl. adj.*) (18)
German school system das deutsche Schulsystem (11)
German Unity Day der Tag der deutschen Einheit (5)
to get bekommen, bekam, bekommen (15); kriegen (20)
to get off (*a train, car, etc.*) aussteigen (steigt aus), stieg aus, ist ausgestiegen (7)
to get on (*a train, car, etc.*) einsteigen (steigt ein), stieg ein, ist eingestiegen (7)
to get on one's way sich auf den Weg machen (24)
to get rid of abschaffen (schafft ab), schuf ab, abgeschaffen (20)
to get up aufstehen (steht auf), stand auf, ist aufgestanden (7)
to get used to sich gewöhnen an (+ *acc.*) (24)
gingerbread der Lebkuchen (17)
to give geben (gibt), gab, gegeben (3); (*as a gift*) schenken (5)
to give a lecture einen Vortrag halten (19)
to give up aufgeben (gibt auf), gab auf, aufgegeben (18)
glacier der Gletscher (-) (17)
glad froh (1)
glass das Glas (-̈er) (19)
glove der Handschuh (-e) (21)
goal das Tor (-e) (23)
to go gehen, ging, ist gegangen; **to go to the movies/theater** ins Kino/Theater gehen; **to go to a concert** ins Konzert gehen (2); **to go for a walk** spazieren gehen (2); fahren (fährt), fuhr, ist gefahren; **to go by bicycle/bus/ car/motorcycle/ship/train** mit dem Fahrrad/Bus/Auto/Motorrad/ Schiff/Zug (der Bahn) fahren (7); **to go to a spa** Kur machen (8)
to go along entlanggehen (geht entlang) ging entlang, ist entlanggegangen (22)
good gut (1); **good morning!** guten Morgen! (E)
goods die Waren (*pl.*) (22)

grade die Note (-n) (10)
grandchild das Enkelkind (-er) (1)
granddaughter die Enkelin (-nen) (1)
grandfather der Großvater (-̈) (1)
grandfather clock die Standuhr (-en) (3)
grandmother die Großmutter (-̈) (1)
grandparents die Großeltern (*pl.*) (1)
grandson der Enkel (-) (1)
grape juice der Traubensaft (15)
gray grau (2)
Great Britain (das) Großbritannien (9)
great! echt Klasse! (10); super! (2); toll! (2)
Greece (das) Griechenland (9)
Greek (*person*) der Grieche (-n *masc.*) / die Griechin (-nen) (18)
green grün (2)
to greet begrüßen (24)
greeting die Begrüßung (-en) (24)
ground level das Erdgeschoss (-e) (8)
guest der Gast (-̈e) (8)

H

hair das Haar (-e) (6)
hallway die Diele (-n) (3)
hand die Hand (-̈e) (6)
handshake das Händeschütteln (-) (24)
Hanukkah die Chanukka (5)
to happen passieren, ist passiert (9)
happy glücklich (1)
hat der Hut (-̈e) (7)
to have haben (hat), hatte, gehabt (2)
to have fun Spaß machen (5)
have a good trip! gute Fahrt! (14)
head der Kopf (-̈e) (6)
headline die Schlagzeile (-n) (21)
health die Gesundheit (6)
health attendant der Krankenpfleger (-) / die Krankenpflegerin (-nen) (6)
health food store das Reformhaus (-häuser) (22)
healthy gesund (1)
to hear hören (6)

to heat erhitzen (19)
heaven der Himmel (9)
heavy schwer (10)
heel der Absatz (¨e) (21)
hello! guten Tag! (E)
to help helfen (hilft) (13)
Hesse (das) Hessen (17)
high school: general education high school die Gesamtschule (-n); die Hauptschule (-n); die Realschule (-n) **specialized high school** die Fachoberschule, (-n) (11)
to hike wandern, ist gewandert (2)
hill der Hügel (-) (9)
him (*acc.*) ihn (5)
history die Geschichte (11)
to hold behalten (behält), behielt, behalten (16)
holiday der Feiertag (-e) (5)
homeless person der/die Obdachslose (*decl. adj.*) (20)
homelessness die Obdachlosigkeit (20)
homework die Hausaufgabe (-n) (10)
honesty die Ehrlichkeit (14)
horse das Pferd (-e) (23)
hospital das Krankenhaus (¨er) (6)
hot heiß (5)
hot (*spicy*) scharf (19)
hotel das Hotel (-s) (8); der Gasthof (¨e) (15)
hour die Stunde (-n) (23)
house das Haus (¨er) (4)
household der Haushalt (-e); **to take care of the household** den Haushalt machen (23)
household appliance das Haushaltsgerät (-e) (20)
househusband der Hausmann (¨er) (23)
houseplant die Zimmerpflanze (-n)
hug die Umarmung (-en) (24)
to hug umarmen (24)
human being der Mensch (-en *masc.*) (4)
hundred hundert (E)
hunger der Hunger (20)
to hurt wehtun (tut weh), tat weh, wehgetan (6)

I

I ich (1)
ice cream das Eis (15)
ice skating Schlittschuh laufen (läuft), lief, ist gelaufen; **ice skating rink** die Schlittschuh bahn (-en) (23)
Iceland (das) Island (9)
idea die Idee (-n) (10)
illness die Krankheit (-en) (20)
immediately sofort (22)
important wichtig (23)
impossible unmöglich (10)
in the vicinity in der Nähe (17)
income das Einkommen (-) (13)
independent(ly) selbständig; unabhängig (13)
Indian (*person*) der Inder (-) / die Inderin (-nen) (18)
indoor swimming pool die Schwimmhalle (-n) (22)
industrious fleißig (1)
influence beeinflussen (21)
informality die Lockerheit (24)
information die Auskunft (¨e) (7)
inhabitant der Einwohner (-) / die Einwohnerin (-nen) (17)
injection die Spritze (-n) (6)
inn: bed and breakfast inn die Pension (-en) (8)
inn das Gasthaus (¨er); das Wirtshaus (¨er) (15)
instruction der Unterricht (10)
intelligent gescheit (21)
to intend vorhaben (hat vor), hatte vor, vorgehabt (23)
interest das Interesse (-n) (14)
interesting interessant (1)
internship das Praktikum (*pl.* Praktika) (19)
interpreter der Dolmetscher (-) / die Dolmetscherin (-nen) (13)
intersection die Kreuzung (-en) (22)
to introduce oneself sich vorstellen (13)
to invent erfinden, erfand, erfunden (21)
to invite einladen (lädt ein), lud ein, eingeladen (7)

Ireland (das) Irland (9)
to iron bügeln (23)
island die Insel (-n) (9)
it es (1)
Italian (*person*) der Italiener (-) / die Italienerin (-nen) (18)
Italy (das) Italien (9)

J

jacket das Frauensakko (-s) (7); die Jacke (-n) (7); das Jackett (-s) (7)
jam die Marmelade (-n) (16)
January der Januar (5)
jeans die Jeans (*pl.*) (7)
jelly die Marmelade (-n) (16)
jewelry der Schmuck (22)
jewelry store das Juweliergeschäft (-e) (22)
job interview das Vorstellungsgespräch (-e) (13)
job offer das Stellenangebot (-e) (14)
job search die Stellensuche (14)
to jog joggen (8)
jogging suit der Jogginganzug (¨e) (7)
journalist der Journalist (-en *masc.*) / die Journalistin (-nen) (13)
journey die Fahrt (-en) (24)
juice der Saft (¨e) (16)
July der Juli (5)
June der Juni (5)

K

to keep behalten (behält), behielt, behalten (16)
to keep fit sich fit halten (hält), hielt, gehalten (23)
to keep together zusammenhalten (hält zusammen), hielt zusammen, zusammengehalten (23)
key der Schlüssel (-) (8)
to kill töten (12)
kindergarten der Kindergarten (¨) (11)
king der König (-e) (12)
kitchen die Küche (-n) (3)
knife das Messer (-) (19)
to knock klopfen (19)

to know (*a fact*) wissen (weiß), wusste, gewusst; (*be acquainted with*) kennen, kannte, gekannt (8)

knowledge die Kenntnisse (*pl.*) (14)

L

laboratory das Labor (-s) (10)

to lack fehlen (+ *dat.*) (21)

lake der See (-n) (9)

to land landen, ist gelandet (24)

language die Sprache (-n) (11)

language lab das Sprachlabor (-s) (10)

to last dauern (7)

late spät (16)

lawn der Rasen (16)

lawyer der Anwalt (¨e) / die Anwältin (-nen) (13)

lazy faul (1)

to learn lernen (8)

leather das Leder (21)

to leave verlassen (verlässt), verließ, verlassen (14)

lecture die Vorlesung (-en), der Vortrag (¨e) (19)

lecture hall der Hörsaal (Hörsäle) (19)

left links (8)

leg das Bein (-e) (6)

letter der Brief (-e) (2)

letter to the editor der Leserbrief (-e) (21)

librarian der Bibliothekar (-e) / die Bibliothekarin (-nen) (13)

library die Bibliothek (-en) (10)

license plate das Nummernschild (-er) (20)

lie Lüge (-n) (10)

to lie (*flat*) liegen, lag, gelegen (2)

light hell (2)

linguistics die Linguistik (11)

to listen hören (13); **to listen to music** Musik hören (2)

literature die Literatur (11)

litterbug der Umweltsünder (-) (20)

little klein (1)

to live (*exist*) leben (12); **to live** (*reside*) wohnen (8)

living room das Wohnzimmer (-) (3)

lobster der Hummer (-) (15)

local news die Lokalnachrichten (*pl.*) (21)

location die Lage (-n) (18)

long lang (1)

to look at (*art*) betrachten (8)

to look at anschauen (schaut an); sich ansehen (sieht an), sah an, angesehen (21)

to look forward to sich freuen auf (18)

loud laut (1)

Lower Saxony (das) Niedersachsen (17)

M

mad verrückt (17)

magazine die Zeitschrift (-en) (21)

major subject das Hauptfach (¨er) (11)

man der Mann (¨er) (1)

manufacturing plant das Werk (-e) (16)

March der März (5)

Mardi Gras der Karneval (5); der Fasching (17)

marital status der Familienstand (14)

market economy die Marktwirtschaft (-en) (18)

marriage die Ehe (-n) (23)

married verheiratet (14)

marital status der Familienstand (14)

to marry heiraten (12)

math(ematics) die Mathe(matik) (11)

May der Mai (5)

maybe vielleicht (11)

meadow die Wiese (-n) (9)

to mean bedeuten (17)

meat das Fleisch (19)

meatloaf, Bavarian der Leberkäs (15)

mechanic der Mechaniker (-) / die Mechanikerin (-nen) (13)

mechanical engineering der Maschinenbau (11)

Mecklenburg-Western Pomerania (das) Mecklenburg-Vorpommern (17)

medication das Medikament (-e) (6)

menu die Speisekarte (-n) (15)

merchant der Kaufmann, *pl.* die Kaufleute (13)

metropolis die Großstadt (¨e) (4)

Mexican (*person*) der Mexikaner (-) / die Mexikanerin (-nen) (18)

microwave die Mikrowelle (-n) (3)

mid-diploma exam die Zwischenprüfung (-en) (19)

middle die Mitte (-n) (22)

milk die Milch (5)

mineral water das Mineralwasser (15)

minor subject das Nebenfach (¨er) (11)

mirror der Spiegel (-) (3)

to misunderstand missverstehen, missverstand, missverstanden (21)

to mix vermischen (19)

moment der Moment (-e) (23)

Monday der Montag (E)

month der Monat (-e) (5)

monthly monatlich (4)

mood die Stimmung (-en) (17)

mother die Mutter (¨) (1)

Mother's Day der Muttertag (5)

motorcycle das Motorrad (¨er) (7)

mountain der Berg (-e) (4)

mountains das Gebirge (9)

mouth der Mund (¨er) (6)

to move umziehen (zieht um), zog um, ist umgezogen (4)

to move away wegziehen (zieht weg), zog weg, ist weggezogen (4)

movie theater das Kino (-s) (2)

to mow the lawn den Rasen mähen (16)

museum das Museum (Museen) (22)

mushroom der Pilz (-e) (9); der Champignon (-s) (15)

mustard der Senf (15)

N

to nap dösen (16)

napkin die Serviette (-n) (19)

nature die Natur (9)

near nah (7)

necessarily unbedingt (20)

neck der Hals (¨e) (6)
to need brauchen (2)
neighbor der Nachbar (-n *masc.*) / die Nachbarin (-nen) (4)
neighborhood das Stadtviertel (-) (4)
nephew der Neffe (-n *masc.*) (1)
nerve: what nerve! das ist eine Frechheit! (10)
Netherlands die Niederlande (9)
new neu (2)
New Year's Day das Neujahr (5)
New Year's Eve das Silvester (5)
news die Nachricht (-en) (22)
nice nett (1)
niece die Nichte (-n) (1)
nightstand der Nachttisch (-e) (3)
nine neun (E)
nineteen neunzehn (E)
ninety neunzig (E)
no kein (3); nein
noise der Lärm (20)
noodle die Nudel (-n) (19)
North Rhine-Westphalia (das) Nordrhein-Westfalen (17)
Norway (das) Norwegen (9)
nose die Nase (-n) (6)
not nicht; **not a/any** kein (3)
note die Notiz (-en) (10)
notebook das Heft (-e) (E)
to notice merken (20)
nourishment die Nahrung (20)
November der November (5)
nurse der Krankenpfleger (-) / die Krankenpflegerin (-nen) (13)

O

occupation der Beruf (-e) (13)
occupational(ly) beruflich (18)
ocean das Meer (-e) (9)
October der Oktober (5)
odd merkwürdig (24)
to offend beleidigen (10)
offer das Angebot (-e) (23)
office das Büro (-s) (13)
officer der Offizier (-e) (14)
official der/die Behörde (*decl. adj.*) (18)
often oft (4)
old alt (1)

once more please! bitte noch einmal! (E)
once upon a time . . . es war einmal . . . (12)
one ein(s) (E)
one-way einfach (24)
onion die Zwiebel (-n) (15)
only einzig (23)
open offen (16)
to open aufmachen (macht auf), aufgemacht (6); **open your books!** macht die Bücher auf! (E)
openly öffentlich (23)
to operate operieren (6)
opinion die Meinung (-en) (10)
opportunity die Gelegenheit (-en) (13)
opposite _____ gegenüber von _____ (22)
orange orange (2)
to order bestellen (15)
organic(ally) organisch (20)
original(ly) originell (22)
outgoing unbefangen (1)
outrage: that's an outrage! das ist eine Unverschämtheit! (10)
overhead projector der Overheadprojektor (-en) (E)
overnight stay die Übernachtung (-en) (8)
overtime hour die Überstunde (-n) (22)
own eigen (4)
owner der Besitzer (-) / die Besitzerin (-nen) (14)

P

to pack einpacken (packt ein) (7)
packaging die Verpackung (20)
pain der Schmerz (-en) (6)
painting das Gemälde (-) (22)
pajamas der Schlafanzug (¨e) (21)
pan die Pfanne (-n) (19)
pants die Hose (-n) (7)
paper das Papier (E)
parade der Umzug (¨e) (17)
parents die Eltern (*pl.*) (1)
parka der Anorak (-s) (7)
to participate teilnehmen (nimmt teil), nahm teil, teilgenommen (20)

party die Party (-s) (24)
to pass bestehen, bestand, bestanden (10)
to pass on abgeben (gibt ab), gab ab, abgegeben (19)
passenger der Fahrgast (¨e) (7)
passport der Reisepass (¨e) (24)
past _____ an _____ vorbei (22)
pastry shop die Konditorei (-en) (16)
patient der Patient (-en *masc.*) / die Patientin (-nen) (6)
patterned gemustert (21)
pay das Gehalt (¨er) (13)
to pay zahlen (15)
to pay (for) bezahlen (4)
to pay attention aufpassen (passt auf) (7)
pea die Erbse (-n) (15)
peculiar merkwürdig (24)
pedestrian zone die Fußgängerzone (-n) (20)
pencil der Bleistift (-e) (E)
peninsula die Halbinsel (-n) (9)
pepper der Pfeffer (15)
perfect(ly) perfekt (23)
periodical die Zeitschrift (-en) (21)
personal persönlich (14)
pet das Haustier (-e) (22)
pet store die Tierhandlung (-en) (22)
philosopher der Philosoph (-en *masc.*) / die Philosophin (-nen) (13)
photographer der Fotograf (-en *masc.*) / die Fotografin (-nen) (13)
physician der Arzt (¨e) / die Ärztin (-nen) (6)
physicist der Physiker (-) / die Physikerin (-nen) (13)
physics die Physik (11)
piano das Klavier (-e) (3)
to pick up abholen (holt ab) (23)
picnic das Picknick (-s) (9)
piece of clothing das Kleidungsstück (-e) (7)
pillow das Kopfkissen (-) (3)
pink rosa (2)
place der Ort (-e) (4)
place of birth der Geburtsort (14)
to plan vorhaben (hat vor), hatte vor, vorgehabt (23)

planned economy die Planwirtschaft (18)

plastic bag die Plastiktüte (-n) (20)

plate der Teller (-) (19)

platform der Bahnsteig (-e) (7)

to play spielen (8); **to play cards** Karten spielen (2); **to play golf** Golf spielen; **to play pool** Billard spielen (8); **to play tennis** Tennis spielen (2)

to play sports Sport treiben, trieb, getrieben (23)

please gefallen (gefällt), gefiel, gefallen (9)

point of view die Einstellung (-en) (18)

to poison vergiften (12)

police die Polizei (20)

Polish (*person*) der Pole (-n *masc.*) / die Polin (-nen) (18)

politician der Politiker (-) / die Politikerin (-nen) (13)

politics die Politik (21)

polka-dotted gepunktet (21)

polluter der Umweltsünder (20); der Umweltverschmutzer

pork roast der Schweinebraten (-) (15)

Portugal (das) Portugal (9)

position die Stelle (-n) (13)

possible möglich (10)

post office die Post (4); das Postamt (22)

pot der Topf (¨e) (19)

potato die Kartoffel (-n) (15)

pour gießen, goss, gegossen (19)

poverty die Armut (20)

to practice a profession einen Beruf ausüben (13)

prank der Streich (-e) (14)

to prefer vorziehen (zieht vor), zog vor, vorgezogen (20)

prejudice das Vorurteil (-e) (24)

prescription das Rezept (-e) (6)

present das Geschenk (-e) (5)

prestige das Prestige (14)

pretzel die Brezel (-n) (15)

prince der Prinz (-en *masc.*) (12)

princess die Prinzessin (-nen) (12)

printed gemustert (21)

professional(ly) beruflich (18)

to prohibit verbieten, verbot, verboten (20)

to promise versprechen (verspricht), versprach, versprochen (3)

to protect schützen (20)

to protest protestieren (10)

psychologist der Psychologe (-n *masc.*) / die Psychologin (-nen) (13)

psychology die Psychologie (11)

pub die Kneipe (-n) (15)

publicity die Reklame (-n) (21)

publicly öffentlich (23)

to pull ziehen, zog, gezogen (4)

punctual pünktlich (14)

to punish bestrafen (10)

purple lila (2)

to put on anziehen, (zieht an), zog an, angezogen (7)

to put up with aushalten (hält aus), hielt aus, ausgehalten (24)

Q

qualification die Qualifikation (-en) (14)

quarter das Quartal (-e) (11)

queen die Königin (-nen) (12)

R

race das Rennen (-) (23)

racism der Rassismus (20)

rain der Regen (5)

to rain regnen (es regnet) (5)

raincoat der Regenmantel (¨) (7)

rather ziemlich (2)

raw roh (19)

to read lesen (liest), las, gelesen (3)

reality die Wirklichkeit (14)

real(ly) echt (10); **really good** echt gut (2)

really wirklich (10)

reason der Grund (¨e) (18)

to receive bekommen (15)

reception die Rezeption (-en) (8)

recliner der Sessel (-) (3)

to record (video) aufnehmen (nimmt auf), nahm auf, aufgenommen (21)

to recycle recyceln (16)

red rot (2)

to reduce abbauen, vermindern (20)

refrigerator der Kühlschrank (¨e) (3)

to regard halten für (hält), hielt, gehalten (20)

to register anmelden (meldet an) (19)

to regret bedauern (20)

relaxed manner die Lockerheit (24)

reliability die Zuverlässigkeit (14)

reliable zuverlässig (14)

religion die Religion (-en) (11)

to remain bleiben, ist geblieben (E)

remark die Bemerkung (-en) (24)

rent die Miete (-n) (4)

to rent mieten; **to rent (out)** vermieten (4)

report der Bericht (-e) (21)

report card das Zeugnis (-se) (10)

to report berichten (21)

reservation die Reservierung (-en) (8)

to reside wohnen (E)

responsibility die Verantwortung (-en) (14)

restaurant das Restaurant (-s) (4); die Gaststätte (-n), der Gasthof (¨e), das Gasthaus (¨er) das Wirtshaus (¨er) (15)

restorer der Restaurator (-en) / die Restauratorin (-nen) (22)

restroom die Toilette (-n) (3)

résumé der Lebenslauf (¨e) (14)

return ticket die Rückfahrkarte (-n) (24)

reunification die Wiedervereinigung (18)

Rhineland Palatinate Rheinland-Pfalz (17)

rice der Reis (15)

to ride (on horseback) reiten, ritt, geritten (8); **to ride a bicycle** Rad fahren (fährt Rad), fuhr Rad, ist Rad gefahren (4)

right richtig (24)

to ring klingeln (23)

river der Fluss (¨e) (9)

roll das Brötchen (-) (16)

roller skating das Rollschuhlaufen (23)

to rollerblade bladen (23)
romantic romantisch (1)
room das Zimmer (-) (3)
round trip hin und zurück (24)
row house das Reihenhaus (¨er) (4)
to row rudern (23)
rug der Teppich (-e) (3)
Rumpelstiltskin das Rumpelstilzchen (12)
to run laufen (läuft), lief, ist gelaufen (3)
Russian (*person*) der Russe (-n *masc.*) / die Russin (-nen) (18)

S

sad traurig (1)
safe(ly) sicher (13)
to sail segeln (2)
salad der Salat (15)
salary das Gehalt (¨er) (13)
salmon Lachs (-e) (15)
salt das Salz (15)
salty salzig (19)
same egal (18)
sandal die Sandale (-n) (7)
Santa Claus der Weihnachtsmann (17)
satisfied zufrieden; satt (19)
Saturday der Samstag (E)
sauerkraut das Sauerkraut (15)
sauna die Sauna (in die Sauna gehen) (8)
sausage die Wurst (¨e) (15)
to save erlösen (12)
Saxony (das) Sachsen (17)
Saxony-Anhalt Sachsen-Anhalt (17)
scarf der Schal (-s) (21)
schedule (*daily*) der Stundenplan (¨e) (10); (*travel*) der Fahrplan (¨e) (7)
school die Schule (-n) (10)
school bus der Schulbus (-se) (10)
school newspaper die Schülerzeitung (-en) (10)
to search suchen (19)
season die Jahreszeit (-en) (5)
seatbelt der Sicherheitsgurt (-e) (20)
secure(ly) sicher (13)
to see sehen (sieht), sah, gesehen (3)

seldom selten (4)
self-employed person der/die Selbstständige (*decl. adj.*) (14)
self-initiative die Eigeninitiative (14)
semester das Semester (-) (11)
to send schicken (22)
sensible gescheit (21)
September der September (5)
seven sieben (E)
seventeen siebzehn (E)
seventy siebzig (E)
service die Bedienung (15)
service, duty der Dienst, -e (14)
shameless unverschämt (10)
she sie (1)
shelf das Regal (-e) (3)
to shine scheinen; **the sun is shining** die Sonne scheint (5)
ship das Schiff (-e) (7)
shirt das Hemd (-en) (7)
shoe der Schuh (-e) (7)
shopping das Einkaufen (16)
shopping list die Einkaufsliste (-n) (16)
short kurz (1)
shorts die Shorts (*pl.*) (7)
shoulder die Schulter (-n) (6)
show die Sendung (-en) (21)
to show zeigen (6)
shower die Dusche (-n) (3)
shy scheu (1)
shrimp cocktail der Krabbencocktail (-s) (15)
siblings die Geschwister (*pl.*) (1)
side dish die Beilage (-n) (15)
sign das Schild (-er) (16)
to sign up einschreiben (schreibt ein), schrieb ein, eingeschrieben (12)
to signify bedeuten (17)
silence die Ruhe (4)
silent ruhig (1)
silverware das Besteck (-e) (19)
simple einfach (2)
simply einfach (24)
simultaneous(ly) gleichzeitig (21)
to sing singen, sang, gesungen (5)
singer der Sänger (-) / die Sängerin (-nen) (13)
single room das Einzelzimmer (-) (8)

sink das Waschbecken (-) (3)
sister die Schwester (-n) (1)
situation die Lage (-n) (18)
six sechs (E)
sixteen sechzehn (E)
sixty sechzig (E)
size die Größe (-n) (21)
to ski Schi laufen (läuft Schi), lief Schi, ist Schi gelaufen (8)
skills die Kenntnisse (*pl.*) (14)
to skim überfliegen, überflog, überflogen (21)
skirt der Rock (¨e) (7)
sky der Himmel (9)
skyscraper das Hochhaus (¨er) (4)
to sleep schlafen (schläft), schlief, geschlafen (3)
to slice schneiden, schnitt, geschnitten (19)
small town die Kleinstadt (¨e) (4)
snack das Pausenbrot (-e) (10)
snack stand der Imbissstand (¨e) (15)
sneaker der Sportschuh (-e) (7)
to sneeze niesen (6)
to snow schneien; **it's snowing** es schneit (5)
snow der Schnee (5)
Snow White das Schneewittchen (12)
soccer der Fußball (2)
soccer game das Fußballspiel (-e) (16)
sole einzig (23)
social science die Sozialkunde (11)
sock die Socke (-n) (7)
sofa das Sofa (-s) (3)
son der Sohn (¨e) (1)
song das Lied (-er) (17)
soon bald (12)
sore throat die Halsschmerzen (*pl.*) (6)
to sort sortieren (20)
soup die Suppe (-n) (15)
sour sauer (23)
Spain (das) Spanien (9)
Spanish (*language*) das Spanisch (11)
to speak sprechen (spricht), sprach, gesprochen (3); **speak German, please!** sprecht bitte Deutsch! (E);

speak more slowly, please!
sprechen Sie bitte langsamer! (E)
specialized high school die
Fachoberschule (-n) (11)
specialty die Spezialität (-en) (15)
spectator der Zuschauer (-) / die
Zuschauerin (-nen) (23)
spicy scharf (19)
sponge der Schwamm (¨e) (E)
spoon der Löffel (-) (19)
sport center die Sporthalle (-n) (16)
sports der Sport (23)
sports field der Sportplatz (¨e) (10)
spring der Frühling (-e) (5)
stairs die Treppe (-n) (8)
to stand stehen, stand, gestanden;
to stand in line Schlange stehen
(16)
station (channel) das Programm
(-e) (21)
stationery store das
Schreibwarengeschäft (-e) (22)
to stay bleiben, blieb, ist geblieben
(9)
stay der Aufenthalt (-e) (7)
step der Schritt (-e) (13)
stepdaughter die Stieftochter (¨)
(12)
stepfather der Stiefvater (¨) (12)
stepmother die Stiefmutter (¨) (12)
stepson der Stiefsohn (¨e) (12)
stereo die Stereoanlage (-n) (3)
stomach der Bauch (¨e) (6)
to stop aufhören (hört auf) (7);
anhalten (hält an), hielt an,
angehalten (14)
store der Laden (¨) (16)
store closing time der
Ladenschluss (24)
story der Stock (-werke) (21)
stove der Herd (-e) (3)
straight ahead geradeaus (22)
to straighten up aufräumen (räumt
auf) (23)
strange komisch (10); fremd (24)
street die Straße (-n) (5)
streetcar die Straßenbahn (22)
strenuous anstrengend (23)
strict(ly) streng (20)
striped gestreift (21)
student (*elementary/secondary*) der

Schüler (-) / die Schülerin (-nen)
(E); (*university*) der Student (-en
masc.) / die Studentin (-nen) (E)
student cafeteria die Mensa (*pl.*
Mensen) (19)
student dormitory das
Studentenwohnheim (-e) (19)
to study studieren (8)
study fees die Studiengebühren
(*pl.*) (19)
stylishly modisch (21)
subject das Fach (¨er) (11)
to subscribe to abonnieren (21)
suburb der Vorort (-e) (4)
subway die U-Bahn (-en) (22)
success der Erfolg (-e) (13)
suddenly plötzlich (12)
to suggest vorschlagen (schlägt
vor), schlug vor, vorgeschlagen
(22)
suggestion der Vorschlag (¨e) (14)
suit der Anzug (¨e) (7)
to suit stehen (+ *dat.*) (21)
suitcase der Koffer (-) (7)
suited geeignet (22)
summer der Sommer (5)
summit der Gipfel (-) (17)
sun die Sonne (-n) (5)
to sunbathe in der Sonne liegen,
lag, gelegen (8)
Sunday der Sonntag (E)
superficial(ly) oberflächlich (21)
supermarket der Supermarkt (¨e)
(4)
surprise die Überraschung (-en)
(14)
to surprise überraschen (17)
surprised (*adj.*) überrascht (14)
surroundings die Umgebung (4)
sweater der Pullover (-) (7)
Sweden (das) Schweden (9)
sweet süß (19)
to swim schwimmen, schwamm,
geschwommen (2)
swimsuit der Badeanzug (¨e) (7)
swim trunks die Badehose (-n) (7)
Swiss (*person*) der Schweizer (-) /
die Schweizerin (-nen) (18)
Switzerland die Schweiz (9)
symbol das Symbol (-e) (16)
system das System (-e) (19)

T

table der Tisch (-e) (3)
table tennis das Tischtennis (8)
to take nehmen (nimmt), nahm,
genommen (3); **to take courses**
Kurse belegen (11)
to take along mitnehmen (nimmt
mit), nahm mit, mitgenommen
(23)
to take care of sorgen für (23)
to take care of the household
Haushalt machen (23)
to take leave sich verabschieden
(24)
to take off abfliegen (fliegt ab), flog
ab, ist abgeflogen (24)
to take place stattfinden (findet
statt), fand statt, stattgefunden (17)
taken: this seat is taken besetzt:
hier ist besetzt (15)
talk der Vortrag (¨e) (19)
to talk about reden (über + *acc.*)
(10)
to taste: that tastes good (to me)
schmecken: das schmeckt (mir)
gut (15)
tan beige (2)
tasty lecker (19)
tea der Tee (-s) (2)
to teach lehren, unterrichten,
erteilen (20)
teacher der Lehrer (-) / die Lehrerin
(-nen) (E)
team die Mannschaft (-en); das
Team (-s) (23)
technology die Technik (-en) (11)
telephone das Telefon (-e) (3)
television set der Fernseher (-) (3)
ten zehn (E)
tent das Zelt (-e) (8)
terminal (*airport*) das Terminal (-s)
(24)
terrace die Terrasse (-n) (16)
theater das Theater (-) (2)
then dann (12)
thermometer das Thermometer (-)
(6)
they sie (1)
thief der Dieb (-e) (12)
to think denken, dachte, gedacht
(6)

thirteen dreizehn (E)
thirty dreißig (E)
thousand tausend (E)
three drei (E)
throat der Hals (÷e) (6)
through durch (+ *acc.*) (5)
Thuringia Thüringen (17)
Thursday der Donnerstag (E)
ticket counter der Fahrkartenschalter (-) (7)
tie die Krawatte (-n) (7)
tights die Strumpfhose (-n) (21)
tin can die Dose (-n) (20)
tinted gefärbt (21)
tiring ermüdend (21)
to the left/right links/rechts (8)
today heute (5)
together zusammen (4)
tomato die Tomate (-n) (16)
tomato sauce die Tomatensoße (-n) (19)
tooth der Zahn (÷e) (6)
topical aktuell (21)
tough zäh (19)
toy das Spielzeug (-e) (17)
track das Gleis (-e) (7)
trade school die Berufsfachschule (-n) (11)
train der Zug (÷e), die Bahn (-en) (7)
to train trainieren (16)
train station der Bahnhof (÷e) (7)
trainee der/die Auszubildende (*decl. adj.*) (13)
training das Training (23)
training position die Ausbildungsstelle (-n) (13)
to transfer versetzen (16)
to travel reisen, ist gereist (9)
traveler der/die Reisende (*decl. adj.*) (24)
traveling das Reisen (24)
trenchcoat der Trenchcoat (-s) (7)
trick der Trick (-s) (14)
trip der Ausflug (÷e) (10); die Fahrt (-en) (24)
trout die Forelle (-n) (15)
to try probieren (15)
to try on anprobieren (probiert an) (7)
T-shirt das T-Shirt (-s) (7)
Tuesday der Dienstag (E)

tuition die Studiengebühren (19)
tuna der Thunfisch (-e) (15)
Turk der Türke (-n *masc.*) / die Türkin (-nen) (18)
to turn abbiegen (biegt ab), bog ab, abgebogen (22)
to turn (drive) in einbiegen (biegt ein), bog ein, eingebogen (22)
to turn (into) verwandeln (in + *acc.*) (12)
twelve zwölf (E)
twenty zwanzig (E)
twin der Zwilling (-e) (1)
two zwei (E)

U

ugly hässlich (1)
uncle der Onkel (-) (1)
uncongenial unsympatisch (1)
undershirt das Unterhemd (-en) (21)
underwear die Unterwäsche (7)
unemployed arbeitslos (1)
unemployment die Arbeitslosigkeit (20)
unfriendly unfreundlich (1)
uninterested uninteressiert (1)
uninteresting uninteressant (1)
unity die Einheit (18)
university die Universität (-en) (11)
university course of studies das Studium (Studien) (19)
unromantic unromantisch (1)
unusual ungewöhnlich (14)
urban train die S-Bahn (-en) (22)
us, to us uns (5)
to use verbrauchen; verwenden (20)
to utter (sich) äußern (10)

V

vacation der Urlaub (-e) (17)
vacation apartment die Ferienwohnung (-en) (8)
Valentine's Day der Valentinstag (5)
valley das Tal (÷er) (9)
valuable wertvoll (22)
variable abwechslungsreich (14)
veal cutlet das Wiener Schnitzel (-) (15)
vegetable das Gemüse (-) (19)
vicinity die Nähe; **in the vicinity** in der Nähe (17)

to view works of art Kunstwerke betrachten (8)
village das Dorf (÷er) (4)
violence, act of die Gewalttätigkeit (-en) (20)
violet violett (2)
to visit besuchen; (*as a sightseer*) besichtigen (8)

W

waiting area der Warteraum (÷e) (24)
waitperson der Kellner (-) / die Kellnerin (-nen) (15)
to wake up aufwachen (wacht auf), ist aufgewacht (12)
to waken wecken (16)
to walk zu Fuß gehen, ging, ist gegangen (4)
wall die Wand (÷e) (E); die Mauer (-n) (18)
war der Krieg (-e) (20)
warm warm (5)
warehouse das Warenhaus (÷er) (16)
to wash waschen (wäscht), wusch, gewaschen (16)
to watch anschauen (schaut an); gucken (14); sich ansehen (sieht an), sah an, angesehen (21)
to watch out aufpassen (passt auf) (7)
to watch television fernsehen (sieht fern), sah fern, ferngesehen (2)
water das Wasser (16)
way der Weg (-e) (22)
we wir (1)
to wear tragen (trägt), trug, getragen (5)
weather das Wetter (5)
Wednesday der Mittwoch (E)
week die Woche (-n) (E)
weekday der Wochentag (-e) (E)
weekly wöchentlich (21)
welcome! herzlich willkommen! (24)
well-behaved brav (1)
what is _____ in English/German? Wie heißt _____ auf Englisch/Deutsch? (E)
while die Weile (16)

to whistle pfeifen, pfiff, gepfiffen (20)
white weiß (2)
to win gewinnen, gewann, gewonnen (23)
wind der Wind (-e) (5)
window das Fenster (-) (E)
windy windig (5)
wine der Wein (15)
winter der Winter (-) (5)
to wish wünschen (17)
witch die Hexe (-n) (12)
without ohne (+ *acc.*) (5)
woman die Frau (-en) (1)

to work arbeiten (2)
work experience die Arbeitserfahrung (-en) (14)
workplace der Arbeitsplatz (̈e) (13)
world of work die Arbeitswelt (13)
worry die Sorge (-n) (24)
wound die Wunde (-n) (6)
to write schreiben, schrieb, geschrieben (9)
written exam Klausur (19)

X

xenophobia die Ausländerfeindlichkeit (20)

Y

yellow gelb (2)
yesterday gestern (8)
you (*acc.*) dich; (*acc./dat.*) euch (5); (*form.*) Sie; (*inform. sg.*) du (1)
young jung (1)
youth hostel die Jugendherberge (-n) (8)

Z

zero null (E)

INDEX

This index consists of two parts—Part 1: Grammar; Part 2: Topics. Everything related to grammar—terms, structures, usage, pronunciation, and so forth—appears in the first part. Topical subsections in the second part include Culture, Functions, Reading Strategies, Vocabulary, and Writing Strategies. Page numbers in italics refer to photos.

Part 1: Grammar

Part 2: Topics

Functions

Reading Strategies

Vocabulary

Writing Strategies

About the Authors

Lida Daves-Schneider received her Ph.D. from Rutgers, the State University of New Jersey. She has taught at the University of Georgia, the University of Arkansas at Little Rock, Rutgers, Riverside Community College, and Washington College where she taught German language and literature, film and teacher education courses, and served as language lab coordinator. She spent a year in Berlin on the Fulbright Teaching Exchange Program. She is presently teaching German at Ayala High School in Chino Hills, California. She has given numerous presentations and workshops, both in the United States and abroad, about foreign language methods and materials. She co-authored ancillary materials for *Deutsch: Na klar!* and was a contributing writer for the main text of the third edition.

Karl Schneider is a native of Germany. He has been a teacher for 22 years in the Chino Valley Unified School District. He has taught Reading, German, and English as a Second Language. From 1985 to 1990 he worked as Curriculum Coordinator for Foreign Languages. He has served several terms as Mentor teacher in his district. Mr. Schneider has participated in several statewide foreign language curriculum development projects. He has reviewed textbooks as well as national exams. Mr. Schneider has also been a presenter at local, state, and national conferences. He was co-founder of the Inland Empire Foreign Language Association and served as President of that organization.

Anke Finger is Assistant Professor of German at Texas A&M University. She received her Ph.D. in Comparative Literature at Brandeis University. She was a lecturer at Boston College and is a co-author of the Workbook and Lab Manual *Weiter!*, (Wiley) accompanying Isabelle Saluen's intermediate textbook *Weiter!*, (Wiley). As language coordinator of the first-year German program at Texas A&M University, her interests in second language acquisition include the teaching of cultural and oral proficiency and CALL. She has also written on comparative aspects of literature and art in German and American culture.

Rosemary Delia teaches German language, literature, and culture at Mills College in Oakland, California. She received her Ph.D. in German from the University of California at Berkeley. Her research and teaching focus on issues of gender, sexuality, and national identity in German culture. She is the co-author of an intermediate cultural and literary German text, *Mosaik: Deutsche Kultur und Literatur,* 3rd edition, (McGraw-Hill).

Daniela R. Dosch Fritz is receiving her Ph.D. in German Literature and Culture from the University of California at Berkeley. Her dissertation combines literary studies and second language acquisition research by employing theories of language and culture from both fields. She has taught German language and literature at the University of California at Berkeley, the University of Arizona in Tucson, and the Goethe-Institut in San Francisco.

Stephen L. Newton received his Ph.D. from the University of California at Berkeley in 1992. Since then he has been the Language Program Coordinator in the German Department at Berkeley. He has made contributions to various textbooks and conducted a variety of workshops to language teachers.

About the Chief Academic and Series Developer
● ●

Robert Di Donato is professor of German and Chair of the German, Russian, and East Asian Languages Department at Miami University in Oxford, Ohio. He received his Ph.D. from the Ohio State University. He is lead author of *Deutsch: Na klar!,* a first-year German text, and has written articles about foreign language methodology. In addition, he has given numerous keynote speeches, workshops, and presentations, both in the United States and abroad, about foreign language methods and teacher education. He has also been a consultant for a number of college-level textbooks on foreign language pedagogy.